To my old friend
Gary K. with the
best greetings.
J.M. Sperger was and is
a big one for our instrument!
Maybe you can read
something - in english
it will come later...
Enjoy yourself!
With hug!

Klaus T.

Potsdam, 12.4.2023

Klaus Trumpf

„…da er einer unserer besten Virtuosen ist"

Klaus Trumpf

„…DA ER EINER
UNSERER BESTEN VIRTUOSEN IST"

JOHANN-MATTHIAS-SPERGER
(1750-1812)

LEBEN UND WERK

Gewidmet dem 270. Geburtstag von
Johann Matthias Sperger

In Dankbarkeit meiner verständnisvollen Frau Liane

Bibliografische Information der Deutschen Nationalbibliothek
Die Deutsche Nationalbibliothek verzeichnet diese Publikation in der Deutschen Nationalbibliografie; detaillierte bibliografische Daten sind im Internet unter
http://dnb.d-nb.de
abrufbar.

978-3-95983-622-7 (Hardcover)
978-3-95983-623-4 (Paperback)

Satz und Gestaltung: Frank Naumann-Zander, AGD, Erfurt
Frontispiz: August Abel: Johann Sperger, 1803, Landeshauptarchiv Schwerin

© 2021 Schott Music GmbH & Co. KG, Mainz
www.schott-buch.com

Alle Rechte vorbehalten. Nachdruck in jeder Form sowie die Wiedergabe durch Fernsehen, Rundfunk, Film, Bild- und Tonträger oder Benutzung für Vorträge, auch auszugsweise, nur mit Genehmigung des Verlags.

Inhaltsverzeichnis

Vorwort 9
Grußwort von **Anne-Sophie Mutter** 11
Einleitung 13
Kapitel I 1750-1767 Die Orgel des Fürsten trägt die Schuld 17
   Geburt im Ort der Fürsten von Liechtenstein 17
   Wegweiser vor mich – Gradus ad parnassum 20
Kapitel II 1767-1769 Vielleicht doch eine Wette 31
   Der Mäzen Fürst von und zu Liechtenstein 31
     Das entscheidende Jahr 1769 31
     Der Glücksfall – zwei bedeutende Pädagogen 32
     Das ungarische Großwardein – und die ersten Kontrabasskonzerte 33
     Dittersdorf und seine Freunde Pichl und Pischelberger – beim Wein 35
     Die frühesten Solowerke für Kontrabass 37
     Von Großwardein nach Wien 39
     Friedrich Pischelberger – neben Sperger der Impulsgeber dieser Zeit 39
Kapitel III 1769-1783 Entdeckung des Instrumentes Kontrabass 41
   Spergers Beginn seines Studiums in Wien 41
   Im Jahre 1777 – Spergers erste Anstellung 42
   Die Hofkapelle von Preßburg 1777-1783 43
   Spergers „Catalog über verschückte Musicalien" 46
   Zurück in die Jahre ab 1777 in Preßburg 52
Kapitel IV 1777-1778 Eine große „Sinphonie" von der Erfindung des Herrn
   Sperger 55
   Die Wiener Ton-Künstler-Gesellschaft 55
   Sperger wird Mitglied der Wiener Ton-Künstler-Gesellschaft 56
   Zwei Virtuosen am gleichen Pult – Sperger und Kämpfer 58
   Brünn – ein Zentrum des Kontrabass-Solospiels 59
   Das erste Kontrabasskonzert Spergers 61
   Scordatura – warum und was bedeutet es? 66
Kapitel V 1777-1783 Joseph II. verärgert die Musiker 69
   Die Hofkapelle des Erzbischof Batthyany im damaligen Preßburg 69
   Kein Beleg für Spergers Anstellung in der Haydn-Kapelle 77
   Kaiser Joseph II. und das Ende der Hofkapelle 1783 in Preßburg 77
   Die Hofkapelle der Grafen von Erdödy 79
     Fidisch bei Eberau im Burgenland 79
   Sperger – Mitglied einer Freimaurerloge 81
Kapitel VI 1786-1789 Wiener Komponisten-Freunde 85
   Wien ab 1786 – Sperger als „Freischaffender Künstler" 85
   Widmungen an Sperger – und an die Nachwelt 86

Sperger – und seine gewissenhaften Aufzeichnungen 89
Wiener Notenkopist 92
Spergers „Catalog" – ein aussagekräftiges Dokument 95
Kapitel VII 1781-1788 Berlin – die anvisierte Musikmetropole 99
Sperger – und seine frühen Kontakte zu Berlin 99
Wo bleibt Wien? 102
Berlin weiter im Blick 102
Auf dem Weg zum König in Berlin 105
Beim cellospielenden König Friedrich Wilhelm II. von Preußen in Berlin 108
Die Könige in Berlin weiterhin als Künstler und Kunstmäzene 112
Empfehlungsschreiben hochrangiger Persönlichkeiten 116
Weiter auf Reisen – nach seinen Berliner Konzerten 124
Kapitel VIII 1787-1788 Kontrabass und Notengeschenke in der Postkutsche .. 127
Nach Ludwigslust zum Probespiel beim Herzog 127
Stadt Ludwigslust – im April 1788 128
Entscheidendes Konzert in Ludwigslust beim Herzog Friedrich Franz I. 133
Rückreise von Ludwigslust nach Wien 133
3000 Kilometer mit Kontrabass in der Postkutsche 135
Viele Noten – zahlreiche Geschenke 135
Respektable Reiseroute 136
Wieder in Wien 136
Das späte „Bewerbungsschreiben" an den Herzog in Ludwigslust 137
Kapitel IX 1789 Venedig und mehr 139
Das nächste Konzert bei der Wiener Tonkünstler-Gesellschaft – und Italien ruft 139
Bereits wieder auf Reisen – das Ziel ist Italien – März 1789 141
Kapitel X 1789-1790 Endlich am Ziel 143
Sperger erfährt in Mantua von seiner Ludwigsluster Anstellung 143
Rückkehr am 15. Mai 1789 aus Italien – und große Freude! 143
Endgültige Ankunft in Ludwigslust und Bestallung 146
Respektvoller Umgang am Hofe Mecklenburg-Schwerin –
  18. Jahrhundert 150
Spergers besitzt einen Solo- und einen Orchester-Kontrabass – und „feine kost-
  bare" Saiten 157
Wiener Terz-Quart-Stimmung 160
Bünde – Ja oder Nein 161
Kapitel XI 1790-1792 Johann Matthias im Wettstreit mit Wolfgang Amadeus. 165
Erstes Quartier in Ludwigslust – im Hotel 165
Sperger – mehrmals als Solist in Stettin 166
Sperger sucht weitere Konzertauftritte 168
Mozart- und Sperger-Arien mit obligatem Kontrabass im gleichen Jahr 170
Das Interesse an der Sololiteratur des 18. Jahrhunderts erwacht 174

Zurück zu Sperger: 1791 176
Kapitel XII 1793-1794 Zwei Sinfonien im Auftrag für eine Königin 181
　Sperger wieder in Berlin beim König – 1793/94 181
Kapitel XIII 1794-1808 Ein Kirchen- und ein Gefängnisbau 185
　Wieder in Ludwigslust – Januar 1794 185
　Sperger als Organist 187
　Sperger als Bauherr 188
　Sperger – der Privatmensch 193
　Beschwerde über einen Gefängnisbau 205
Kapitel XIV 1801-1812 Reisepass zum Grand Concert 207
　Solokonzert mit dem Gewandhausorchester in Leipzig 208
　1808 – Ende der Korrespondenz Sperger – Herzog 210
　Kompositionen in Ludwigsluster Zeit 211
Kapitel XV 1806-1812 Ohne Pomp und Gepränge 219
　Das Testament von Johann Matthias Sperger 219
　Wortlaut des Testamentes von Johann Matthias Sperger vom 24.April 1806 224
Kapitel XVI 1812-1816 Ein Dienstmädchen und das Geschenk an die Kontrabassisten 227
　Ehefrau Anna Maria Sperger – als Witwe 227
　Witwe Anna Sperger und das Dienstmädchen 229
　Ein Denkmal für Anna Sperger 230
　　Musikalien und das Instrument ins herzogliche Archiv 230
　Witwe Anna Sperger nach dem Tode ihres Mannes 232
Kapitel XVII 1816-1827 Ein Denkmal für Anna Sperger 235
　Der große Dank gilt Anna Sperger 235
　Der gesamte Kontrabass-Nachlass Spergers 235
Kapitel XVIII 1812-2020 Was bleibt 247
　Die Bedeutung Spergers 247
　Vierzig Kompositionen für den Solokontrabass 248
　Kammermusiken für oder mit Kontrabass 249
　Spergers fünfundvierzig Sinfonien 250
　Spergers Instrumentalkonzerte neben den Konzerten für sein Instrument 254
　Spergers Instrumentationskunst 254
　Spergers Harmonisierungsmöglichkeiten, Doppelgriff- und Arpeggio-Varianten 255
Kapitel XIX Untersuchung 271
　Untersuchung der Virtuosität in den Sperger-Kontrabasswerken 271
Kapitel XX Voller Ideen 283
　Markante Themen aus Sperger-Kontrabasskonzerten 283
　Weitere Themen aus Sperger-Kontrabass-konzerten im Original 295
　Analyse Sperger-Konzert Nr.1 – von 1777 300

Kapitel XXI Die Nachwelt urteilt 307
   Musikerpersönlichkeiten zur Bedeutung des Werkes Spergers 307
Anhang Was noch gesagt werden muss... 315
   Einige komplette Schreiben, die im Haupttext erwähnt wurden 316
   Kontrabass – Violine 324
   Der Sperger-Bogen 326
   Zur Sperger-Familiengeschichte 329
   Lebensstationen, Reiserouten, Solokonzerte 332
   Catalog über verschückte Musicalien 334
   Thema von Contra Bass Concerte 352
   „Der Internationale Sperger-Wettbewerb – die Internationale Sperger-Gesellschaft" 357
   CDs mit Kompositionen von Johann Matthias Sperger 368
   Johann Matthias Sperger und weitere Komponisten 368
   Johann Matthias Sperger mit Orchester 371
   Anmerkungen 374
   Anmerkungen 375
   Zeittafel 377
   Abkürzungen 378
   Quellenverzeichnis 379
   Literaturverzeichnis 380
   Danksagung 381
   Ludwigsluster Bilderbogen 382
Personenregister 388
Nachwort 393
Kurzvita 395

Vorwort

Es ist erstaunlich, dass über den bedeutendsten Kontrabassisten des 18. Jahrhunderts, der auch als Komponist Gültiges geschaffen hat, in der Allgemeinheit und auch selbst bei den Kontrabassisten so wenig bekannt ist.

Seit über 200 Jahren werden – sein gesamter kompositorischer Nachlass und vieles mehr – sorgsam aufbewahrt, zunächst im Notenarchiv der Herzöge von Mecklenburg-Schwerin und jetzt in der Landesbibliothek Mecklenburg-Vorpommern und im Landeshauptarchiv Schwerin.

Bereits zu Lebzeiten war er überregional bekannt – er gastierte als Kontrabass-Solist in damaligen Musikzentren Wien, Preßburg (heute Bratislava), Brünn, Berlin, Venedig, Stettin, Leipzig und anderen Orten. Seine Kompositionen wurden gespielt – und anlässlich seines Todes wurde kein geringeres Werk als Mozarts Requiem ihm zu Ehren aufgeführt.

Ein Denkmal gebührte ihm nicht nur für seine eigenen kompositorischen Hinterlassenschaften, sondern auch für den einzig von ihm aufbewahrten Schatz der beinahe gesamten Sololiteratur für Kontrabass der klassischen Musikepoche. Einmalig in der Musikgeschichte: die gesamte Sololiteratur eines Instrumentes im Nachlass einer Person – für die Nachwelt gerettet!

Daneben ist es sein besonderes Verdienst, als Erster für sein Instrument, den Kontrabass, eine geradezu geniale Idee in seinen zahlreichen Kompositionen zu praktizieren: ein wegweisendes Fingersatz- und Lagensystem, dass ein virtuoses Spiel ermöglicht und bis heute maßgeblich die Spieltechnik beeinflusst. Und dies nicht isoliert, sondern eingepackt in einen gültigen klassischen musikalischen Kontext.

Seine unerschöpfliche Kreativität belegen seine beinahe vierhundert hinterlassenen Kompositionen aller Besetzungsvarianten – von solistischer Kammermusik, Instrumentalkonzerte bis zur Sinfonik.

Grußwort

Seit Jahrzehnten kämpft Klaus Trumpf für eine adäquate Wahrnehmung des bedeutendsten Kontrabassisten der Wiener Schule und begnadeten Komponisten von u.a. über 44 Sinfonien 18 Kontrabasskonzerten: Johann Matthias Sperger. Im Jahr 2001 gründete Trumpf die Internationale Johann-Matthias-Sperger-Gesellschaft, die den alle zwei Jahre stattfindenden Internationalen Johann-Matthias-Sperger-Wettbewerb ausrichtet. Er verknüpfte damit gleich mehrere Zielsetzungen: Die nachhaltige Förderung junger KontrabassistInnen aus der ganzen Welt sowie Begeisterung und Anerkennung für das immer noch unterschätzte größte Streichinstrument – und die Kulturpflege des Werkes von Johann Matthias Sperger.
Trumpfs Biographie besticht durch vielfältige neue Fakten und Einsichten: eine durchweg spannende Reise durch das Leben des bis heute wichtigsten Komponisten der klassischen Kontrabass-Literatur. Und da Sperger mittlerweile weltweit gespielt wird – nicht zuletzt Dank Trumpfs unermüdlichem Wirken – sind auch Einspielungen seiner Werke verfügbar. Meine unbedingte Empfehlung in Verbindung mit dieser Biografie und ein absolutes Muss für alle Neugierigen und Kontrabass-Freunde: Die Aufnahmen der Sperger-Konzerte durch Roman Patkoló – der Paganini des Kontrabasses unserer Tage. Ich wünsche mir sehr, dass der Sperger Kosmos sich weiter vergrößern möge – und den Kontrabassisten noch erheblich mehr Präsenz in unseren Konzertsälen.

Anne-Sophie Mutter

Einleitung

Johann Matthias – Johannes – Johannes Matthias – oder Giovanni Sperger?
Was ist korrekt? Welcher Vorname stimmt: im Geburtsregister 1750 ist zu lesen: *Joannes*.
Nun haben aber schon sehr viele Künstler, Musiker, Schriftsteller ihre Namen im Nachhinein verändert, sind damit berühmt geworden und niemand hat Anstoß an den Namensänderungen genommen.
Als Beispiele seien genannt:
Man kennt den Namen *Giovanni Bottesini*, obwohl im Geburtsregister vermerkt ist: „…auf den Namen Ioannes Paulus getauft worden…". Niemand wird heute *Rainer Maria Rilke* als den geborenen René Karl Wilhelm Johann Josef Maria Rilke identifizieren. Oder *Michael Praetorius,* der den Geburtsnamen Michael Schultheiß trug. Wer kennt Jakob Meyer Beer? – aber man kennt *Jacques* oder *Giacomo Meyerbeer*. Ebenso ist Jakob Offenbach nur als *Jacques Offenbach* bekannt. Noch zwei weitere Beispiele aus der Kontrabass-Geschichte: der inzwischen mit vielen seiner Kompositionen in die Nähe Bachs gerückte Kontrabassist und „Hofkomponist" der Sächsischen Hofkapelle in Dresden *Jan Dismas Zelenka* wurde im Taufregister mit seinen Vornamen als Jan Lukàs registriert. Alle Welt kennt ihn nur als Jan Dismas Zelenka.
Vom Kontrabassisten, Komponisten und Kapellmeister *Antonio Rosetti* weiß man seinen eigentlichen Geburtsnamen Anton Rösler – aber wer identifiziert ihn mit diesem Namen?
Und so gibt es viele Dokumente im Falle Sperger – bei denen er selbst mit „Johann Matthias" oder „Johannes Mathias" unterschrieben hat. Bereits als 16-Jähriger hat er in seinem ersten Notenheft, sein Übungsheft für die Orgel *Johannes Mathias Sperger* getitelt (1766).
Man will es kaum glauben – aber das kleine Noten-Heft von ihm selbst verfasst, ist noch heute im Original[1] erhalten und gibt Zeugnis vom musikbegeisterten und -begabten jungen Johannes Matthias. Er schrieb diese Orgel-Übungen für sich selbst: „Wegweiser auf die Orgel vor mich Johannes Mathias Sperger, 1766".[2]
Welchen Namen finden wir bei seinen zahlreichen Kompositionen, von denen wir mehr als 350 als Autographe in seinem Nachlass finden?. Da er ein sehr bewusster und konsequenter Mensch war, hat er bereits bei seinem ersten Kontrabass-Konzert und dann später grundsätzlich bei all seinen Werken immer die italienisierte Form seines ersten Vornamens *Giovanni Sperger* geschrieben.
Als Beispiel mögen die noch heute verwendeten Straßennamen in Italien mit dem Vornamen Johann als Beispiel dienen: *„Giovanni Sebastiano Bach", „Giovanni Wolfango Goethe"*.

---
1 LB Schwerin Sign. 5121
2 LB Schwerin Sign. 5121

Abb. 1 Handschrift des 16-jährigen Johannes Mathias.

In vielen Briefen oder Rechnungsunterschriften finden wir immer wieder von seiner Hand:
Johann Matthias Sperger.
Wollen wir uns, wie sich die Internationale Sperger-Gesellschaft vor Jahren geeinigt hatte, in der deutschen Form auf diese Vornamen festlegen.

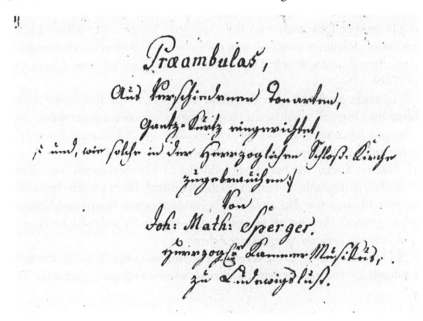

Abb. 2 Titelblatt seiner Orgel-Vorspiele zum Gebrauch in der Schlosskirche Ludwigslust – wo Sperger die Orgel zum Gottesdienste spielte: „Joh.Math.Sperger"

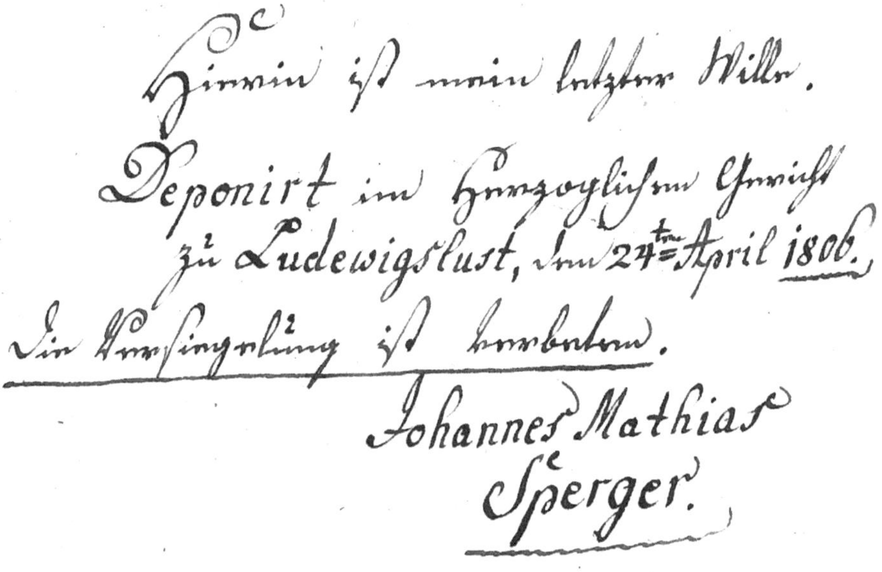

Hiermit ist mein letzter Wille.

Deponirt im Herzoglichen Gericht
zu Ludewigslust, den 24ten April 1806.

Die Versiegelung ist herrühren?.

     Johannes Mathias
     Sperger.

Abb. 3 Unterschrift auf seinem Testament mit: „Johannes Mathias Sperger" 1806

Kapitel I 1750-1767 Die Orgel des Fürsten trägt die Schuld

Geburt im Ort der Fürsten von Liechtenstein

Am 23. März 1750 wurde *Joannes Sperger*, wie es im Taufregister der katholischen Pfarrgemeinde Feldsberg heißt, geboren. Das Städtchen Feldsberg gehörte damals zu Niederösterreich und liegt 80 km nördlich von Wien.
In diesem Ort residierte seit 1394 eine der ältesten und berühmtesten Adelsfamilien, die Familie der Liechtensteiner, die ab 1608 als Fürsten zum „Heiligen Römischen Reich Deutscher Nation" gehörte. In der Mitte des 17. Jahrhunderts wurde das hochherrschaftliche Schloss (vermutlich) von *Fürst Karl Eusebius von Liechtenstein* (1627-1684) in großzügigen und prachtvollen Ausmaßen erbaut – mit großartigem Spiegelsaal, Gemäldegalerie, Schlosskapelle und vielen anderen sehenswerten Räumlichkeiten. Seit frühen Zeiten zeichneten sich die Liechtensteiner durch außergewöhnliche Liebe und Verständnis zu allen Formen der Kunst aus. Davon zeugen die wertvollen Sammlungen von Gemälden, antiken Möbeln, Kunstgegenständen jeglicher Art. Und das weiterhin bis heute ins Jahr 2020, wo die bedeutenden Kunstsammlungen der Fürstenfamilien in den beiden Liechtenstein-Palais in Wien zu bewundern sind.
Zu musikalischen Verbindungen könnte die Freundschaft eines Familienmitgliedes, nämlich die von *Fürst Josef Wenzel* (Regentschaft 1748-1772) zum flötespielenden

Abb. 4 Schloss Liechtenstein in Feldsberg-Niederösterreich
– heute Valtice-Tschechische Republik

Kronprinzen Friedrich, dem späteren preußischen König *Friedrich dem Großen* in Berlin, Zeugnis ablegen. Zu dessen Nachfolger, dem cellospielenden König *Friedrich Wilhelm II.* hatte ja *Sperge*r dann in den späten 1780ern persönliche Kontakte.
Vom Zeitpunkt des Baues des Schlosses an, galt Feldsberg als Stammsitz der *Fürsten von und zu Liechtenstein.*
1919, nach dem 1. Weltkrieg wurden Teile von Niederösterreich der Tschechoslowakei angegliedert, worunter auch Feldsberg gehörte und fortan Valtice hieß – und seit dieser Zeit zur neu gegründeten Tschechoslowakei gehörte.
Nach dem Kriegsende 1945 wurde das gesamte Schloss, weitere zahlreiche dazugehörige Besitztümer entschädigungslos enteignet und der tschechische Staat hat es sich als Besitzer überschrieben. Die Familie der *Fürsten von Liechtenstein* musste ihren Besitz verlassen und residiert seitdem im Fürstentum Liechtenstein, dem viertkleinsten Staat in Europa im Dreiländereck Schweiz, Österreich, Deutschland mit der Hauptstadt Vaduz.
Das ursprüngliche Barock-Schloss im heutigen Valtice wurde als besonderes Kulturgut in den 1990er Jahren in die UNESCO-Welterbeliste aufgenommen.
Zurück in das Jahr 1750. Aus dem Taufeintrag am 23. März geht hervor, dass der Vater *Spergers* mit Namen *Stephanus* „Kühhalter" war. Also in der Landwirtschaft tätig. Ein anwesender Taufpate ist als fürstlicher Schafmeister eingetragen.
Daraus kann mit ziemlicher Wahrscheinlichkeit geschlossen werden, dass es verwandtschaftliche Verbindungen gab und die Vermutung liegt nahe, dass diese zur Dienerschaft des Fürstenhauses Liechtenstein gehörten. Diese Tatsache wird eine wichtige Rolle im Leben *Johann Matthias'* spielen!
Eine Eintragung aus dem Sterbematrikel (Totenverzeichnis) vom Vater *Stephan Sperger* am 17.11. 1773 besagt allerdings „Gemein-Halter"[3] – was damit auch immer gemeint war – es ist nicht weit weg von der Bezeichnung in *Spergers* Geburtenregister, wo der Vater als „Küh-Halter" benannt wurde. (s. im Anhang S. 329 mehr zur Familiengeschichte)

Abb. 5 Taufeintrag

---

3 s. bei A.M.: S. 159 in „Konzertante Musik für Kontrabass in der Wiener Klassik", Musikverlag Emil Katzbichler 1969

Wie aus dem im Jahre 2003 entdeckten Testament hervorgeht (dazu später mehr), hatte *Sperger* fünf Geschwister. Bekannt sind die Taufeintragungen des erstgeborenen Kindes Barbara vom 27.9.1744 und vom 18.6.1747 mit gleichem Namen – vermutlich war das erste Kind gestorben. Am 23.3.1750 als drittes Kind: *Johannes* – danach ist noch die Taufe von *Johannes Baptista* am 24.6.1755 bekannt.
Nun könnte es sein, dass sich durch Tod früher oder später Veränderungen in der Familienstruktur ergeben haben – denn im Testament vom 16. April 1806 tauchen folgende Namen auf, die *Johann Matthias Sperger* als Erben eingesetzt hat: die Schwestern *Eva, Anna Maria, Catharina, Barbara* und der Bruder *Anton*. Dazu später mehr.

Über die Kindheit *Johannes'* ist nichts Näheres bekannt – es lassen sich nur aus der städtischen Geschichte seines Geburtsortes Vermutungen anstellen: neben dem großartigen Barockschloss und dem gesamten dazugehörigen Areal, erbaut in den Jahren 1631-1671, im Besitz der bedeutenden Fürstenfamilie *von Liechtenstein*, befindet sich die ebenfalls in diesen Jahren erbaute katholische Pfarrkirche *Maria Himmelfahrt* und die Klosterkirche der „*Franziskaner*". Von den „*Barmherzigen Brüdern*", die ebenfalls in klösterlicher Gemeinschaft lebten und hier in Feldsberg ihren ersten Konvent nördlich der Alpen gründeten, ist bekannt, dass sie nicht nur in der Krankenpflege dienten, sondern sich täglich in Choralgesang und anderer Musikausübung betätigten.

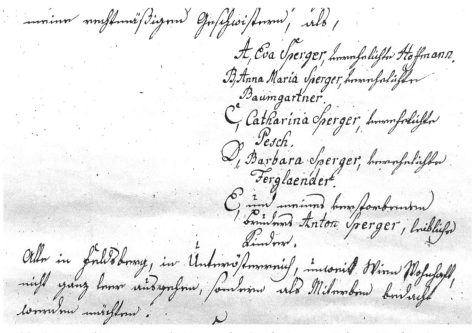

Abb. 6 Original Testament – die Namen der Geschwister von Johann Matthias Sperger

Adolf Meier (S.160)[4]: „Eine Singschule gab es ebenfalls im 18.Jahrhundert in Feldsberg und aus einem Inventarverzeichnis kann der Bestand von Noten Wiener Meister aus der Zeit Mitte des 18.Jh. und Instrumenten (neben Streich- auch verschiedene Blasinstrumente) ersehen werden.

1737 wurde in der Kirche eine neue Orgel aufgestellt. – Auch die Ausbildung der Novizen beschränkte sich nicht auf die geistlichen und chirurgischen Disziplinen und Krankenpflege, sondern waren auch angeregt täglich den Gesang, den Choral und andere Musik zu pflegen – damit die Provinz in vieler Richtung erfahrene Krankenwärter erhalte".[5]

Wegweiser vor mich – Gradus ad parnassum

Es könnte also sein, dass der jugendliche *Sperger* bereits seine Liebe und Begabung zur Musik bei einigen dieser Gelegenheiten spürte, eine Liebe, die sich dann sehr deutlich Bahn brach in seinen beiden (original erhaltenen) selbstverfassten Traktaten. Zu einem der „*Wegweiser auf die Orgel*"1766 (s.Abb. 1, S.14) und ebenfalls von seiner Hand das Heft: „*Gradus ad Parnassum oder Anführung zur Regelmäsigen Composition*" – Der Weg zum Gipfel. (Abb. 7, S.20)

Er hatte durch die greifbare Nähe zum Schloss und zur Kirche die wunderbare Möglichkeit, sich an der Orgel auszuprobieren. Wie kann es sonst sein, dass er als Jüngling von 16 Jahren Traktate zur Musiktheorie, Übungen für die Orgel, Anleitungen zur Komposition niederschreiben konnte?

Abb. 7 Titelblatt J.M.Sperger „Gradus ad Parnassum"

4 s. Fußnote 3
5 s. A.M. S. 160

Der „*Wegweiser auf die Orgel, vor mich Johannes Mathias Sperger 1766*" (s.Abb.1, S. 14), wie es auf dem Titelblatt des Heftes heißt, hat es in sich – ebenso das Heft „Gradus ad Parnassum"! (s. Abb. 7)

Man fragt sich, wie ein 16-jähriger, eigentlich weit ab von professioneller musikalischer Ausbildung, zu solchen Anleitungen in den Bereichen musiktheoretischer Betrachtungen kommt.

Eigentlich gibt es nur eine Erklärung: er muss bereits in dem Städtchen Feldsberg einen fundierten Musik-Theorieunterricht genossen haben. Welche Schule er auch besuchte, auf alle Fälle muss dort ein in Musiktheorie und Komposition erfahrener Lehrer bei *Sperger* einen soliden Grund der Musikausbildung/Ausübung gelegt haben.

Adolf Meier (S.161): „Der Organist und Lehrer *Franz Anton Becker*, der als Leiter von Prozessionen, Feierlichkeiten, Litaneien und Vespern zu dieser Zeit genannt wird, könnte dieser Lehrer gewesen sein".

Einige Einblicke in Zitate und Notenbeispiele zunächst aus dem „Wegweiser" sollen hier angefügt sein.

Abb. 8 „Wegweiser" seines Vorbildes Giacomo Carissimi 1693

Hier taucht der Name *Giacomo Carissimi* (1605-1674) auf – und das gibt uns die Erklärung: *Spergers* „Wegweiser" basiert auf den „Leichten Grund-Regeln der Sing-Kunst" von *Giacomo Carissimi* (H. Federhofer in MGG „Sperger" und im Anhang S. 374)[6]. Dieser hatte vorbildhaft für seine Zeitgenossen und Nachfolger neue Ideen und Impulse zur weltlichen Kantate, auch zur Kirchenmusik mit seinen theoretischen Schriften und auch in seinen Kompositionen von Oratorien vermittelt, die entschieden wegweisend waren.

---

6 MGG= „Musik in Geschichte und Gegenwart", Art. Sperger 1031

Wie weit jetzt der junge *Johann Matthias* seine eigenen Ideen in seinen „Wegweiser" mit einfließen ließ, ist nicht nachweisbar – aber allein die Tatsache, dass er das alles sehr ausführlich mit allen Ausdrücken der gehobenen Musiktheorie aufnotierte, abschrieb, weist darauf hin, daß hier jemand am Werk war, der sich dieses Wissen zu eigen gemacht und es auch verarbeitet hat.

Von einem 16jährigen, der an einem Ort wie Feldsberg – ohne universitäre Ausbildung - aufwächst, erwartet man gemeinhin nicht diese Fähigkeiten. Aber er hat eine solche Arbeit eigenhändig zu Papier gebracht – allein um es zu verarbeiten und daraus zu profitieren. Dies setzt eine enorme geistige Veranlagung voraus. Sein musikalisches Wissen, auch schon seine praktische Erfahrung spürt man hier.

Selbst seine in den Musikbeispielen gezeigte Notenschrift beweist bereits große Übung und Erfahrung! So schreibt keiner, der zum ersten Mal Noten schreibt.

Einzig, dass er als 16-jähriger sich dieser Arbeit unterwarf – dies kann nicht hochgenug eingeschätzt werden. Auch seine Betitelung „Wegweiser auf die Orgel für mich..." sagt über die selbstgestellte Aufgabe einiges aus.

Hier seine berühmte Vorlage von *Giacomo Carissimi*, aus dessen *„Wegweiser – die Kunst, die Orgel recht zu schlagen – Sing-Kunst und leichte Grundregeln vermittelst man die Jugend ohne große Mühe in der Music perfectioniren kann zu finden seyn"*.

Sperger übernimmt hier fast wörtlich den Text *Carissimis* (s. „Wegweiser" S.19): *„Anfänglich lasse sich der Lehrmeister angelegen sein den lernenden dahin zu gewöhnen, daß er den Leib gerad, Händ frey, die Finger nit zu krumb noch zu starr halte, das clavier wie auch alle folgende Musig-Schlüssel, den Halt oder Notten, Pausen und Zeichen woll kennen lernen. Vorher ist auch zu wissen, daß es zweyerley Sorten der Clavier gebe: die wo ist, also die erste*

Abb. 9 Spergers Notenschrift in seinem „Wegweiser" – nach der Carissini-Vorlage. Ein Fugen-Beispiel, wie es dann Sperger vollendet in seiner Komposition der Kantate „Jesus in Banden" (1789) in mehrstimmiger Fuge für Solistenquartett und Orchester bewiesen hat.

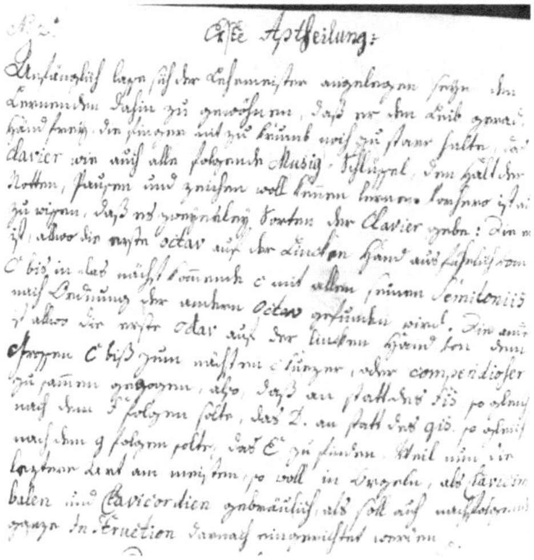

Abb. 10 Original Sperger: „Wegweiser" S. 6 „Erste Aptheilung"

octav auf der Linken Hand ausführlich vom C bis in das nächst kommende c mit allen seinen Semitoniis nach Ordnung der unteren Octav gefunden wird.
Die andere ist allwo die erste Octav auf der linken Hand von dem großen C bis zum nächsten c kürzer, oder compendioser zusammen gezogen, also, daß anstatt des fis, so gleich nach dem F folgen sollte, das D anstatt des gis, so gleich nach dem g folgen sollte das E zu finden.

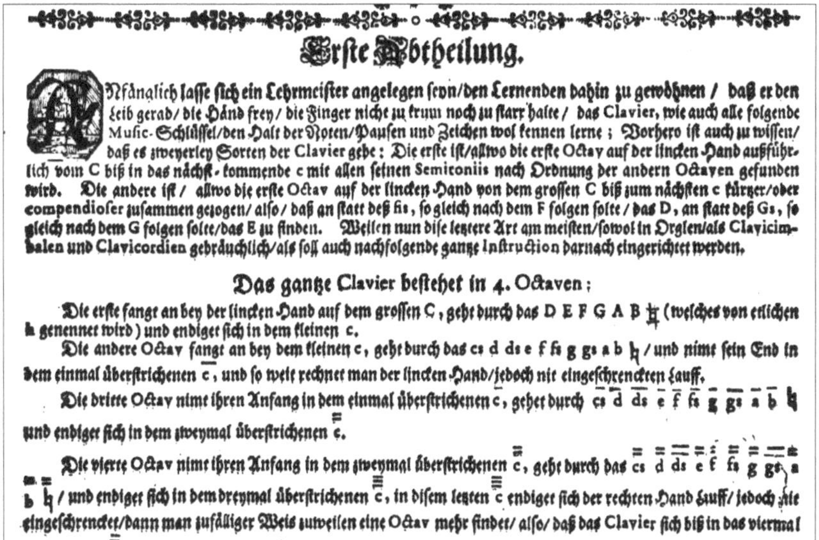

Abb. 11 „Erste Aptheilung"
(Orthographie war dem 16-jährigen noch nicht so wichtig)

Weil nun die (letzte?) Letzrer Leut an meisten, so woll in Orgeln, als Clavicimbalen und Clavicordien gebräuchlich, als soll auch nachfolgend ganze Instruction darnach eingerichtet werden.

Das ganze Clavier bestehet in octavere, die erste fangt an bey dem lincken Hand auf dem grossen C, gehet durch das D e f g a b h C welches von etlichen h genänt wird und endiget sich in dem kleinen c, die andere octav fangt an bey dem kleinen; c gehet durch das cis d dis e f fis g gis a b, und nimmt sein End in dem einmal überstrichenen c und so weit............ von der Lincken Hand, jedoch nicht eingeschn......ten Lauf.

Die tritte octav nimmt ihren Anfang in dem einmal über gestrichenen c, gehet durch das cis d dis e f fis g gis a b und endiget sich in dem zweymal überstrichenem c. Die nächste octav nimmt ihren Anfang in dem zweimal überstrichenen c, geht durch das cis d dis e f fis g gis a b, und endigt sich in dem dreymal überstrichenem c, in diesem letzten c entigt sich der Hand Lauf, jedoch nit eingeschränckt, den man zufälliger Weyß zu weilen ein octav mehr findet, so, daß das clavier sich biß in das viermal überstrichenen c, erstreckt, weilen aber solches gar selten gefunden wird, wollen wir bey den gemalten 4 octaven bleiben, und .... zu den Music=Schlüsseln, welche alle höchst nothwendig zu kennen, schreiten; dieser nun seynd gezeuchnete und ungezeuchnete den gezeuchnete seynd drey, als nemlich f c und g, nach welchen sich die ungezeuchnete, als nach ihren Befehls haben richten".

Hier die „Übersetzung" in jetziger Lesart 2020:

„Am Anfang gewöhne der Lehrer den Lernenden daran, dass er gerade sitzen möge, die Hände frei und die Finger nicht zu krumm und starr halte – und dass er am Klavier die Notenschlüssel, die Notenwerte, Pausen und Zeichen gut kennenlerne.
Auch muss man wissen, dass es zweierlei Klaviere (Manuale) gibt: die erste Oktave der linken Hand vom (großen) *C* bis in das nächst kommende *c* mit allen seinen Semitoniis, die nach der Ordnung der unteren Oktave gefunden wird.
(Nächster Absatz unverständlich)
Die ganze Klaviatur besteht in 4 Oktaven – die erste fängt an beim großen *C* der linken Hand, geht durch *d e f g a h* und endigt auf dem *kleinen c*. Die andere Oktave fängt beim *kleinen c* an und geht durch *cis d dis e f fis g gis a b h* und nimmt sein Ende in dem *eingestrichenen c*. Die dritte Oktave nimmt ihren Anfang bei dem *eingestrichenen c* und geht durch *cis d dis e f fis g gis a b h* und endigt bei dem *zweigestrichenen c*. Die vierte Oktave nimmt ihren Anfang beim *zweigestrichenen c*, geht durch *cis d dis e f fis g gis a b h* und endigt beim *dreigestrichenen c*. Auf diesem endigt der Hand Lauf, ist jedoch noch nicht begrenzt, da auch eine weitere Oktave bis zum *viergestrichenen c* vorkommt.
Dies ist zwar selten und so wollen wir bei den 4 Oktaven bleiben.
Wir wollen zu den Musik-Schlüsseln schreiben, als nämlich da sind *F, C* und *G* – Schlüssel".

Wegweiser – ein anderes Fundament (hier die wörtliche Wiedergabe des *Sperger*-Textes):
„*Vermittelst welches man nicht allein aus dem Grunde die Kunst, die Orgel recht zu schlagen, so wohl was den General-Bass, als auch was zu dem gregorianischen Choral-Gesang erfordert wird, erkennen (?), und durch fleißiges Üben zur Vollkommenheit bringen.*
Sondern auch Weiland Herrn Giacomo Carissimi. Sing=Kunst, und leichte Grund-Regulare vermittelst welcher man die Jugend ohne große Mühe in der Music Perfektionieren kann, zu finden seyn.
Wobey auch die eigentliche Unterweisung den Choral-Gesang zu begreifen, alle desselben Thon zu erkennen, und sich nach dem selben in den Introitibus, Kyrie, Hymnis, psalmis Benedictus, Magnificat, wissen auf der Orgel mit den Praeambuliz zu richten. Kann hinzugefügt wie in Aug (?), Pre (?) vorfertigter Übungs=Plan, bestehet in allerhand Preambuliz, Interambuliz, Versen, Toccaten, Tastaten, Variationen, Fugen und dehrgleichen, alle nach Ordnung der so woll regular als transponirten 8 Kirchen=Thoune eingerichtet. Zellen, wo Geist = als Weltlichen, welche nothwentig den Choral Gesang verstehen sollen, meistens aber den in der Musig unterweisenden Meistern und lehrende Jugend, absonderlich darin, so der Lateinischen Sprach unerfahren, zu Lieb in Teutsch……………….gegeben, und in Truck verfertigt.

„**Wegweiser**" (hier der *Sperger*-Text, wie wir ihn vielleicht heute formulieren würden):
„Allein aus dem Grunde die Orgel recht zu spielen, den Generalbass als auch den gregorianischen Choral-Gesang zu verstehen – sollte man durch fleißiges Üben alles zur Vollkommenheit bringen.
In Herrn *Giacomo Carissimi's* „Sing-Kunst" werden Grundregeln leicht vermittelt und ohne große Mühe ist dort zu finden wie sich die Jugend in der Musik perfektionieren kann.

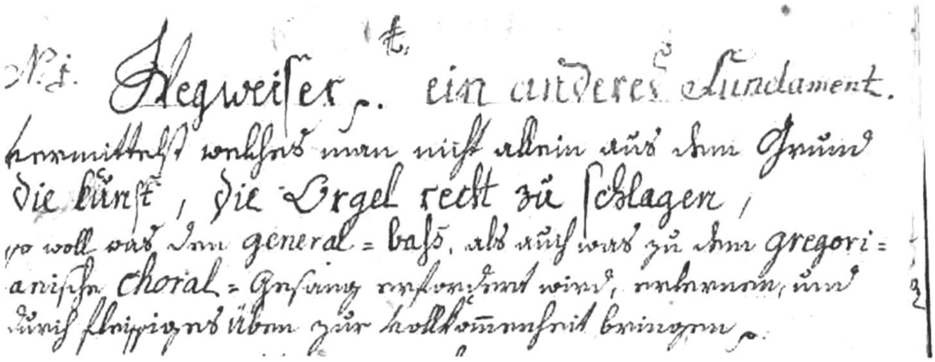

[Handschriftliches Faksimile]

Abb. 13 Sperger mit 16 Jahren – Auszüge aus seinem niedergeschriebenen „Wegweiser" S. 5. Hier übernimmt Sperger Texte und Anweisungen Carissimi's „Wegweiser" – formuliert es aber in seiner Deutung.

Wobei auch durch eigentliche Unterweisung des Choral-Gesanges die richtigen Töne in den Introitibus, Kyrie, Hymnis, Psalmis Benedictus, Magnificat zu erkennen und zu begreifen – und auch auf der Orgel mit den Praeambuliz, Interambuliz, Versen, Toccaten, Tastaten, Variationen, Fugen und ihresgleichen alles nach Ordnung und regulär in die 8 Kirchen-Tonarten einzurichten sind.

Geistlicher oder weltlicher Choral-Gesang, der von den unterweisenden Meistern an die unerfahrene lernende Jugend in Latein weitergegeben werden soll, kann lieber in Deutsch und auch im Druck vermittelt werden".

Abb. 14 „Wegweiser", Beispiel S. 16

Aus der originalen 130-Seiten-umfassenden Schrift von *Giacomo Carissimi "Wegweiser – die Kunst die Orgel recht zu schlagen"* – Untertitel: *"Singkunst und leichte Grundregeln"* hat Sperger die für ihn wichtigen Passagen und Notenbeispiele abgeschrieben, gelegentlich verändert – im Grunde aber den Text übernommen. Er hat dazu die deutsche Übersetzung (Übersetzer unbekannt) benutzt, die 1693 bei dem „Stadt-Buchdrucker" *Jacob Koppmayer* in Augsburg erschienen war. Dazu ist im Vorwort zu lesen: „….der Lateinischen Sprache unerfahren – zu lieb in Teutsch hervor gegeben und in Druck verfertigt". Wie bereits oben erwähnt, muss ein erfahrener Musiklehrer in Feldsberg den jungen *Sperger* darauf aufmerksam gemacht haben – und dieser hat in erstaunlicher Weise darauf reagiert und für seinen Lebensweg als ausübender Musiker und Komponist einen sehr wichtigen Grundstein gelegt. Es sollte nicht die einzige musiktheoretische Schrift bleiben, mit der sich *Sperger* in jungen Jahren beschäftigte und aus der er für seinen eigenen Bedarf abschrieb, bzw. die wichtigsten Passagen daraus übernahm, abänderte und sich zu eigen machte. Zusätzlich zu diesem „*Carissimi-Wegweiser*" befasste er sich eingehend auch mit dem berühmten *„Gradus ad Parnassum oder Anführung zur Regelmäßigen Composition"* des österreichischen Komponisten und Musiktheoretikers *Johann Joseph Fux* (1660-1741) – „Ober Capellmeister Sr. Kayserl. und Königl. Catholischen Majestät Carls des VI.". Bis ins 20. Jahrhundert hinein war es das gültige

Abb. 15 Titelblatt der deutschen Erstausgabe 1742 von Johann Joseph Fux: „Gradus ad Parnassum".

Lehrbuch des Kontrapunktes – übersetzt aus dem Lateinischen ins „Teutsche" vom Leipziger *Lorenz Mizlern* 1742. Auch dieses studierte Sperger im jugendlichen Alter – vermutlich zu seiner Studienzeit ab etwa 1767 in Wien.
Wahrscheinlich wurde er angeregt durch seinen Theorielehrer *Johann Georg Albrechtsberger* (1736-1809). Dieser war ab 1769 in Wien ansässig und neben seiner Tätigkeit als Komponist ein bedeutender Musiktheoretiker. Ein Glücksfall für *Sperger*. Hatte er doch mit *Albrechtsberger* einen herausragenden Theorielehrer und Pädagogen (spätere Schüler von *Albrechtsberger* waren eine ganze Reihe späterer berühmter Komponisten, wie u.a. *Carl Czerny, Johann Nepomuk Hummel, Conradin Kreutzer, Franz Xaver Mozart, Ferdinand Ries* und *Ludwig van Beethoven*). Die Schule, die *Sperger* hier durchmachte, zeigen dann die Früchte, die in seinen Kompositionen in fehlerloser Stimmführung, formvollendet im Aufbau, stilsicher, erfindungsreich in der Melodieführung, Korrektheit – und dann noch in einer mustergültigen Schreibweise, bei der die Endfassung von ihm jeweils fehlerfrei notiert ist (mit einem Federkiel!) zum Ausdruck kamen.
In seinem (*Spergers*) Traktat „*Gradus ad Parnassum*" (s. Abb. 7, S. 20) zeichnet er die wichtigsten Dinge, die zur theoretischen Grundausstattung eines Komponisten gehören. Intervalle, Dreiklänge, Notenwerte, Harmonien, Disharmonien usw. mit vielen Notenbeispielen werden erläutert. So macht sich der junge angehende Komponist mit dem nötigen Werkzeug vertraut. Auch hier schon in den Niederschriften ist eine reife Federführung zu beobachten. Selbst in der Schrift und natürlich vor allem in den Inhalten ist ein zielstrebiger, selbstbewusster Charakter zu erkennen!
Hier übernimmt er nicht alles wörtlich, sondern formuliert und kürzt es nach seiner Auffassung. Aus den 337 Seiten vom *Fux'schen* Original werden bei *Sperger* 24 Seiten – also die wichtigsten Auszüge zusammengefasst. Hier folgt ein Beispiel seiner Notenschreibweise aus dem Jahre 1788: eine Seite aus seiner „Cello-Sinfonie":

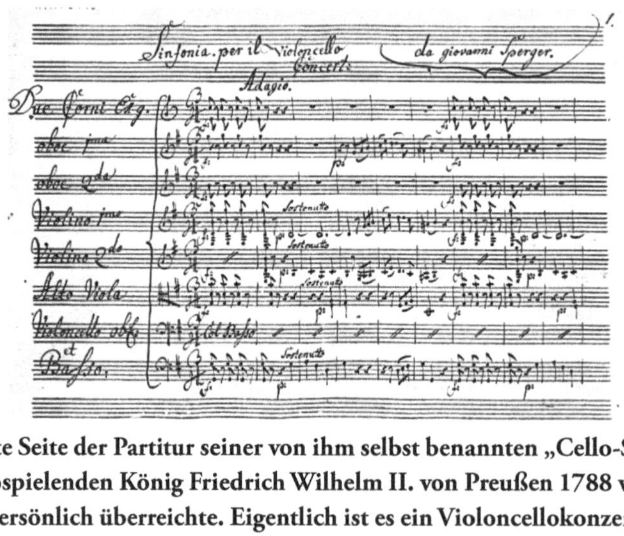

Abb. 16 Erste Seite der Partitur seiner von ihm selbst benannten „Cello-Sinfonie", die er dem cellospielenden König Friedrich Wilhelm II. von Preußen 1788 widmete und persönlich überreichte. Eigentlich ist es ein Violoncellokonzert!

Es folgen ein paar Beispiele aus dem *J.J.Fux-„Gradus ad Parnassum"* – hier in *Spergers* Abschrift:
„Von der Composition.
Da man nun die Ungleichheit der halben, und ganzen Thöne aufgehoben,
sind auch die 3? (Terzen)?…………………abgesetzt,
man hat also ein anderes System, als Diatonize und Chromatische. Zum Beispiel :
genus diatonicum modernum – genus chromaticum modernum
Dieses Sytemata kann man brauchen, ausgenohmen, in der composition a capella nicht, die man ohne Orgel absingt, dann bey diesen Styl kann bloß nur die Diatonische gebrauchet werden."

„Vom Einklange.
Das Wort Einklang, ist der nemliche Klange von zwey Seiden, oder Stimmen, als von der Secund. Die Secund ist zweyerlei, die große und kleine, die kleine bestehe aus einem halben, die große aus einem ganzen Thon. So es ist zweyerlei, major, et minor, daß besteht aus einem zweyten, und halben Thon, Major aber aus zwey Thön."

Diese Beispiele sollen einen Einblick geben in die systematische Einarbeitung eines von Musik Berührten und, ja man kann feststellen, besessenen Jugendlichen, einem Hochbegabten. Und diese auffallende Hinwendung zur Musik muss im kleinen Feldsberg für Aufmerksamkeit gesorgt haben.

Abb. 17

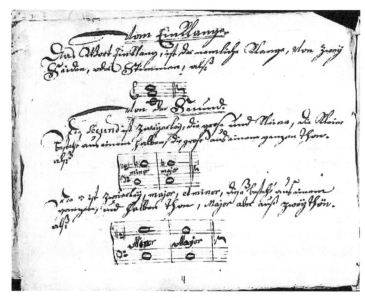

Abb. 18

Kapitel II 1767-1769 Vielleicht doch eine Wette

Der Mäzen Fürst von und zu Liechtenstein

Das entscheidende Jahr 1769
Und jetzt kommt der entscheidende Punkt im Leben *Spergers*: der damalige Fürst von Liechtenstein (*Franz Josef I*. 1726-1781) muss auf ihn aufmerksam geworden sein, hörte ihn vielleicht auf der Orgel seiner Schlosskirche spielen, improvisieren und schickte ihn vermutlich 1767, also 17-jährig, zum Studium nach Wien – vielleicht auch begünstigt durch die guten und engen Beziehungen zum Wiener Hof. Die Jahreszahl 1767 wird von *Adolf Meier* vermutet, da *Sperger* 1768 bereits in Wien mit Kontrabass aufgetreten sein soll (?). Dieser Vermutung muss durch neuere Erkenntnisse widersprochen werden. Dazu unten mehr. Der Umzug nach Wien könnte aber auch später erfolgt sein.
Die Feldsberger *Fürsten-Familie der Liechtensteiner* weilte regelmäßig in ihrem Wiener Palais. Und umgekehrt waren auch Mitglieder des Kaiserhofes oft in Feldsberg. In einer gut ausgestatteten Pferdekutsche waren die 80 km an einem Reisetag von Wien aus zu bewältigen.
Hier bewies sich wieder das Kunstverständnis der *Liechtensteiner* und auch die Vorliebe für die Musik – ein Glücksfall für den begabten Bauernsohn Joannes! Man möge sich gar nicht vorstellen, wenn der Vater darauf bestanden hätte, der Sohn solle im Beruflichen sein Erbe antreten – hier muss man auch den Eltern ein großes Kompliment für ihr Verständniss machen.
Für die *Eltern Spergers* – der Vater ein „Kühhalter" – wäre es niemals denkbar gewesen, dem Sohn diesen Schritt zu ermöglichen. Jetzt also *Johann Matthias* in Wien – ab 1767 oder etwas später. Und nun kam auch gleich die nächste bedeutende Chance für ihn: Seine Kontrabass- und Musiktheorie-Lehrer waren die bedeutendsten in diesen Fächern, die ab 1769 in Wien ansässig waren. Diese Jahreszahl kann als zuverlässig gelten, da aus den Lebensläufen dieser beiden Persönlichkeiten ihr Zuzug nach Wien in dem Jahr 1769 nachweisbar ist.
Was machte *Sperger* bis 1769 in Wien – bis es zu den Kontakten zu seinen Lehrern kam? War er auf sich gestellt? Kann es sein, dass er zu diesem Zeitpunkt auf das Instrument Kontrabass gestoßen ist – auf welche Art und Weise auch immer? Aus seiner Jugendzeit bis 1767 ist nicht bekannt, dass er in seinem Heimatort Feldsberg mit dem Instrument in Berührung gekommen wäre.
Also fällt auch die Vermutung weg, dass er schon 1768 in Wien als 18-Jähriger öffentlich solistisch aufgetreten sei, wie im *Sperger*-Artikel der MGG erwähnt ist.[7] Dies dürfte ein großer Irrtum sein. Wieder eine Vermutung, die aber sehr nahe liegt: könnte es sein, dass *Sperger* in Wien mit dem aus Preßburg stammenden *Joseph Kämpfer* (1735-1796) in Kontakt gekommen war? Denn dieser war ab 1760 in Wien ansässig. *Kämp-*

---
7 MGG (=Musik in Gesellschaft und Gegenwart) XII 1031

fer wird als einer der ersten Virtuosen auf dem Kontrabass in dieser Zeit sehr häufig erwähnt.[8] Er wird als „erster reisender Kontrabass-Virtuose" bezeichnet und ist auch tatsächlich an vielen Musikzentren nachweislich zu hören gewesen.[9] Einige Autoren nennen Auftrittsorte *Kämpfers:* u.a. in Augsburg, Regensburg, Wien, Preßburg, Salzburg, Warschau, Petersburg, Moskau, Stockholm, Göteborg, Kopenhagen, Hamburg, London.

U. a. wird 1766 in Salzburg ein Solist (hier ohne Namensnennung) erwähnt, der sich auf dem Kontrabass hören ließ.

Hat ihn etwa *Sperger* bei einem solistischen Auftritt persönlich gehört? Möglich ist es – irgendwie muss er ja mit dem Instrument in Berührung gekommen und letztlich zu dem Entschluss, den Kontrabass zu erlernen, entschlossen gewesen sein.

Der Glücksfall – zwei bedeutende Pädagogen
Wie mag *Sperger* zum Kontrabass gekommen sein? Was hat ihn bewogen, gerade dieses Instrument zu erlernen? Sei es, wie es will – er hatte das große Glück, dass er zu den bedeutendsten und erfahrensten Lehrern, die in dieser Zeit in Wien tätig waren, Kontakte aufnehmen konnte. Vielleicht von seinem Gönner *Fürst Liechtenstein* initiiert?

Wie auch immer die Umstände, die Zufälle waren – das Glück bescherte ihn einmal als Instrumental-Lehrer den Kontrabass-Virtuosen *Friedrich Pischelberger* (1741-1813, siehe zur Namensschreibweise A. *Planyavsky* S. 334), der sich neben dem 6 Jahre älteren *Josef Kämpfer* in der 2.Hälfte des 18.Jahrhunderts ebenfalls einen bedeutenden Namen als Kontrabass-Solist erspielt hatte.

Der andere herausragende Lehrer *Spergers* wurde der Komponist und erfahrene Musiktheoretiker *Johann Georg Albrechtsberger* (1736-1809), der ihn in Komposition unterrichtete (s. auch S. 41).

Beide Lehrer waren nicht sehr viel älter als *Sperger,* aber eben doch schon so weit erfahren, dass sie bei ihrem Schüler ein so großartiges Fundament legen konnten!

Friedrich Pischelberger, nur 9 Jahre älter als *Sperger,* hatte 1769 mit seinen 28 Jahren, als er der Lehrer von *Sperger* wurde, schon eine beachtliche Karriere als Kontrabass-Solist aufgebaut.

Er hatte in den Jahren zwischen 1765 und 1769 in Großwardein, wo er der Solokontrabassist in der dortigen Hofkapelle war, einige Kontrabass-Konzerte initiiert und uraufgeführt.

Es war die Zeit, als er in der Kapelle des Bischofs von Großwardein, *Adam Freiherr von Patácic (Patachich) von Zajezda,* gemeinsam mit dem Konzertmeister und Komponisten

---

8 Alfred Planyavsky „Geschichte des Kontrabasses" 2.Auflage 1984, S. 322

9 s. Planyavsky ab S. 327; bei Josef Focht: „Der Wiener Kontrabass"-Hans Schneider/Tutzing 1999, S.183; bei Alexander Michno: „Das biografische Wörterbuch der Kontrabassisten der Vergangenheit", S. 232, Band 1/Moskau 2018

Abb. 19 Johann Georg Albrechtsberger, Porträt von Leopold Kupelwieser

Václav (Wenzel) Pichl (1741-1805) unter der Leitung des Kapellmeisters *Carl Ditters* (1739-1799) musizierte.

Das ungarische Großwardein und die ersten Kontrabasskonzerte

Was war das für eine Wirkungsstätte, wo sich diese drei Musikerpersönlichkeiten *Ditters* (später *von Dittersdorf*), *Pichl* und *Pischelberger* kennenlernten? – Was war das für ein Ort? Was gab es dort für ein Orchester? Eine Hofkapelle? Das etwa 500 km östlich, also weit weg von Wien gelegene Großwardein gehörte seit seiner Gründung zum Königreich Ungarn – seit Mitte des 16. Jahrhundert mit dem deutschen Namen Großwardein zum Vielvölkerstaat Österreich-Ungarn gehörig. Der ungarische Name ist: Nagyvárad. Die Einwohnerzahl zu dieser Zeit betrug ca. 10.000 – hauptsächlich natürlich Ungarn, danach folgten Rumänen. Jahrhunderte später, nach dem ersten Weltkrieg, musste Ungarn trotz größerer Bevölkerungszahl die Stadt an Rumänien abtreten. Sie hieß und heißt jetzt Oradea. Die Einwohnerzahl stieg auf 200.000, eine Stadt, in der noch immer, auch im Jahre 2020 etwa 25% Ungarn leben – Rumänen machen jetzt mit 145.000 Einwohnern drei Viertel der Bevölkerung aus. Vielleicht noch eine Einwohnerzahl: Im Jahre 1920 lebten in der Stadt 17.900 Juden – im Jahre 2020 sind es noch 166. Die Stadt liegt dicht an der Grenze zu Ungarn, unweit der dortigen Stadt Debrecen.

Abb. 20 Carl Ditters von Ditterdorf, Porträt von Heinrich Eduard Wintter

Zurück ins 18. Jahrhundert, wo zwischen 1759-1776 hier im damaligen Großwardein (Nagyvárad) der Bischof Freiherr von *Patácic* residierte. Dieser war eine hochgebildete Persönlichkeit, ein Berater der Kaiserin *Maria Theresia*. Er baute seine Residenz großzügig aus, gründete ein Theater – Poeten, Musiker und Theaterkünstler kamen aus dem ganzen Habsburger Reich – er unterhielt eine Kapelle, die unter der Leitung so berühmter Kapellmeister wie *Michael Haydn* (1737-1806), und *Carl Ditters(dorf)* zahlreiche Konzerte gaben und auch Opern aufführten.

Nachdem der bisherige Leiter dieses Orchesters *Michael Haydn*, der jüngere Bruder *Joseph Haydns* (1732-1809), 1763 an die Salzburger Hofkapelle verpflichtet wurde, kam als Nachfolger ab 1765 der erst 26-jährige *Johann Carl Ditters* aus Wien in diese Funktion. An dieser Stelle ist anzumerken, dass der Wiener Musikwissenschaftler *Herbert Seifert* die Anstellung *Michael Haydns* in Wien auf 1762 und die Bekanntschaft *Patatic-Dittersorf* 1764 in Preßburg und die Anstellung *Dittersdorfs* in Großwardein auf den April 1765 datiert.

Dittersdorf hatte zu seinem Dienstherren, dem Bischoff von *Patácic,* den allerbesten persönlichen Kontakt, wie er in seinen Lebensbeschreibungen achtungsvoll berichtet. So jung er als Leiter des Orchesters auch war – er genoß große Freizügigkeit und es gelang ihm, die Kapelle auf 34 Musiker zu vergrößern. Auch machte er hier die Klarinette bekannt – ein Instrument, das bisher noch nicht etabliert war. Eine weitere Neuerung, die er aus Wien mitbrachte, er ließ die Musiker, die bisher nach alter Tradition im Stehen musizierten, im Sitzen spielen.

Und in dieses kreative Umfeld passte haargenau das Trio Kapellmeister *Ditters(dorf)*, Konzertmeister *Pichl* und der Kontrabassist *Pischelberger*. In seiner „Lebensbeschreibung", die Dittersdorf seinem Sohne „in die Feder diktierte" und die 1801 bei *Breitkopf* und *Härtel* erschien, ist sehr oft die Rede von „seinem Freunde *Pichel*". Beide pflegten einen äußerst respektvollen, sehr freundschaftlichen Umgang miteinander. *Dittersdorf* war *Pichel* sogar als guter Freund behilflich bei der Brautfindung und auch bei der Hochzeit *Pichls* – er half ihm auch, nach 1769 beim Deutschen Theater in Wien, eine Anstellung als 1.Violinist zu finden.

Sicher lag es auch an der Altersstruktur dieser drei jungen, aufstrebenden Musiker, als sie sich in Großwardein im Orchester kennenlernten und freundschaftlich verbunden waren – und nun begannen, neue Ideen zu entwickeln.

Mit enormem Tatendrang gingen sie ans Werk und hatten sicher ihre Freude am Experimentieren – und so war es ein Glücksfall, dass der außergewöhnlich energiegeladene *Friedrich Pischelberger* seine Freunde zum Komponieren anstachelte.

Sicher hatten die beiden Komponisten, *Johann Carl Ditters* – erst 1773 wurde er vom Kaiser des Heiligen Römischen Reiches *Joseph II.* geadelt und hieß von nun an *Johann Carl Ditters von Dittersdorf*, – und *Václav (Wenzel) Pichl* ihren Kollegen beim Solospiel auf dem Kontrabass erlebt und waren so angetan und auch überzeugt, für ihn Solokonzerte zu schreiben.

Dittersdorf und seine Freunde Pichl und Pischelberger beim Wein

Und hier kommt jetzt die Phantasie des Autors ins Spiel – und der stellt sich vor, dass an einem Abend im südlichen Ungarn, in Siebenbürgen, bei einem oder mehrerer Karaffen Wein der spielfreudige und ehrgeizige, vor Energie und Ideen platzende Kontrabassist *Friedrich Pischelberger* die beiden Trinkgesellen *Ditters(dorf)* und *Pichl* davon überzeugte, dass er zum Solospiel mal wieder etwas Neues brauchte. Er hat sie wirklich dazu gebracht, zunächst **ein** Kontrabasskonzert zu komponieren – vielleicht entstand es sogar aus einer Wette heraus!?

Und jetzt staune man! Diese Konzerte, angeregt durch den Ideengeber *Pischelberger*, wurden von *Dittersdorf* und *Pichl* in einem Alter komponiert, als sie alle gerade erst Mitte 20 waren! – alle sind geboren zwischen 1739 und 1741.

Dankbar müssen wir also in erster Linie dem sehr aktiven *Pischelberger* für die Entstehung dieser Konzerte sein – die heute, 250 Jahre danach noch immer zum Haupt-Repertoire der Kontrabassisten in aller Welt gehören. Jetzt im Jahre 2020 zur Freude auch aller Kontrabass-Studenten! Und nun stellt sich im Jahre 2020 der Autor die Frage: welches gerade jetzt lebende Komponisten-Freundschafts-Duo übernimmt es, Kontrabasskonzerte zu schreiben, die in 250 Jahren dann immer noch zum Repertoire gehören und bei den Probespielen verlangt werden?

Beide Komponisten, *Ditters(dorf)* und *Pichl,* haben es ja nicht bei nur einem Kontrabasskonzert belassen, sie haben je zwei Konzerte geschrieben – *Ditters(dorf)*, etwa 26/27 Jahre alt, *Pichl,* zwei Jahre jünger – man könnte daraus schließen, dass entweder *Pischelberger* ein großes Talent besaß, die Komponisten zu überreden, für ihn zu schreiben – oder die

Schöpfer waren vom Solospiel *Pischelbergers* so überzeugt, vielleicht sogar begeistert, dass sie nicht nur ein Konzert, sondern gleich ein zweites Werk nachlieferten. Der Autor ist von Ersterem mehr überzeugt.

Von *Dittersdorf* sind uns auch noch weitere Werke für den Solokontrabass bekannt: Das *„Duetto in Es a Viola e Violone"* (s.Abb. 23) und seine *„Sinfonia in D a Contra-Basso e Viola concertati"* mit Orchester. Sicher ist das alles der Überredungskunst *Pischelbergers* zu verdanken.

Die Reihenfolge der Entstehung dieser Kompositionen vermutet *Adolf Meier* (S.120): *„Erstens das ‚Duett', als Zweites das ‚Konzert für elf Instrumente', danach ‚Sinfonia concertati' und zum Schluss die beiden Konzerte für Kontrabass und Orchester."* (s. Abb. 220-223, S.244ff)

Alle diese Werke finden sich noch heute in Abschriften im Nachlass *Spergers,* vorbildlich aufbewahrt in der Musikalienabteilung der Landesbibliothek Mecklenburg-Vorpommern in Schwerin.

Die leider verschollene Komposition für elf Instrumente von *Ditters(dorf),* bei der ein Solo-Kontrabass besetzt ist, erwähnt der Komponist folgendermaßen in seiner „Lebensbeschreibung": *„Ich komponierte also in aller Stille ein Konzert für eilf Instrumente, wobei sich im ersten Allegro jeder Konzertist mit einem ganzen Solo einzeln hören ließ; dann traten 3, 5, 7 und zuletzt 9 Stimmen nach und nach ein. Im letzten Solo aber kamen alle elf zusammen...."* Ein *„Großes Konzert für elf Instrumente"* im Dezember 1766 ebenfalls in Großwardein (Nagyárad) uraufgeführt.

Abb. 21

Abb. 22

Abb. 23 „Duetto in Es a Viola e Violone"

Alle diese Werke, die allgemein als die ersten konzertanten Solowerke für Kontrabass gelten, sind in den Jahren zwischen 1765 bis 1769 in Großwardein entstanden und auch dort von *Friedrich Pischelberger* uraufgeführt worden.

Die frühesten Solowerke für Kontrabass
An dieser Stelle muss aber folgendes erwähnt werden: es gibt noch früher entstandene Kompositionen, die den Kontrabass solistisch hervorhoben und zwar von keinem Geringeren als von *Joseph Haydn*.

Abb. 24 Joseph Haydn (1732-1809). Porträt von Thomas Hardy 1791.

Bereits 1761 waren die sogenannten „Tageszeiten"-Sinfonien von *Joseph Haydn* im Auftrag für seinen neuen Brotgeber, den *Fürsten Esterházy* in Eisenstadt entstanden. Sie trugen die programmatischen Titel ‚Le Matin', ‚Le Midi' und ‚Le Soir' („Der Morgen', ‚Der Mittag', ‚Der Abend') – mit dankbaren Soli für den Kontrabass – jeweils über die ganzen Trio-Teile der Menuett-Sätze.
Diese Soli blieben im Tonumfang im Wesentlichen in den Umfängen der Orchesterlagen.

Abb. 25 Kontrabass-Solo aus Haydn-Sinfonie Nr. 8 „Le Soir" („Der Abend"), Ausgabe: Hofmeister-Verlag 1994

Als weiteres – und sicher wäre es das bedeutendste Werk dieser Epoche und dieser Gattung gewesen – muss dieses entstandene Konzert genannt werden: *„Concerto per il Violone"* von *Joseph Haydn*, welches er vermutlich 1763 komponierte. Das erfahren wir aus seinem selbstverfassten Entwurf-Katalog (EK19).[10]

Abb. 26 Anfangstakte *„Concerto per il Violone"* von J. Haydn – später ergänzt er: *„Contra Violone"*.

---

10 Mehr dazu erfahren wir bei Alfred Planyavsky in seiner „Geschichte des Kontrabasses", zweite Auflage 1984, S. 288

Bekanntlich ist dieses Konzert, das sicher der musikalisch wertvollste Maßstab aller klassischen Kontrabasskonzerte gewesen wäre, verschollen – es ist bis heute nicht aufgefunden worden!

Von Großwardein nach Wien
Bis zu dem Zeitpunkt, als 1769 die Privatkapelle nach einem Hinweis der Kaiserin *Maria Theresia* gegenüber dem Bischof *Patàcic*, wegen „zu weltlichen Verhaltens während der Fastenzeit" (!) aufgelöst wurde, war *Dittersdorf* der Dirigent des Orchesters
In diesem Jahre verlagerte auch *Pischelberger* seinen Lebensmittelpunkt nach Wien und hier ergab sich dieser Glücksumstand:
Friedrich Pischelberger wurde der Kontrabasslehrer von *Johann Matthias Sperger* – ein für den weiteren Verlauf der Kontrabass-Historie ganz entscheidender, glücklicher Umstand!
Die vier Jahre der *Dittersdorf-Pichl-Pischelberger*-Ära im damaligen ungarischen Nagyárad (Großwardein) sollten also für die Kontrabass-Historie äußerst bedeutend sein: die ersten vier Kontrabass-Konzerte mit Orchester und die anderen oben erwähnten Solo-Kompositionen entstanden hier – im damaligen Ungarn, heutigem Rumänien – und sind bis heute im gängigen Kontrabass-Repertoire weltweit zu finden.

Friedrich Pischelberger – neben Sperger der Impulsgeber dieser Zeit
Zur Vervollständigung der solistischen und für die Kontrabass-Geschichte äußerst bemerkenswerten Leistungen *Pischelbergers,* seien noch seine Beteiligungen an den folgenden Uraufführungen benannt: „*Sinfonia concertant* für Pianoforte, Mandoline, Kontrabass, Trompete und Orchester" von *Leopold Kozeluch (1747-1818)*, *übrigens auch kurzzeitig ein Schüler von J. G. Albrechtsberger,* am 22. und 23.12.1789 bei einer Academie der Tonkünstler Societät in Wien[11] und vor allem auch seine ganz maßgebende Beteiligung als Kontrabass-Solist bei der Uraufführung der Konzertarie für Bass, obligaten Kontrabass und Orchester „*Per questa bella mano*" von *Wolfgang Amadeus Mozart (1756-1791)* im Jahre 1791.
Der unermüdliche *Pischelberger* wird bei *Mozart* um ein Kontrabasskonzert nachgefragt haben – und dieser, nicht verlegen, sagte zu einem Kontrabass-Solo „JA", aber nicht zu einem Konzert, sondern einer Arie mit obligatem Kontrabass. Wie bekannt ist, wurde diese Arie von dem Sarastro-(Zauberflöte) und Osmin-(Entführung aus dem Serail) Darsteller *Franz Xaver Gerl* gemeinsam mit *Friedrich Pischelberger* 1791, im Todesjahr *Mozarts,* uraufgeführt.
Kein anderer Kontrabassist in der Geschichte dieses Instrumentes außer *Johann Matthias Sperger,* hat so viele markante Werke angeregt und uraufgeführt, die bis heute im Kontrabass-Repertoire ihren festen Platz haben!

---
11 s. Programme der Wiener Tonkünstler-Societät, lt. A.M.

Bemerkenswert – und wir halten das fest: nachweislich trat *Friedrich Pischelberger* in den Jahren ab 1765 (spielte *Dittersdorf-* und *Pichl*-Konzerte) bis 1791 (spielte die *Mozart*-Arie) als Solist hervor – immerhin mindestens etwa 25 Jahre lang!

Kapitel III 1769-1783 Entdeckung des Instrumentes Kontrabass

Spergers Beginn seines Studiums in Wien

Es kann sehr stark vermutet werden, dass der 17-jährige *Sperger* aus der Kleinstadt Feldsberg nun mit vollem Tatendrang in Wien, zu der Zeit, als gerade all die Konzerte von *Dittersdorf* und *Pichl* ihre Uraufführungen erlebten – und zwar von seinem Lehrer *Pischelberger* – begeistert war und angestachelt worden ist, ihm nachzueifern.

Das Unterrichtsverhältnis *Pischelberger* / *Sperger* kann erst ab 1769 möglich geworden sein, da erst in diesem Jahre *Friedrich Pischelberger* durch die Auflösung seines bisherigen Dienstverhältnisses in der Kapelle in Großwardein nach Wien übersiedelte. Durch die Entfernung dieser beiden Städte (ca. 500 km) kann es unmöglich früher zum Lehrer – Schüler-Verhältnis gekommen sein.

Wie bereits oben erwähnt, könnte *Sperger* in den Jahren zwischen 1767 und 1769 durch die Bekanntschaft mit dem 15 Jahre älteren viel-reisenden Kontrabass-Virtuosen *Joseph Kämpfer* den Kontrabass als **sein** Instrument entdeckt haben. Ob er selbst den vor Energie sprühenden *Pischelberger* als seinen Lehrer ausgewählt hat, oder ob das Schicksal sie zusammengeführt hat, läßt sich nicht genau sagen.

Wir gehen fest davon aus, dass es ab 1769 zum regelmäßigen Kontrabass-Unterricht bei dem aus Großwardein übersiedelten *Pischelberger* kam. Aber ebenso zum Unterrichtsverhältnis beim Theorielehrer *Albrechtsberger*.

Es gibt leider keinerlei Hinweise, Notizen, Berichte über die Unterrichte bei diesen beiden Pädagogen. Wie mag zu dieser Zeit das Unterrichten ausgesehen haben? Kann man von Unterricht im heutigen Sinne sprechen? Auf alle Fälle gab es eine Wissensvermittlung in welcher Form auch immer. Wie sonst konnte *Sperger* trotz seiner großen musikalischen Begabung das theoretische Wissen und auch das Können als Komponist erlangen, wie er es kurze Zeit später in seinen Kompositionen beweist. Tonsatz, Formenlehre und alles theoretische Wissen, was zum Komponieren gehört – all das beherrscht er blendend. Es kann nur durch Vermittlung übernommen worden sein – und das hat er durch die fundierte Lehre *Albrechtsbergers* erfahren. Wie wir es noch an weiteren Beispielen erfahren werden, *Sperger* beherrschte das Umsetzen seiner musikalischen Ideen in das Schriftbild der Notation perfekt. Wir entdecken in seinen Kompositionen satztechnisch nicht den geringsten Fehler! Und genau so können wir das bei seinem Kontrabasslehrer feststellen: die methodischen Unterweisungen, die er von *Pischelberger* übernehmen konnte, machten ihn zu dem führenden Kontrabassisten des 18. Jahrhunderts und nicht nur zu dieser Zeit, sondern weit darüber hinaus.

Wir zehren heute noch durch das Spiel seiner Kontrabasswerke vom logischen Aufbau seiner Methodik. Die in seinen Solostimmen selbstnotierten Fingersätze muten so modern an, dass sie von heute sein könnten. Theorie- und Instrumentallehrer ergänzten sich in geradezu idealer Weise. Ein Glücksfall für die Kontrabassgeschichte in jeder Beziehung.

Im Jahre 1777 – Spergers erste Anstellung

Jetzt beginnt für *Sperger* und seine Karriere die große Zeit!
Eine Fülle von Daten, Geschehnissen, Konzerten, Kompositionen sind uns überliefert.
Sein erstes Kontrabass-Konzert entsteht. Seine erste Sinfonie entsteht und und und…
Nachdem die 10 Jahre von 1767 bis 1777 leider bisher keine nachweislichen Belege zum Leben *Spergers* erbracht haben, können wir uns ab jetzt (1777) auf verlässliche Nachrichten berufen.[12]
Seine erste Anstellung in einem Orchester erhält *Sperger* 1777 in der Kapelle des Erzbischofs und späteren Kardinals von Ungarn *Jóseph Graf von Batthyány* (1727-1799) in Preßburg.
Preßburg war im Laufe seiner Geschichte eines der wichtigsten Zentren Großmährens und des Königreichs Ungarn im Rahmen der Monarchie Österreich-Ungarn. Die Stadt wurde geprägt von zahlreichen Ethnien und Kulturen, wie Kelten, Römern, Magyaren, Deutschen, Slowaken, Juden. Sie war von 1536 bis 1783 Hauptstadt des Königreichs Ungarn, obwohl die Hälfte der Einwohner Deutsche waren – etwa 22.000 von 42.000 Einwohnern. Des weiteren 7.000 Slawen, nur ca. 3.000 Ungarn und zahlreiche Juden. Und trotzdem war es über viele Jahre die Krönungsstadt für die ungarische Bevölkerung von insgesamt 19 Königen und Königinnen im Habsburger Reich.
In der zweiten Hälfte des 18. Jahrhunderts war Preßburg die vornehmste, schönste und volkreichste Stadt des ungarischen Reiches. Durch *Joseph II.*, dem Sohn und reformwilligen Nachfolgers der *Kaiserin Maria Theresia*, der die Administration 1783 nach Budapest/Stadtteil Ofen verlegte, verlor die Stadt an Bedeutung – gehörte aber weiter zu Ungarn.
Erst nach dem Ersten Weltkrieg im Jahre 1918 wurde sie gegen den Willen der Bevölkerung der neugegründeten Tschechoslowakei angegliedert und erhielt den Namen Bratislava. In neuester Geschichte ist Bratislava seit 1993 Hauptstadt der unabhängigen Slowakei.
Jóseph Graf von Batthyány stammt aus einer der berühmtesten ungarischen Adelsfamilien. Unter den vielen Titeln und Aufgabenbereichen sei erwähnt: Fürstprimas und Erzkanzler des Königreiches Ungarn, Herzog des Heiligen Römischen Reiches – seine Familie zählt zu den bedeutendsten Geschlechtern Österreichs/Ungarns. Er war u. a. der persönliche Berater der *Kaiserin Maria Theresia*, genau wie auch in dieser Funktion der *Bischof Adam Freiherr von Patácic* in Großwardein (s. Seite 34).
Und so unterhielt eine derartig anerkannte und verdienstvolle Persönlichkeit auch ein Orchester – und wie aus den Namen der Musiker zu ersehen ist, besetzt mit hervorragenden, damals führenden Instrumentalisten.

---

12 An dieser Stelle muss ein Appell an die Musikwissenschaft gerichtet werden: es fehlen für die Jahre 1767 bis 1777 verlässliche Angaben/Forschungsergebnisse zu Leben und Werk von Johann Matthias Sperger

Die Hofkapelle von Preßburg 1777-1783

Abb. 27 Burg Preßburg 18. Jahrhundert

Über *Batthyany* heißt es im Familienarchiv im Ungarischen Staatsarchiv Budapest: „*Der große Gönner der Künste und besondere Beförderer der Musik – hat eine Kapelle, so ganz Europa nicht aufzuweisen hat. Er erlaubt jedem anständig Gekleideten in den Konzerten dabei zugegen zu seyn. Die Dankbarkeit des gesamten Publikums, über eine so feine Belustigung, zeigt sich jedesmal in der Menge der Anwesenden, vom höchsten Adel bis zum gemeinen Mann*".
Abb. 28 zeigt die von *Adolf Meier* hervorragend recherchierte Orchesterbesetzung.

Die Hofkapelle von Preßburg 1777-1783

Eines der herausragendsten Orchester des Kontinents zu dieser Zeit.
Was uns besonders interessiert, sind die Namen der Musiker, die herausstechen: Wir gehen davon aus, dass die höher-bezahlten auch die führenden Köpfe der Kapelle waren.
Die höchste Besoldung erhielt der administrative Direktor und Konzertmeister der Kapelle *Joseph Zistler* (1744-1799): 1000 fl. (Florin – Goldmünze). An zweiter Gehaltsstelle rangierte der Violoncellist *Franz Xaver Hammer* (800 fl.) – nicht verwunderlich, da der hochdotierte Violoncellist und Gambist früher bereits in der *Esterhazy'schen Haydn*-Kapelle tätig war – von ihm wird später noch die Rede sein. (S. 69, 143, 150ff).

1769-1783 Entdeckung des Instrumentes Kontrabass

Die Mitglieder der Batthyányschen Kapelle, Preßburg 1778 bis 1783

Jahr und Quelle	1778, P 1318[1]	1779, Gesch.d.Fasch[2]	1780, P 1318	1781, P 1318	1782, P 1318	1782, Forkel[3]	1783, P 1318
Direktor:	Joseph Zistler	Zistler	Zistler	Zistler	Zistler	Zistler (KonzM. u. 1. Violinist	Zistler
Kapellmeister:	Anton Zimmermann	Zimmermann	Zimmermann	Zimmermann (†Okt. 81)	(Vakant)	(Vakant)	(Vakant)
Violine:	Zistler, 1000[4]	Zistler	Zistler, 1000	Zistler, 1000	Zistler, 1000	Zistler	Zistler, 850
	Zimmermann, 500	Zimmermann	Zimmermann, 500	Zimmermann, 500	Mraff, 500	Mraff	Mraff, 500
	Franz Mraff, 500	Mraff	Mraff, 500	Mraff, 500	Sef, 300	Sef	Sef 300
	Stephan Försch, 500	Försch	Försch, 500	Försch 500		Försch	
		Ignaz Sef	Sef, 300	Sef, 300		(Ign. Boeck)	
						(Czervenka)	
						(Mikusch)	
						(Pum)	
Viola:	Grindler ? (Akzessist ?)	Grindler				(Rau)	
						(Lots)	
						(Kinel)	
Violoncello:	Franz Xav. Hammer, 800	Joseph Kämpfer	Kämpfer, 250	Hammer, 800	Hammer 800	Hammer	Hammer, 800
	Leopold Schwendner, 300	Hammer	Hammer, 800	Schwendner, 400	Schwendner, 400	Schwendner	
		Schwendner	Schwendner, 400				
Kontrabaß:	Johannes Sperger, 500	Sperger	Sperger, 500	Sperger, 500	Sperger, 500	Sperger	Sperger, 500
Bariton:	Karl Franz, 500	Franz	Karl Franz, 500	Franz, 500	Franz, 500	Franz	
						Franz Spieler	
Flöte:							
Oboe:	Albrecht Schaudig, 600	Schaudig		Ant. Mikusch, 240	Mikusch, 300	Mikusch	Mikusch, 300
	Johannes Theimer, 180	J. Theimer	J. Theimer, 240	J. Theimer, 240	J. Theimer, 400	J. Theimer	
	Philipp Theimer, 180	Ph. Theimer	Ph. Theimer, 240	Ph. Theimer, 240	Ph. Theimer, 400	Ph. Theimer	
Klarinette:	Theodor Lots, 600	Lots	Lots, 600	Lots, 600	Lots, 600	Lots	Lots, 400
	Michael Pum, 500	Pum	Pum, 500	Pum, 500	Pum, 500	Pum	
Fagott:	Jahn (John?), 500	Franz Czervenka	Czervenka, 700	Czervenka, 700	Czervenka, 700	Czervenka	Spadny, 300
		Joseph Spadny, 240	Spadny, 240	Spadny, 240	Spadny		
Horn:	Anton Boeck, 500	A. Boeck	A. Boeck, 500	Ign. Boeck, 300	Ign. Boeck, 300	Ign. Boeck	
	Paul Rau, 500	Rau	Ign. Boeck, 300	Ant. Boeck, 300	Ant. Boeck, 300	Ant. Boeck	
			Rau, 240	Rau, 240			
Trompete:	Franz Faber, 500	Faber	Faber, 500	Faber, 500	Faber, 500	Klepp	Klepp, 300
	Johann Klepp, 300	Klepp	Klepp, 300	Klepp, 300	Klepp, 300	Franz Schmid	
Pauke:						Caspar Kirchenkopf	
Harfe:	Jakob Schrottenbach, 300	Schrottenbach	Schrottenbach, 300	Schrottenbach, 300	Schrottenbach, 300	Schrottenbach	
Kopist:	Joseph Kinel, 300	Kinel	Kinel, 300	Kinel, 300	Kinel		Kinel, 300
Gesamtzahl:	20	22	23	23	21	24[5]	10

Anmerkungen:
1) Familienarchiv Batthyany im Ungarischen Staatsarchiv, Budapest, Sign. P 1318
2) (o. V.) Geschiche des Faschings, Preßburg 1779, 195 ff.
3) Forkel, Musikalischer Almanach für Deutschland, Jg. 1783, 99 ff.
4) Die Zahlen hinter den Namen geben die Jahresbesoldung in fl. an.
5) Der Vergleich mit den anderen Quellen zeigt, daß Forkel auch unbezahlte Kräfte nennt.

Abb. 28 Liste der Mitglieder der Hofkapelle Preßburg 1777-1783[13]

13 aus Adolf Meier: „Konzertante Musik für Kontrabass in der Wiener Klassik" S. 16

Mit einer Jahresbesoldung von 500 fl. werden der Kapellmeister und Komponist *Anton Zimmermann* (1741-1781) – später mehr über ihn (u.a. S. 69, 89ff, 235, 375), der Kontrabassist *Johannes Sperger* und der Baryton-Spieler (als Virtuose bezeichnet) *Karl Franz* (1738-1802) genannt.

Erstaunlich, dass die ersten Bläser an der Oboe *(Albrecht Schaudig)* und Klarinette *(Theodor Lots)* 600 fl. *(Lots* war auch Leiter der Harmoniemusiken) und der Fagottist *Franz Czervenka* sogar 700 fl. erhalten hatten. Die Gebrüder *Anton* und *Ignaz Boeck*, die sich als Hornisten einen guten Namen zu dieser Zeit gemacht haben, werden auch in den Gehaltslisten in Preßburg aufgeführt.

Alle anderen Streicher und Bläser liegen weit darunter – zwischen 240 bis 400 fl. Und erstaunlicherweise ist der oft Genannte und als reisender Kontrabass-Virtuose apostrophierte *Joseph Kämpfer* in der unteren Gehaltsklasse (240 fl.) zu finden.

Also scheinen die Bläser eine große Rolle in der Kapelle des *Fürstprimas von Batthyany* gespielt zu haben. Und so ist es nicht verwunderlich, dass es eine überproportional breite Palette an sogenannten ‚Feldpartien' im Oeuvre *Spergers* festzustellen gilt.

Abgesehen von den Besoldungen ist festzuhalten, dass es hier ein sehr starkes Bassregister mit den Kontrabassisten *Sperger* und *Kämpfer* (hier in der Tabelle fälschlich als Violoncellist genannt) und dem hochdotierten Cellisten *Hammer* gibt!

Eine Vermutung: konnte es gut gehen, wenn zwei hochkarätige Kontrabass-Virtuosen, die als solche in der Musikgeschichte eine Rolle spielen, an einem Pult in einer Hofkapelle zusammenspielen? Deshalb könnte es sein, dass *Kämpfer* schon nach zwei Jahren (1781) die Hofkapelle verließ und sich wieder auf Reisen begab. (Siehe auch S.59) *Johann Matthias Sperger*, der in all den sechs Jahren des Bestehens der Preßburger Kapelle genannt ist, hat hier nachweislich seine große Zeit als Komponist durchlebt. Hier hat er ein enorm umfangreiches Werk geschaffen. Er hatte in seinen auserlesenen Orchester-Kollegen viele Anregungen gefunden, für sie Kompositionen geschrieben, um sie dann von ihnen aufgeführt zu erleben.

Adolf Meier hat in seiner verdienstvollen Untersuchung/Dissertation[14] und in der Dokumentation „Thematisches Werkverzeichnis der Kompositionen von Johannes Sperger"[15] eine umfassende Aufstellung aller Kompositionen *Spergers* erstellt. Dies soll die Grundlage des folgenden Überblickes seiner Werke sein, die hier in Preßburg und dann auch später in Ludwigslust entstanden sind.

Da *Sperger* seine Kompositionen nicht durchgehend mit Jahreszahlen der Entstehung notierte, kann hier keine endgültig korrekte chronologische Reihenfolge festgehalten

---

14 „Konzertante Musik für Kontrabass in der Wiener Klassik" in ‚Schriften zur Musik Band 4, Herausgeber Walter Kolneder 1969, Musikverlag Email Katzbichler Giebing über Prien am Chiemsee)

15 Zusammengestellt und dokumentiert von Adolf Meier, herausgegeben von Eitelfriedrich Thom in: Studien zur Aufführungspraxis der Kultur- und Forschungsstätte Michaelstein/ Blankenburg; Dokumentationen – Reprints Nr. 21, 1990

werden. Es soll aber in den Zusammenfassungen der einzelnen Werkgattungen eine annähernde Chronologie erkennbar sein. Es soll begonnen werden mit den Werken, die als die frühesten gelten können.

Bevor *Sperger* die ersten Sinfonien und Solokonzerte komponierte, waren mit Sicherheit Werke in kleineren Besetzungen entstanden. *Adolf Meier: „Sperger entfaltete in seinen Preßburger Jahren in der Kapelle des Erzbischofs Graf von Batthyány in den Jahren 1777-1783 eine außerordentliche Produktivität auf den Gebieten der Sinfonie, des Solokonzertes, der Feldpartien und der Kammermusik".*

Mit ‚Feldpartien' werden Bläsermusiken bezeichnet, die hauptsächlich als Freiluftmusiken zur Aufführung kamen. Das kann bei *Sperger* zu jener Zeit als bevorzugt beobachtet werden, da eine sehr große Anzahl dieser Gattung nachweisbar und in verschiedenen Bibliotheken zu finden sind[16]. Besonders zahlreich und vorbildlich aufbewahrt finden sie sich in der Musikalienabteilung der Landesbibliothek Mecklenburg-Vorpommern in Schwerin.

In den sechs Preßburger Jahren schlägt eine Zahl von 56 Werken (nur die „Feldpartien" – also reine Bläsermusiken) in unterschiedlichen Besetzungen zu Buche. 27 davon sind 4-sätzig, 26 sind 3-sätzig, ein Werk hat 6, ein anderes 5 Sätze und eines hat nur einen Satz. Für die Statistiker: es sind damit 215 Sätze Musik – und dies allein bei den Bläsermusiken aus Preßburg!

Sperger hat diese Kompositionen meistens in bestimmte Gruppen gegliedert und zusammengefasst.

Es war zu dieser Zeit eine übliche Gegebenheit, dass Komponisten ihre Werke gleicher Gattung in Dreier- oder Sechser-Serien zusammenfassten, wenn sie diese z.B. versenden wollten. Bei *Johann Sebastian Bach* und anderen namhaften Komponisten finden wir dieses System – als Beispiel mögen die sechs Brandenburgischen Konzerte *Bachs* oder die „Tageszeiten-Sinfonien" von *Joseph Haydn* dienen. Sperger hat in seiner Gewissenhaftigkeit, die uns heute bei den Nachforschungen zu seinen Kompositionen äußerst behilflich ist, einen *„Catalog über verschückte Musicalien"*[17] angelegt.

Spergers „Catalog über verschückte Musicalien"

In diesem „Catalog" notiert und berichtet er authentisch über die Werke, die er an Persönlichkeiten oder an Fürstenhäuser, ja sogar an Königs- und Zarenhäuser versandte, bei denen er eine Hofkapelle voraussetzte oder vermutete.

---

16 s. A.Meier Thematisches Werkverzeichnis S. 58
17 Schwerin Mus. 3065/3

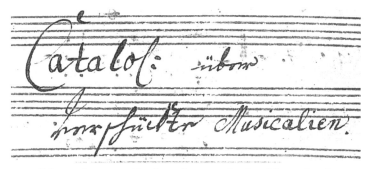

Abb. 29 Sperger: „Catalog über verschückte Musicalien"

Die erste Gruppe von sechs Sinfonien[18] und ebenfalls sechs „Partien" in der Besetzung „2 Oboen (oder Klarinetten), 2 Hörner und Fagott"[19] hat er bereits in seinem ersten Jahr in der Preßburger Kapelle, also 1777 an den *Grafen von Széchényi* übersandt.

Die sechs Sinfonien (s. S. 48, Abb. 30), der von *Sperger* selbst zusammengestellten ersten Serie von „Nr. 1 bis Nr. 6", stehen in den Dur-Tonarten: D, C. F, G, Es und B-Dur. Noch im Zeitraum um 1777-1780 entstanden in gleicher Bläser-Besetzung fünf weitere Gruppen (Sechser- und Vierer-Serien) mit insgesamt 21 Werken.[20]

Nun kann er diese genannten Werke, noch neben anderem, nicht an einem Stück komponiert haben – „…aber sie sind durch die Eigenschaft der gleichen Papiersorte dieser Zeitspanne zuzuschreiben" (A.M.). Einiges davon ist zum Teil sicher schon in seiner Vor-Preßburger-Zeit entstanden.

Diese an den *Grafen von Széchényi* verschickten Sinfonien sind von ihm mit den Nummern 1 bis 6 bezeichnet und sind zusätzlich laut seiner Eintragung im „Catalog" noch an zwei weitere Adressaten versandt worden – an den *Bischof von Raab* (wahrscheinlich *Ferenc Zichy ?*, 1743-1783) und 1782 an den Fürsten von *Esterhazy* (vermutlich *Paul Anton Esterhazy*, 1738-1794, in dessen Zeit dann die durch Reform-Vorhaben von *Kaiser Joseph II.* veranlasste Auflösung der Hofkapelle in Eisenstadt unter *Joseph Haydn* fiel).

Eine weitere Serie von sechs Sinfonien[21] entstand zu Beginn der 1780er Jahre und auch sie stehen alle in Dur-Tonarten: G, Es, C, D, B und Es-Dur. Könnte man schon hieraus auf *Spergers* optimistischen und immer zu Freundlichkeit und Verbindlichkeit tendierenden Charakter schließen? Obwohl uns dramatische und temperamentvolle Passagen immer wieder auch in den Dur-Sinfonien begegnen. – Sinfonien in Moll-Tonarten gibt es nur zwei.

---

18 s. A.M.-WV. S.9-12 unter A1 bis A6

19 A.M.-WV. S.58 unter D1/1 bis D1/6

20 A.M.-WV. S.59/60 unter D1/7 bis D1/12; D1/13 bis D1/17; D1/18 bis D1/21; D1/22 bis D1/25; D1/26 bis D1/26 bis D1/27

21 A.M.-WV. S. 12-14 unter A7 bis A12

Abb. 30 Sperger: „Catalog über verschückte Musicalien" hier die S.2

Bis zum Jahre 1783, dem Jahr der Auflösung der Hofkapelle in Preßburg (s.S. 69 und S.77), entstand nochmals eine Sechser-Serie von Sinfonien.[22]

Ebenfalls alle in Dur-Tonarten, Nr. 13 bis 18: C, G, A, F, D und C-Dur. Auf stolze 18 Sinfonien war sein sinfonisches Oeuvre in den sechs Jahren der Zugehörigkeit in der Batthyanischen Kapelle angewachsen. Für die Statistiker: in jedem Jahr (1777-1783) hat *Sperger* die beachtliche Zahl von drei großen sinfonischen Werken – d.h. 72 Sinfonie-Sätze geschaffen in 6 Jahren.

Dazu kommen in der Preßburger Lebensspanne seine zahlreichen Instrumentalkonzerte: Sieben Konzerte für Kontrabass, eines für Viola und eines für Violoncello.(s. Abb. 31)

Desweiteren ein Konzert für Flöte, Trompete (2), Horn (2) und ein Fagottkonzert. Ebenfalls in dieser Zeit entsteht sein famoses „Concertino in D für Flauto Traverso, Alto Viola und Contrabasso concertant und Orchester".(s. Abb. 32)

---

22 A.M.-WV. S. 15-17 unter A13 bis A18

Abb. 31 Erste Partiturseite des „Concerto per il Violoncello" von 1778/1779

Äußerst interessant ist sein 1777 beendetes erstes Kontrabass-Konzert – darüber ausführlicher auf S. 61.
Unmittelbar nach diesem ersten Kontrabasskonzert entsteht das „Concertino" – eine konzertante Sinfonie (Tripelkonzert) (s. Abb. 32).

Abb. 32 Titelblatt des Concertino von 1778 Dieses großartige „Concertino" komponierte Sperger im zweiten Jahr seiner Anstellung in der Preßburger Kapelle im Alter von 27 Jahren

Mit diesem „Concertino" gelang ihm in Form und melodischem Ideenreichtum bereits ein gültiges Werk. Eine konzertante Sinfonie, in der alle drei Soloinstrumente gleichberechtigte, instrumententypische, dankbare Aufgaben erhielten.

Die Besetzung des Orchesters schließt neben den Streichern, 2 Oboen, 2 Hörnern auch 2 Trompeten und Pauken ein. Gerade erst herausgebildet – etwa um 1770 – beinhaltet eine konzertante Sinfonie Elemente des Concerto grosso, des Divertimentos oder der Serenade mit dem Hervortreten von Soloinstrumenten. Immer in heiteren Dur-Tonarten.

Auf *Spergers* „Concertino" treffen all diese Elemente zu – schon hier zeigt sich sein Übermaß an markanten Melodieeinfällen. Dreisätzig – dem lebendigen *Allegro moderato* folgt ein ausdrucksstarkes *Adagio*, bevor das Werk mit einem spielfreudigen, heiteren *Rondo* seinen virtuosen Abschluss findet.

Perlende Läufe in der Flöte, dankbar gesangliche Themen in der Viola und über fast vier Oktaven umfassende Passagen geben dem Solo-Kontrabass Gelegenheit, sich virtuos und auch tonlich zu präsentieren.

Abb. 33 Titelblatt der überarbeiteten (Berliner) Version für Solo-Violoncello, anstatt des Kontrabass-Originals.

An dieser Stelle muss von einem gewissen Kuriosum berichtet werden – und wir gehen etwas in der Chronologie voraus: als *Sperger* 1783 durch die Auflösung seines Orchesters gezwungen war, eine neue Anstellung zu finden, nahm er verstärkt Kontakte zum musikliebenden und cellospielenden König in Berlin auf. Bei seinem ersten Konzert vor diesem Preußenkönig Anfang 1788 übergab er ihm Partitur und Stimmenmaterial dieses Concertinos – aber nicht mit der originalen Solo-Kontrabass-Stimme, sondern in der für Solo-Violoncello überarbeiteten Version. Aus erklärlichen Gründen verschwieg er die Besetzung des Originales!

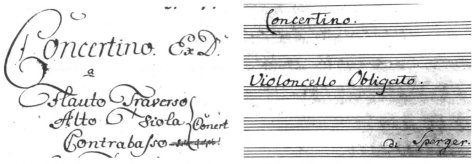

Abb. 34 Titelseite mit der originalen Besetzungsangabe mit Solokontrabass

Abb. 35 Die überarbeitete (Berliner) Version mit Violoncello-Solo (Kopisten-Abschrift)

Eine Notiz in der „Berliner Partitur", die in der Musikabteilung der Staatsbibliothek zu Berlin[23] seit 1788 vorbildlich aufbewahrt wird, informiert, dass dieses Werk im Januar 1788 überreicht und im März diesen Jahres gespielt wurde.

Abb. 36 Erste Seite der Violinstimme aus dem Concertino in der Berliner Fassung

Aus Anlass seiner Konzerte in Berlin 1788 schenkte er dem König noch eine von ihm selbst so genannte „Cello-Sinfonie" – darüber mehr auf S. 28 und S. 108.

---

23 Staatsbibliothek ‚Preußischer Kulturbesitz, Unter den Linden 8, D-10117 Berlin, Sign. M5224 und 5225

Zurück in die Jahre ab 1777 in Preßburg

Neben den 18 Sinfonien, den 15 Instrumentalkonzerten, den 56 Bläsermusiken entstehen noch in den sechs Preßburger Jahren etwa 40 Kammermusiken von seinen insgesamt 98 Werken dieser Gattung. Auch diese verschiedensten Streicher-Bläser-Besetzungen vom Duo bis zum Nonett mit und ohne Klavierbegleitung.

Seine Kammermusiken bedienen sich verschiedener Titel – wir finden Divertimenti, Cassationen, Notturni und ähnliche Werkbezeichnungen.

Hier folgt die Liste der variantenreichen Kammermusik-Besetzungen, wovon der weitaus größte Teil während seiner Zeit in Preßburg entstanden ist.[24]

01.) Streicher-Duette – Vl. u. Basso // Kb. u. Vla. // Kb. u. Vc. // 2 Vl.	10
02.) Flöten-Duette - 2 Fl.	8
03.) Horn-Duette - 2 Co.	12
04.) Streich-Trios - Vl.(Fl.), Vla., Basso // 2 Vl., Basso	4
05.) Trios für 1 Blas- und 2 Streichinstrumente – Fl.(Co.), Vla., Basso	14
06.) Trios für 2 Blas- und 1 Streichinstrument - 2 Fl., Basso	5
07.) Trios mit unbestimmter Besetzung	2
08.) Streichquartette - 2 Vl., Vla., Vc.	9
09.) Flötenquartette - Fl., Vl., Vla., Vc. (Basso) // Fl., Vla., Vc., Kb.	13
10.) Oboenquartette - Ob., Vl., Vla., (Vc.), Kb.	2
11.) Fagottquartett - Fg., Vl., Vla., Basso	1
12.) Hornquartett - Co., Vl., Vla., Basso	1
13.) Quartette - 2 Corni, Vla., Kb.	2
14.) Quintette - Vl., Vla., Kb., 2 Co. // 2 Vla., 2 Co., Fg.	2
15.) Sextette - Vl., Vla., Kb., Fl., 2 Co.	3
16.) Septett - Fl., 2 Ob., 2 Co., Fg., Kb.	1
17.) Oktett - 2 Vl., Vla., Basso, 2 Fl. (2 Klar.), 2 Co.	1
18.) Nonette - 2 Ob., 2 Klar., 2 Co., 2 Fg., Trp.	2
19.) Kammermusik mit Klavier – - Clavicembalo/Vc. obligat // Clavicembalo, Vl., Vla., Basso	6
Kammermusik-Werke in gemischten Streicher-Bläser-Besetzungen insgesamt:	**98**

Eine bedeutende Leistung – allein gemessen an der Zahl der Kompositionen! Vom Inhalt ganz zu schweigen – mit den Ideen der Themenfindung, den Durchführungen, den druckreifen Ausführungen der Niederschriften mit dem Federkiel – eine bemerkenswerte Leistung!

---

24 A.M.-WV. S. 43 „Nach seiner Übersiedlung nach Ludwigslust im Jahre 1789 hat Sperger sich kaum der Kammermusik angenommen"

Und dabei bedenke man, dass Sperger ja hauptsächlich als Musiker, als Kontrabassist im Orchester und nicht vorrangig als Komponist in Preßburg tätig war.
Wie oben erwähnt, hat *Sperger* seine Werke nicht sehr oft mit den Jahreszahlen der Entstehung versehen. Umso erstaunlicher sind die sechs Sonaten mit den Titeln „Divertimento per il Clavicembalo et Violoncello obl.". Sie sind jeweils dreisätzig und entstanden alle sechs im April 1779.

Abb. 37 Erste Seite der „Divertimenti per il Clavecempalo et Violoncello obl." von 1779

Wir erinnern uns: im zweiten Jahr seiner Anstellung in Preßburg. Er war gerade 29 Jahre alt geworden und mit ungebändigter Schaffenskraft am Wirken. Bei diesen Divertimenti in Duo-Besetzung notierte er sogar sehr gewissenhaft: „Fine de 7ten April, Fine de 8t April 1779, Fine die 9t April 1779, Fine die 12t April, Fine die 13t April 1779.
Fast täglich schreibt und beendet er ein dreisätziges Duo-Werk. Die Einfälle, die Melodien, die Satzführung müssen ihm nur so aus der Feder geflossen sein!
Für die Statistiker halten wir fest: in den 6 Jahren in Preßburg sind 129 Werke entstanden: 18 Partituren von Sinfonien, 15 Partituren von Instrumentalkonzerten, 56 Partituren von Bläsermusiken, 40 Partituren von Kammermusiken.
Neben diesen enormen Leistungen als Orchestermusiker, als ertrag- und erfolgreicher Komponist, fand er als Instrumental-Solist mit seinem Kontrabass Zeit, auch noch für seinen Brotgeber, den Erzbischof *Jóseph Graf von Batthyány,* Konzertabende mit seinen Werken zu organisieren und auszuführen.
Dieses Dokument, (nächste Seite, Abb.38) ein Dokument aus dem Jahre 1779, verdankt der Autor *Radoslav Šašina* aus Bratislava. (s.S.54)
Auf einzelne Kompositionen, die in dieser Zeit in Preßburg entstanden sind, werden wir später näher eingehen.
Zunächst wandeln wir weiter auf seinem Lebensweg.

Sperger als „Virtuos" 1779 in Preßburg (heut: Bratislava)

Abb. 38 Plakat eines Sperger-Konzertabends in Preßburg 1779 (heutiges Bratislava)

Kapitel IV 1777-1778
Eine große „Sinphonie" von der Erfindung des Herrn Sperger

Die Wiener Ton-Künstler-Gesellschaft

Wie *A.Meier* in seiner Dissertation schreibt (S.162): *„Sperger heiratete bevor er 1777 in die Preßburger Hofkapelle eintrat"*. Aber nicht *Anna Tarony*, wie dort vermerkt ist, sondern die am 6.Februar 1750 in Linz /Oberösterreich geborene *Anna Maria Barbara Firani*. Dies geht eindeutig aus dem von *Sperger* in Ludwigslust selbstverfassten Testamentes von 1806 hervor:

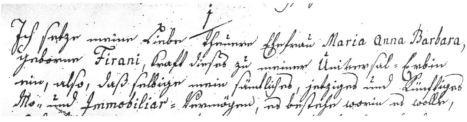

Abb. 39 Auszug aus dem Testament Spergers „…Theuere Ehefrau Maria Anna Barbara geborende Firani…"

„Ich setze meine Liebe Theuere Ehefrau *Maria Anna Barbara*, geborene Firani, kraft dieses zur Universal-Erbin ein, also, daß selbige mein sämtliches, jetziges und künftiges Mo- und Immobiliar=Vermögen, es bestehe worin es wolle…".
Zum Testament Spergers siehe mehr S. 219.
Sperger war ein Jahr in der Hofkapelle in Preßburg und bewarb sich um die Mitgliedschaft in der gerade erst vor ein paar Jahren (1771) gegründeten Wiener Tonkünstler-Gesellschaft.

Abb. 40 Wiener Ton-Künstler-Gesellschaft, gegründet 1771

Das vorrangige Anliegen dieser Vereinigung war es, als *„Pensionsverein für Witwen und Waisen österreichischer Tonkünstler"*, wie es in der Präambel heißt, zu fungieren.
Kaiserin Maria Theresia unterstützte diese Idee und gewährte der Gesellschaft, quasi als Startbonus 500 Dukaten. Berühmte Musiker/Komponisten waren Mitglieder dieser Gesellschaft: u.a. *Wolfgang Amadeus Mozart, Ludwig van Beethoven. Joseph Haydn* wurde dank seiner musikalischen Verdienste, auch speziell für diese Gesellschaft, 1797 Ehrenmitglied – ab 1862 wurde der Verein sogar in *„Haydnverein"* umbenannt.
Es ist der älteste Musikverein der Welt und diente Berlin 1801 und St. Petersburg 1802 als Vorbild zu gleichen Gründungen. Wichtig war das soziale Anliegen – von Bedeutung waren die von der Gesellschaft veranstalteten ‚Musikalischen Akademien', die immer zu Ostern und vor Weihnachten mit ausgiebigen Konzerten stattfanden. Diese dienten der finanziellen Ausstattung des Vereins – dies wiederum zur Unterstützung bedürftiger Musikwitwen und Waisenkinder. Später erfahren wir, dass auch *Spergers Witwe* davon profitierte – sogar im hohen Norden Deutschlands. Leider nicht so, wie sie sich das vorgestellt hätte. Aus einem Schreiben an den Herzog in Ludwigslust erfahren wir von ihr, wie auch schon zu dieser Zeit die Finanzmanipulationen die Rücklagen schwächen konnten!

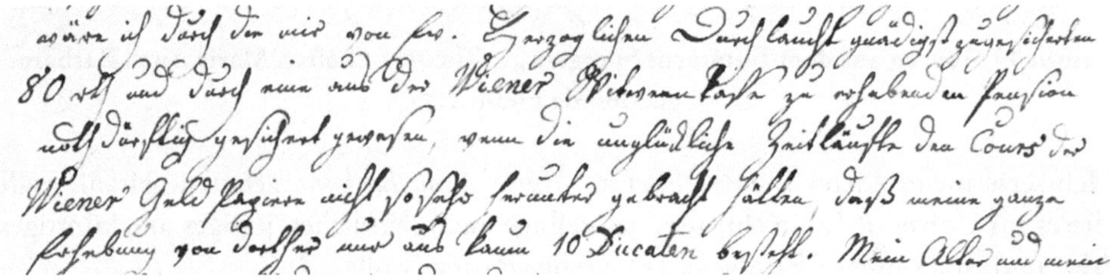

Abb. 41

Ausschnitt aus dem Schreiben der Witwe *Sperger* an den Herzog vom 14.Juni 1812:
„... *Wiener Witwenkasse zu erhebenden Pension nothdüftig gesichert gewesen, wenn die unglücklichen Zeitläufte den Cours der Wiener Geldpapiere nicht so sehr herunter gebracht hätten, daß meine ganze Erhebung von dorther nur aus kaum 10 Ducaten besteht....".*
Aber halten wir fest, dass es doch schon eine soziale Komponente, wenn auch bescheiden, aber eben doch gab – 1812!

Sperger wird Mitglied der Wiener Ton-Künstler-Gesellschaft

Sperger also stellte 1778 den Antrag auf Mitgliedschaft. Dazu ist bei *Adolf Meier*[25] zu lesen (zitiert nach Eintragungen in den Programm-Aufzeichnungen der Tonkünstler-Societät von 1772-1830):

---

25 A.M. S. 113

Die Wiener Ton-Künstler-Gesellschaft   57

„Große musikalische Akademie.
Heute Sonntags den 20. Dezember 1778 wird mit allerhöchster Bewilligung in den K.K.
priviligirten Schauspielhause nächst dem Kärntnerthor zum Vortheil der priviligirten errich-
teten Tonkünstler-Gesellschaft gehalten werden eine große musikalische Akademie, welche,
die Instrumental- und Singstimmen mitsamen begriffen, aus mehr denn 180 Personen be-
stehet, und worin folgende Stücke zu hören seyn werden, als: 1tens Eine große Sinfonie,
von der Erfindung des Herrn Johann Sperger, Kammermusikus bey Seine Eminenz, dem
Herrn Cardinal und Primas von Hungarn Fürsten von Batthiany......4tens wird obgedach-
ter Hr. Johann Sperger sich mit einem neu verfertigten Konzert auf dem Kontrabaß hörren
lassen....".

Wir halten fest: Bei seinem ersten öffentlichen Auftritt in Wien bei einer Akademie
wurden eine Sinfonie und ein Kontrabasskonzert von ihm und mit ihm aufgeführt.
Sperger war zu diesem Zeitpunkt 28 Jahre alt.
Bis dahin hatte er sechs Sinfonien komponiert – welche genau bei der Akademie gespielt
wurde, ist nicht bekannt.
Von den Kontrabasskonzerten lagen bisher drei vor, die alle in Preßburg (ab 1777)
entstanden waren. Vermutlich war es das Konzert Nr. 2, welches hier zur Aufführung
gekommen war.
Nr. 3 war gerade erst kurz vor diesem Dezember-Konzert fertig geworden, also wird er
auf das Konzert, welches zu Beginn des Jahres 1778 vorlag, zurückgegriffen haben –
auf die Nr. 2.
Leider ist nichts bekannt, wie dieses Einstandskonzert von der Gilde musikalisch aufgenommen wurde – auf alle Fälle wurde er Mitglied der Gesellschaft. *A. Meier* vermutet,
dass in einer Beschreibung, die in einem Buch, welches 1779 in Preßburg, also bald nach
diesem Konzert im Dezember 1778 erschienen ist, auf dieses Konzert Bezug genommen

Abb. 42 Sperger-Kontrabasskonzert Nr.2 hier die autographe Solostimme:
virtuoser Einsatz des Kontrabasses ab Takt 26; Notation im Violinschlüssel –
der Klang ist 2 Oktaven tiefer.

worden ist – das gäbe die Erklärung für den positiven Ausgang seines „Probespiels" bei der Akademie in Wien.
In diesem Bericht heißt es:
„Johann Sperger, Virtuos auf dem Violon-Baß. –
Den Beyfall, den der große Compositor Fürst Kaunitz, so wie ganz Wien, ihm (Sperger) gegeben, hat er lange bey seinem Fürsten und bey den hiesigen Kennern der Musik verdient und erhalten; alles schrie, als er sich in Wien hören ließ: unser Mandel ist wieder aufgestanden. (gemeint ist *Mannl, Josef* – der seit 1766 in der Wiener Hofkapelle tätig und der Lehrer des ersten reisenden Kontrabass-Virtuosen *Josef Kämpfer* war[25])
Sein (Spergers) schöpferischer Geist begnügt sich nicht nur mit der großen Kenntnis seines Instrumentes, sondern er ist selbst ein guter Compositor, wo Kenner von seiner Arbeit sagen (der Autor selbst hat noch nichts von ihm gehört): daß sie Wahrheit des Ausdrucks und ein edles Feuer enthalten, und mit neuen Gedanken vollgepfropft seyn soll." Sperger muss sich also schon zu dieser Zeit mit 28 Jahren einen gewissen Namen gemacht haben – davon werden wir später noch einiges hören. Er wird am 15. Februar 1779 Mitglied der Wiener Tonkünstler-Gesellschaft.

Zwei Virtuosen am gleichen Pult – Sperger und Kämpfer

Nicht weit von Wien war *Sperger* Mitglied in der Hofkapelle des Kardinals *Batthyany* in Preßburg – und zwar zusammen am Pult mit *Joseph Kämpfer* (s.S. 45), dem anderen damals sehr berühmten Kontrabassisten. Auch dieser hatte große Ambitionen als Virtuose auf diesem Instrument und bereits in den 1760er Jahren von sich reden gemacht – und so lesen wir in einer Preßburger Zeitung vom 18.März 1778 eine interessante Rezension über ein Konzert vom 15.März dort.
„…hatten die allhiesigen Kenner und Schätzer der Musik Gelegenheit, in dem neuerbauten Schauspielhause einer überaus wohl ausgefallenen musikalischen Akademie beizuwohnen. Die Veranlassung dazu gab die Kunst des berühmten Virtuosen Hr. Joseph Kämpfer, welcher schon an verschiedenen Orten auf dem Contra-Bass Proben seiner Geschicklichkeit abgelegt und vielen Beyfall erworben hat. Allhier in seiner Vaterstadt zeichnete sich derselbe in seiner Kunst um so mehr aus……..spielte Hr. Kämpfer ein vollstimmiges Konzert auf dem Contra-Bass mit verschiedenen obligaten Instrumenten von seiner eigenen Komposition. Verwunderung und Beyfall begleiteten dieses Stück desto mehr, da ein Violon wegen seiner Größe und Stärke der Saiten sonst bloß zum Accompagnement gebrauchet wird, hier aber vom Spieler so regiert und behandelt wurde, dass man dessen Geschwindigkeit sogar in der Höhe beym Steege, als Violinist auf seiner Violine nur immer zu thun vermag; denn die Annehmlichkeit besonders beim Harpeggieren und die Reinigkeit auch bei Doppelgriffen sehr wohl hat annehmen können.

---

25 s. Josef Focht „Der Wiener Kontrabass" 1999, S. 188

......Gleich darauf wurde ein Duetto gespielet. Herr Kämpfer auf dem Violon mit Herrn Stephan Försch auf der Viola. Beide Spieler zeigten Kunst und waren dabey gut uniert. ......Sechstens wurde ein neues Konzertino von 8 Stimmen gemacht, wobey der Contra-Bass und die Violin, welche Herr Anton Zistler mit unbeschreiblicher Kunst und Anmuth........ Kadenzen, Triller und alle musikalischen Auszierungen, wechselten hier mit sonderbarem Geschmack und nötigten die überaus vergnügten Zuhörer zum frohesten Händeklatschen.....Zum Schluss eine vielstimmige Symphonie vom Ditters aufgeführt und alles mit vollkommendsten Harmonie geendet. Die außerordentlich Stille und Aufmerksamkeit des ganzen zahlreichen Publikums mag der sicherste Zeuge von dem ungetheilten Beyfall, den man hier von der Kunst ganz hingerissen, so grossen Virtuosen unmöglich versagen kann."
Dieser ausführlichen Besprechung aus dem Jahre 1778 entnehmen wir die Ernsthaftigkeit und Gewissenhaftigkeit des Rezensenten, der sehr respektvoll und detailliert auf viele Kleinigkeiten des Konzertes eingeht. Nur leider fehlt aus heutiger Sicht die Nennung des Komponisten-Namens des aufgeführten „Konzertinos". Das wäre interessant!
Weiter wäre interessant die Frage bzw. die Antwort nach dem Verhältnis dieser beiden namhaften Kontrabass-Virtuosen zu jener Zeit – tätig im gleichen Orchester, sicher am gleichen Pult – von keinem weiteren Kontrabassisten ist ja etwas bekannt. Bis 1781 spielten sie noch zusammen, dann ging Kämpfer laut *Johann Nikolaus Forkel's* „Musikalischer Almanach für Deutschland 1783" wieder auf Reisen.
Leider fehlen da natürlich Aufzeichnungen und Hinweise. Man kann sich aber ein gewisses Konkurrenzdenken der beiden gut vorstellen, was aber nicht unbedingt zu negativen Schlussfolgerungen Anlass geben muss – vielleicht gilt das genaue Gegenteil und sie fühlten sich voneinander angespornt. *Kämpfer* wird nicht entgangen sein, dass *Sperger* in einer musikalischen Akademie in Wien um die Aufnahme in die Tonkünstler-Gesellschaft öffentlich spielte, und jener war ja vermutlich sogar durch *Kämpfer* in früheren Jahren zum Erlernen des Kontrabasses gekommen (s.S. 32)
Also könnte Dankbarkeit von Seiten *Spergers* ein freundschaftliches Verhältnis gegenüber dem 15 Jahre älteren Kollegen beflügelt haben.
Jedenfalls ist es aus heutiger Sicht ein Phänomen, dass sich zwei herausragende Kontrabass-Virtuosen dieser Zeit einen Namen in der ewigen Kontrabass-Historie gemacht haben, ebenso, dass diese gemeinsam in einem Orchester spielten!

Brünn – ein Zentrum des Kontrabass-Solospiels

Um das Bild des solistischen Kontrabassspiels zu jener Zeit zu vervollständigen, mögen hier noch ein paar Daten genannt sein, die uns schriftlich überliefert sind. So erfahren wir bei *Adolf Meier*,[26] dass sich im Brünner Stadttheater 1780/1782 wiederholt Kontrabassisten als Solisten hören ließen. In einer Brünner Zeitung vom 9.März 1782 ist zu lesen:

---

26 A.M. S. 114

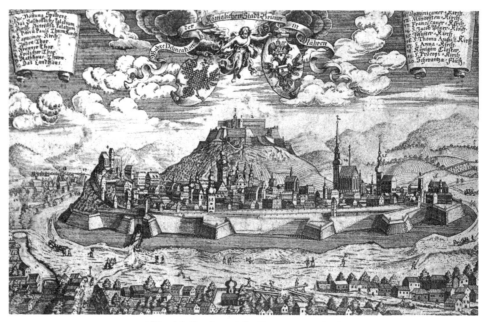

Abb. 43 Stadtansicht Brünn um 1700

*„Brünn, den 25. Februar. Die Musikalischen Akademien haben bei uns den Anfang mit dem ersten Sonntag mit den Fasten genommen…..Es fehlte auch nicht an Virtuosen…den 21. aber und gestern haben wir das Vergnügen gehabt von Herrn **Lasser** zwei Koncerte auf dem Kontrabaß zu hören, sowohl er als auch seine Frau sangen zu jedem Konzerte 2 Arien, und beide erwarben sich großen Beyfall vom hiesigen Publikum; vorzüglich aber auch Herr **Lasser** mit seinem Konzerte auf dem Kontrabaß, welchem Kenner von Musik gleich stark zuklatschten; die Musikalischen…..in der Tonkunst, aber die Stärke, die Geschmeidigkeit, – sanfte in der Expression, die nicht allen Tonkünstlern gemein ist, über die massen bewundert haben; Zwar haben wir schon vor zwei Jahren Herrn **Hackel** und das verflossene Jahr Herrn **Sperger** beide nicht gemeine Virtuosen auf dem Kontrabaß – aber noch haben wir keinen **Lasser** gehört gehabt. Es hat der auf einem vier saitigen Violon dem Publikum gleich so viel – wo nicht mehr Satisfaktion geleistet hat, als die ersten zween Herrn auf fünfsaitigen Violonen nicht scheinen geleistet zu haben – wenigstens nicht so allgemein wie Herr **Lasser**…".*

Weiter bei *A. Meier*: *„Dass die Kritik Lasser vorzieht, könnte damit zusammenhängen, dass er zu dieser Zeit Leiter des Brünner Theaterorchesters war – und das könnte bei der Beurteilung eine Rolle der Bevorzugung gespielt haben"*

Wichtig in dieser Rezension aber ist die erwähnte Tatsache, dass *Sperger* bereits 1781 in Brünn solistisch auftrat und dabei, wie auch der genannte *Hackel* auf einem fünfsaitigen Instrument spielte.

Dies wirft wieder besonders die Frage nach den verwendeten Instrumenten bei den Kontrabass-Solisten dieser Zeit auf. Wenn der Rezensent – und davon müssen wir ausgehen – gut beobachtet hat und ein fünfsaitiges Instrument erwähnt, dann war das so. A b e r es gibt nirgends Hinweise, dass jemals bei Solowerken Töne unter dem Kontra-A, also auf der fünften Saite benutzt worden wären. Die tiefe fünfte Saite beim sogenannten „Wiener Kontrabass" blieb beim Solospiel unbenutzt. Diese wurde nur im Orchestralen benötigt. Die Solisten damals waren ja auch als Orchestermusiker tätig. Zum Ende des 18.Jahrhunderts kam die große Wende zum sogenannten „Beethoven-Orchester" mit veränderter Behandlung vieler Orchesterinstrumente. Der „Wiener Fünfsaiter" verschwand allmählich, ebenso die „Dreisaiter" in Frankreich, Italien und England – man begann den „Viersaiter" in Quartenstimmung vorzuziehen.

Die Zeit unserer bekannten klassischen Kontrabass-Konzerte (*Pichl, Dittersdorf, Vanhal, Hoffmeister, Zimmermann*) war mit den letzten Konzerten von *Vanhal* und *Hoffmeister* um 1789 fast vorbei. Nur *Wolfgang Amadeus Mozart* griff noch einmal in seiner berühmten Konzertarie „*Per questa bella mano*" mit obligatem Kontrabass KV 612 im Jahre 1791 auf diese Stimmung zurück. Dies wiederum in Zusammenarbeit mit dem regen Kontrabass-Solisten *Friedrich Pischelberger*, der *Mozart* gewinnen (überreden!) konnte, diese Arie mit Solokontrabass für ihn zu komponieren.

Endgültig ging die Epoche des Kontrabass-Solospiels im Duktus der Zeit der Wiener Klassik mit den letzten Konzerten *Spergers* (sein letztes Konzert beendete er laut Eintragung in seiner Partitur am 20.August 1807) zu Ende.

Sperger spielte noch in seinem Todesjahr 1812 als Solist in Ludwigslust ein Kontrabasskonzert – er sah keinen Anlass, etwas mit der Saiten-Stimmung oder anderen Neuerungen zu experimentieren. Für ihn hatte sich diese Stimmung bewährt. Er hatte zu viele Kontrabass-Solowerke in der sogenannten „Wiener Terz-Quart-Stimmung" komponiert und gespielt.

Über die spezielle Art seines Kontrabasses und der Besaitung erfahren wir später (S. 157 und S. 255ff) mehr.

Das erste Kontrabasskonzert Spergers

Wir wissen nichts Genaues über sein Solo-Repertoire zu Beginn seiner Solisten-Karriere – ganz sicher waren es die Konzerte von *Dittersdorf* und *Pichl*, die er in Abschriften von seinem Lehrer *Pischelberger* erhalten hatte. Vermutlich sah er seine künstlerischen Möglichkeiten in den Kompositionen seiner Vorgänger nicht entsprechend repräsentiert, und so brach sich immer mehr sein kreatives Talent Bahn um auch Eigenes zu schaffen. Nach vermutlich ersten kleineren Kompositionen für sein Instrument, entstand sein erstes Kontrabass-Konzert.

Die *Dittersdorf*- und *Pichl*-Konzerte dürften ihm aber Anregungen gegeben haben – es läßt sich an vielen Dingen erkennen. In der klassischen Struktur viel Ähnliches, aber im

Schwierigkeitsgrad gegenüber den Vorgänger-Konzerten eine wesentliche Stufe weiter. Es ist nicht nur der Umfang, der bei *Sperger* hier schon bei dem ersten Konzert volle drei Oktaven, gegenüber dem *Dittersdorf*-Konzert über nur zwei Oktaven, verlangt. Auch in gesamter technischer Hinsicht werden höhere Ansprüche gestellt.

Durch seinen Eintrag auf der letzten Partiturseite erfahren wir das genaue Datum der Fertigstellung der Komposition: 19.September 1777 – er hat es also im Alter von 26/27 Jahren komponiert (übrigens genau in dem Alter, in dem auch *Dittersdorf* und *Pichl* ihre Konzerte schrieben).

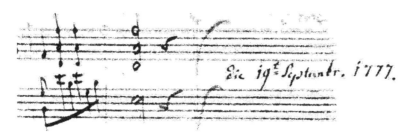

Abb. 44 Partitur-Eintrag: Fine di 19.Septembr. 1777

Bereits in diesem ersten Konzert zeigte Sperger seine Vertrautheit mit den vielen Möglichkeiten, die der Solokontrabass mit der „Wiener Terz-Quart-Stimmung" bot.
Er selbst spielte zu dieser Zeit etwa 7 Jahre Kontrabass. Neben seinen vielen melodischen Einfällen finden sich typische Doppelgriffe und virtuose harmonisch interessante Arpeggio-Varianten

Abb. 45 Manuskript von Sperger: erstes Kontrabasskonzert 1777, Solobeginn 1.Satz in seiner Handschrift.

Es erscheinen die oft zu beobachteten Terz-Doppelgriffe, die durch die benutzte Terz-Quart- Stimmung grifftechnisch sehr gut ausführbar sind.

Abb. 46 Doppelgriff-Beispiele aus dem 3. Satz des 1. Konzertes

Die virtuosen Arpeggien, die sich im 3.Satz in logischer interessanter Harmoniefolge aneinanderreihen, zeigen ebenfalls die Vorteile dieser Stimmung, des „Wiener Kontrabasses". Jeweils eine Akkordbildung ist in einer Lage problemlos zu greifen.

Abb. 47 Typische Arpeggien im 1. Konzert (3.Satz):

Und in seiner durchdachten Orchesterbegleitung zeigt er hier bereits seine perfekte Satztechnik. Sehr geschickt lässt er durch die Reduzierung des Orchesters beim Einsatz des

Kontrabasses das Soloinstrument immer klanglich präsent hervortreten. Bläser pausieren während der Solo-Kontrabasspassagen. *Sperger* läßt sogar die Viola pausieren, da die Klangeigenschaften der Bratsche, bzw ihre tiefe Lage die klangliche Verständlichkeit des Kontrabassparts mindern würde.

Beachten wir eine Auffälligkeit: bereits bei seiner ursprünglichen Betitelung „*Concerto per il Violone*": umgewandelt in „*…per il Contrabasso*". „Violone" wurde sichtbar durchgestrichen und „Contrabasso" dafür eingesetzt.

Das ist insofern interessant, da es die Zeit des Umbruchs der Instrumentenbezeichnung *Violone – Contrabasso* kennzeichnet. Bisher waren beide Begriffe „Violone" und „Contrabasso" für das 16-Fuß-Instrument im Gebrauch. Auf den Titelblättern der frühen Konzerte von *Dittersdorf*, *Pichl* und *Zimmermann* finden wir beide Bezeichnungen (s.S. 244ff).

Auf der Titelseite seines ersten Konzertes also streicht *Sperger* den Begriff „*Violone*" durch und ersetzt ihn mit „*Contrabasso*".

Konsequent bleibt er immer dabei. Nur bei Konzert Nr. 5 (vermutlich 1779) erscheint noch einmal „Concerto per il Violone" – wobei festzuhalten ist, dass die Abschrift der Partitur nicht von *Spergers* Hand ist.

Abb. 48 Titelseite des ersten Kontrabasskonzertes von Sperger (1777); hier die erste, die ursprüngliche D-Dur-Fassung

Das Umschlagblatt der Partitur des 1. Kontrabasskonzertes (1777) hat er nach Fertigstellung der Partitur geschrieben – hier titelte *Sperger* bereits ‚Contrabasso'.
Zu den Umschlagseiten aller seiner Kontrabasskonzerte muss an dieser Stelle folgendes erwähnt werden: alle diese Umschläge weisen die gleiche, etwas starke, Papiersorte auf und zugleich die von seiner Hand vorgenommene Zählung seiner Konzerte. Dies muss also nach Beendigung seines letzten Konzertes 1807 erfolgt sein, da nicht nur die Papiersorte, sondern auch die Bezifferungen/Nummerierungen der Konzerte auf eine einheitliche Schrift von seiner Hand hinweisen – durchgehend von Nr. 1 bis zur Nr. 18 beziffert. Auch hier zeigt sich sein ausgeprägter Ordnungssinn. Dazu mehr bei der Aufstellung seines Nachlasses (s.S. 235ff).
Das erste Kontrabass-Konzert (Titelblatt s S. 238, Abb. 198) ist ein Paradebeispiel für die „Wiener Stimmung". Die Partitur steht von seiner Hand in D-Dur, auch die Solostimme. Hier wurde also ursprünglich noch keine Scordatura verlangt, wie in vielen späteren Konzerten. Aber ein Kopist hatte dann eine Partitur und die dazugehörigen Stimmen in Es-Dur zu schreiben. Es kann vermutet werden, dass *Sperger* dann doch in der Scordatura-Version spielte, bei der er seinen Kontrabass einen Halbton höher einzustimmen hatte.
Eine differenzierte Analyse dieses ersten Kontrabasskonzertes findet sich auf S. 300ff.

Abb. 49 Erste Seite des LARGO seines Kontrabass-Konzertes Nr. 1
(hier ist auch noch ‚Violone' notiert!)

Scordatura – was bedeutet es und warum?

Scordatura (Herkunft: lateinisch-italienisch): „Eine von der Norm abweichende Stimmung". Bei den Konzerten, bei denen eine Scordatura verlangt wird, ist der Kontrabass-Solopart z.B. in D-Dur notiert, der Orchesterpart aber steht in Es-Dur. Der Kontrabassist liest und greift/spielt in D-Dur – aber entsprechend der Orchestertonart muss er sein Instrument einen Halbton höher einstimmen. Es klingt also dann in Es-Dur.
Warum wird das sehr speziell beim Kontrabass oft angewendet? Das Instrument klingt durch den strafferen Saitenbezug heller, schärfer, deutlicher, klarer – und bedingt durch die sogenannte „Wiener Stimmung" mit den leeren Saiten A – d – fis – a, also einem D-Dur-Dreiklang, war es grifftechnisch von enormem Vorteil. Deshalb stehen die meisten Kontrabass-Konzerte in D- oder A-Dur bzw. in der Scordatur-Tonart Es- oder B-Dur.
Die bisherige Annahme, dass die Stimmungen der ventillosen Naturhörner und -trompeten in B-Tonarten für die Scordatura auch einen Ausschlag für diese Tonarten bei den Kontrabasskonzerten gaben, trifft nicht zu.
Dazu erklärt *Peter Damm*, der ehemalige und sehr erfahrene Solohornist der Sächsischen Staatskapelle Dresden:
„Die Naturhörner dieser Zeit wurden in allen benötigten Grundstimmungen gebaut bzw.: man konnte diese mit verschiedenen Aufsatzstücken durch Verlängerung oder Verkürzung umstimmen, d.h. vertiefen oder erhöhen – so dass jede gewünschte Tonart problemlos ausführbar war. Bach, Händel, Haydn, Mozart verwendeten Hornstimmungen in F, G, D, A, B, Es – also nicht nur B-Tonarten. Die beiden Hornkonzerte von Sperger stehen einmal in D-, einmal in Es-Dur. Hörner und Trompeten werden stets in der vom Komponisten für das Soloinstrument vorgesehenen Tonart verwendet". Also nicht umgekehrt.
Und der erfahrene Solotrompeter, Orchesterleiter, Musikforscher und Herausgeber speziell von Trompetenliteratur *Ludwig Güttler* ergänzt prägnant:
„Alles Gesagte zur Kontrabass-Scordatura kann ich bestätigen. Nicht bestätigen kann ich, dass die Naturtrompeten und Hörner zu dieser Zeit ihre Grundstimmung in den B-Tonarten hatten – ganz im Gegenteil! Die Grundstimmung war C und immer mehr D und in der Zeit Spergers war die Grundstimmung D mit Übergang zu Es. Die B-Stimmung kam vor, war aber sehr selten und ist als Ausnahme zu charakterisieren".
Wir halten fest: Die Scordatura diente hauptsächlich zwei unterschiedlichen Komponenten – zum einen der klanglichen Verbesserung, der Deutlichkeit, Klarheit wegen und zum anderen der günstigeren Grifftechnik durch spieltechnische Erleichterung bestimmter Passagen – öfteres Ausnutzen der leeren Saiten.
Ganz sicher wollte *Sperger*, übrigens wie auch schon *Dittersdorf* und *Vanhal*, weg vom oft benutzten D-Dur.

In seiner Untersuchung „Der Wiener Kontrabass"[27] beleuchtet *Josef Focht*[28] folgenden Aspekt: *„Das höhergestimmte Soloinstrument verfügt bei der Scordatura-Praxis über tonartgemäße leere Saiten, die durch das Höherstimmen brillant hervortreten, während die anderen Streichinstrumente auf den Einsatz leerer Saiten (bei Es- und B-Dur) verzichten müssen und dadurch weicher und gedeckter klingen"*. Ein klanglicher Vorteil also für das Soloinstrument.

Ein markantes Werk dieser Zeit soll als Beispiel genannt werden, welches für die Scordatura sehr berühmt wurde – es ist die „Sinfonia Concertante in Es-Dur" für Violine, Viola und Orchester von *Wolfgang Amadeus Mozart*. Die Viola ist hier auch wegen der günstigeren Grifftechnik in D-Dur notiert um dann mit einem halben Ton höher gestimmter Besaitung ein helleres, kräftigeres Klangbild zu erzeugen, bei der die in der Standardstimmung vorhandenen Intervalle beibehalten werden.

Wir werden noch darauf zurückkommen, wenn von den Es- und B-Dur-Konzerten bei *Sperger* die Rede ist (s.S. 235).

Für alle Kontrabassisten zur Selbstverständlichkeit geworden: die von *Giovanni Bottesini* in der Mitte des 19.Jahrhundert zur standardisierten „Solostimmung" avancierte Konzertstimmung, bei der es sich um eine „Verstimmung" um einen ganzen Ton nach oben handelt. Aber zu allen Zeiten – bis heute – gab und gibt es immer wieder Bestrebungen, den Solo-Kontrabass wegen der klanglichen Eigenschaften bzw. erwünschten Deutlichkeit bis zu einer Quinte höher einzustimmen. Dies aber leider nicht immer zum Vorteil des typischen dunklen, weichen, warmen Kontrabassklangs.

---

27 Josef Focht: „Der Wiener Kontrabass" – Spieltechnik und Aufführungspraxis, verlegt bei Hans Schneider – Tutzing 1999

28 s.S. 47 bei J.Focht

Kapitel V 1777-1783 Joseph II. verärgert die Musiker

Die Hofkapelle des Erzbischof Batthyany im damaligen Preßburg

Es soll jetzt hier noch Einiges zum Umfeld von *Spergers* Zeit in der Hofkapelle in Preßburg (1777-1783) beleuchtet werden. Wir berufen uns hier großenteils auf die verdienstvollen Recherchen von *Adolf Meier* [29]
Wie bereits oben beschrieben, verfügte das Orchester des Erzbischofs und späteren Kardinals von Ungarn *Joseph Graf von Batthyany* über eine Reihe herausragender Musiker. Es sollen noch einmal die Namen der Musiker Erwähnung finden, die auch als Solisten von sich reden machten und sich auch später noch in anderen Orchestern/ Hofkapellen hervortaten.
Diese mögen auch die Kollegen, die Solisten, gewesen sein, die *Sperger* die Anregungen für seine Instrumentalkonzerte gegeben haben.

An erster Stelle soll der Violinist, Komponist und neben der Violine wirkende Kapellmeister *Anton Zimmermann* (1741-1781) genannt sein, der aus Schlesien stammte. Er war nach einer Organistenstelle an der Kathedrale von Königgrätz (Nordostböhmen) nun ab dem Jahre 1772 in Preßburg und dort ab 1776 als „fürstlicher Hofkompositeur" und Kapellmeister an der *Batthyanischen* Hofkapelle angestellt. Er war der Komponist, der (sehr wahrscheinlich!) für *Sperger* (seit 1777 ebenfalls in dieser Kapelle) sein Kontrabass-Konzert komponierte. Es liegt nahe, dass *Sperger* der Initiator war – aber wir können nicht ganz ausschließen, dass auch der ebenfalls sehr aktive *Joseph Kämpfer* es gewesen sein könnte, der den Anstoß dafür gegeben hat. Er wurde in den beiden Jahren 1779 und 1780 in den Kapellakten geführt. *Zimmermann*-Konzert s. auch S. 245 und im Anhang auf S. 375 zur Entdeckung eines zweiten Konzertes von Anton Zimmermann.
Franz Xaver Hammer (1741-1817) geboren in Bayern im Ort Oettingen, zählte zu den bedeutendsten Gamben- und Cello-Virtuosen seiner Zeit. Neben seiner Kompositionstätigkeit bereiste er als Cello-Virtuose Süd- und Norddeutschland. Von 1771-1778 gehörte er der berühmten Hofkapelle des Grafen *Esterhazy* unter *Joseph Haydn* an. Man vermutet sogar, dass die berühmten *Haydn*-Cellokonzerte (wieviele ist nicht sicher) für ihn geschrieben wurden. Schon hier in Eisenstadt erhielt er ein sehr gutes Gehalt, was auf seine Qualität als außergewöhnlichen Musiker schließen lässt. Er bekam die Gelegenheit, bei der Uraufführung von *Haydns* Oratorium „Il ritorno di Tobia" 1775 in Wien ein eigenes Cellokonzert aufzuführen, was wiederum die persönliche Wertschätzung durch *Haydn* belegt. *Hammer* war auch Mitglied der Wiener Tonkünstler-Societät.
1778 wurde er der führende Cellist in der Preßburger Hofkapelle. Hier traf er mit *Sperger* zusammen. Ganz sicher hat *Sperger* für ihn sein Cellokonzert, das mit „Concerto per il Violoncello, da *Giovanni Sperger*" betitelte Werk geschrieben.

---

29 Adolf Meier: „Konzertante Musik für Kontrabass in der Wiener Klassik" ab S. 162

Abb. 50 Erste Partiturseite des „Concerto per il Violoncello, da Giovanni Sperger"

Die Jahreszahl der Entstehung ist leider undeutlich notiert oder sogar wegradiert – *Adolf Meier* vermutet, nach der vorgefundenen Papiersorte könnte es um 1778/79 entstanden sein.

Nach der Auflösung der Kapelle in Preßburg fand *Hammer* 1784 einen kurzen Zwischenaufenthalt in der Hofkapelle des *Grafen Bentheim-Tecklenburg* zu Burgsteinfurt im Münsterland bevor ihn der Herzog, spätere *Großherzog Friedrich Franz I.* von Mecklenburg-Schwerin 1785 an seine Hofkapelle nach Ludwigslust holte. Dort blieb er bis 1813 in der Hofkapelle, immerhin bis ins Alter von 74 Jahren, bevor er 1817 starb. Es wird noch von *Hammer* und *Sperger*, gemeinsam in Ludwigslust, die Rede sein (s. S. 143, 151ff).

Ein weiterer Solist der Preßburger Hofkapelle, für den *Sperger* ganz wahrscheinlich ein Konzert schrieb, war der Bratschist *Grindler* (Vorname unbekannt). Dieser ist nur in den 2 Jahren 1778/79 in den Kapell-Listen von Preßburg geführt – sonst ist leider von oder über ihn nichts bekannt. Das aber auch zu dieser Zeit das „Concertino Ex D a Flauto Traverso, Alto Viola, Contrabasso Concertant e orchestre" entstanden ist (1778), legt nahe, dass es für diesen Bratschisten geschrieben wurde. Ein anderer Bratschist ist in den Akten nicht genannt.

Wenn es *Grindler* ist, der beim Concertino beteiligt war, dann muss er, oder für wen es auch immer geschrieben wurde, ein außergewöhnlicher Virtuose auf der Bratsche gewesen sein! Erst in neuerer Zeit, seit der Wiederentdeckung (durch den ehemaligen

Solobratschisten der Stuttgarter Oper, dem Ungaren *Vidor Nagy* 1990?) und den Veröffentlichungen des Viola-Konzertes erkennt man die musikalische Qualität und auch die unglaubliche Virtuosität, die hier *Sperger* vom Solisten verlangt. Inzwischen gibt es (2018/2019) zwei Druck-Ausgaben, auch in Konzertaufführungen ist dieses bravouröse Konzert immer öfter zu hören.[30]
Ohne Prophet sein zu wollen – dieses Viola-Konzert wird seinen Weg in Zukunft gehen!

Abb. 51 Sperger: Viola-Konzert von 1778/79 – hier Solo-Einsatz der Viola im 1.Satz

Wie bei den Kontrabasskonzerten (Umfang fast 5 Oktaven) und bei den Tonumfängen der Horn- und Trompetenkonzerte (über das 2-gestrichene C hinaus), so lotet *Sperger* auch beim Viola-Konzert die Höhen aus – oft geht es in die Violinlage bis zum dreigestrichenen „fis"! – wie erst später wieder bei *Bartok*, der bis zum „gis", also einen Ton höher geht.
Auch die technischen Anforderungen überschreiten das übliche Maß zur Zeit der Klassik für dieses Instrument. Eines der musikalisch wertvollsten, virtuosesten und interessantesten Werke *Spergers* und der gesamten klassischen Viola-Literatur!
In der Besetzungsliste für die Hörner finden sich in Preßburg zwei Namen, die noch bis über das Jahr 1800 hinaus von sich reden machten: die Gebrüder *Anton* und *Ignaz Böck* (auch *Boeck*). Geboren sind sie in Regensburg (Stadt am Hof), wo sie auch ihre Ausbildung genossen. Sie sind bekannt für ihre Konzertreisen-Aktivitäten – sie ließen sich als Solisten in vielen wichtigen Städten Europas und an vielen bedeutenden Fürstenhöfen hören.
In Preßburg sind sie in den Jahren 1778-1783 (Anton) und 1780-1783 (Ignaz) genannt. Ab 1790 ließen sie sich mit einem Gehalt von 800 Gulden an der bayerischen Hofkapelle in München nieder. Sie hinterließen Kompositionen für das (noch) ventillose Horn und gaben Anregungen für die Sinfonik.
Obwohl *Adolf Meier* für die beiden *Sperger'schen* Hornkonzerte einen späteren Entstehungstermin vermutet, könnte es durchaus sein, dass die beiden namhaften Horn-Brüder Anregungen, in welcher Form auch immer, für diese Konzerte gegeben haben.

---

30 Ausgabe: 2017 bei IKURO-Edition 160324, Herausgeber Vidor Nagy/Roland Heuer; Ausgabe 2018 bei edition massoneau em0118-1, Herausgeber Reinhard Wulfhorst; CD: „Klassische Violakonzerte" Solist: Vidor Nagy, Kurpfälzisches Kammerorchester, Dir.: Jiri Malát bei 2000 KOCH CLASSICS Schwann Musica Mundi 3-6755-2)

Abb. 52 Erste Partiturseite des 1.Hornkonzertes in D-Dur (A.M.: nach 1783)

Abb. 53 Titelblatt des 2.Hornkonzertes in Es-Dur (A.M.: nach 1783)

Dass die ersten 7 Kontrabasskonzerte, die in Preßburg entstanden sind, im Orchester alle mit 2 Hörnern besetzt sind, liegt sicher nicht nur an den beiden hervorragenden Virtuosen – es war die übliche klassische Bläserbesetzung dieser Zeit im Orchester: 2 Oboen und 2 Hörner.

**Abb. 54 Erste Partiturseite des 1.Trompetenkonzertes von 1778 –
noch mit Instrumentenbezeichnung „Clarino Prinzipale"**

**Abb. 55 Erste Partiturseite des 2. Concerto per il Clarino 1mo von 1779 –
ebenfalls in D-Dur**

Aber die 2 Quartette mit jeweils 2 Hörnern, Viola und Basso und das Quartett in der Besetzung Horn, Violine, Viola und Bass, könnten mit den Brüdern *Böck* zusammenhängen.
Sie rundeten auf alle Fälle das Bild der herausragenden Musiker in der Preßburger Hofkapelle ab. Beide Hornkonzerte und die zwei Trompetenkonzerte sind heute auf einigen Schallplatten und CDs zu hören und erklingen auch immer wieder in Konzerten. Die Trompetenkonzerte wurden für *Franz Faber*, das Mitglied der Hofkapelle, geschrieben und dieser dürfte sie auch damals uraufgeführt haben.
Über *Faber* ist sonst leider nichts bekannt geworden, aber gemessen an den Anforderungen, die *Sperger* auch hier an den Solisten stellt, muss auch er ein Virtuose am Instrument gewesen sein.
Bei den Solokonzerten *Spergers* für Streichinstrumente fällt auf, dass neben den Violoncello- und dem Viola-Konzert und natürlich den 18 Kontrabasskonzerten kein Violinkonzert dabei ist. Sollte der Konzertmeister nicht genügend Impulse und Inspiration gegeben haben? Oder waren ihm (*Sperger*) seine sechs „Sonatas per Violino et Basso" ausreichend für die Violine? Mit Violine gibt es natürlich in seinen Kammermusiken einige Werke:

Abb. 56 Spergers Sonaten für Violine und Basso

In seinen sechs Violine-Basso-Sonaten, von denen die Nr. 1 verschollen ist, die restlichen fünf aber noch im Original in Schwerin aufbewahrt werden[31] fungiert die Basso-Stimme wirklich nur in Begleitfunktion, es gibt also kein Duo im Sinne von gleichberechtigten Stimmen.

---

31 Sign.Mus.5181; A.M. WV CI/1-5

Abb. 57 Sperger – Violin-Basso-Sonate Nr.3[32]

Mit Violine finden sich im Nachlass (LB Schwerin) 10 Streichtrios[33] und es gibt neun Streichquartette[34].

Abb. 58 Beginn des Sperger-Streichquartettes Nr.1 – hier 1.Violine

---

32 Hier der Beginn der Sonata Nr.3, die bei den Kontrabassisten durch die Bearbeitung / Herausgabe für Kontrabass und Klavier in E-Dur durch Rudolf Malaric beim Doblinger-Verlag bekannt geworden ist – durch Ludwig Streichers Schallplatten-Aufnahme von 1972 berühmt geworden

33 A.M. WV CII/1-10

34 A.M. WV CIII/1-9

Drei seiner 9 Streichquartette wurden bereits zu Lebzeiten *Spergers* im Verlag *J.J.Hummel* – Berlin/Amsterdam (vermutlich 1791) gedruckt. Umso beachtlicher, da erst in den 1780er Jahren überhaupt die ersten Musikverlage gegründet und Noten durch Drucke Verbreitung fanden. (s. *J.Focht* S.14)

Nach neuerer Durchsicht erweisen sich diese Streichquartette durchaus als aufführenswert und erinnern an vielen Stellen an die Streichquartette *Joseph Haydns*, sogar an *Mozart* erinnernde Themen sind im A-Dur-Quartett zu entdecken!

Einige gemischte Streicher-Bläser-Kammermusiken, bei denen die Violine entsprechend gefordert ist, finden sich ebenfalls in seinem Nachlass.[35]

Noch einmal zurück zu den Musikern/Solisten der Hofkapelle in Preßburg: Wie bereits oben erwähnt (S. 43ff), hatte *Sperger* in den sechs Jahren seiner Zugehörigkeit zur Preßburger Hofkapelle ab 1777 bis zur erzwungenen Auflösung 1783 eine durch die genannten Orchestersolisten inspirierende Zeit als Komponist erfahren. Immer wieder ist festzuhalten: neben seiner eigentlichen, vorherrschenden Aufgabe als Kontrabassist im Orchester, hat er in diesen sechs Jahren ein schier unglaubliches Ouevre als Komponist geschaffen. (s.S. 52ff).

**Abb. 59 Zu Lebzeiten Spergers:
drei gedruckte Streichquartette 1791 bei J.J.Hummel Berlin-Amsterdam**

---

35 s. Aufstellung S. 52

Kein Beleg für Spergers Anstellung in der Haydn-Kapelle

Bevor auf das Ende der *Batthyanyschen* Hofkapelle 1783 eingegangen wird, soll hier ein wichtiger Aspekt Erwähnung finden, bei dem immer wieder noch von einer Vermutung die Rede ist, die in manchen Schriften sogar als Tatsache beschrieben wird, für die es aber keine Hinweise, geschweige denn Beweise gibt: die angebliche Anstellung in der von *Haydn* geleiteten Hofkapelle des Grafen *Esterhazy* in Eisenstadt.
Wir wollen hier *Adolf Meier*[36] mit seinen Worten der Erläuterung zitieren:
„Nicht nachzuweisen war eine Reise, die Sperger möglicherweise mit der Kapelle des Kardinals nach Eisenstadt gemacht hat. Einiges spricht dafür – (so berichtet die Preßburger Zeitung am 23. September 1780, Kardinal Batthyany habe am 22. August 1780 den Grafen Ludwig von Batthyany in Steinamanger zum Obergespann des Eisenburger Komitates installiert). Wenn nun der Kardinal seine Kapelle mit auf diese Reise genommen hat, so ist eine Begegnung Spergers mit der Kapelle in Eisenstadt naheliegend, weil die Beziehungen des Fürsten von Esterhazy nach Preßburg eng waren und auch Haydn wiederholt dort als Gast weilte. Mit dem Datum dieser Reise hängt offenbar die in der gesamten neueren Literatur aufgestellte Behauptung zusammen, Sperger sei 1780 als Kontrabassist in Eisenstadt angestellt worden. Eine Verbindung zu Eisenstadt ist wohl denkbar, aber ein sicherer Beleg für diese konnte nicht gefunden werden."
Eine Anstellung *Spergers* in der *Haydn*-Kapelle ist also durchaus unwahrscheinlich, da er auch weiterhin bis 1783 in den Gehaltslisten der Preßburger Hofkapelle namentlich geführt wird. Nach *Adolf Meiers* Werkverzeichnis wurde das Kontrabass-Konzert A-Dur[37] (es ist das einzige in dieser Tonart – im Jahre 1781 in Preßburg komponiert – nach der benutzten Papiersorte für dieses Jahr eingeordnet) – auch das schließt eine Anstellung in Eisenstadt aus. Auch die vielen anderen Instrumentalkonzerte, die er für seine Preßburger Kollegen in den Jahren nach 1780 geschrieben hat, bestätigen die Tätigkeit in der Hofkapelle in Preßburg. Es gibt keinen einzigen Hinweis auf die Tätigkeit *Spergers* in der von *Joseph Haydn* geleiteten Kapelle in Eisenstadt.

Kaiser Joseph II. und das Ende der Hofkapelle 1783 in Preßburg

Schmerzhaft muss es für die Mitglieder des Orchesters, der Hofkapelle von *Kardinal Batthyany*, gewesen sein, als es durch Einfluss von höchster Stelle zum Aus für das Orchester in Preßburg gekommen war. Wie kam es dazu?
Hier kommt der äußerst reformwillige neue, seit 1780 alleinherrschende *Kaiser Joseph II.*, der Sohn und Nachfolger von *Maria Theresia*, ins Spiel.

---

36 „Konzertante Musik für Kontrabass" S. 171
37 Sign. Mus 5176/8, Meier-Werkverzeichnis B9/7

Er wurde 1741 als ältester Sohn der österreichischen Regentin *Maria Theresia* geboren und starb 1790 in Wien. Ein Verwandter des Preßburger Hofkapellen-Kardinals *Batthyany* wurde Erzieher (*Karl Josef Batthyány*) des jungen Prinzen. 1765 erbte *Joseph* den Kaisertitel und wurde Mitregent seiner Mutter in den Ländern der Habsburgermonarchie.

Ab 1780 war er alleiniger Herrscher – als „*Joseph II.*". Er gilt als ein Verfechter des aufgeklärten Absolutismus und setzte ein dermaßen ehrgeiziges Reformprogramm in Gang, dass ihn sogar seine Mutter *Maria Theresia* zunächst in seinem Reformeifer bremsen musste.

Der Kaiser verwarf die strenge Etikette am Hofe, schaffte zahlreiche Zeremonien ab und verfügte zahlreiche Einsparungsmaßnahmen. Es folgten Reformen von bedeutender Nachhaltigkeit: Er schaffte 1781 die Leibeigenschaft der Bauern und 1787 die Todesstrafe ab. Der Bau von Schulen und Krankenhäusern, Gründung von Waisen- und Armenhäusern, die Neugründung von Pfarren wurde forciert. Das zivilrechtliche Josephinische Gesetzbuch wurde eingeführt, welches 1812 dann durch das bis 2002 gültige ABGB (s.S. 378) abgelöst wurde. Religionsfreiheit wurde verkündet, Protestanten und Juden durften ihren Glauben ausüben. *Joseph II.* versuchte den Einfluss des Adels und des Klerus zurückzudrängen. Er war einer der wichtigsten Herrscher Österreichs, auf den viele konstruktive Ansätze zurückgehen und der einen bedeutsamen Reform- und Modernisierungsschub gebracht hat. *Ludwig van Beethoven* setzte ihm anläßlich seines Todes ein Denkmal mit seiner *Kantate auf den Tod Kaiser Josephs II.*

Im Zusammenhang mit unserem Protagonisten müssen wir eine andere Seite der Reformbemühungen aufzeigen, nämlich seine Kunstpolitik, diese Politik von *Joseph II.* – die einiges zum Positiven, aber auch leider einiges zum Negativen bewirkte. Dass das Wiener Burgtheater zum Deutschen Nationaltheater erklärt wurde, ist sicher ein wegweisender Schritt, und das der Komponist *Wolfgang Amadeus Mozart* 1789 beauf-

Abb. 60 1789 erteilte Joseph II. Mozart den Auftrag zu dessen Oper „Cosi fan Tutte"

tragt wurde mit der *Entführung aus dem Serail* die Gattung des Singspiels in deutscher Sprache auf ein künstlerisch hochwertiges Niveau zu heben, ist natürlich auch hervorzuheben.

Seine großartigen Reformen sind größtenteils zu begrüßen – sie läuten eine neue Zeit ein – haben aber gerade auf dem Gebiet der Musik leider auch negative Folgen, diese zeigen sich exemplarisch an der Auflösung von allein 700 Klöstern im Habsburgerreich, in denen Kunst und Musik zuhause waren. So fielen *Josephs* Reformeifer großartige Errungenschaften zum Opfer. Kapellen wurden aufgelöst und viele Musiker dadurch arbeitslos. Auch *Johann Matthias Sperger* sollte von diesem Schicksal nicht verschont werden.

Ab 1781 spürten die Musiker der *Batthyanyschen* Kapelle in Preßburg starke Veränderungen: viele Musiker wurden entlassen. Holzbläser blieben 1783 nur noch drei, das Blech war nur durch einen Trompeter vertreten. Und dann traf es das gesamte Orchester mit der endgültigen Auflösung: 1783 war das letzte Jahr dieser äußerst beachtlichen Hofkapelle!

Auffallend ist, dass im Jahre 1783 keine Sinfonien von *Sperger* komponiert wurden – und das kann nur mit den Turbulenzen der Orchester-Auflösung in Preßburg zusammenhängen – und mit der Umschau nach einer neuen Anstellung.

Bis auf ein einziges Kontrabasskonzert, das noch vor dem Weggang aus Preßburg Mitte 1783, also vor der Kapellauflösung, entstanden ist, ist kein weiteres Instrumentalkonzert in diesem Jahr nachweisbar. Desgleichen kaum Kammermusiken.

Alles in allem ein schwieriges Jahr 1783 für *Sperger*, in dem ihm keine ausreichende Ruhe zum Komponieren gegeben blieb.

Glücklicherweise gab es im gesamten Reich der Habsburger (Ungarn und Böhmen eingeschlossen) eine große Anzahl von zum Teil bedeutenden Adelskapellen – die nun nicht alle gleichzeitig ihr Ende fanden. So gelang es *Sperger*, bei solch einer Hofkapelle eine neue Heimat zu finden.

Die Hofkapelle der Grafen von Erdödy

Fidisch bei Eberau im Burgenland

Sperger fand ab 1783 eine Anstellung in der Kapelle der ungarischen hochherrschaftlichen Familie der *Grafen von Erdödy*, deren Vorfahren bereits im Jahre 1459 in den Adels- und 1485 in den Grafenstand erhoben worden waren.

Neben anderen zahlreichen Besitztümern in Kroatien, Ungarn und dem gesamten Habsburgerreich galt als Stammsitz der Familie der Ort Eberau – damals als Monyorókerék zu Ungarn gehörig – nach dem Ersten Weltkrieg durch die Verträge von St. Germain und Trianon Österreich zugesprochen und nun (seit 1919) im neuentstandenen Bundesland, dem südlichen Burgenland, nahe der ungarischen Grenze liegend. Das Schloss Eberau gilt als die größte Wasserburganlage Österreichs – leider durch die sowjetisch-russischen Besatzungsmannschaften nach dem Zweiten Weltkrieg stark in Mitleidenschaft gezogen. Das Familienarchiv wurde dabei vernichtet. Das Schloss ist im Jahre 2019 in Familienbesitz und öffentlich nicht zugänglich – es finden aber hier wieder alljährlich Schlossfestspiele statt.

In der 2.Hälfte des 18.Jahrhunderts zählte es neben Preßburg, Großwardein und Wien zu den bedeutenden Zentren musikalischer Aktivitäten – besonders geprägt durch die Grafenfamilie *von Erdödy*.

Trotz der Größe des Schlosses wurde das Orchesterdomizil in den sich anschließenden Ortsteil Fidisch verlegt – deshalb findet sich in verschiedenen Lebensbeschreibungen *Spergers* die Bezeichnung ‚Fidisch bei Eberau', ‚Kohfidisch' oder ‚Cofidisch'.

Durch enge verwandtschaftliche Beziehungen mit der Familie *Esterházy* verbunden, und auch mit dem Kardinal *Batthyany* in Preßburg, kam es im Bereich von Kunst und Musik zu einem regen Austausch zwischen diesen Häusern. Zu nennen sind hier zur Zeit *Spergers*: *Ludwig von Erdödy* (17.2.1749 – 8.6.1794) und *Ladislaus von Erdödy* (20.5.1746 – 13.7.1786).

Auch stellten sie führende Personen der Freimaurer-Logen Ungarns und großzügige Musikmäzene. In diesem Zusammenhang gab es Beziehungen u.a. zu *Wolfgang Amadeus Mozart* (1756-1791) und *Ignaz Pleyel* (1757-1835).

Abb. 61 Schloss Eberau ist das größte Wasserschloss Österreichs (Zustand 2006)

Ab 1777 existierte im Schloss Eberau/Cofidisch die o.g. eigene Hofkapelle, die in dieser Zeit – vermutlich bis 1783 – unter der Leitung *Pleyels* stand – was aber leider nicht hundertprozentig belegt ist. Diesem Orchester gehörte neben anderen namhaften Musikern ab 1783 nun auch *Johann Matthias Sperger* an.
Leider fehlen für diese 3 Jahre der Zugehörigkeit zu dieser Hofkapelle der Grafen von *Erdödy* nähere Angaben. Eine Anfrage beim Österreichischen Staatsarchiv im März 2019 erbrachte keinen aufklärenden Bericht. „…*bedauern, Ihnen in dieser Sache nicht weiter behilflich sein zu können….dass das von Ihnen gesuchte Archiv der Familie Erdödy sich noch immer in Eberau in Familienbesitz befindet…*" und wahrscheinlich durch die oben beschriebenen Nachkriegsumstände nicht aussagekräftig sein kann.
Durch einen Eintrag *Spergers* in einer D-Dur-Kassation „*Fidesch 12t May 1783*"[38] wissen wir von seiner Anwesenheit in Eberau-Fidisch. Und durch die namentliche Nennung *Spergers* noch 1783 in den Gehaltslisten der vorangegangenen Hofkapelle Preßburg, muss es zur Übersiedlung kurz vor dem Mai 1783 gekommen sein.
Einen weiteren relevanten Eintrag *Spergers* gibt es bei einer D-Dur-Sinfonie, in welchem es heißt: „*Cofidish: 14. …..1784…J.Sperger*".[39]
Aus dem gleichen Jahr ist noch eine „Huldigungsarie" mit folgender Titelaufschrift bekannt: „*An dem Ludwigens Tage, Anno 1784*". Dem Stimmenmaterial liegt bei: die „*Sinfonia in D a 2 Violini, 2 Oboe, 2 Corni. 2 Clarini in D, Fagotto, Alto Viola, Violoncello et Basso Del Tympany*".[40]
Die Aufzählung der beteiligten Instrumente belegt eine üppige Orchesterbesetzung – läßt es darauf schließen, dass die Musiker alle in Eberau angestellt und in Diensten waren – oder wurde mit herangezogenen Aushilfs-Musikern musiziert?
Dies sind leider schon alle schriftlichen Belege seiner Zugehörigkeit zur Hofkapelle im Schloss Eberau bei den *Grafen von Erdödy*. Sie liefern uns aber den Beweis, dass eine Anstellung *Spergers* in der *Haydn*-Kapelle in Eisenstadt auch zu dieser Zeit auf keinen Fall möglich gewesen sein kann.

Sperger – Mitglied einer Freimaurerloge

Ein interessanter Fakt im Zusammenhang mit Schloss Eberau dürfte aber dieser sein: Bedingt durch die Freimaurer-Zugehörigkeit der Gebrüder von *Erdödy* gibt es Hinweise auf *Spergers* Mitgliedschaft in der Freimaurer-Loge „Zum Goldenen Rad". Auf diesen Hinweis stieß der türkische Kontrabassist *Onur Özkaya* aus Istanbul und gab ihn dankenswerterweise an den Autor weiter.

---

38 Schwerin Sign. 5188/5 und 5188/8; A.M. Werkverzeichnis: C IV/3; Sextett-Besetzung: Fl., 2 Hö., Vl., Va., Kb.
39 Schwerin Sign. 5169, A.M. Werkverzeichnis: A20
40 Schwerin Sign. 5124, A.M. Werkverzeichnis: H I/

Genaueres schildert *Heinz Schuler* in seinem Buch „Musik und Freimaurerei" (darin: „Er dürfte vorher wohl auch einer Preßburger Loge als Mitglied angehört haben".)[41]
Und *Gerald Schlag* schreibt in seinem Buch „Die Freimaurerloge in Eberau 1775-1786":
„Johannes Sperger gehörte ab 1785 der Loge „Zum Goldenen Rad" in Eberau im Meistergrad an".
Und weiter lesen wir:
„Die Konstitutionen der Logen waren geprägt von Toleranz und tiefem Humanismus, den die Freimaurer die ‚königliche Kunst' nannten. Ihre Mitglieder waren Angehörige des Adels, des Militärs, Männer des niederen wie des hohen Klerus, aber auch aus bürgerlichem Stande – wie Beamte, Wissenschaftler, Künstler und Handwerker – und dienten der ‚allgemeinen Menschenliebe', wie es in den Statuten steht".
Und weiter: *„...im Mai 1783 ist er (Sperger) durch eine eigenhändige Widmung in Kohfidisch nachweisbar, wo er bis September 1786 wirkte und zahlreiche Werke komponierte, darunter einen vierstimmigen Chor zur Feier des Namenstages des Grafen im Jahre 1784 und den undatierten Freimaurerchor ‚Auf ihr Brüder, ergreifet gefüllte Pokale' für Sopran, Tenor und Bass mit Instrumentalbegleitung...".*
Hier ein Auszug aus *Gerald Schlag* „Die Freimaurerloge in Eberau":

2/2004   Gerald Schlag, Die Freimaurerloge "Zum goldenen Rad" in Eberau 1775 - 1786   109

Johannes von Szegedy, Probst und Domherr zu Stein am Anger[46]
David von Csernell, Assessor von der Günser District Tafel[47]
Cajetan Freyherr von Rehbach, Rittmeister beym Hohenzollerischen Regiment[48]
Fabricius Graf von Serbelony, Rittmeister beym Hohenzollerischen Regiment[49]
Johannes Sperger, Tonkünstler bey Graf Ludwig von Erdödy[50]
Anton Mikus, Tonkünstler bey Graf Ludwig von Erdödy[51]
Joseph Herzog, Hofrichter bey Graf Ludwig von Erdödy
Emanuel Freyherr von Stillfried, Privat Kavalier
Martin Schlesinger, Tonkünstler bey Graf Ludwig von Erdödy[52]

Abb. 62 Nennung der Mitglieder im Meistergrad, u.a. „Johannes Sperger, Tonkünstler" und Ignaz Pleyel, Compositeur (andere Seite).

---

41 Taschenbücher zur Musikwissenschaft 141, herausgegeben von Richard Schaal bei Florian Noetzel GmbH Verlag der Heinrichshofen-Bücher, Wilhelmshaven

Nähere Angaben über Mitgliedschaften *Spergers* in Freimaurer-Logen sind bisher nicht überliefert – bis auf einen aussagekräftigen Hinweis, den der polnische Kontrabassist und Violonespieler *Kazimierz Pyzik* aus Krakow bei seinen Nachforschungen im Jahre 2018 machte und ebenfalls dankenswerterweise dem Autor mitteilte.
Er fand authentische Hinweise von Konzertauftritten *Spergers* in der damaligen deutschen Stadt Stettin 1790/1791 im Hause der Freimaurer-Loge. Dazu später mehr (s.S. 167).

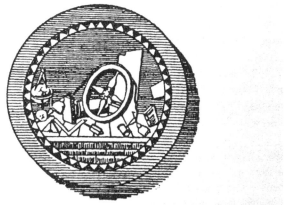

Freimauererloge „Zum goldenen Rad" in Eberau

Abb. 63 Siegel der Freimaurerloge in Eberau

Kapitel VI 1786-1789 Wiener Komponisten-Freunde

Wien ab 1786 – Sperger als „Freischaffender Künstler"

Wieder traf es durch die Reformbestrebungen von Kaiser *Joseph II.* ein Orchester hart. Auch die Hofkapelle der Grafen *von Erdödy* erleidet das Schicksal und wird 1786 aufgelöst. *Sperger* war glücklich nach dem Ende des Orchesters in Preßburg 1783 die Anstellung hier gefunden zu haben – leider nur für drei Jahre. Wie wird es weitergehen? Was bringt die Zukunft?

Wie wird für *Sperger* und natürlich auch für die anderen Musiker nach der Auflösung der *Erdödy*-Kapelle in Kohfidisch bei Eberau das praktische Leben weiter gegangen sein? Es wird sicher vor 230 Jahren mit einem plötzlichen beruflichen Aus nicht anders gewesen sein, als heute! Mit leeren Händen stand er da – im Alter von 36 Jahren. Auf seinem Instrument bereits ein anerkannter Künstler, auch als Solist, in Wien und an anderen Orten war er solistisch aufgetreten und er hatte bereits ein nicht unbedeutendes kompositorisches Werk geschaffen. Also ein Künstler im besten Alter, mit großem Schaffensdrang. Seine Frau *Anna Maria* wird ihm beigestanden haben. Was jetzt? Wohin sich wenden? Es gab neben der Preßburger Kapelle des Erzbischofs *Batthyany* in der Hofhaltung Preßburgs ein weiteres Orchester – leider zerschlug sich die Hoffnung auf eine Anstellung dort. Gerne wäre er in seine ihm vertraute Stadt Preßburg zurückgekehrt. Im Zusammenhang mit der Bewerbung in Preßburg wurde eine Fürstin *Grassalcovicz* genannt, an die *Sperger* eine Sinfonie versandte und zwar am 23.Juli 1786[42] – also kurz nach der Auflösung der Eberau-Cofidisch-Kapelle.

Der Gedanke an Wien tauchte auf – dorthin hat er noch seine besten Kontakte, wie es sich dann auch herausstellen wird.

Aber erst einmal war die Frage ganz wichtig: wie erhalte ich das Nötige zum Lebensunterhalt? Jetzt kam ihm zugute, dass er 1777 bei der Wiener Tonkünstler Societät – quasi eine soziale Unterstützungskasse für Musiker, ein *„Pensionsverein für Witwen und Waisen österreichischer Tonkünstler"*, wie es in der Präambel heißt – den Antrag auf Mitgliedschaft gestellt hatte. (s. auch S. 55ff). Den Startbonus von 300 fl (Florin) hatte er eingezahlt und jährlich den Mitgliedsbeitrag von 12 fl. überwiesen. So konnte er jetzt darum bitten, einen Betrag aus dieser Kasse zu erhalten. Und so ist auch in einem Protokoll der Sitzung der Tonkünstler-Societät vom 9.November 1786 zu lesen, dass ihm die weitere Zahlung an die Kasse, sogar rückwirkend vom 16.September 1786 an, erlassen wird[43].

In den Statuten der Gesellschaft ist festgelegt, dass die in Wien ansässigen Musiker, die bei den Konzerten mitwirkten, von den monatlichen Zahlungen befreit waren. Daraus

---

42 lt. Eintrag im ‚Catalog', Sinf. C-Dur, Sign 5149 – A.M.: A22 (s. auf S. 341)
43 s. bei A.M. S. 174

ist zu schließen, dass *Sperger* dieses tat und er bei Konzerten mitwirkte. Da ihn die positive Mitteilung über die Rückzahlung der etwas größeren Summe vom Vorstand des Pensionsverein erst im April 1787 erreichte, war er zuvor gezwungen, in irgendeiner Weise zu Geld zu kommen. Und hier zitiere ich *Adolf Meier*, der sicherlich richtig vermutet, indem er schreibt: „*...daß Sperger in Ermangelung einer ihm gemäßen Tätigkeit in einem der zahlreichen Wiener Kopistenbetriebe gearbeitet hat.*" Diese Vermutung wird sehr wahrscheinlich zutreffen: in der Landesbibliothek in Schwerin, wo auch fast sein gesamter kompositorischer Nachlass liegt, befinden sich Abschriften etlicher Wiener Komponisten von der Hand *Spergers*: u.a. *Dittersdorf, Haydn, Pichl, Vanhal, Zimmermann*. Dazu wieder *A. Meier*[44]: „*...in der sonst ereignisarmen Zeitspanne von September 1786 bis November 1787 können diese Arbeiten getätigt worden sein*".

Gehen wir ruhig davon aus – denn *Sperger* kann niemals untätig gewesen sein, und außerdem benötigte er ja ein Einkommen zum Leben.

In dieser Zeitphase wird es auch zu den sehr bedeutungsvollen und nachwirkenden Begegnungen gekommen sein, von denen wir heute noch sprechen. Denn ab November 1787 standen (nach Erhalt der Geldsumme des Tonkünstlervereins) bereits wieder größere Vorhaben auf dem Programm des ständig aktiven *Johann Matthias*!.

Widmungen an Sperger – und an die Nachwelt

Sein ehemaliger, ebenso aktiver Kontrabasslehrer *Friedrich Pischelberger* – immerhin von 1765 bis 1791 solistisch tätig, wie es u.a. seine Uraufführung der *Mozart*-Arie mit obligatem Kontrabass belegt. (s. dazu S. 170ff) Er hält sich in Wien auf, ebenso *Spergers* großartiger, einflussreicher Theorielehrer *Johann Georg Albrechtsberge* (Lehrer von vielen später berühmt gewordenen Komponisten, s.S. 28). Ob er und wie weit er den Kontakt zu diesen Persönlichkeiten suchte und auch gefunden hat, ist bis dato nicht bekannt. Aber ganz sicher haben sie geholfen, Verbindungen zu anderen Musikergrößen in Wien zu schaffen: *Sperger* kam in Kontakt mit *Johann Baptist Vanhal* (tschechisch-böhmisch: *Jan Krtitel*, auch *Wanhall* oder *Wanhal* – geb. 1739 in Nechanitz-Ostböhmen – starb 1813 in Wien) und mit *Franz Anton Hoffmeister* (geb. 1754 in Rottenburg am Neckar, starb 1812 in Wien).

So wie er es sich von seinem Lehrer *Pischelberger* die Beziehungen zu *Dittersdorf* und *Pichl* abgeschaut hat, bat er nun auch jene beiden um Kompositionen für sich und sein Instrument. Und das war ja bekanntlich nicht ohne Erfolg!.

Eines der am meisten gespielten Kontrabasskonzerte überhaupt ist das von *Vanhal* – aber erstaunlicherweise erst ab der Zeit der ersten Ausgabe durch den Dresdener Kontrabassisten *Heinz Herrmann* beim *Hofmeister*-Verlag in Leipzig 1958 – leider noch in falscher Tonart, nicht berücksichtigend die Wiener Terzquartstimmung!

---

44 s. bei A.M. S. 175

Abb. 64 Franz Anton Hoffmeister
1754-1812,
Porträt: Nikolaus Lauer

Abb. 65 Jan Baptist Vanhal
1739-1813,
Porträt: Carl Traugott Riedel

Hier die Kopie des einzig erhaltenen Manuskripts des *Vanhal*-Konzertes (Abb.66) aus der Landesbibliothek Mecklenburg-Vorpommern in Schwerin, bei dem deutlich die nachträglichen Eintragungen der Oktavierungen zu erkennen sind. Von anderer Hand, wo vermutet wird, dass es sich um *Spergers* Eintragungen handeln könnte, da er es liebte, die gesamte Applikatur des Kontrabasses für sein virtuosen Spiel zu nutzen.

Man muss an dieser Stelle einmal festhalten, dass es doch tatsächlich etwa 170 Jahre brauchte, bis es aus dem Dornröschenschlaf erweckt wurde!

Der bisher angenommene Zeitrahmen der Entstehung zwischen 1786 und 1789, als *Sperger* seinen Wohnsitz in Wien genommen hatte, muss nach Meinung des Autors auf die Zeitspanne Oktober 1786 bis Oktober 1787 eingeschränkt werden, da er ab Ende 1787 zeitlich schon wieder vor großen Herausforderungen stand.

Und in die gleiche Zeitspanne 1786/87 fallen neben der soeben erwähnten und von *Sperger* angeregten Komposition von *Giov. Vanhal* (s. Abb. S.245) auch die Kompositionen von *Franc. Hoffmeister*. Dieser letztgenannte äußerst umtriebige und schaffensfreudige Mensch war ja nicht nur Musiker und Komponist mit einem enormen Ouevre aller Musikgattungen von Instrumentalkonzerten, Kammermusik bis hin zu Sinfonik und Oper – sondern auch Musikverleger und Musikalienhändler. Er gründete 1790 in Leipzig einen Verlag, der noch heute als *C.F.Peters*-Musikverlag existiert!

Zuvor, in den 1786/87er Jahren muss er mit *Sperger* in einen engeren Kontakt gekommen sein. Von *Hoffmeister* sind 7 (sieben) Werke für Solokontrabass bekannt. Es handelt

Abb. 66 Solostimme des Vanhal-Konzertes

sich um 3 Konzerte für Kontrabass und 4 sogenannte „Soloquartette" für Kontrabass solo, Violine, Viola und Violoncello. Hierbei übernimmt der Kontrabass die Führung und ersetzt quasi die Erste Violine. Von immenser Schwierigkeit sind diese Quartette, ganz im Stile der Kompositionsweise *Spergers*. Wer hier von wem übernommen hat, ist nicht festzustellen, aber sie waren wahrscheinlich eng in künstlerischer Freundschaft verbunden und musizierten zusammen, so dass es zu verblüffenden Überschneidungen kam. *Hoffmeisters* kompositorische Behandlung des Solokontrabasses deutet auf eine sehr enge Zusammenarbeit – hier hat sich einer sehr intensiv mit der Applikatur und den Möglichkeiten des Instrumentes auseinandergesetzt.

Abb. 67 Franz Anton Hoffmeister: Quartett für Solokontrabass, Violine, Viola und Violoncello – hier Solo Contrabass – Beginn des 1.Satzes. Im Violinschlüssel notiert (wie auch bei Sperger – fast durchgehend bei allen solistischen Passagen) – der Klang ist dabei immer 2 Oktaven tiefer.

Dafür müssen wir *Sperger* danken: außer seinen vielen eigenen Kontrabasskompositionen ist es sein Verdienst zwei zu dieser Zeit anerkannte, sogar viel gespielte Komponisten, animiert zu haben, Solowerke zu schreiben, die noch heute nach 230 Jahren zu den populärsten und meist gespielten Konzerten bei allen Kontrabassisten gehören. Bereits Jahre zuvor (zwischen 1777-1781) war auf *Spergers* Anregung hin das Kontrabass-Konzert von *Anton Zimmermann* entstanden, als sie zusammen in Preßburg in der Hofkapelle dienten (s. S. 245, Abb. 226). Erstaunlich: es waren innerhalb von 2 Jahren, wo mehrere Werke von bekannten Komponisten entstanden, die sich im Kontrabass-Repertoire bis heute gehalten haben: drei Kontrabass-Konzerte und vier „Soloquartette" für Kontrabass von *Franz Anton Hoffmeister* und die Konzerte von *Jan Baptist Vanhal* und von *Anton Zimmermann*.

Sperger – und seine gewissenhaften Aufzeichnungen

Bevor wir näher auf die Zeit um 1786/87 eingehen, müssen wir hier auf *Spergers* unglaubliche Gründlichkeit und seine Weitsicht hinweisen. Er hat uns mit seiner Aufstellung/Aufzählung in einem Notizbuch alle die Werke benannt, die er an maßgebliche Personen versandte – und damit hat er uns bei der Erforschung seines Lebensweges einen großen Gefallen getan. Denn an Hand dieser Notizen können wir gerade in den Jahren seiner Zeit ohne feste Anstellung gut verfolgen, was er komponierte, an wen er was versandte, welche Reisen er unternahm und wo er sich aufhielt. Sehr gewissenhaft notierte er Namen und Orte der Widmungsträger, versehen mit genauer Datierung. Und so können wir seine Aktivitäten speziell in den Jahren 1786 bis 1789 und in einzelnen Fällen darüber hinaus bis zum Jahre 1802 verfolgen. Ein Dankeschön dem fleißigen *Johann Matthias*!

Er benennt dieses Notizbuch „*Catalog: über verschückte Musikalien*" und so finden wir es noch heute auf der Titelseite beschrieben:

(ab S. 335 wird der gesamte Catalog abgedruckt)

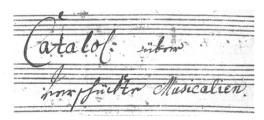

Abb. 68 Spergers Deckblatt seines „Cataloges über verschückte Musicalien"

Wie oben beschrieben, notiert er sehr gewissenhaft seine versandten Kompositionen. Es beginnt auf der ersten Seite mit einer Eintragung aus dem Jahre 1777 – er war 27 Jahre alt und begann gerade in seiner ersten Anstellung in der Preßburger Hofkapelle. Dieser „Catalog" ist eine unschätzbare Quelle seiner Aktivitäten, seines musikalischen Lebensweges ab dem Jahre 1777. Dazu später mehr Ausführliches.

Ein weiteres von *Sperger* verfasstes Verzeichnis existiert, in dem er einige (genau 23) Themen-Anfänge (Incipits = lat. ‚es beginnt') von Kontrabass-Solowerken auflistet. (s. S. 353)

Abb. 69 Eine weitere Aufstellung „Tema von Contra Bass Concerte" von der Hand Spergers

Diese Liste kann erst in seinen letzten Lebensjahren entstanden sein, zumindest nach 1807, da der Beginn seines letzten, des 18.Kontrabasskonzertes aufgeführt ist. Weitere Eintragungen betreffen u.a. auch die Incipits von zwei *Hoffmeister*-Quartetten. (s. Abb. 230 und 231, auf S. 246).

Abb. 70 In seinem Verzeichnis „Tema von Contra Bass Concerte" vermerkt Sperger an zweiter und vierter Position Themenanfänge von Hoffmeister-Quartetten mit Solokontrabass.

Abb. 71 Erste Partiturseite des Kontrabasskonzertes von Anton Zimmermann (komponiert wahrscheinlich 1778 in Preßburg)

Wie kommen diese Stücke in diese Aufstellung? Unter den 22 Themen-Beispielen sind 19 Anfänge seiner eigenen Konzerte, dann die zwei genannten von *Hoffmeister* und ein Thema aus dem *Zimmermann*-Konzert
Die Reihenfolge ist willkürlich – sie folgt keinem bestimmten chronologischen System. An fünfter Stelle z.B. erscheint sein letztes Konzert von 1807 und das viel früher entstandene *Zimmermann*-Konzert an der 18. Stelle. Könnten das seine bevorzugten Stücke sein? – darunter befinden sich aus seiner Hand 11 Konzert-Themen, 8 Quartette, ein Trio, das Concertino, die h-Moll-Sonate. Alles markante Themen-Anfänge, die vielleicht wirklich auf seine Lieblingsstücke schließen lassen könnten.[45]

---

45 auf Seite 353 gibt es das gesamte Themen-Verzeichnis

Wiener Notenkopist

Was waren nun die Herausforderungen, die Sperger nach 1786 erwarteten?
Sperger war nach Auflösung der Hofkapelle der Grafen von *Erdödy* in Fidisch bei Eberau wieder nach Wien gegangen. Da es leider nicht sofort zu einer Anstellung in einem Orchester kommen sollte, musste er alle Möglichkeiten suchen, wieder als Kontrabassist tätig zu sein. Und das tat er als schaffender Musiker, als Komponist.
Sehr viele seiner Kompositionen versandte er an Persönlichkeiten, von denen er wusste, dass sie in ihren Schlössern Hofkapellen unterhielten und eventuell einen Kontrabassisten anstellen könnten.
Da dieses natürlich nicht sofort geschehen konnte, war er gezwungen andere Wege des Gelderwerbs zu finden – und dieses war die bereits oben erwähnte Tätigkeit als Notenkopist.
Diese Arbeit war eine äußerst wichtige – und es gab gerade im Wiener Raum eine sehr große Anzahl von zum Teil sogar berühmt gewordener Notenkopisten. In einer diesbezüglichen Aufstellung von *Matthias Spindler* aus dem Jahre 1999 werden mehrere Hundert Kopisten erfasst.
Darunter die Namen von *Johann Sebastian Bach* und seinen Söhnen, *Johann Friedrich Fasch, Vaclav/Wenzel Hause* und vielen anderen und eben auch der von *Johann Matthias Sperger*.
Hier konnte uns Frau *Marina Schieke-Gordienko* aus der Musikabteilung der Staatsbibliothek zu Berlin wertvolle Hinweise geben.[46]

„Als Kopisten der Schweriner Sperger-Quellen kann ich drei Namen nennen:
1.) Karl Siegismund Jäppelt (geb.? – 1835), der lt. Clemens Meyer aus Sachsen stammen soll und etwa um 1785 als Hoftrompeter nach Ludwigslust kam. Er spielte in der Kapelle auch Streichinstrumente und betätigte sich als Notenkopist, wodurch er einen nicht unbeträchtlichen Nebenverdienst erlangte. In Schwerin ist seine Handschrift in den Stimmenkonvoluten zu 25 Sperger-Kompositionen zu finden (z.B. Mus. 5122 Kantate „Jesus in Banden"), Mus. 5147 Sinfonia C-Dur (hier nur 2 b-Stimmen), Mus. 5176/6 Concerto D-Dur (alle Stimmen außer Solo-cb).
2.) Wilhelm Berwald – möglicherweise identisch mit Friedrich Wilhelm Carl Berwald (1776-1798); seit 1795 Fagottist und Oboist in der Ludwigsluster Kapelle. Von ihm ist bekannt, dass er Unterricht bei Sperger nahm. (Berwalds Hand ist in 5 Stimmenkonvoluten zu Sperger-Quellen nachweisbar, u.a. in Mus. 5174/8 Concerto per il Fagotto Principale).

---

46 „Die Erschließung der Schweriner Musikaliensammlung erfolgte 1995-99 im Rahmen der Tätigkeiten für das Quellenlexikon der Musik RISM (s.S. 378)"

3.) Louis Massonneau (1766-1848), Violinist, Komponist und ab 1803 Konzertmeister in der Ludwigsluster Kapelle. Er hat 3 Stimmen (tr 1, 2, timp) zu Spergers Sinfonien D-Dur (Mus. 5151) geschrieben. Mehr Kopisten konnten leider nicht identifiziert werden, aber es sind natürlich noch andere Schreiberhände erkennbar".

Zwei weitere Namen von Ludwigsluster Notenkopisten erfahren wir von Frau *Brigitta Steinbruch* aus dem Landeshauptarchiv Schwerin (wobei sich aber die Frage auftut, ob sie noch bei *Spergers* Anstellung ab 1789 in dieser Funktion tätig waren):
„Bei der Durchsicht einer Akte „Generalia – Rechnungen etc." der Hofkapelle bin ich lediglich auf zwei namentlich aufgeführte Notenkopisten gestoßen: 1752 Fr[iedrich] Lud[wig] Dresen und 1752-1755 Johann Christoph Müller.

Da es zu jener Zeit natürlich noch keine Kopiergeräte, in welcher Form auch immer, gegeben hatte, musste jede Partitur, jede einzelne Stimme abgeschrieben werden. Und das zur *Sperger*-Zeit mit dem Federkiel und z.T. mit selbstgefertigter Tinte. Eine langwierige und umständliche Angelegenheit. Wir können heute glücklich sein, dass es zur Zeit, als *Sperger* seine Noten niederschrieb, schon eine passable Tintenmixtur gab. Fünfzig Jahre zuvor, zu Zeiten *Bachs*, wurden Tintenmischungen verwendet, die aufgrund ihrer chemischen Zusammensetzung nach Jahrzehnten das Papier derart angriffen, daß es zum sogenannten Papierfraß kam. *Johann Sebastian Bach* war noch gezwungen, diese

Abb. 72 Kontrabass-Konzert Nr. 4 Partitur 1. Satz 1779

Abb. 73 Concerto per il Contrabasso Nr.7 1783

Abb. 74 Concerto per il Flauto Traverso 1781

Tintenart zu nutzen, die Zutaten von der Gerbsäure der Eichengallwespe beinhaltete und zu diesen Schäden führten.

Spergers Tinte, sein benutztes kräftiges Notenpapier und seine geradezu druckfertige kalligrafische Handschrift liefern uns heute ein lesbares, ideales Notenbild in vollendeter Formschönheit. Als Beispiele sollen hier einige Partiturseiten dienen, die zwischen 1779-1788 niedergeschrieben wurden (s. Abb. 72-74).

Die Zeit seines erzwungenen Noten-Kopistendaseins sollte für *Sperger* bald vorbei sein. Es dürfte spätestens im März 1789 gewesen sein, als er sich Ende diesen Monats auf seine nächste große Reise begab. Jetzt ging es nach Italien. (darüber mehr ab S. 141ff)

Spergers „Catalog" – ein aussagekräftiges Dokument

Wir haben bereits erwähnt, wie gewissenhaft *Sperger* wichtige Dinge notierte, die uns heute ein relativ gutes Bild seiner Kompositionsarbeiten und seines Lebensweges nachempfinden lassen. Durch die ziemlich genauen Datenangaben seiner „verschickten" Musikalien, können wir uns vage eine Vorstellung seines schier unglaublichen Arbeitsfleißes machen.

Wir tasten uns an den chronologischen Eintragungen seines ‚Cataloges' entlang: die erste Eintragung betrifft die Versendung 1777 einer Serie von 6 Sinfonien und eine Serie von 6 Parthien (Bläsermusiken) an den ungarischen *Grafen Szechenyi* (s. Abb. 30, S. 48).

Die Betitelung der Bläserstücke lautet: „Clarinetto Parthia oder Oboe Parthia". Also gedacht für Besetzungen, die gerade dieses oder das andere Instrument zur Verfügung hatten. Die Klarinette war ja – ohne Vorgängerinstrumente zu haben, wie die Flöte zum Beispiel-, erst ein paar Jahrzehnte vorher „erfunden" worden, nach 1700 – und zwar von der Holzinstrumentenbau-Firma der Familie *Denner* in Nürnberg.

Erste bekannte Werke für die Klarinette stammen von *Antonio Vivaldi* (1678-1741) um 1740 und *Grorg Fiedrich Händel* (1685-1759) in einer Ouvertüre von 1748. In der berühmten Kapelle von Mannheim („Mannheimer Schule") gab es um 1760 erstmalig zwei Klarinettisten, die aber auch noch zum Oboe-Spielen verpflichtet waren. Sollte hier *Sperger* darauf zurückgegriffen haben? Die berühmten Klarinettenwerke von *Mozart*, die ersten bedeutenden Kompositionen für dieses Soloinstrument, entstanden zur Zeit als *Sperger* ebenfalls die Klarinette einsetzte, in der zweiten Hälfte des 18.Jahrhunderts.

Sperger griff also schnell Neues auf, wie wir dann noch bei anderen Gegebenheiten beobachten können. Hier seien als Beispiele genannt: glissando-Vorgaben im 3. Satz seines Kontrabass-Konzertes Nr. 17[47]

---

47 Schwerin Sign. 5176/4, A.M.: B19

Abb. 75 Glissando-Beispiel aus Kontrabasskonzert Nr.17, 3. Satz Takte 96 und 100

und im 2. Satz der h-Moll-Sonate.[48] – übrigens die gleiche Stelle im Konzert Nr. 17 im 2.Satz.

Abb. 75a Glissando-Beispiel aus der h-Moll-Sonate Takte 20 und 42

---

48 Schwerin Sign. 5182, A.M.: C I/10

Abb. 76 Glissando-Beispiel aus der Kadenz seines A-Dur-Konzertes (AM=B9, T11)

Die Heranziehung von Klarinetten beschränken sich nicht nur auf seine Bläsermusiken – in seinen Sinfonien hatte er bereits in der Preßburger Hofkapelle zwei Klarinetten zur Verfügung und sie auch bei seinen frühen Sinfonien, in diesem Falle bei seiner Sinfonie Nr. 8 Es-Dur[49] 1781 in der Orchesterbesetzung eingesetzt.

Dagegen tauchte bei seinen Instrumentalkonzerten niemals im Orchester eine Klarinette auf.

In der Regel waren die Instrumentalkonzerte im Orchester immer mit 2 Oboen und 2 Hörnern besetzt. Im ersten Trompetenkonzert von 1778 allerdings kamen noch 2 Trompeten im Orchester dazu und im „Concertino" von 1777[50] und dem ersten Hornkonzert von 1783/1786[51] sogar noch jeweils Timpani.

---

49 Schwerin Sign. 5165; Werkverzeichnis A. Meier: A8
50 „Concertino Ex D a Flauto Traverso, Alto Viola, Contrabasso Concertant e Orchestre", Schwerin Sign. 5174/4, Berlin Sign. M5224 und M5225
51 Schwerin Sign. 5174/9, A.M. B25

Kapitel VII 1781-1788 Berlin – die anvisierte Musikmetropole

Sperger – und seine frühen Kontakte zu Berlin

Die nächste Eintragung im „Catalog" bezieht sich auf Werke, die er dem späteren König von Preußen – zu dieser Zeit noch Kronprinz in Berlin – im Jahre 1781 zusandte. Hier müssen wir etwas näher auf die entstehenden und besonderen Beziehungen von *Sperger* zu *Friedrich Wilhelm II. von Preußen* in Berlin eingehen.
Dieser spätere König war hochbegabt auf musikalischem Gebiet. Er spielte ausgezeichnet Violoncello und man sagt, dass er täglich 2 Stunden an diesem Instrument verbrachte. Ob dies mit seiner besonderen Liebesbeziehung zur Tochter des Hofkapell-Hornisten *Enke* zu tun hatte, ist nicht nachweisbar. *Friedrich Wilhelm* verband eine echte innige Liebe zu *Wilhelmine Enke,* mit der er eine lebenslange echte Beziehung unterhielt – sie war neben der standesgemäßen Ehefrau seine sogenannte „Frau zur Linken" oder „morganatische Ehefrau", mit der er sechs Kinder hatte, von denen nur eines überlebte.
Interessanter für uns aber ist seine musikalische Seite: er nahm in den 1780er Jahren Violoncello-Unterricht bei einem der führenden Cellisten dieser Zeit: bei dem französischen Violoncello-Virtuosen *Jean-Pierre Duport* (1741-1818). Dieser wurde von *Friedrich II.* („*Friedrich der Große*") als Erster Cellist an die Berliner Hofoper verpflichtet, wo er dann 1789 von seinem jüngeren Bruder *Jean-Louis Duport* (1749-1819), ebenfalls ein namhafter Cellist, abgelöst wurde. Das von diesem benutzte Instrument war ein Violoncello von *Antonio Stradivari* aus dem Jahre 1711, welches 1974 dann in den Besitz von *Mstislaw Rostropowitsch* gelangen sollte.
Der ältere Bruder *Jean-Pierre Duport* wurde 1787 durch den König *Friedrich Wilhelm II.* zum „Oberintendanten der königlichen Kammermusik" bestellt. Das Haus, in welchem *Duport* wohnte, ist in Potsdam noch nachweisbar. *Friedrich Wilhelm der II.* war es auch, der *Mozart* und *Beethoven* nach Berlin und Potsdam holte.
Duport kam mit diesen beiden in Kontakt, und so entstanden z.B. von *Mozart* die Klavier-Variationen (KV 573) über ein Menuett-Thema von *Duport* und von *Beethoven* die beiden dem cellospielenden Berliner König gewidmeten Violoncello-Sonaten op. 5. Man kann annehmen, dass der musikbegeisterte König auch diese Sonaten spielte, denn auch die Konzerte von *Boccherini* waren in seinem Repertoire. Diese Tatsache kann man schon anerkennend bewundern, genauso wie bei seinem Vorgänger, dem Preußenkönig *Friedrich der II.* – dieses Können auf der Flöte samt seinen Kompositionen – die heute z.T. noch in Konzerten erklingen – und das alles neben den verantwortungsbewussten Aufgaben eines königlichen Herrschers eines großen Landes!
J.-P. Duport wird als einer der Begründer der deutschen Cellistenschule bezeichnet – seine Cello-Etüden werden noch heute gespielt.
Da es bekannt ist, dass *Friedrich Wilhelm II.* u.a. auch Violoncello-Konzerte von *Boccherini* spielte – dem er übrigens mit der Titelbezeichnung „Komponist unserer Kam-

mer", obwohl er in Spanien wirkte, seit 1786 eine jährliche Pension von 1000 Reichstaler zubilligte – muss man von einem mehr als gediegenen Cellospieler ausgehen. Ihm wurden von *Boccherini* mehrere Streichquintette gewidmet und nach Berlin gesandt – in der Besetzung mit 2 Celli – sicher zum Spiel mit einem der Gebrüder *Duport*.

Nicht nur *Mozart* und *Beethoven* hatte der Preußische König nach Berlin geholt, sondern eben auch *Sperger* – ein Jahr vor Mozart – davon später mehr (s. Seite 108).

Jetzt zurück zum Jahr 1781, in dem *Sperger* die ersten Kontakte zu *Friedrich Wilhelm II.* aufnahm. *Sperger* muss also in seiner frühen Zeit in Preßburg (heute Bratislava – weit weg von Berlin) von dem musikliebenden Kronprinzen am Preußischen Hofe im Norden Deutschlands gehört haben. Mit welcher Absicht hat er wohl, wie in seinem „Catalog" notiert, eine Sendung von sechs Sinfonien am 12. Dezember 1781 an diesen Kronprinzen geschickt? Es war 1781 noch nicht vorauszusehen, dass 2 Jahre später diese Hofkapelle in Preßburg aufgelöst werden würde. Es müssen andere Gründe vorgelegen haben. Aber welche?

Und es sollte weitergehen: bereits am 20. November 1782 sandte er wiederum eine Serie von sechs Sinfonien und am 14. September 1784 eine ‚Sinfonia' zum 40. Geburtstag des Kronprinzen, den dieser am 25. September dieses Jahres feierte. Wie ist wohl folgende Eintragung auf derselben Seite im „Catalog" zu verstehen?: Sollte es sich tatsächlich um diesen Adressaten handeln: König *Friedrich II. („Friedrich der Große")*, der ja ebenfalls ein großer Musikliebhaber und selbst ausübender Flötenspieler war?

Abb. 77 Das Haus, in dem Wolfgang Amadeus Mozart 1789 in Potsdam – Am Bassin 10, beim Hornisten Türschmidt wohnte. Zustand 2020

Die Sendung dieser Musikalien ist gemeinsam am 12.Dezember 1781 mit der Serie von sechs Sinfonien an den Kronprinzen (s.Abb.78, S.101) verschickt worden.
Das gibt ein Rätsel auf, da es sonst keinerlei Hinweise auf irgendwelche Beziehungen zu *Friedrich dem Großen* gibt. Gehen wir davon aus, dass *Sperger* Kontakte zu Persönlichkeiten suchte, die in Sachen Musik Einfluss ausübten.

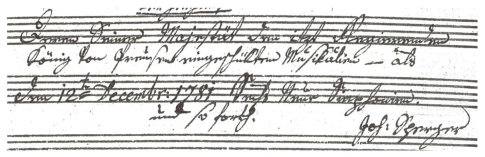

Abb. 78 „Seiner Majestät dem itzt Regierenden König von Preußen eingeschückte Musikalien – als den 12t Dezember 1781 Sechs neue Sinphonien…und so forth. Joh.Sperger".

Abb. 79 Musikzimmer des Preußischen Königs Friedrich II. (Friedrich der Große) – der Flötenspieler; Potsdam Schloss Sanssouci

Wo bleibt Wien?

Verwunderlich sind in diesem Zusammenhang fehlende Sendungen und Widmungen an Persönlichkeiten des Wiener Hofes. Wieso eigentlich hat *Sperger* zu keiner markanten Person am Kaiserhof oder in einer Hofkapelle in unmittelbarem Umfeld Wiens Kontakt gesucht? Es fällt auf, dass es keine Notiz, keine Eintragung, keinen Hinweis gibt, aus dem hervorginge, dass *Sperger* seine Noten, seine Kompositionen auch an den Wiener Hof sandte.

Könnte es daran gelegen haben, dass er sich nach den Auflösungen beider Hofkapellen, wo er tätig gewesen war, enttäuscht vom Verursacher dieser Maßnahmen, dem *Kaiser Joseph II.*, abgewendet hat?

Außer den beiden in Wien ansässigen Komponisten *Vanhal* und *Hoffmeister*, die er dafür gewinnen konnte, für ihn diverse Solowerke zu schreiben, gibt es keine Anhaltspunkte für Kontaktaufnahmen nach Wien.

Das ist durchaus mehr als verwunderlich – war doch Wien eigentlich sein Zuhause! War es schon damals so, dass der Prophet im eigenen Land nichts galt? Ein großes Fragezeichen muss hier gesetzt werden! Der bedeutendste Vertreter der ‚Wiener Schule' sucht den Kontakt nicht nach Wien – sondern sehr intensiv nach Berlin, aus welchen Gründen auch immer....

Berlin weiter im Blick

Die nächste Sendung von 2 Sinfonien nach Berlin notierte *Sperger* in seinem Catalog für den 29.December 1786. Zu diesem Zeitpunkt war der ehemalige Kronprinz nun bereits König in Berlin/Potsdam, nachdem im August 1786 *Friedrich II.* gestorben war. Gewissenhaft notierte er die Themenanfänge (Incipits) der verschickten Sinfonien.

Hier findet sich wieder ein authentischer Hinweis auf seinen Aufenthaltsort Ende Dezember 1786 immer noch Wien.

Die Beziehungen zu Berlin wurden immer intensiver, aber wir müssen noch einmal zurückkehren in das Jahr 1782, also noch in die Preßburger Kapellzeit, wo er laut seiner Catalog-Eintragung an das ungarische Bistum Györ, an *„Seine Excellenz Bischof von Raab"* eine Serie von sechs Sinfonien sandte *„und 3 Violin a 4tro"*, also Violinquartette, gemeint sind Streichquartette.

Im gleichen Jahr notiert er im Catalog wieder eine Serie von zunächst sechs Sinfonien an den Fürsten von *Esterhazy*. Dabei handelt es sich um sechs Sinfonien aus der Zeit zwischen 1777-1782[52] und er notiert weiter: *„die zweyte"*, also nochmals weitere Sinfonien nach Eisenstadt gesandt. Es ist wieder eine Sechser-Serie von Sinfonien.[53]

---

52 A.M. Werkverzeichnis: A10, A16, A15, A18, A12, A4
53 A.M. Werkverzeichnis: A9, A8, A14, A11, A7, A6

Berlin weiter im Blick 103

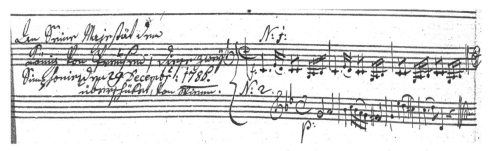

Abb. 80 „An Seine Majestät König von Preußen, diese zwey Sinfonien den 29. December 1786 überschückt von Wien".

Abb. 81 Sperger im Catalog: „In Esterhaz. Sinfonien Anno 1782".

Nach den Eintragungen im „Catalog", die hauptsächlich Widmungen und Zusendungen von Kompositionen an die preußischen Herrscher in Berlin auflisten (1781, 1782, 1784, 1786) – und zwar in den Jahren der Unsicherheit mit seinen Orchestertätigkeiten in den letzten Jahren in Preßburg und dann in Fidisch bei Eberau, unternahm *Sperger* ab 1786 verstärkt Bemühungen um eine neue Anstellung durch Schenkungen seiner Kompositionen an musikbezogene Persönlichkeiten und Häuser (Schlösser, Hofkapellen). Wir werfen einen weiteren Blick in den Catalog – und zwar auf die Seiten 5 und 7[54], wo die verschickten Werke des Jahres 1786 und die Adressaten aufgeführt sind. Oben wurde schon die Sendung vom 29.Dezember 1786 an den König von Preußen erwähnt – dann folgen diese Aufzeichnungen, bei denen aber keine genauen Daten, sondern nur die Empfänger der Noten von 1786 genannt sind:

---

54 s. auch gesamten Catalog s. auch S. 339 und 341

- *„Der Hr. von Hauer hat Concert und Cassat."*[55]
- *„an Hr. Gabriel meine 6 Violin a quattro"* (Streichquartette),[56]
- *„Die Comtess Szeceny hat 3 Clavierquartett in A, F, b."*[57] *„und 3 Clavier Duetten in C, F, b, auch 6 Menuett und eine Sonat in A",*
- *„Der Graf Szluga hat die Neuerlichen, wie Comtess Szencheny",*
- *„Der Thom Herr Nogy hat meine 6 Flautenquartette und 6 a Trei"*[58]
- *„Dem Graf Haller Cassatio und 4 Violin a3tre und 1 Oboe a 3 in B"*[59]
- *„Der Graf Schigray hat meine 6 Violin quattro"*[60]
- *„dem Excellenz Graf Philip Batthyan Sinfoni, Clarinett a 4tro, Oboe 4tro, Menuetti und Parthia in F oder Es"*[61]
- *„Der Graf Anton Batthyani hat meine 6 Clavier Duetten von 18t Juny an."*[62]
- *„Seine Eminenz Batthyani habe ich geschückt 6 Barthyno mit Clarini von 9t Jully an."*[63]
- *„Der Fürstin grasalkoviz habe ich die Sinfonia (folgt Incipit) von 23t Jully an nacher Preßburg geschückt."*[64]

Interessant für die Statistiker dürfte folgendes sein: im Jahre 1786 hat Sperger etwa 54 Werke verschiedenster Besetzungen verschickt – vom Duo, Trio, Quartett bis zu Sinfonien und seinem Flötenkonzert von 1781.

---

55 Flötenkonzert G-Dur, Schwerin Mus. 5174/5; A.M.: B21) (Fußnote: *Cassation Schwerin Mus.5188/4, A.M.: C IV/6

56 Streichquartette Schwerin Mus. 5191/1-4c, A.M.: C III/1-6

57 Clavierquartette Mus. 5192/2, 4, 6; A.M.: C V/7

58 Thom Herr = wahrscheinlich: ‚Domherr'; Flötenquartette Mus. 5191/9a-9f; A.M.: C III16-21

59 Sextett für Fl., 2 Hö., V., Va., Kb.; Schwerin Sign. 5188/1; A.M.: C IV/4

60 6 Streichquartette Mus. 5191/1-6; A.M.: C III/1-6

61 alle genannten Werke wurden mit Notenbeispielen der Anfangstakte gekennzeichnet; Sinfoni=Schwerin Sign. Mus. 5173/2; A.M.: A14; Clar. a 4tro=Schwerin Sign. Mus. 5191/9; A.M.: C III/17; Oboe 4tro=Schwerin Sign.Mus 5191/5; A.M.: C III/24; Parthia=Schwerin Sign. Mus. 5189/44; A.M.: D IV/1

62 Klavierduette=Schwerin Sign. Mus. 5190/25-30; A.M.: C V/1-6

63 6 Partien mit Trompete=Schwerin Sign. Mus. 5189; A.M.: D III/1

64 Sinfonie C-Dur=Schwerin Sign. Mus. 5149; A.M.: A22

Abb. 82 Klavierquartett: Clavicempalo, Violin, Alto Viola, et Basso [65]

Auch wenn vielleicht manches wiederholt in verschiedenen Kopien verschickt wurde, so kommen wir doch auf ca. 150 Sätze Musik! Und davon dürfte ein Großteil im Jahr 1786 komponiert worden sein – in dem Jahr, in dem er ab August in Wien ohne Anstellung ansässig war. Dieses enorme Arbeitspensum nötigt uns heute noch größten Respekt ab, wie überhaupt dies auch für andere Jahre immer wieder festgestellt werden kann.
Für das Jahr 1787 finden sich keine schriftlichen Hinweise auf Konzert- oder Orchestertätigkeiten – bis auf einen Eintrag im Catalog diesen Jahres (s. Abb. 83 und Abb, 84). Da befindet sich *Sperger* auf großer „Reise", bei der er seine vielen Kompositionen (Kopien) verschenkt und dediziert – aber auch bei den „Beschenkten" musiziert hat.
Es dürfte das Jahr der intensiven Arbeiten als Noten-Kopist in Wien bis zum Herbst 1787 gewesen sein. (s. Seite 92).
Hauptsächlich das letzte Viertel dieses Jahres dürfte er für die Vorbereitungen zu dieser für ihn äußerst wichtigen Reise genutzt haben - es sollte seine nachhaltigste überhaupt werden. Und wir wissen bereits: mit entscheidendem Resultat und letztlich positivem Ausgang! Wir werden später erfahren, wie und was er für diese große Reise – wir müssen von einer ausgesprochenen Konzertreise sprechen – getan hat.

Auf dem Weg zum König in Berlin

Sperger begibt sich zum Ende des Jahres 1787 auf diese längere Tour. Laut Catalog auf S. 6 (s. Abb. 83) ist die erste Station Brünn, seit dem 17. Jahrundert das historische Zentrum Mährens mit zu dieser Zeit etwa 10.000 Einwohnern.
Am 8. December 1787 übergab er dort dem Baron *Gallahan* verschiedene Flöten-Kompositionen.

---

65 Schwerin Sign. 5192/8; A.M.: C V/8

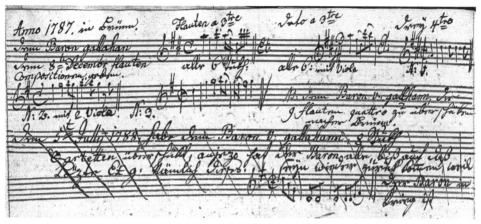

Abb. 83 Flötenstücke an den Grafen Gallahan in Brünn

„Anno 1787, in Brünn. Dem Baron gallahan den 8t Decembr flauten Compositionen geben. Flauten a 3tre alle 6 Stück, dato a 3tre alle 6 mit Viola, drey 4tro, Nr.1, Nr.2 mit 2 Viola, Nr.3"[66]

Dann notiert er für sich zur Erinnerung im Catalog: „NB. Dem Baron von gallahan die 9 flauten quattro zu überschücken nacher Brünn".

Interessant ist die folgende mehr oder weniger private Notiz im Catalog, die er später durchgestrichen hat: „Den 5.Julli 1788 habe dem Baron v. gallahan 8 Stück Quartetten überschückt, anitzo hat der Baron alle biß auf daß letzte in g, nämlich dieses (folgt Incipit) – seyn wieder zurück kommen, weil der Baron im Krieg ist".

Was mag es für ein Krieg gewesen sein? In den Jahren 1787-1792 tobte ein Krieg zwischen den Verbündeten Russland-Österreich gegen das Osmanische Reich, wobei fraglich ist, auf welcher Seite der Baron *Gallahan* aus Brünn kämpfte. Preußen unterstützte die Osmanische Armee – sicher stritt er aber auf der russisch-österreichischen Seite. Jedenfalls verdanken wir *Sperger* die Information, dass Persönlichkeiten seines Umfeldes in der turbulenten Geschichte Europas mitmischten!

Die nächste Station nach dem Brünn-Aufenthalt ist Prag. Und zwar übergibt *Sperger* am 17. December 1787 „Seiner Excellenz dem Grafen von Thun die Musikalien zwey Sinfonien" (Incipits im Catalog)[67] (s. Abb. 84).

Von Thun ist ein altes österreichisches Adelsgeschlecht, nachweisbar seit dem 12. Jahrhundert. Nicht zu verwechseln mit *Thurn und Taxis*, denen *Sperger* ebenfalls Noten übermittelte (s.Abb. 109, S. 134).

---

66 Schwerin: Sign. Mus. 5190/1-6, A.M.: C II/22-27; Mus. 5190/9-14, A.M.: C II/12-17; Mus. 5191/11, A.M.: C III/12, 14, 15)

67 Schwerin: Sign. Mus. 5147, 5140 A.M.: A24, A21

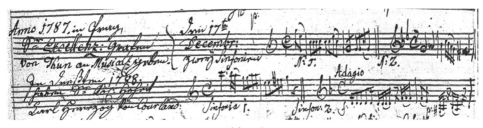

Abb. 84

Die Reise geht weiter in den Norden in das von Prag 150 km entfernte Dresden – natürlich alles per Postkutsche und mit seinem Kontrabass.
Sein Eintrag im Catalog: *„In Dreßten 1788 haben Seiner kön. Hoheit Karl Herrzog von Courland Sinfonie 1, Sinfonie 2, Nro.3 N.4 N.5 N.6"*[68].
Hier fehlt leider die genauere Datumangabe. Zum Herzog von Courland gibt es keine näheren Angaben – es könnte aber mit der Verbindung dieses Herzogtums aus dem fernen Balticum mit Adelsfamilien in Sachsen zu tun haben.
Wie bereits *Adolf Meier* vermutete, dürfte *Sperger* hier in Dresden den Jahreswechsel 1787/1788 verbracht haben. Es ist sehr stark anzunehmen, dass *Sperger* bei seinen Aufenthalten an den Grafen- und Herzoghöfen in Brünn, Prag und Dresden auch Proben seines Könnens auf seinem Instrument abgegeben hat. Leider fehlen hierfür schriftliche Hinweise.
Darüber, dass es aber sehr wahrscheinlich dazu gekommen ist, gibt uns der nun folgende längere Aufenthalt in der preußischen Metropole im Norden Deutschlands, in Berlin, Auskunft.

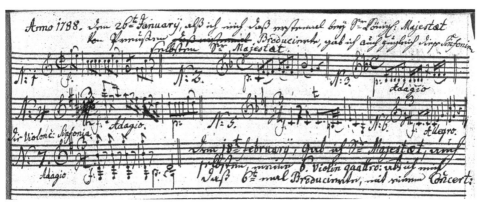

Abb. 85 Hier das wichtige Dokument seines ersten Konzertes vor dem König in Berlin

---

68 Schwerin Sign. Mus. 5148, 5168, Schwerin Sign. Mus. 5191, A.M.: C III/14, 15, 12; C IV/6

"Anno 1788, den 26t Januar, alß ich mich daß erstemal bey Sr. Königl. Majestät von Preußen ~~daß erstemal~~ Broduzierte, gab ich auch zugleich diese Sinfonien Nr.1 – 6, (und) die Violonc. Sinfonie." (s. Abb.85) (Es folgen hier die Incipits der 6 Sinfonien und der Cello-Sinfonie).[69]

Des weiteren lesen wir auf Seite 11 seines Cataloges:

"Den 18t februar gab ich Sr Majestät, auch selbsten, meine 6 Violin quattro: als ich mich das 6t mal Broducierte, mit einem Concert."[70]

Beim cellospielenden König Friedrich Wilhelm II. von Preußen in Berlin

Hier trifft unser Reisender Anfang des Jahres 1788 ein, und bereits am 26.Januar wird es zu einer folgenschweren Begegnung kommen. Er spielt hier das erste seiner sieben Konzerte, wie es im Schreiben vom Hofkapellmeister *Johann Friedrich Reichardt* (s.S. 118) vermerkt ist, vor dem Preußischen *König Friedrich Wilhelm II.* – dem Cello-Spieler! Und hier gleich ein markantes Geschenk, was er dem König bei seinem ersten Konzert überreicht: die von ihm selbst so genannte „Sinfonia per il Violoncello Concert". Dies eigentlich mehr ein Violoncello-Konzert als eine Sinfonie.

Abb. 86

Hier müssen wir jetzt innehalten und die Tragweite dieser Konzerte vor dem musikliebenden König für *Spergers* weiteren Lebensweg näher beleuchten.

Schon der vorherige König (*Friedrich II.*, genannt ‚Friedrich der Große' – Regierungszeit 1740-1786), der ebenfalls ein großer Musikfreund als ausübender Flötenspieler mit Ambitionen zum Komponieren und Kunstmäzen war, praktizierte allabendliche Konzertsoireen. Sein Neffe und Nachfolger auf dem Thron *Friedrich Wilhelm II.* führte das fort. Zum Teil wird ja sogar folgendes kolportiert: der König habe mit seinem Cellospiel den Flöte spielenden Onkel weit übertroffen!

Wie bereits oben beschrieben (S. 99), spielte dieser für einen aktiven Herrscher eines nicht unbedeutenden Landes, für das er auch viele Reformen anstieß, hervorragend Violoncello - u.a. die Cellokonzerte, Quartette und Quintette von *Luigi Boccherini,* die

---

69 Schwerin Sign. Mus. 5147, 5139, 5168, 5151, 5145, 5149, 5157; A.M.: A24, A25, A19, A28, A26, A22, A29

70 es werden die 6 Streichquartette gewesen sein: Schwerin Sign. Mus. 5191/1-6; A.M.: C III/1-6)

er mit seinem Lehrer *Duport*, einem der führenden Cellisten dieser Zeit, einstudierte – (s. auch S. 99ff).
Kein Geringerer als *Beethoven* widmete diesem König seine beiden Violoncello-Sonaten op. 5. Wie kam es eigentlich dazu, dass er die immerhin nicht ganz einfachen Violoncellowerke von *Boccherini* spielte? Auch dessen Konzerte, Quartette, Quintette?
Er hatte von diesem Komponisten Werke zugesandt bekommen, er hatte diese gespielt und war von der musikalischen Qualität so angetan, dass er 1783 an *Boccherini* ein sehr aussagekräftiges Schreiben formulierte:[71]

„Nichts kann mich so sehr erfreuen, Herr Boccherini, wie der Empfang Ihrer Kompositionen…seitdem ich begonnen habe, Ihre Instrumentalmusik zu spielen, schenkt nur sie mir völlige Befriedigung und täglich erfreue ich mich an diesem Vergnügen… und dass wir hoffen können, noch mehr neue Sachen zu sehen; in diesem Fall wäre ich sehr dankbar, wenn ich daran teilhaben dürfte. In der Zwischenzeit, Herr Boccherini, empfangen Sie bitte diese goldene Schatulle zur Erinnerung von meiner Seite und als Zeichen der Wertschätzung, das ich für Ihr Talent habe, in einer Kunst, die ich besonders schätze. Seid überzeugt von der Hochachtung, mit der ich verbleibe, Herr Boccherini
Ihr sehr herzlich ergebener Friedrich Wilhelm, Prinz von Preußen".

Ein sehr persönlich gehaltenes Schreiben, voller Demut und Anerkennung, die Hommage eines zukünftigen Königs an einen Komponisten, der ja in der damaligen Personen-Hierarchie weit unter ihm stand.
Hierarchie stand aber für *Friedrich Wilhelm II.* keineswegs im Vordergrund – im Gegenteil, drei Jahre nach diesem ersten Schreiben, also 1786, erhielt *Boccherini* einen weiteren ebenso erfreulichen wie anerkennenden Brief: *„Wir, Friedrich Wilhelm……zukünftiger Erbe der Krone haben aus Anerkennung der eminenten musikalischen Talente des Herrn Luigi Boccherini beschlossen ihm den Titel des Komponisten unserer Kammer zu verleihen…."* und er erhielt bis zum Ableben des Königs 1797 eine jährliche Pension von 1000 Reichstalern an seinen Wohn- und Schaffensort Madrid überwiesen. Es ist nie bekannt geworden, ob sich die beiden jemals begegnet sind. Neueste Forschungen gehen davon aus, dass es nie dazu gekommen war. Aber man bedenke: *Boccherini* in Madrid wird von Berlin aus zum „Preußischen Cammer Compositeur" ernannt.
Interessant ist vielleicht auch in diesem Zusammenhang diese Tatsache: der *Vater Boccherinis, Leopoldo* spielte als Kontrabassist in den 1750er Jahren in seiner Heimatstadt Lucca im Orchester, welches von *Giacomo Puccini d. Ältere*, dem Urgroßvater des Opernkomponisten *Giacomo Puccinis* geleitet wurde. 1756 spielt der 13-jährige *Luigi* öffentlich als Solist sein vermutlich erstes Cellokonzert – mit seinem Vater am Kontrabass und *Puccini* Senior auf dem Dirigentenpodium.!

---

[71] Brief an Boccherini von Friedrich Wilhelm II. - Quellenangabe: Babette Kaiserkern, Boccherini-Biographie 2014, S. 157

Abb. 87 Königliches Nationaltheater in Berlin um 1790

Die Bekundungen von *Friedrich Wilhelm II.* gegenüber *Boccherini* sollen seine innige Einstellung und seine tiefe Liebe zur Musik veranschaulichen und seine besondere Affinität zu musikalisch bedeutenden Persönlichkeiten dieser Zeit herausstellen.

Überhaupt lässt sein Kunstverständnis auch in andere Richtungen aufhorchen: es werden nun deutschsprachige Singspiele und Opern aufgeführt. 1788 „Entführung aus dem Serail" noch unter dem Titel „Belmonte und Constanze", 1790 „Die Hochzeit des Figaro", 1792 „Cosi fan tutte" unter dem Titel „Eine macht's wie die andere – die Schule der Liebhaber".

Der König sorgte dafür, dass *Händels* „Messias" im Berliner Dom und auch die erst 1791 entstandene Oper „Die Zauberflöte" schon bald in Berlin (1794) zu Aufführungen kamen. In seiner von seinem Cellolehrer *Jean-Pierre Duport* geleiteten 23-köpfigen Kapelle spielte er häufig bei Konzertaufführungen mit. Ein König inmitten der Musiker. Diese, seine von *Duport* geleitete Kapelle hatte er sofort nach seinem Amtsantritt 1786 mit der Hofkapelle zusammengelegt, so dass ein etwa 70-Musiker umfassendes Orchester zur Verfügung stand, was von Zeitgenossen als eines der größten und auch besten in Europa beschrieben wurde.[72]

---

72 Gerade in diesem Jahr 2020 feiert die ehemalige Hofkapelle, seit 1919 „Staatskapelle Berlin", ihr 450-jähriges Bestehen

Abb. 88 Erste Aufführung der „Zauberflöte" in Berlin

Auf Veranlassung von *Friedrich Wilhelm II.* weilte 1789 *Wolfgang Amadeus Mozart* in Berlin und Potsdam. Sie spielten gemeinsam Streichquartett – man bedenke: *Mozart* musiziert mit dem preußischen König gemeinsam in Berlin bzw. Potsdam! *Mozarts* Ausspruch, dass das königliche Orchester in Berlin „...die größte Ansammlung von Virtuosen der Welt..." sei, ist bekannt geworden. Der König versuchte *Mozart* an den preußischen Hof zu binden – erfuhr dann von dessen frühen Tod und ihm blieb nur, ein Benefizkonzert für die *Witwe Mozarts* auf sein Geheiß hin zu veranstalten. Nach den großen Erfolgen der *Mozart*-Opern in Berlin wurden weitere Noten des Komponisten für Berlin angeschafft. Wie ausgeprägt das Kunstverständnis dieses Königs – nicht nur für die Musik – war, sollen folgende Details belegen:

Nicht nur das berühmte Wahrzeichen Berlins das „Brandenburger Tor" ließ er erbauen, er unterstützte Anstöße zur Neuorientierung im Baustil des Klassizismus, und er stellte beim Ankauf von Gemälden und der Neugestaltung der Parkanlagen nach englischem Vorbild für die königlichen Schlösser seinen guten Geschmack und seine Kompetenz unter Beweis.

Auf seine Anordnung entstanden ein repräsentatives Konzertzimmer im Berliner Schloss und ein Vorgängerbau des Berliner Schauspielhauses – dort, wo dann etwas später im Jahre 1821 mit der Uraufführung der Oper „Der Freischütz" das neue große Schauspielhaus eingeweiht wurde.

Einige der schönsten Bauwerke in Potsdam wie z.B. das Marmorpalais oder das Schlösschen auf der Pfaueninsel, die Orangerie im Neuen Garten, wo *Beethoven* 1796, 26-jährig[73], musizierte – alles das gedieh während seiner Regierungszeit. Es soll sogar durch das Bemühen des Fürsten *Lichnowski,* der die Kontakte zum Preußenkönig geschmiedet

---

73 u.a. bei Biograph Gustav Sichelschmidt 1993

hatte, die Rede von einer Anstellung *Beethovens* am preußischen Hof gewesen sein, die nur durch den frühen Tod von *Friedrich Wilhelm II.* 1997 nicht zustande gekommen ist. *Beethoven* war beeindruckt vom musikalischen Geschehen in Berlin und bestätigte auch dem Sohn des Königs, dem Prinzen *Louis Ferdinand*, ein ausgezeichneter Pianist zu sein und eine große musikalische Begabung zu besitzen. Ihm widmete er sein c-Moll-Klavierkonzert. Auch *Joseph Haydn* war angetan von des Königs Musikverständnis und hatte bereits 1787 dem cellospielenden König sechs seiner Streichquartette gewidmet.[74]
Das alles zusammen genommen gibt uns von *Friedrich Wilhelm II.*, der mindestens einmal in der Woche das Theater besuchte und nach Möglichkeiten täglich zwei Stunden am Cello verbrachte, das Bild eines in Kultur und Kunst wirkenden und daran äußerst interessierten Herrschers. Er war es, der den *„Grund in Berlin für eine spätere Kulturblüte auf preußischem Boden legte"*[75].
Die Berliner dürfen mit Achtung und Respekt auf diesen Hohenzoller schauen. Zu Unrecht wird Preußens Glanz und Gloria vorwiegend auf den militärischen Aspekt reduziert

Die Könige in Berlin weiterhin als Künstler und Kunstmäzene

Wir schreiben das Jahr 1788 – *Sperger* verbringt mehrere Wochen in Berlin und Potsdam – in beiden dicht beieinander liegenden Städten befinden sich die Haupt- und Sommerschlösser, in denen regiert und auch ernsthaft musiziert wurde.
In Berlin ist es das Residenzschloss, welches im Auftrag der Markgrafen und Kurfürsten von Brandenburg seit dem Jahre 1442 in immerwährenden Erweiterungen bis 1919 von bedeutenden Architekten geschaffen wurde (s. übernächste Seite, Abb. 91).
Es war für 500 Jahre die Residenz der *Hohenzollern*.
Die überwiegende Zahl der Konzerte im 18.Jahrhundert fand aber in Potsdam statt. Großenteils in dem zwischen 1745 bis 1747 nach Skizzen des ab 1740 regierenden *Friedrich II.* erbauten Rokokoschloss *Sans Souci* (französisch = ‚Ohne Sorge'). Dieses Schloss vom Baumeister *Georg Wenzeslaus von Knobelsdorff* beherbergt (bis heute, im Jahr 2020) ein Musikzimmer (s. Abb. 79), in dem Musikerpersönlichkeiten wie *Johann Sebastian Bach*, sein Sohn *Carl Philipp Emanuel Bach, Carl Heinrich Graun, Gebrüder Duport, Johann Joachim Quantz* und viele andere Berühmtheiten musizierten.
Weitere Konzerte dann ab 1769 auch im sogenannten „Neuen Palais" mit den weit über 200 (ehemals) kunstvoll ausgestatteten Räumen, welches in nur 6-jähriger Bauzeit in den Jahren 1763-1769, unmittelbar nach dem Siebenjährigen Krieg, von *Friedrich dem Großen* erbaut worden war. Auch hier gab es ein Musikzimmer.

---

74 Joseph Haydn: Streichquartette op.50/Nr.1-6 Friedrich Wilhelm II. gewidmet
75 s. Biographie von Gustav Sichelschmidt

Abb. 89 Konzertzimmer im Berliner Schloss

Abb. 90 Königliches Schauspielhaus 1821 –
der Nachfolgebau des Königlichen Nationaltheater (seit 1984 das „Konzerthaus" Berlin)

Abb. 91 Berlin Schloss, an dem bis 1919 fünfhundert Jahre lang gebaut wurde, mit eintausend Zimmern, darunter das berühmte großzügige Musikzimmer (von Langhans?). Das gesamte Schloss wurde 1950 auf Befehl der kommunistischen Regierung gesprengt.

Abb. 92 Adolph von Menzel 1852 „Flötenkonzert Friedrichs des Großen in Sanssouci"

Abb. 93 Schlosstheater im Neuen Palais Potsdam – erbaut 1769

In welchen Räumlichkeiten genau *Sperger* sein Können präsentierte, ist nicht mehr nachweisbar.

Aus bis heute original erhalten gebliebenen Schriftstücken können wir ersehen, welch illustre Hörer-Gemeinschaft bei den abendlichen Konzerten beim König anwesend war. Zunächst aber müssen wir uns vergegenwärtigen, dass *Sperger* bereits mehrere Wochen mit der Postkutsche unterwegs war – seit Dezember 1787. Wie oft mag er wohl zum Üben, zum Musizieren gekommen sein, bevor er in Berlin auftrat?

Jedenfalls muss der Eindruck, den er beim Publikum hinterlassen hat, enorm gewesen sein.

Aus den Empfehlungsschreiben, die von dem königlichen Hofkapellmeister *Johann Friedrich Reichardt, Carl Graf von Brühl* und einem Rittmeister Captain de Grand Armeé *Valentin von Massow* erhalten sind, erfahren wir mehr als nur erstaunliche Einschätzungen.

Nach den Konzerten formulierten diese drei Persönlichkeiten folgende Schreiben – und zwar alle gerichtet an den Herzog von Mecklenburg-Schwerin *Friedrich Franz I.* Dieser unterhielt eine beachtliche Hofkapelle in Ludwigslust, unweit von Schwerin, im Norden Deutschlands, wohin dann auch die nächste Reise *Spergers* gehen sollte.

Empfehlungsschreiben hochrangiger Persönlichkeiten

Wie bereits aus seinem selbstangelegten „Catalog" hervorgeht, war er natürlich sehr interessiert, seine Kunst auch „an den Mann" zu bringen. Und vor allem war ihm daran gelegen, eine neue Anstellung zu finden. Er wird also persönlichen Kontakt zu den Verfassern dieser Empfehlungsschreiben aufgenommen und sie gebeten haben, ein paar Sätze an den Herzog seines nächsten Reisezieles in Ludwigslust zu schreiben. Und diese Herren gaben nicht nur aus Höflichkeit dieser Bitte nach, sondern zeigten in den Texten eine wahre Begeisterung gegenüber dem Können *Spergers*.

Nicht vielen Kontrabassisten dürften von solch hochrangigen Persönlichkeiten derartige Lobeshymnen gesungen worden sein!

Die illustre Reihe der Sperger-Fürsprecher soll mit *Johann Friedrich Reichardt* (1752-1814) beginnen – er war der von *Friedrich II.* im Jahre 1775 ernannte „königlich-preußische Hofkapellmeister" des Hofopern-Orchesters in Berlin, Komponist, bedeutender Musikschriftsteller und Musikkritiker. Er trat das Amt in der Nachfolge zweier Berliner Musikgrößen an: *Carl Heinrich Graun* (1704-1759) vielschaffender Komponist (28 Opern, kirchenmusikalische Werke und Instrumentalkompositionen – mit seiner Oper „Cesare e Cleopatra" wurde die neuerbaute Königliche Hofoper nach 2 Jahren Bauzeit (!) 1742 in Berlin eröffnet). Nach ihm folgte dann in führender Dirigenten-Funktion in Berlin *Johann Friedrich Agricola* (1720-1774) – ebenfalls ein deutscher Komponist und Musiktheoretiker und -schriftsteller, ein Schüler *Johann Sebastian Bachs*.

Diesen profunden Vorgängern im Berliner Musikleben des 18. Jahrhunderts folgte nun also *Johann Friedrich Reichardt*.

Abb. 94 Johann Friedrich Reichardt – Porträt von Anton Graff

Er ist für uns heute der wichtige und kompetente Zeitzeuge der Auftritte unseres Protagonisten vor dem Preußen-König in Berlin. Dieses sein Schreiben ist im Original erhalten[76] und zeigt uns die Einschätzung eines profunden Musikkritikers (s. Abb. 95).

„Durchlauchtigster Gnädigster Herzog und Herr.
Eure Hochfürstliche Durchlaucht erlaube mir gnädigst Hr. Sperger aus Wien als einen ganz außerordentlich braven Concertspieler auf dem Contre Bass bestens zu empfehlen. Der König hat ihn sieben Mahl mit großem Vergnügen gehört und ich bin gewiß er wird Eure Durchlaucht auch Vergnügen machen.
Mit der vollkommensten Ehrerbietung ersterbe ich

Eure Durchlaucht
ganz unterthäniger Reichardt

Berlin, den 15. März 1788"

Bereits am 21. Februar 1788, unmittelbar nach dem sechsten bemerkenswerten Auftritt vor dem König dokumentierte *Carl Graf von Brühl*, der spätere Intendant der Berliner Hofoper, seinen Eindruck vom Spiel *Spergers*.[77]

„Durchlauchtigster Herzog, Gnädiger Fürst und Herr!
Ein gewißer Musikus Sperger hat den Wunsch Eure Durchlaucht von seinem auf dem Contre-Baß erlangten Fertigkeiten einen Beweis ablegen zu dürfen.
Da mir nun bekandt ist, wie sehr Eure Durchlaucht die Tonkunst schäzzen, und das Leuthe, die dieser Kunst mit Erfolg sich widmen, bey Hochderoselben eine gnädige Aufnahme finden: so darf ich nicht zweifeln, daß auch der Sperger sich Hochdero Beyfalls zu erfreuen haben wird, indem er meiner Beurtheilung und Empfindung nach, vorerwähnten sonst rauhen Instrumente eine bewundernswerthe Annehmlichkeit zu geben weiß.
Eure Durchlaucht höchst schäzbares Wohlwollen und Andenken erbitte mir zugleich auch fernerhin auf das angelegenlichste und verharre mit dem größten Respect.
Eure Durchlaucht ganz gehorsamster Diener Carl Graf von Brühl
Berlin, den 21ten Februar 1788"

Carl Graf von Brühl (1772 – 1837) – man will es fast nicht glauben, war zur Zeit dieser Niederschrift noch keine 16 Jahre alt – hochgebildet, interessiert an Musik und Naturwissenschaften, sehr zeitig französisch sprechend - zu seinen Lehrern/Erziehern zählten u.a. *Johann Wolfgang von Goethe, Johann Gottfried Herder* und *Chrisoph Martin Wieland*. Nach seiner Teilnahme an den Befreiungskriegen wurde er 1815 der Nachfolger des berühmten Berliner Theatermenschen *August Wilhelm Iffland* als Generalintendant der Königlichen Schauspiele in Berlin, was die Hofoper mit einschloss. Hier hatte *von Brühl*

---

76 Reichardt-Schreiben Schwerin Landeshauptarchiv Kabinett I/Vol 535/Sperger, lfd.Nr. 2
77 Brühl-Schreiben Schwerin Kabinett I/Vol 535/Sperger, lfd.Nr. 1

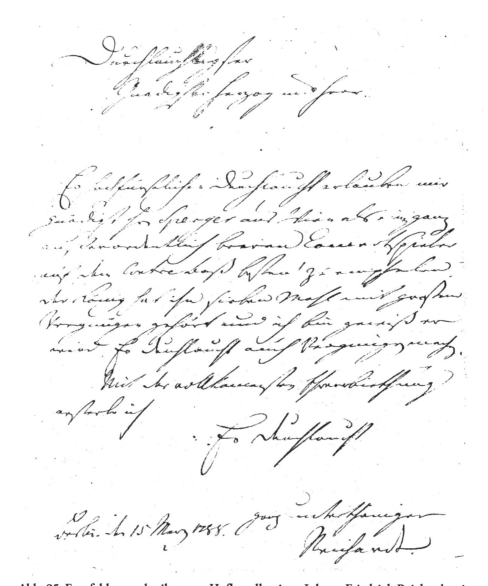

Abb. 95 Empfehlungsschreiben von Hofkapellmeister Johann Friedrich Reichardt mit Datum: „Berlin, den 15.März 1788 –ganz unterthäniger Reichardt"

enge Beziehungen zu *Karl Friedrich Schinkel*, dem bedeutendsten aller Berliner Architekten, der wiederum der Erbauer des 1821 eingeweihten Schauspielhauses in Berlin war. Der „Freischütz" von *Carl Maria von Weber* wurde hier als erste große deutsche Oper unter der Ägide *von Brühl* im Eröffnungsjahr uraufgeführt. Ihr ursprünglicher Titel „Die Jägersbraut" wurde auf Anraten des nunmehrigen Intendanten in den endgültigen Titel „Freischütz" umgewandelt.

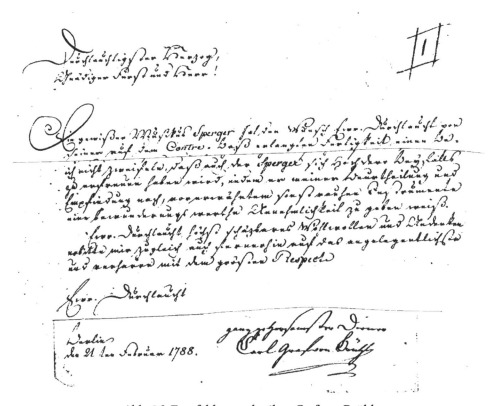

Abb. 96 Empfehlungsschreiben Graf von Brühl

Alle guten Dinge sind drei – und so konnte *Sperger* ein weiteres aussagekräftiges Schreiben auf seine Reise nach Ludwiglust mitnehmen. Auch unmittelbar nach den Soloauftritten *Spergers* beim König formulierte der ‚Captain der Grand Armé' *Valentin von Massow* seinen Eindruck vom Spiel *Spergers*. Dieser *Massow* ist der in Minden 1752 geborene preußische Oberhofmarschall, entstammend dem alten pommerschen Adelsgeschlecht *von Massow*. Er wurde 1787, also 35-jährig Ehrenmitglied der Berliner Akademie der Künste, Abteilung Baukunst, kümmerte sich um herrschaftliche Bautätigkeiten und erhielt vom Kronprinzenpaar , dem späteren *König Friedrich Wilhelm III.* und seiner *Frau Luise* den Auftrag für sie das Schloss Paretz bei Potsdam zu errichten. Zu besichtigen in restauriertem Zustand noch heute (2020) mit den berühmten alten Papiertapeten aus der Entstehungszeit.

Valentin von Massow gehörte zum Umfeld des musikliebenden *König Friedrich Wilhelm II.* und war auch einer der hochherrschaftlichen Gäste bei den Konzerten mit *Sperger*. Ein gewisser Musikverstand ist aus seinen Zeilen herauszulesen, aus dem Schreiben an den Herzog von Ludwigslust-Schwerin:[78]. (s. Abb. 97)

---

78 Massow-Schreiben Schwerin Kabinett I/Vol 535/Sperger(lfd.Nr. 3

Mein Herr
Möge Eure Durchlaucht mir verzeihen es zu wagen, die erste sich ergebende Gelegenheit zu ergreifen um meine respektablen Huldigungen auszusprechen. Eure mir bis jetzt zukommende Güte ehrt, ermutigt und rechtfertigt mich, mir die Freiheit zu erlauben Ihnen den Überbringer dieses Briefes zu senden. Es handelt sich um einen einzigartigen Mann, selten in seinem Talent, der all diejenigen überrascht, die niemals gewagt haben die Schwierigkeiten eines so selten und zugleich schweren Instruments zu überwinden; es handelt sich um Herrn Sperger, Contrabass-Spieler, der 8 Mal hintereinander mit gleichwährendem Erfolg vor dem König gespielt hat. Ich habe keine Zweifel, dass Eure Durchlaucht Ihm ebenfalls gerecht werden wird. Dieses hat mich ermutigt, Ihm diesen Brief zu geben; zu glücklich die Gelegenheit zu nutzen, Eurer Durchlaucht meinen tiefsten ehrwürdigen Respekt zu bezeugen
Mein Herr, Eure Durchlaucht der sehr demütige und sehr gehorsame Diener Captain der Grand Armé Berlin, der 26 Februar 1788
(Übersetzungen aus dem Französischen: Kristina Quaisser)

Die Antwort des in dem Schreiben direkt angesprochenen Herzogs in Ludwigslust kam zwar etwas verspätet, wie sich der Herzog entschuldigte, aber wir wollen sie bereits an dieser Stelle den Lesern zur Kenntnis geben.
Es handelt sich hier um die hastige Niederschrift des Herzogs, die danach dann von den Sekretären des Hofes in Reinschrift für den Empfänger gefertigt wurde, unter welcher dann zum Schluss die persönliche Unterschrift des Herzogs kam. Dieses Originaldokument liegt nicht mehr vor, aber wir haben hier die Urschrift vom Herzog persönlich. (s.Abb. 98, S. 121)

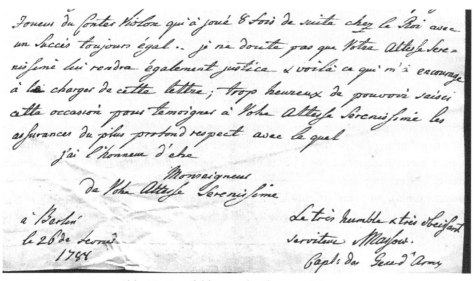

Abb. 97 Empfehlungsschreiben von Massow

Montag, den 31 Mai 88

Mein Herr – Entschuldigen Sie, dass ich nicht früher auf Ihren Brief vom 28. Februar geantwortet habe, aber da ich sozusagen von der Arbeit besessen bin, war es mir unmöglich, dieses vorher zu erledigen. Tausend Dank dass Sie mir Herrn Sperger empfohlen haben. Er spielt wunderbar Kontrabass, er verdient angehört zu werden und ich war verzaubert von seinem Spiel. Dass Sie an mich gedacht haben schmeichelt mir, und mir ist nichts dringender als Sie zu bitten mir Ihre Freundschaft zu bieten, seien Sie auch der meinen gewiss, ein Leben lang.

Mein Herr *Euer sehr ergebener Freund und Diener*

Frédéric François (Friedrich, Franz)

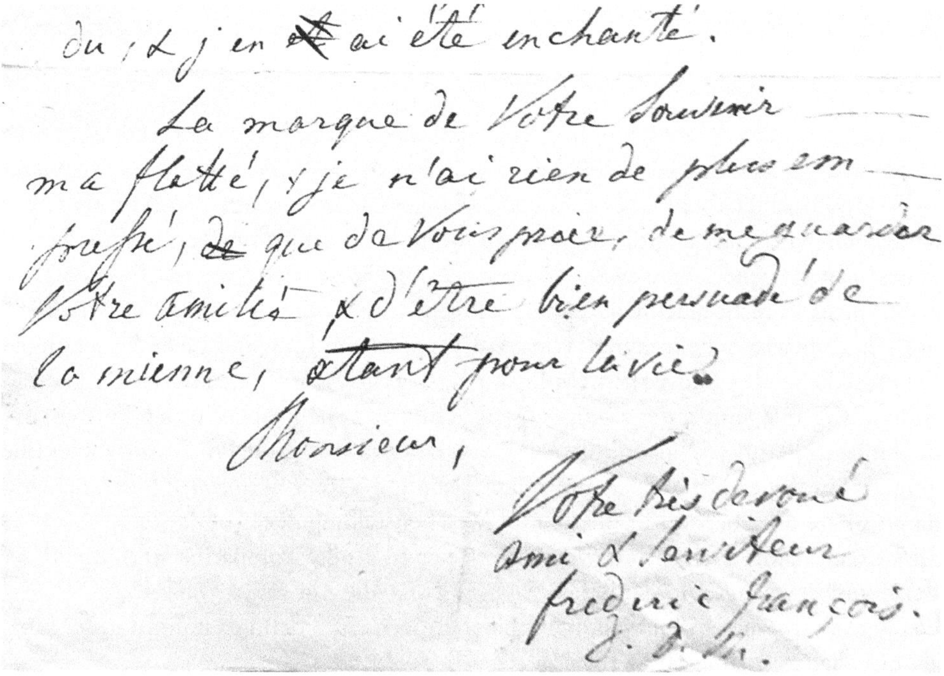
ou, & j'en ai été enchanté.
La marque de Votre souvenir
m'a flatté, & je n'ai rien de plus em-
pressé, que de Vous prier, de me garder
Votre amitié & d'être bien persuadé de
la mienne, étant pour la vie.
Monsieur,
Votre très devoué
Ami & Serviteur
Frederic François.
F. F. H.

Abb. 98 Antwortschreiben des Herzog Friedrich Franz I. aus Ludwigslust an Massow

„*... Sperger spielt wunderbar Kontrabass, er verdient angehört zu werden und ich war verzaubert von seinem Spiel...* “. – diese starke Aussage darf man ernst nehmen von einer Persönlichkeit, die in Musik sehr gut Bescheid wußte, Klavier spielte und die eigene Hofkapelle manchmal dirigierte.

Mit diesen drei aussagekräftigen Empfehlungsschreiben wird sich also *Johann Matthias* auf den Weg nach Ludwigslust an den Hof von *Friedrich Franz I.* von Mecklenburg-Schwerin machen. Er hatte aber seine Mission in Berlin noch nicht bis zum Ende erfüllt. Wie er es angestellt hat, wissen wir natürlich nicht, aber er brachte es fertig, dass er noch vor der regierenden Königin, die im Schloss Monbijou in Berlin residierte, spielen durfte.

„*Anno 1788 gab ich Ihrer Majestät, den 2t Marty, der Regierenden Königin von Preußen im Montebeschu, als ich mich Producierte, diese Stücke Sinfo: N:1, N:2, N:3: Clavier a 4tro drey in c, in b, in A, und die anderen drey auch darzu.*"

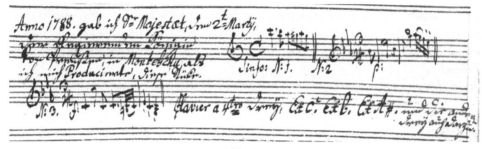

Abb. 99

Kronprinz *Friedrichs* erste Ehe mit *Elisabeth von Braunschweig-Wolfenbüttel* (1746-1840) war gescheitert. Seit 1769 war er mit *Friedericke Luise von Hessen-Darmstadt* (1751-1805), einer Tochter des *Landgrafen Ludwig IX.*, verheiratet. *Friedrich der Große* hatte der dynastischen Legitimation wegen für diese Eheschließung gesorgt. Dieser von höchster Stelle genehmigte zweite Eheversuch mit *Friedericke Luise* machte den Ehegatten nicht so recht glücklich, deshalb hatte sie ihre Wohnung im Schloss Monbijou in Berlin zugewiesen bekommen. Die etwas verworrenen Ehe- und Liebesbeziehungen des musikliebenden und sinnenfreudigen *Friedrich Wilhelm II.* gestatteten der Ehefrau ein etwas vom Wohnort des Königs abseits geführtes Leben. Aber für den Fortbestand der Hohenzollernherrscher erfüllte *Friedericke-Luise* ihre eheliche Pflicht, aus dieser Ehe ging als Sproß der Nachfolger und spätere König *Friedrich Wilhelm III.* hervor. Und damit sorgte das Ehepaar für die richtige Weichenstellung der Erbfolge.
Sie wurden damit auch die Schwiegereltern der zu großer Popularität und legendärer Berühmtheit gelangten preußischen *Königin Luise*, die mit *Friedrich Wilhelm III.* verheiratet war. Zu dieser Hochzeit dann später etwas mehr – denn da kommt unser Protagonist wieder ins Spiel! (s.S. 181)
In diesem Hohenzollern-Schloss Monbijou (aus dem französischen: *Mein Schmuckstück*), welches leider im 2.Weltkrieg zerstört und dann von den kommunistischen Herrschern während der DDR-Zeit 1959 vollkommen abgerissen wurde, fanden bereits im 18.Jahrhundert Konzerte, Theater-Aufführungen, Maskenbälle usw. statt, wie *Wilhelmine von Bayreuth*, die Schwester von *Friedrich II.* in ihren Memoiren beschreibt. Beehrt wurde das Schloss schon 1717 von Zar *Peter dem Großen*. Der berühmte Geiger *Johann Georg Pisendel*, u.a. auch *Johann Joachim Quantz*, der berühmte Flötenlehrer *Friedrich des Großen* und die Mitglieder der Hofkapelle musizierten hier. All das weist auf ein reiches Kunst- und Kulturgeschehen im Schloss Monbijou hin. Hierzu trug nun auch *Johann Matthias Sperger* bei. Er musizierte hier vor der Königin am 2.März 1788 - und überreichte ihr dabei die oben erwähnten Kompositionen: 3 Sinfonien und 6 Klavierquartette.

Empfehlungsschreiben hochrangiger Persönlichkeiten

Abb. 100 Das Schloss Monbijou im 18.Jahrhundert in der Mitte Berlins wurde von den Herrschaften des Hofes auch oft auf dem Wasserwege erreicht. Leider durch die DDR-Machthaber vollkommen abgerissen.

Ob die Königin, von der man sagt, dass sie nicht die Ideenreichste gewesen sei, ein Instrument spielte, ist nicht bekannt – auf alle Fälle schenkte ihr *Sperger* bei diesem Konzertauftritt seine Klavierquartette, vermutlich mit dem Vorsatz und den hoffungsvollen Gedanken verknüpft, eine feste Anstellung als Kontrabassist in einem Orchester zu erhalten. Und sehr speziell hatte er es auf Berlin abgesehen.

Wir wissen durch seine Notizen im Catalog, dass er gerade diese Klavierquartette auch anderen Persönlichkeiten schenkte. In diesem Zusammenhang muss man sich fragen, wie oft hat er wohl seine Kompositionen vervielfältigen, kopieren lassen? Ganz praktisch gefragt: wieviel hat er an die Notenkopisten investiert, um seine Werke zu versenden, zu verschenken, um sie zu verbreiten, und damit Werbung zu machen?

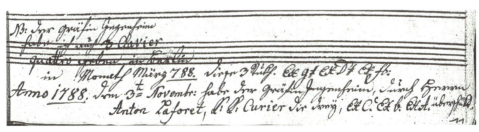

Abb. 101

"Der Gräfin von Ingenheim habe ich auch 3 Clavierquartetten. Geben in Berlin in Monath März 1788, diese 3 Stück in g, in D in f". Später dann: *"Anno 1788, den 3t Novembr. habe der Gräfin Ingenheim, durch Herrn Anton Laforet, S.S. Curier due dey, in C, in b, in A überschükt".* (s.auch S. 123, Abb. 101 und Abb. 102, S. 127). Gerade diese Klavierquartette verschenkte er noch am 12. April an den *Herzog von Mecklenburg-Schwerin*, am 8.Mai gleichen Jahres an den *Markgrafen von Ansbach*. Am 3.November 1788 lässt er laut Catalog-Eintrag durch einen Curier *Anton Laforet* nochmals an die *Gräfin von Ingenheim* weitere Quartette überreichen. Diesmal sind es die 3 Klavierquartette in C-Dur, in b-Moll und in A-Dur.

Wer war diese *Gräfin von Ingenheim (1766-1789)*, der Sperger mehrfach seine Kammermusiken widmete bzw. Abschriften schenkte?. Sie war die Nichte von *Sophie Marie von Voß*, der durch ihre historisch weitsichtigen schriftlichen Berichte über den preußischen Hof bekanntgewordene Hofdame mehrerer preußischer Herrscher. Auch sie ebenfalls eine Hofdame, Vertraute von Königin *Elisabeth Christine*, der Gattin von *Friedrich dem Großen*. Der eigentliche Name der o.g. Nichte war *Elisabeth Amalie von Voß*, genannt *Julie von Voß*. Durch die 1787 vollzogene morganatische Ehe, also die „Ehefrau zur Linken" mit dem Frauenliebhaber und Cellospieler König *Friedrich Wilhelm II.,* wurde sie durch ihn zur *Gräfin von Ingenheim* ernannt. Für *Sperger* der Grund genug, ihr seine Werke zu widmen. Ob es letztlich in irgendeiner Weise geholfen hat, ist eher mit Vorsicht zu beurteilen, da sie schon 2 Jahre später, sehr jung an Jahren, zweiundzwanzigjährig, starb.

Sperger war gezwungen, alles zu versuchen, die Gunst des Königs heraufzubeschwören, da ihm zu diesem Zeitpunkt immer noch die Hoffnung auf eine feste Anstellung im Orchester der Berliner Hofoper vorschwebte.

Weiter auf Reisen – nach seinen Berliner Konzerten

Durch die Notizen in seinem Catalog können wir speziell im Jahre 1788 seinen Lebensweg ziemlich genau verfolgen: ab Jahresbeginn 1788 war er zunächst in Berlin, dann bis zum Ende dieses Jahres eigentlich fast ständig auf Reisen.

Am 18.Februar spielte er das sechste Mal vor dem König. Insgesamt also trat er sieben Mal in Berlin auf, wie es *J.F.Reichardt* in seinem Empfehlungsschreiben berichtet. (s.S. 118 und in seinem Catalog auf den Seiten 8 u. 11; hier im Buch S. 342 und 345).

Den 18t februar, gab ich Sr. Majestät, auch selbsten, meine 6. Violin quattro: als ich mich daß 6t mal Broducierte, mit einem Concert.

– ein paar Tage später, am 22.Februar überreichte *Sperger* einem Herrn *Schühler (Schükler?)* in Berlin drei Sinfonien.

Anno 1788, den 22t Februar in Berlin, hatte der Hr. Schühler die 3 Sinfonien. (folgt Incipits)

Und zwei Tage später: *Anno 1788, den 24t Februar in Berlin, den Hr. Rittmeister Baron Von Massow, meine 6 Flauten a Tre, diese mit 2 Flauten, und ein a4tro geben.* (folgt Incipit).
Siehe in diesem Zusammenhang das Empfehlungsschreiben von *Baron Massow* an den Herzog in Ludwigslust (s.S. 120, Abb. 97).
Im nächsten Monat, am 2.März 1788 folgte also das bereits oben (s.S. 122, Abb. 99) erwähnte Konzert vor der Königin im Schloss Monbijou, bevor er dann die Reise in den hohen Norden Deutschlands, nach Ludwigslust bei Schwerin antrat. Also – nach dem längeren Aufenthalt *Spergers* in Berlin von Anfang Januar 1788 (sein erstes Konzert dort am 26. Januar) bis zum März 1788 (letztes dokumentiertes Konzert am 2.März) begab er sich im April 1788 nach Ludwigslust. Er wird sicher noch den gesamten Monat März in Berlin (Potsdam?) verbracht haben. Sein Ziel war es nun, sich bei dem Herzog *Friedrich Franz I. von Mecklenburg- Schwerin* vorzustellen – und als Eintrittskarte hatte er die drei Empfehlungsschreiben der bereits oben genannten Berliner Persönlichkeiten bei sich. (s.S. 118ff).

Kapitel VIII 1787-1788
Kontrabass und Notengeschenke in der Postkutsche

Nach Ludwigslust zum Probespiel beim Herzog

Am 12.April 1788 ist es soweit. Er erreicht Ludwigslust und wird vom Herzog *Friedrich Franz I.* empfangen.

Abb. 102 Anno 1788 habe ich, den 12t April Sr. Durchlaucht, den Herzog Von Mecklenburg Schwerin, diese Stücke (ge-)geben. (6 Sinfonien mit Incipit-Angaben)
NB: und meine 6 Clavier quartetten.

Neben den drei oben erwähnten Empfehlungsschreiben, überreicht *Sperger* dem Herzog die Noten von sechs Sinfonien und sechs Klavierquartette. Es sind z.T. bereits 1784 entstandene Sinfonien, die während der Zeit in der Hofkapelle der Grafen von *Erdödy* in Fidisch bei Eberau komponiert wurden, die 1787 entstandene dramatische c-Moll-Sinfonie und weitere Sinfonien von 1788. Die von ihm erwähnten sechs ‚Clavier quartetten' betreffen alle sechs, die er für ‚Clavicempalo, Violine, Viola und Basso bzw. Violoncello' komponierte. Ein Beispiel vom Beginn des Quartettes Nr.6. (s. S. 105, Abb. 82).
An dieser Stelle muss man wieder fragen, wie viele Abschriften seiner Kompositionen wird er auf diese umfängliche Reise mitgenommen haben? Es sagt sich so leicht dahin „Sperger übergab dem Grafen Soundso sechs Sinfonien und sechs Quartette…und dem Fürsten eine Serie von sechs Sinfonien…."
Nach seinem aussagekräftigen und glaubwürdigen ‚Catalog' verschenkte er ungezählte Partituren (vielleicht sogar ganze Stimmensätze?) von Sinfonien und Kammermusiken – Klavier-, Streich-, Flötenquartette, Cassationen – an Herrschaften in Brünn, Prag, Dresden, Berlin, Ludwigslust. Weiteres auf der Rückreise nach Wien dann an die Fürsten von *Thurn und Taxis* in Regensburg und Dischingen in Baden-Württemberg. Wie konnte das möglich sein, so viele Noten-Exemplare mitzunehmen und dann zu verschenken? Hatte er ganze Kisten mit Notenheften dabei mit dem damaligen schweren Büttenpapier?

Wieviel hat er in die umfangreichen Notenexemplare investiert? Man bedenke: es gab noch keine Notenkopiergeräte – es waren alles mit dem Federkiel gefertigte Abschriften!. Wieviel Kopisten haben für ihn geschrieben? Was mögen das für Umstände gewesen sein mit der Postkutsche auf unbefestigten Straßen des 18. Jahrhunderts?. Wie sahen wohl seine Reisen mit Kontrabass und den schweren Notenkisten aus? Sicher war er auch in Begleitung seiner Frau Anna unterwegs. Angaben darüber lassen sich leider nicht finden.

Er war wochenlang unterwegs mit seinem Instrument. War das Instrument überhaupt noch in gut spielbarem Zustand? Bald sollte das entscheidende Konzert vor dem Herzog in Ludwigslust stattfinden....

Stadt Ludwigslust – im April 1788

Bevor auf diese entscheidende Begegnung mit dem Herzog *Friedrich Franz I.* eingegangen wird, müssen wir einen Blick auf die momentane Situation der Stadt Ludwigslust am Ende des 18.Jahrhunderts, auf den dortigen Hof, das Schloss und die Hofkapelle werfen.

Die erste urkundliche Erwähnung dieses Ortes stammt aus dem Jahre 1399 – damals hieß er noch Klenow. Ein kleiner Ort – noch um 1700 nicht mehr als 85 Einwohner, in welchem 1735 Herzog *Christian Ludwig II.* aus Schwerin in ein neuerrichtetes Jagdschloss einzieht. Und schon bald (1756) zieht der gesamte Schweriner Hof schrittweise nach dem inzwischen umbenannten Ort Ludwigs-Lust. Dieser Herzog war gebildet, weltoffen und ein Freund der Künste. Er kümmerte sich verstärkt um die bereits 1563 in Schwerin gegründete Hofkapelle – die nun unter ihm wieder aufblühte. Unter seinem Nachfolger *Herzog Friedrich ('der Fromme')* beginnt ab 1763 eine rege Bautätigkeit in Ludwigslust – der grandiose Ausbau zur Barockstadt. Und bereits 1767 verlegte dieser Herzog die Schweriner Hofkapelle, der hervorragende Musiker angehörten, nach Ludwigslust. Dieser Herzog war musikalisch außerordentlich begabt, spielte Klavier (Cembalo) und seine Vorliebe galt der geistlichen Musik.

Aus dem kleinen Jagdschloss entstand zwischen 1772-1776 eines der schönsten Barockschlösser in Norddeutschland mit einem einzigartigen Park.

Diese enorme Entwicklung, innerhalb eines Dreivierteljahrhunderts in einem unscheinbaren Bauerndorf eine Residenz zu errichten, wo Architektur, Kunst, Bildung, Musik eine Einheit bildeten – verdankt Ludwigslust den Herzögen von Mecklenburg-Schwerin, dem Herzog *Christian Ludwig II.*, und dann auch besonders dem Sohn *Friedrich der Fromme*. Nach dem Tode dieses Herzogs wurde 1785 der ebenfalls musikbegabte und -begeisterte *Friedrich Franz I.* 29-jährig der neue Hausherr. Dieser legte großen Wert auf den Fortbestand und das Niveau seiner Hofkapelle. Nicht nur, dass er selbst bei Konzerten des Orchesters am Klavier mitwirkte, er bemühte sich mit Erfolg um weitere herausragende Musiker, die er in seiner Hofkapelle einstellte, so dass die Ludwigsluster

Abb. 103 Barockschloss in Ludwigslust – erbaut 1772-1776.
Hier erklangen viele Werke Spergers

Kapelle bald zu den führenden europäischen Hofkapellen gezählt werden konnte. Eine ganze Reihe hervorragender Instrumentalisten, die sich auch gleichzeitig einen Namen als Komponisten machen sollten, zählten dazu:[79]

- der Hofkomponist *Johann Wilhelm Hertel* (1727-1789),
- Pantaleonist *Georg (Carl Friedrich Ludwig) Noëlli* (1727-1789)
- der Konzert- und Kapellmeister *Carl August Friedrich Westenholtz* (1736-1789),
- Konzertmeister *Eligio Celestino* aus Italien (1739-1812),
- Violoncellist und Gambist *Franz Xaver Hammer* (1741-1817) (s.S. 44ff, 152, 165),
- Geiger *Benedikt Friedrich Zinck* (1743-1801)
- Flötist *Hardenack Otto Conrad Zinck* (1746-1832)
- Konzertmeister *Friedrich Ludwig Benda* (1746-1793)
- Kontrabassist, Kapellmeister, Komponist *Antonio Rosetti* (1750-1792)(*Anton Rösler*) (s.S. 157ff)
- Kontrabassist, Organist, Komponist *Johann Matthias Sperger* (1750-1812),
- Fagottist *Franz Anton Pfeiffer* (ca.1750-1787)
- Klavier- und Glasharmonika Virtuosin *Sophie Westenholtz* (1759-1838)
- Flötist *Samuel Friedrich Heine* (1764-1821)
- Konzertmeister und Viola d'amour-Spieler *Louis Massonneau* (frz. Abstmng) (1766-1848).
- Oboist *Wilhelm Braun* (1796-1867)

---

79 Bei Erstellung dieser Liste half dankenswerterweise der Violinist der Mecklenburgischen Staatskapelle Schwerin und Musikforscher *Stefan Fischer*

Ihre Kompositionen reichen von Kammermusiken, Instrumentalkonzerten bis zu Sinfonien – und besonders auch zahlreiche Kantaten und Oratorien stammen aus ihrer Feder. Die Texte dafür lieferte u.a. Pfarrer *Heinrich Julius Tode* (1733-1797). Auch für die *Haydn*-nahe Kantate von *Johann Matthias Sperger* „Jesus in Banden" stammte der Text von *H.J.Tode* (darüber später mehr s.S. 309 unter *„Johannes Moesus"*).

Abb. 104 Stadtkirche Ludwigslust 1767, Stich von J. D. Findorff

Selbst Komponisten-Persönlichkeiten wie *Carl Stamitz*, der bedeutende Violin- und Viola-Virtuose der Mannheimer Schule bewarben sich beim Herzog in Ludwigslust – in diesem Falle musste ihm eine Absage erteilt werden – nicht aus Gründen der musikalischen Leistung, sondern aus Besetzungsgründen. Es waren genügend Musiker im Streicherbereich vorhanden. Der Etat war ausgeschöpft.

„Ich wage es mir die Ehre des Schutzes verschiedener Höfe zu erschmeicheln, indem ich es wage ihnen von Zeit zu Zeit ein paar Stücke meiner Komposition, die nicht so bekannt sind, und es niemals werden, zuzusenden. Ich hoffe auch auf diesen (Schutz) Ihrer Durchlaucht, ich wäre demzufolge gefüllt von meinen Wünschen und Glück. Ich habe die Ehre mit dem tiefsten Respekt zu sein! Mein Herr! Durchlaucht! Der demütigste und gehorsamste Diener Carl Stamitz Kammermusikkomponist von seiner Majestät dem König von Preußen, in Graiz im Vogtland, 10. August 1790"

Neben den komponierenden Instrumentalisten gab es natürlich noch eine Reihe ausgezeichneter Musiker in Ludwigslust. Sie hatten bei vielerlei Gelegenheiten ihren Dienst zu tun. In der evangelischen Stadt- und Hofkirche, bei Freiluftkonzerten, im Schloss – und dort ab 1776 in dem prächtigen „Goldenen Saal".

Abb. 105 Stadtkirche Ludwigslust 2020

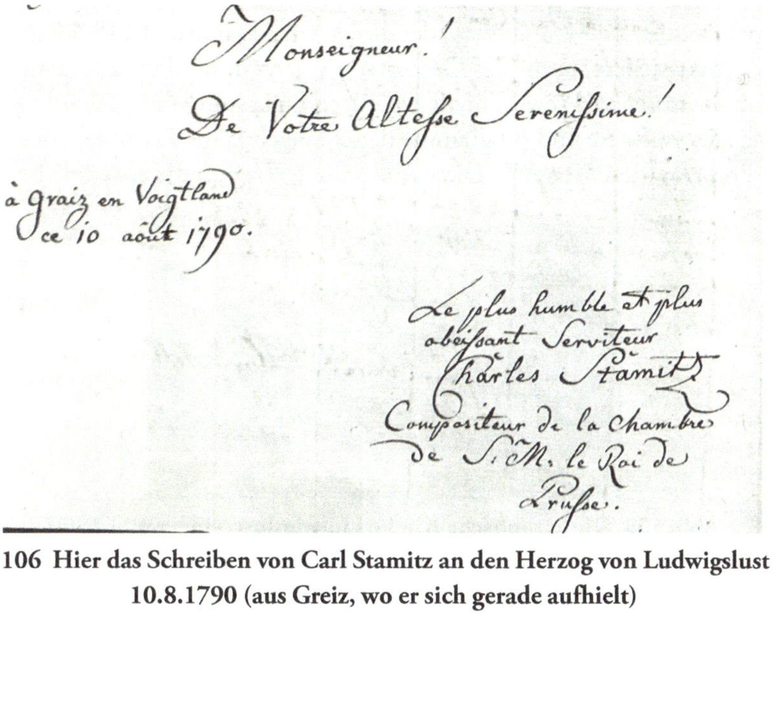

Abb. 106 Hier das Schreiben von Carl Stamitz an den Herzog von Ludwigslust vom 10.8.1790 (aus Greiz, wo er sich gerade aufhielt)

Abb. 107 Goldener Saal im Schloss Ludwigslust (s. auch S.128/129) Hier beim Internationalen Sperger-Wettbewerb 2008

Nach Erbauung der katholischen Kirche im Schlosspark 1809 – übrigens auf Anregung der Musiker katholischen Glaubens erbaut, und hier speziell durch die Initiative *Spergers*. (darüber mehr auf Seite 188) Ab diesem Zeitpunkt fanden in diesem Gotteshaus Konzerte statt.

Dem Kapellmeister *Louis Massonneau,* der die letzten 34 Jahre in der Residenz Ludwigslust die Konzerte leitete, bevor das Orchester 1837 dann wieder nach Schwerin ging, verdanken wir in seinem gewissenhaft geführten „Diarium" (Tagebuch) eine genaue Auflistung aller Auftritte und Programme dieser langen Jahre. Darunter auch viele von unserem Protagonisten *Sperger*[80]. Diese Aufstellung erwähnt die erstaunliche Zahl von

Abb. 108 Die katholische Kirche Ludwigslust, eingeweiht 1809

---

80 dazu mehr s.S. 212ff und siehe dazu auch die Auflistung (Diarium) bei Adolf Meier S. 186)

2000 (zweitausend) Konzertaufführungen und berichtet von 30 verschiedenen Opern, die in den Jahren zwischen 1803 bis 1837 zur Aufführung kamen. Darunter etwa zweihundert mal Werke von *Wolfgang Amadeus Mozart,* so z.B. 1808 sein Requiem – das im Jahre 1812 zu einer denkwürdigen Aufführung kam, über die am Ende dieser Biographie die Rede sein wird.

Entscheidendes Konzert in Ludwigslust beim Herzog Friedrich Franz I.

Nun der 12. April 1788 – an diesem Tag sollte das Konzert vor dem Herzog in Ludwigslust stattfinden. Was zu diesem Anlass auf dem Programm stand, ist leider nicht bekannt. Aber wie es vom Herzog aufgenommen und bewertet wurde, geht aus einem im Original erhaltenen Schriftstück hervor. Siehe dazu die Abbildung 98 dieses Schreibens auf S. 121.
„Tausend Dank dass Sie mir Herrn *Sperger* empfohlen haben. Er spielt wunderbar Kontrabass, er verdient angehört zu werden und ich war verzaubert von seinem Spiel." Wir sind sehr dankbar für das noch schriftlich existierende Urteil des Herzogs über das Spiel *Spergers*, in dem uns der höchst positive Eindruck authentisch vermittelt wird. Trotz des begeisterten Urteils über *Spergers* Spiel durch den Herzog, kam es nicht sofort zu einer Anstellung in der Hofkapelle. Die beiden Kontrabassisten *Wenzelslaus Sedlacek (um 1752-1806)* und *Heinrich Ernst Jubiläus Weber* (1731-1789) erfüllten die Ansprüche des Orchesters. Man kann sich gut vorstellen, wie enttäuscht *Sperger* aus Ludwigslust abreiste, wo er sich doch so große Hoffnungen auf eine Aufnahme in die Hofkapelle gemacht hatte. Dazu *A.Meier: „Die von den Höfen genehmigten Kapelletats lagen allgemein fest, was wohl auch für Ludwigslust gegolten haben mag".*

Rückreise von Ludwigslust nach Wien

Bei der Rückreise nach Wien machte *Sperger* am 8.Mai 1788 in der Nähe von Nürnberg Halt bei Markgraf *Carl Alexander von Ansbach.* In Triesdorf, der Sommerresidenz der Markgrafen von Brandenburg-Ansbach, übergab er diesem eine Serie von 6 Sinfonien. Und, wie *Sperger* in seinem Catalog notiert, „*der Miledi drey Clavierquartetten".* (s. Catalog S. 9; hier im Buch S. 343) Dieser Aufenthalt ist sicher durch die Kontakte zum brandenburg-preußischen König *Friedrich Wilhelm II.* zustande gekommen. Das Fürstentum Ansbach gehörte zum fränkischen Stammland der Hohenzollern und zum erblichen Besitz der Mark Brandenburg, also zu Brandenburg-Preußen, wie der Name Brandenburg-Ansbach verrät. Es ist anzunehmen, dass *Sperger* auch hier Proben seines Könnens auf dem Kontrabass abgegeben hat, denn er hielt sich hier einige Tage auf. Sein nächstes Ziel war das etwa 120 km entfernte Regensburg und sein Termin dort war erst 8 Tage später angesetzt: Ziel der Reise waren die Fürsten von *Thurn und Taxis.*

Auch hier überreichte *Sperger* laut Eintrag im Catalog sechs Sinfonien. Er schöpfte also immer noch aus dem reichlichen Reservoir seiner vorbereiteten Kopisten-Abschriften.

Abb. 109 In Dipfingen Sr. Durchlaucht Fürsten von Thurn und Taxis dem 15. May 1788 diese 6 Sinfonien (ge-)geben.

Hier müssen wir *Sperger* verbessern – es war nicht ‚Dipfingen' sondern ‚Dischingen' – seit 1734 die Sommerresidenz der *Thurn und Taxis*. Seit der Übersiedlung der Familie 1748 nach Regensburg in das ehemalige Kloster St. Emmeram, verlegten die Fürsten in den Sommermonaten ihre Regierungsgeschäfte samt der Hofkapelle in das dortige Schloss Trugenhofen, später umbenannt in „Schloss Taxis". Obwohl die Schlossanlage fast 200 km südwestlich von Regensburg entfernt lag – übrigens gab es hier auch einen Theaterbau – weilten die *Thurn und Taxis* von Mai bis September dort.
Das aus der Lombardei stammende Adelsgeschlecht mit dem späteren Namen *Thurn und Taxis* war durch einen seit dem 14. Jahrhundert geschickt aufgebauten Kurierdienst zunächst für die Republik Venedig, danach für die Päpste tätig. 1695 wurde die Familie in den Fürstenstand erhoben und stieg damit in den Hochadel auf. Die Familie wurde 1748 in Regensburg ansässig und von dort aus tätig – bis der ursprüngliche Kurierdienst 1867 schließlich zum Post-Unternehmen angewachsen war und zwangsweise an den preußischen Staat verkauft wurde. Auch hier könnte *Friedrich Wilhelm II.* durch die Verbindung zu Preußen die Kontakte geknüpft haben. Wichtig für uns aber sind die Beziehungen zu Kunst und speziell Musik dieses Fürstenhauses. Gerade im 18. Jahrhundert unterhielt *Thurn und Taxis* eine in dieser Zeit zu den besten zählende Hofkapelle – mit vielen namhaften Virtuosen wie Hofkapellmeister *Joseph Touchemoulin, Frantisek Xaver Pokorný* oder *Giovanni Palestrini*. Regelmäßige Konzerte und Opernaufführungen boten ein an den großen Metropolen orientiertes Programm. Davon wußte *Sperger* und erhoffte für sich auch hier eine Anstellung. Noch heute (2020) bewahrt die Fürstlich *Thurn und Taxis'sche* Hofbibliothek in Regensburg Manuskripte von unserem Protagonisten auf, die er bei seinem Besuch 1788 dort überreicht hatte. Es handelt sich um vier Sinfonien[81].

---

81 C-Dur-Sinfonie von 1782 Schwerin Sign. Mus. 5173/6, A.M.: A18; C-Dur von 1787 Sign. Mus. 5147, A.M.: A24; c-Moll von 1787 Sign. Mus. 5145, A.M.: A25; F-Dur von 1787 Sign. Mus. 5139, A.M.: A26

3000 Kilometer mit Kontrabass in der Postkutsche

Seine Reise ging weiter in Richtung Wien, wo er wahrscheinlich Anfang Juni 1788 eintraf. Damit hatte er eine lange, sicher auch beschwerliche Reise hinter sich gebracht. Aufgebrochen war er Anfang Dezember 1787 mit den nachweislichen Stationen Brünn – Prag – Dresden – Berlin – Ludwigslust – und zurück über Ansbach – Regensburg – Dischingen (im heutigen Baden-Württemberg gelegen), bis er Mitte 1788 wieder in Wien die Reise beendete. Er hatte vor Grafen, Fürsten, Herzögen, Königen, Königinnen musiziert. Es sagt sich so leicht dahin – aber wie hat er es angestellt? Wie ist es ihm gelungen, die Kontakte zu diesen Persönlichkeiten, zu diesen Häusern herzustellen? Wer hat ihm die Türen zu diesen Herrschaftshäusern geöffnet? Wie hat er seine Konzertroute geplant, wie vorbereitet? Hatte er im Vorfeld Fürsprecher? Er war zu dieser Zeit ein junger Mann von 37 Jahren und eine vorauseilende Propagandamaschinerie gab es noch nicht. Wie hat er sein Reisegefährt, die Pferde-Postkutsche organisiert?. Er brach im Dezember, also im Winter, wo es zu dieser Zeit noch mächtig Schnee gab, auf. Es ist heute alles sehr schwer vorstellbar. Und doch hat er es getan und bewältigt! Wie wird ihm seine Frau Anna unterstützt haben? Es ist stark anzunehmen, dass sie ihn auf der Reise begleitet hat – leider finden sich dazu keine Belege. Vielleicht war er auch alleine unterwegs.

Viele Noten – zahlreiche Geschenke

Worüber es aber Belege gibt, das erfahren wir aus seinen zuverlässigen Aufzeichnungen, aus seinem Catalog. Darin hat er nicht nur die Stationen seiner Reise mit Datum vermerkt, sondern auch die verschenkten und gewidmeten Partituren seiner Kompositionen. Und dabei kommen wir auf eine Zahl, die uns das Staunen lehrt: in den Monaten vom Dezember 1787 bis zur Heimkehr in Wien im Juni 1788 waren es nicht weniger als insgesamt 93 Partituren. Davon 35 Sinfonie- und 58 Kammermusik-Partituren. Fast einhundert Partituren, geschrieben von Kopisten oder von ihm selbst – technische Vervielfältigungsgeräte gab es noch nicht. Wie hat *Sperger* dies in die Wege geleitet, wie finanziert? Wie lange hat er die Reise mit all den Präsenten im Voraus geplant? Allein: mit welchem Gewicht wird das damalige stabile, schwere Büttenpapier sein Reisegefährt belastet haben? Hat er diese passable Notenkiste und seinen Kontrabass bei jeder Poststation aus- und für die Weiterfahrt wieder beladen? Hatte er Helfer? Man wagt fast nicht, sich das vorzustellen. Über den Zustand der Straßen kann man sich fast keine Vorstellungen machen. Wie oft gab es Wegelagerer? Es ist eine unvorstellbare Kraftanstrengung: die Vorbereitung, das Vorausdenken, Kontakte im Vorfeld knüpfen, die Reisebedingungen, die Konzertauftritte! Es nötigt uns heute noch den allergrößten Respekt ab! *Sperger* hat es getan, er hat es auf sich genommen, aus seinem Wunsch heraus, eine Anstellung zu finden.

Respektable Reiseroute[82]

Ein Blick auf die Landkarte verrät uns seine, selbst für heutige Verhältnisse, äußerst umfangreiche Reiseroute. Wien bis Ludwigslust etwa 1000 km, Rückreise über Ansbach bis Wien etwa 1500 km – so kommen wir im Schnitt im Monat auf 400 km in der unbequemen Kutsche! Umwege, Unwegsamkeiten, Pferdewechsel, Pannen rechnen wir gar nicht ein. Und dann beginnt erst die eigentliche Aufgabe des schier unglaublichen Unternehmens: das Musizieren, die Konzerte, die Kontaktaufnahmen an den Höfen, die Kommunikation und und und….!.

Wieder in Wien

In Wien angekommen (Juni 1788), nahm er sich wenig Zeit für eine Ruhepause. Er beauftragte wiederum Noten-Kopisten, die ihm weitere seiner Kompositionen vervielfältigten – vielleicht hat er in dieser Zeit auch selbst wieder als Kopist gearbeitet – er mußte ja weiterhin für seinen und seiner Frau Lebensunterhalt sorgen. Aber er bemühte sich immer wieder um eine Anstellung und blieb weiter aktiv. Dank seines Cataloges erfahren wir von einer neuerlichen Noten-Sendung an den König von Preußen im September 1788. Immer wieder Berlin – warum nicht Wien?

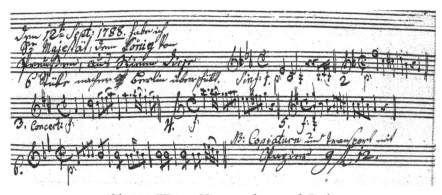

Abb. 110 Weitere Notensendung nach Berlin

„Dem 12t Sept. 1788 habe ich Seiner Majestät, dem König von Preußen, aus Wien diese 6 Stücke nacher Berlin überschükt".

Hier in dieser Notiz schrieb er sogar, dass er für ‚Copiature', also Noten-Kopien und Transport 9 Schilling und 12 Pfennige bezahlt hat. Diese Notiz gibt uns eine kleine Vorstellung, was er wohl für seine vielen Kopien ausgegeben hat.

---

82 eine Karte der Reiseroute s. auf S. 333

Den Monat darauf, am 10. Oktober 1788 schickt er an den *Herzog von Neustrelitz* in Mecklenburg eine Serie von 6 Sinfonien. Ein Blick auf die Landkarte verrät, dass Neustrelitz an der Fahrtstrecke von Berlin nach Ludwigslust liegt und nur etwa 120 km von dort entfernt ist. Es wird vermutet, dass er auf seiner Reise im April 1788 bei diesem Herzog in Neustrelitz Station machte, dort vielleicht auch musizierte, jedenfalls Kontakt hatte. Er sandte 6 Sinfonien hin. (s. Catalog S. 13, im Buch S. 347)
"An den Durchlauchtigen Herrzog von Neu Strelitz; in Mecklenburg, den 10t October 1788, überschükt".
"Den 25t November 1788 dem Herrzog von Mecklenburg Schwerin, zu Seinem geburts Tag diese drey Sinfonien überschükt".
Bevor wir auf das wichtige Schreiben vom 25.November 1788 eingehen, muss noch auf eine weitere Sendung, die für den 3.November im Catalog Erwähnung findet, eingegangen werden:
"...habe der Gräfin Ingenheim durch Herrn Anton Laforet, S.S. Curier die drey (Clavierquartette) in C, in b, in A, verschükt" (s. auch S. 123, Abb. 101).
Für die Statistiker: wir kommen im Jahre 1788 zu der auf der Reise verschenkten Partituren noch auf versendete 18 Sinfonie- und 3 Kammermusik-Partituren, und hierbei handelt es sich ausschließlich um Präsente.

Das späte „Bewerbungsschreiben" an den Herzog in Ludwigslust

Am 25.November 1788 schickt *Sperger* an den Herzog von Mecklenburg-Schwerin in Ludwigslust wieder 3 Sinfonien mit einer Widmung zu seinem 32. Geburtstage (10.12.1788). Das Hauptanliegen dieser Sendung aber ist ein Schreiben, von dem wir heute sagen würden, es war sein „Bewerbungsschreiben" – eines seiner wichtigsten und entscheidenden Briefe.
Hier der Wortlaut des *Sperger*-(Bewerbungs-)Briefes vom 25.11.1788:

„Durchlauchtigster Herrzog!
Der allerhöchste Beyfall und die herablassende Gnade deren allerhöchste dieselben meine geringen Talente und mich Während meiner Anwesenheit in Ludwigslust Würdigten; macht mich so kühn, Euer Durchlaucht beyliegende drey Neue Simphonien von meiner Komposition nebst meinem allerunterthänigsten Glück-Wunsche zu allerhöchst dero Geburtstagsfeeste in tiefster Ehrfurcht zu Füssen zu legen.
Jeder Künstler Teutschlands, der das Glück wie ich genoß, muß gewiß sehnlichst Wünschen, einem Fürsten anzugehören, der vaterländische Kunst und Wissenschaft zu schäzzen und zu belohnen Weyß, muß gewiß wünschen, dem Dienste dieses allgemein angebetheten Fürsten alle Kräfte seines Lebens ausschließungs weiße widmen zu dürfen: Was Wunder also wann auch ich diesen sehnlichsten Wunsch hege, und im Vertrauen auf die Gnade und den Beyfall dessen mich Euer Durchlaucht in allerhöchst eigener Person zu versichern geruhten, die allerunterthänigste bitte wage, als Kammer Musikus in allerhöchst dero Hof Kapelle

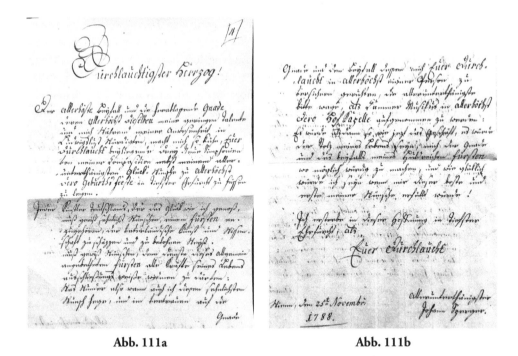

Abb. 111a   Abb. 111b

aufgenommen zu werden. Es würde als dann so wie jetzt das Geschäft, es würde der Stolz meines Lebens seyn, mich der Gnade und des Beyfalls meines Huldreichen Fürsten wo möglich würdig zu machen, und wie glücklich würde ich seyn wenn mir dieser beste und erste meiner Wünsche erfüllt würden!

Ich ersterbe in dieser Hoffnung in tiefster Ehrfurcht, als
        Euer Durchlaucht
        Allerunterthänigster Johann Sperger
Wien, dem 25t Novembr. 1788

Eine Antwort des Herzogs ist nicht überliefert. Wenn es eine Antwort gegeben haben sollte, so ist diese in den privaten Briefen bei *Sperger* und für die Nachwelt nicht archiviert worden. Wir wissen es also nicht und gehen davon aus, daß der Briefschreiber sich weiter in Geduld üben mußte.

Kapitel IX 1789 Venedig und mehr

Das nächste Konzert bei der Wiener Tonkünstler-Gesellschaft – und Italien ruft

In der folgenden, noch immer ungewissen Zeit verfolgte *Sperger* weitere Pläne. Eine bedeutende Aufgabe dürfte der nun bereits zum zweiten Mal anstehende Solo-Auftritt bei der Wiener Tonkünstler-Societät am 22. Dezember 1788 gewesen sein.
Diesem Konzert ging folgendes voraus: als Mitglied dieser Gesellschaft (seit dem 15. Februar 1779) (s. auch S. 56ff) nahm Sperger am 25.Juni 1787 an einer Sitzung mit zahlreichen anderen Mitgliedern teil, wo es hauptsächlich um Fragen der Vermögenslage der Gesellschaft ging. (s. A.M. S. 191) Hier dürfte Sperger angefragt oder angeboten haben, wieder in einem Konzert als Solist aufzutreten. Es verging noch ein reichliches Jahr, bis in der Sitzung am 21.November 1788 von der Gesellschaft beschlossen wurde *„…im traditionellen Adventkonzert wiederum ein Kontrabasskonzert durch Sperger spielen zu lassen"*.
Wir zitieren hier den bei A.M. (S. 191) überlieferten Wortlaut des Konzert-Programmes (die *Sperger*-betreffenden Passagen): *„Heute Montags den 22ten Christmonats 1788 wird im K.K. Nazional-Hof-Theater von der errichteten Tonkünstlergesellschaft zum Vortheil ihrer Wittwen und Waisen Eine große musikalische Akademie gehalten werden, welche aus folgenden Stücken besteht….7. Ein Konzert auf dem Kontrabaß, gespielt von Herrn Johann Sperger, Mitglied dieser Gesellschaft.…Die Musik, Instrumenten, und Singstimmen gerechnet, wird von mehr als 180 Personen ausgeführt…Der Anfang ist um 7 Uhr…"*.
Leider ist darüber nicht mehr zu erfahren – es gibt darüber keine weiteren Pressemitteilungen. Da die Gesellschaft laut Statuten immer neueste Stücke bei den Aufführungen verlangte, so könnten es die Konzerte Nr.11 oder Nr.12 gewesen sein.
Bei dem Konzert Nr. 11 (A-Dur) setzte *Sperger* ganz gegen seine Gewohnheit zunächst keine Oboen, sondern 2 Flöten ein. Im Stimmensatz (nicht in der Partitur) erscheinen dann 2 Oboen Rip. (Ripieno – aus dem Italienischen: Füllung) – das bedeutet: er verstärkte an markanten forte-Stellen die Flötenstimmen durch die Oboen. (s.Abb. 113, S. 140)
Nach diesem Solokonzert in Wien bei der Tonkünstler-Societät am 22.12.1788 hat *Sperger* nie wieder in Wien gespielt. Er blieb aber als Mitglied der Gesellschaft verbunden und zahlte auch pünktlich seine Beiträge[83]. Nach seinem Tode 1812 erhielt die Witwe *Anna Sperger* noch bis zu ihrem Tode am 8. Dezember 1827 eine Jahresrente von 120 fl.[84]. Diese wurde dann sogar auf 160 fl. erhöht. Nach dem Tode der Witwe taucht der Name *Sperger* nicht mehr in den Akten der Wiener Tonkünstler-Societät auf.

---

83 s. A.M. S.191
84 fl. = Florin = ‚Florentiner Goldgulden' aus Florenz, jahrhundertealtes Zahlungsmittel

Abb. 112 Erste Partiturseite des von Sperger selbst nummerierten Konzertes Nr. 11[85].

Abb. 113 Im Konzert Nr. 11 sind die Oboen nur als Füllstimmen (Ripieno) dazu geschrieben worden.

---

85 bei A.M. WV B9, 7.Konzert

Bereits wieder auf Reisen – das Ziel ist Italien – März 1789

Es brauchte nach dem letzten Konzert am 22.Dezember 1788 in Wien gar nicht lange, und *Sperger* war erneut auf Reisen. Noch im ungemütlichen März im Jahre 1789 brach er auf, um schon am 1.April in Parma einzutreffen, wie sein Catalog berichtet.

Abb.114

„*Anno 1789, den 1t April in Parma angekommen, und den 15t dato Sr.K. Hoheit, diese Stücke (ge)geben.*"

Sperger hielt sich mindestens 2 Wochen in Parma auf, wo er sicher auch wieder am Hofe auf seinem Kontrabass musizierte – immer noch in der Hoffnung, irgendwo eine Anstellung zu erhalten – denn eine Antwort aus Ludwigslust ließ noch immer auf sich warten. Am 1. und 15. April 1789 überreichte er der königlichen Hoheit von Parma mehrere seiner Kompositionen. Wer war diese königliche Hoheit zu dieser Zeit in Parma – und hielt diese dort ein Orchester? Es war *Ferdinand von Bourbon*, ab 1765 der Infant von Spanien (Infant=spanische Bezeichnung für Prinz), Herzog von Parma, Piacenza und Guastalla. Er war der Enkel des spanischen Königs *Philipp V.* Sicher gab es eine Hofkapelle – warum sonst das umfangreiche Geschenk von unterschiedlichen Musikalien? Den Inhalt des Notenpaketes erfahren wir aus seinem Catalog: 2 Sinfonien, 3 Flötenquartette (Flöte, Violine, Viola, Violoncello) und 7 Partien (Bläsermusiken in verschiedenen Besetzungen).

Es sollte nicht bei dem Besuch in Parma bleiben – das nächste Ziel lag weit in östlicher Richtung, nämlich Trieste. Als Beleg dafür haben wir seine Notiz, nämlich „*in Driest 1789*". auf der ersten Seite seiner „*Sonata per il Contrabasso et Viola*" (s. Abb. 115).

Abb. 115 Anfangstakte seiner „Sonata per il Contrabasso et Viola"
(spätere Ausgabe Hofmeister-Edition unter dem Signum ‚T39')

Nicht nur, dass er mit seinem Kontrabass in der Postkutsche diese hunderte kilometerweite Reise auf sich nimmt, er findet neben seinen Konzertauftritten auch noch Zeit zum Komponieren! Dank seiner Eintragung in dieser D-Dur-Sonate erfahren wir auch noch von seinem Aufenthalt in Venedig – das heißt: wieder 150 km zurück in Richtung Westen. Hier beendet er diese Kontrabass-Viola-Sonate und notiert es auf der letzten Seite der Solostimme (Abb. 116).

Abb. 116 Eintragung „Venezia" auf der letzten Notenseite
der Sonate, die im April/Mai 1789 in Venedig beendet wurde

Bisher nicht in Erfahrung zu bringen sind die Personen bzw. die Höfe, die er in Trieste und Venezia ansteuerte. Leider auch nicht, was der Anlass seines Aufenthaltes in Mantua nach dem Venedig-Besuch war.

Kapitel X 1789-1790 Endlich am Ziel

Sperger erfährt in Mantua von seiner Ludwigsluster Anstellung

Aus einem sehr aufschlussreichen Brief *Spergers* (am 15. Mai 1789 von Wien aus) an seinen ehemaligen Cello-Kollegen aus der Preßburger Zeit und gutem Freund *Franz Xaver Hammer* erfahren wir sehr Entscheidendes: *Sperger* muss in Mantua Anfang Mai die Nachricht vom Herzog aus Ludwigslust erhalten haben, in der er von seiner Anstellung in der Hofkapelle in Ludwigslust erfuhr. In diesem Brief an *Hammer* erfahren wir, dass *Sperger* Anfang Mai 1789 von Mantua aus den Herzog *Friedrich Franz I.* angeschrieben und um Reisegeld in den hohen Norden Deutschlands nach Ludwigslust gebeten hatte.
Sehr erhaben spricht er seinen Siez-Freund aus alten Zeiten an:

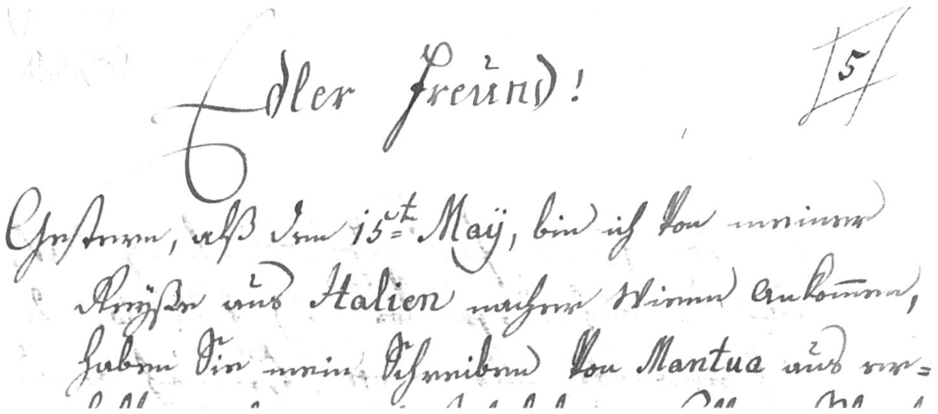
Edler Freund!
Gestern, als den 15ten Maij, bin ich von meiner
Reiße aus Italien nach Wien ankommen,
haben Sie mein Schreiben von Mantua aus

Abb. 117 Anrede an seinen Violoncello-Kollegen Hammer „Edler Freund"

Rückkehr am 15. Mai 1789 aus Italien – und große Freude!

Endlich – nach den vielen Bemühungen der letzten drei Jahre erhält *Sperger* die Einladung des Herzog *Friedrich Franz I.*, in der Hofkapelle in Ludwigslust die Position des Ersten Kontrabassisten anzutreten! Der zweite Kontrabassist, *Heinrich Ernst J. Weber*, neben *Sedlacek* in der Hofkapelle tätig, war Anfang des Jahres 1789 gestorben. Damit war eine Kontrabassisten-Stelle frei geworden.
Bereits am 2.Juni 1789 ließ der Herzog für den Umzug nach Ludwigslust an das Ehepaar *Sperger* eine Geldsumme von 40 Ducaten nach Wien überweisen.

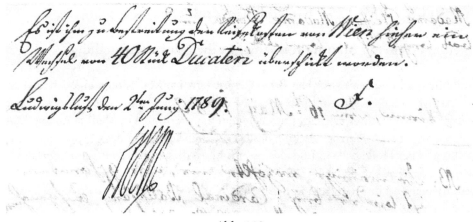

Abb. 118

„Es ist ihm zu Bestreitung der Reisekosten von Wien hierher ein Wechsel von 40 Stück Ducaten überschickt worden."
Ludwigslust, den 2ten Juny 1789 F (Friedrich)
Unterschrift Herzog

Der Cabinett-Sekretär *Dr. Földner* schrieb schon am 31.Mai 1789 an den Hof Agenten Hinrichsen, *„Lieber Freund! Der Durchl. Herzog haben einen neuen Musicum Namens Johann Sperger in Wien engagiert und wollen demselben zu Bestreitung seiner Reisekosten hierher einen Wechsel von 40 Stück Holl. Ducaten überschicken lassen. Haben Sie also die Güte, ein solches so bald nur möglich ist mit erster Post oder Gelegenheit zu überschicken. Ich bin übrigens Ihr ergebener Dr.Földner".*
Ludwigslust, den 31ten May 1789

Auch mit einem weiteren Schriftstück hatte der Herzog vorgesorgt und ein offizielles Papier an die Zoll-Officianten verfasst. Dieses hatte das Ehepaar *Sperger* an den Landesgrenzen vorzulegen.
„Wir Friedrich Franz von Gottes Gnaden HzM (Herzog von Mecklenburg-Schwerin) befehlen sämtlichen Zoll Officianten auf der Route von Boitzenburg bis hierher gnädigst die in Boitzenburg angekommenen und hierher transportiert werdenden Sachen Unsres Hofmusikus Sperger bestehend in einem Bettsack, einer Kiste, einen Verschlag und einem Coffre zollfrei passieren zu lassen.
Urkundlich cp.Ludwigslust den 10ten August 1789"
Unterschrift Herzog

Durch die zu dieser Zeit im Heiligen Römischen Reich Deutscher Nation in weit über 300 Kleinstaaten territorial gegliederten Landesteile mit den unzähligen Herzog- und Fürstentümer, Grafschaften, kleineren Reichskreisen, den Königreichen Sachsen, Württemberg, Hannover und Bayern gab es Grenzübergänge mit Zollstationen. Mit dem Schreiben des Herzogs an die „Zoll Officianten" konnte das Ehepaar *Sperger* problemlos (großes Fragezeichen?) das Ziel in Ludwigslust erreichen.

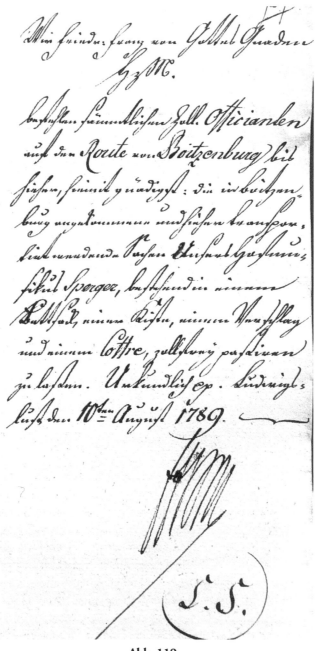

Abb. 119

Endgültige Ankunft in Ludwigslust und Bestallung

So kam der neu-engagierte Musikus *Sperger* mit seiner Frau *Anna* in der zweiten Augusthälfte 1789 an seiner zukünftigen Wirkungsstätte in Ludwigslust an.
Das erste im Original erhaltene Schriftstück, in dem Falle im Hauptschloss in Schwerin formuliert, und am 12.September 1789 vom Herzog und allen zuständigen Cabinetts-Sekretären unterschrieben, ist die Bestallungsurkunde.
Die Musiker wurden nach strengen Vorgaben, in denen alles festgehalten wurde, eingestellt.

Bestallung. Wir Fr: Fr: von G: G:
... Johann Sperger. Herzog zu Mecklenburg.

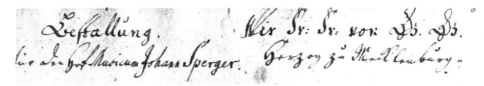

Abb. 120 Hier Ausschnitt aus der Bestallungsurkunde Spergers 1789.

Diese Bestallungsurkunden wurden vom Herzog und Sekretären des Hofmarschallamtes unterzeichnet.
Zu den Besoldungen gehörten die in Reichsthalern benannte Summe ihres Solds, dazu gehörten Brennholz (in Ellen gemessen; in den Papieren in Ludwigslust immer: ‚Faden Ellere Holz') und dazu kam noch Soden-Torf (die getrocknete oberste Torfschicht) als weiterer Brennstoff.

Dem Contre Violinist Johann Sperger ...
=400 rthlr: ...

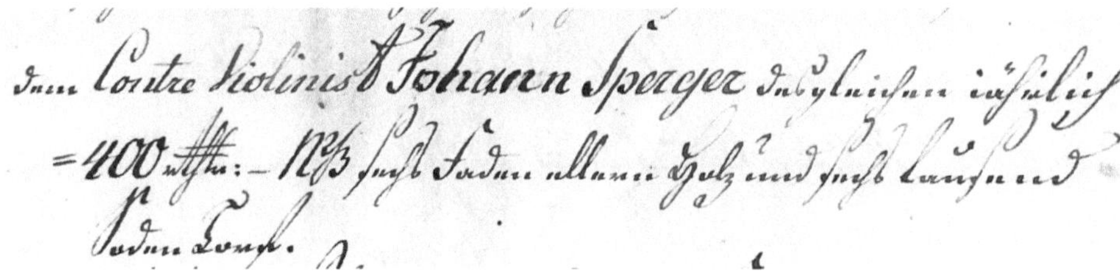

Abb. 121 Hier das Gehalt und die Naturalien im Anstellungsjahr 1789.[86]

Sperger erhielt noch, wie einige andere Musiker auch, einen Garten zugewiesen. (dazu s.S. 155)
Herzog *Friedrich Franz I.* von Mecklenburg-Schwerin, der über die ganze Zeit, in der *Sperger* die Position des Ersten Kontrabassisten innehatte, sein Brotgeber war, hatte besondere Beziehungen zu seinen Musikern. Hochgebildet, französisch sprechend, musikliebend, gelegentlich am Klavier in seiner Kapelle mitspielend. Ganz im Besonderen

86 400 Reichsthaler = 28.000€ = Jahresbesoldung; es könnte heute einem Monatsgehalt von 2.300 € entsprechen

Endgültige Ankunft in Ludwigslust und Bestallung 147

war er mit seinem Kontrabassisten verbunden. Aus den zahlreich erhaltenen Antwortschreiben des Herzogs auf Bitten und Anfragen *Spergers*, geht hervor, dass er nicht nur umgehend, sondern in respekt- und achtungsvoller Weise darauf reagierte. Fast immer erhielt Sperger positive Antworten.

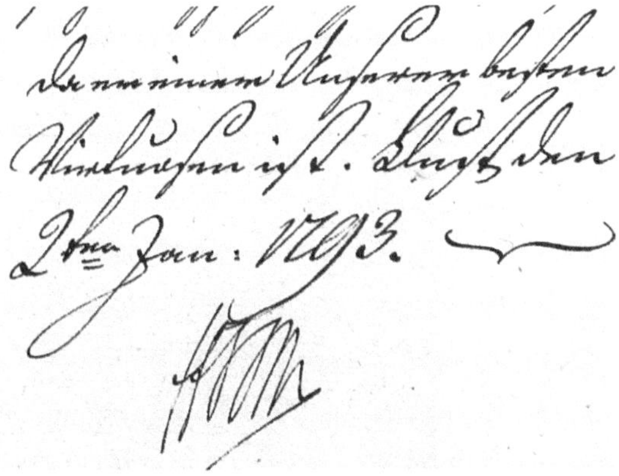

Abb. 122 Herzog-Schriftstück:
„…da er einer Unserer besten Virtuosen ist. Llust, den 2ten Jan. 1793

Der Herzog hatte in Genf und Lausanne studiert, heiratete dann 1775 *Louise von Sachsen-Gotha-Altenberg* und hatte mit ihr acht Kinder. Er beteiligte sich am Krieg 1806 gegen Napoleon und war einer der ersten deutschen Fürsten, die sich für die Gleichstellung der Juden einsetzten *(1813 „Constitution zur Bestimmung einer angemessenen Verfassung der jüdischen Glaubensgenossen in den herzoglichen Landen")*. Vom Wiener Kongress 1815 wurde er zum *Großherzog* ernannt und durfte den Titel *Königliche Hoheit* führen. Er ließ in seiner Regierungszeit das Schul-, Kirchen-, „Medicinalwesen" und die Rechtspflege reformieren und verbessern. 1820 hob er in seinen Landen die Leibeigenschaft auf. Bereits 1793 wurde auf seine Initiative hin in Heiligendamm das erste Seebad Deutschlands eröffnet, woran ein großer Gedenkstein noch heute erinnert. Im Rückblick kann man sagen, dass es für beide Seiten *Herzog Friedrich Franz I. – Sperger* einen großen Gewinn bedeutete, viele Jahre einen gemeinsamen Weg gehen zu können.
Hier soll der vollständige Text der Bestallungsurkunde wiedergegeben werden:
„*Bestallung für den Hofmusikus Johann Sperger*
Wir Fr. Fr. Von Gs.Gs. (Friedrich Franz von Gottes Gnaden) Herzog zu Mecklenburg-S. Thun Kund und bekennen hiermit, daß wir den Contre Violinist Johann Sperger bey Unserer Kapelle zu Unserer Hof Musico in Gnaden bestellet und angenommen haben: Immaßen Wir solches Kraft dieses wißentlich thun; dergestalt und also, daß Uns derselbe getreu, hold und dienstfertig füge, Unsere Nutzen und Bestes äußerstem seinem Vermögen nach, suchen und befördere, Schaden hingegen und Nachtheil verhüten und abwenden, bey den Concerten und sonstigen Music, so wohl hier, als an anderen Orten, wo wir uns

befinden werden, auf Befordern mit musicalischen Instrumenten, deren er fähig ist, aufwarten und sich dazu um die bestimmte Zeit gebührend einstellen, auch jederzeit wol und unvermeitlich auffführen und betragen solle. Für solche Uns zu leistende Dienste wollen Wir demselben nebst Sechs Faden Ellere Holtz und Sechs Tausend Soden Torff, jährlich VIER HUNDERT Rthl. N2/3 in A Quartal. Ratis gnädigst reichen lassen. Wie wir Uns aber die in Unsere Dienste hergebrachte Loos vorbehalten; so soll Uns die Dimmissions-Gebung und ihm die Dimissions-Nehmung, wenn solche ein halbes Jahr zuvor respee angekündigt und unterthänigst gesucht ist, frey bleiben. Urkundlich, Suerin d. 12. September 1789
Herzog Friedrich Franz und vier Cabinett - Sekretäre

Abb.123a   Abb.123b
Die im Original erhaltene Bestallungsurkunde von 1789

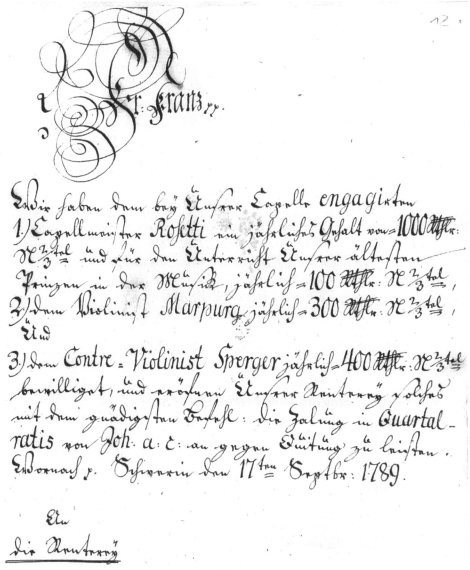

Abb. 124

Fr. Franz (Friedrich Franz) „Wir haben dem bei Unserer Kapelle engagierten 1)Kapellmeister Rosetti ein jährliches Gehalt von 1000 Rthl. und für den Unterricht Unseres ältesten Prinzen in der Musik, jährlich 100 Rthl.; 2) dem Violinist Marpurg jährlich 300 Rthl.; 3) dem Contre Violinist Sperger jährlich 400 Rthl. bewilligt, und eröffnen Unsrere Renterey solches mit dem gnädigsten Befehl, die Zahlung in Quartal ratis von Joh. A.c. an gegen Quittung zu leisten. Wornach p. Schwerin den 17ten Septbr. 1789."
An die Renterey

Das nächste originale Dokument vom 17. September 1789 vermittelt uns einen Einblick in die Honorar-Hierarchie der Musiker.
Antonio Rosetti, der gemeinsam mit unserem Protagonisten zu gleicher Zeit 1789 seinen Dienst in der Hofkapelle Ludwigslust antrat, übernahm als Kapellmeister die Leitung des Orchesters. Dazu weiter unten mehr (S. 157ff).
Die Anfangs-Besoldung für ‚Contre-Violinist' *Sperger* lag jährlich bei 400 Rthl. (Reichsthaler), der Violinist *Marpurg* erhielt 300 Rthl.
Am gleichen Tage erging vom Herzoglichen Hof-Marschallamt in Schwerin ein Schreiben an den Oberförster *Krüger* mit der Anweisung über die Zuteilung der Naturalien Brennholz und weiteres Heizmaterial. Geschrieben von einem Sekretär im Auftrag des Herzogs.

Fr.Franz: „Ehrsamer lieber Getreuer! Wir befehlen Dir hiermit 1)Unserem Kapellmeister Rosetti jährlich 12 Faden Ellere Brenn-Holz und 12m Soden Torf, 2)dem Violinist Marpurg jährlich 6 Faden Ellere Brenn Holz und 6m Soden Torf und 3) dem Contre Violinist Sperger jährlich 6 Faden Ellere Brenn Holz und 6m Soden Torf sämtlich zu Ludwigslust von Joh. A.c. an, unentgeldlich anzuweisen, und den Abgang im Forst-Register hiermit zu belegen".
An den Oberförster Krüger zu Ludwigslust
                                                    Wornach p. Schwerin den 17ten Septbr. 1789

Respektvoller Umgang am Hofe Mecklenburg-Schwerin – 18. Jahrhundert

An dieser Stelle möchten wir einmal den persönlichen Umgang am Hofe in Schwerin/Ludwigslust betrachten und können feststellen, dass es ein äußerst respektvoller, überaus freundlicher und von gegenseitiger Achtung geprägter war. Anreden wie ‚Edler Freund' ‚Lieber Freund', ‚Ehrsamer, lieber Getreuer' und Unterschriften wie ‚Ergebener', ‚In tiefster Ehrfurcht' usw. sprechen für sich.
Gestatten Sie, dass wir hier einige Beispiele zu diesem Thema aus dem Umfeld unseres Protagonisten festhalten. Es soll auch noch einmal der kollegiale Umgang der drei Freunde in Erinnerung gerufen werden, worauf in der „Lebensbeschreibung" von *C.D.v.Dittersdorf* hingewiesen wird: er selbst als Kapellmeister, sein Konzertmeister *Pichl* und der Solokontrabassist *Pischelberger*, zu jener Zeit, alle zwischen 24 und 26 Jahre jung, sprachen sich grundsätzlich mit dem höflichen „Sie" an! Ein paar weitere Formulierungen aus erhaltenen Briefen dieser Zeit sollen uns an eine Zeit der höflichen Galanterie erinnern.
„Mein Herr – möge mir verzeihen es zu wagen, meine respektablen Huldigungen auszusprechen. Eure mir bis jetzt zukommende Güte ehrt, ermutigt und rechtfertigt mich...."

– "Ihr sehr herzlich ergebener Friedrich Wilhelm, Prinz von Preußen..." – "Mit der vollkommensten Ehrerbietung ersterbe ich als Euer ganz unterthäniger...". – "...verharre mit dem größten Respect – Ihr ganz gehorsamster Diener..." –"...meinen tiefsten ehrwürdigen Respekt zu bezeugen..."–
"Mein Herr, der sehr demütige und sehr gehorsame Diener...." – "Euer sehr ergebener Freund und Diener..." – "...und mir ist nichts dringender als Sie zu bitten mir Ihre Freundschaft zu bieten, seien Sie auch der meinen gewiss, ein Leben lang – mein Herr". – "Ich habe die Ehre mit dem tiefsten Respekt zu sein! Mein Herr! Der demütigste und gehorsamste Diener..." – "Lieber Freund! Ich bin übrigens Ihr ergebener......".

In diesem Zusammenhang fügen wir hier das aussagekräftige, sehr persönliche Schreiben von *Sperger* ein, welches er nach seiner Rückkehr aus Venedig und Mantua von Wien aus an seinen ehemaligen Violoncello-Kollegen *Franz Xaver Hammer* gesandt hatte. *Hammer* war zu jener Zeit bereits in der Ludwigsluster Hofkapelle angestellt. Das Schreiben ist kurz vor *Spergers* Abreise nach Ludwigslust, am 16.Mai 1789, verfasst worden. Die Kernpunkte darin sind einmal die Bitte an seinen Freund um Hilfe bei der Wohnungssuche und das Ersuchen um Nachfrage beim Herzog das Reisegeld von Wien nach Ludwigslust betreffend.

„Edler Freund!
Gestern, alß den 15ten May, bin ich von meiner Reyße aus Italien nacher Wien ankommen, haben Sie mein Schreiben von Mantua aus erhalten, oder nicht, Ich habe in selben Schreiben mich Unterthänigst mich anerkommidiert an Sr. Durchlaucht, alß meinen allergnädigsten Herrn Herrn und Sie Edler Freund Ersucht, daß Sie mir eine Wohnung nicht weith von Ihrer zuwege bringen Solten. Bester Freund Hammer, mein Weib hat Ihnen schreiben lassen, daß hat Sie aber vergessen, daß ich bitte, von Sr. Durchlaucht ein Reuße Geld mir gnädigst anzuschaffen in Wien, Sie wissen Freund, waß eine solche Reiße kostet, wann Sie schon alles vor mich machen, So weyß ich, und bin von Ihrer Freundschaft überzeugt, daß Sie auch dieses vor mich thun werden. Ich erwarte mir dieses, hernach werden meine Sachen gleich in ordnung seyn, um meine Reyße anzutretten, und Sie bester Freund, samt gantzen lieben familie bald sehen zu können! Und wir uns dankbar zeigen zu können. Neues von Wien kann ich Ihnen nichts Schreiben, weilen ich selbsten noch nicht Weyß, und von meiner Reyße wäre es zu weitläufig, daß wollen wir Persönlich lassen, So habe anjezo nichts mehr zusagen, als daß ich und mein Weib uns unterdessen in Ihre Hochschätzente Freundschaft empfehlen, um unterdessen die Ehre haben zu seyn, unseres Edlen Freund Hammers, gantz Ergebenster Freunde, Johann, und Anna Sperger.

P:S: Von mir, und der Meinigen bitten wir unsere Empfehlung, an die Madame, und Liebe gantze familie, wie auch Hl. Concertmeyster, gruest, Madame Pfeiffer, Madame Benda, und was weyß ich an wen alles;
Wien, den 16t May 1789

NB: die meinige erzählte mir, der gschwentner ist wieder bey Cardinal Batthyany aufgenohmen, ich wünsche ihm viel glück auf zwey oder drey Jahre wieder. Ich küsse Sie durch, 3 mahl 3. Und erwarte baldigst ein Schreiben, um waß ich bitte, wegen Reyße Geld."

Das Reisegeld wurde ihm am 31.Mai zugesandt. Die Wohnungssuche durch seinen Freund war leider nicht erfolgreich, so dass er ab Ankunft im August 1789 in dem gerade neu errichteten Hotel Quartier beziehen musste. Er wird diese Kosten dafür im September 1790 dem Herzog in Rechnung stellen (s.S. 165ff, Abb. 135).
Am 30. September schrieb Herzog *Friedrich Franz I.* an die Kammer: *Sperger* solle rückwirkend von Ostern 1789 ab 200 Rthl. erhalten.

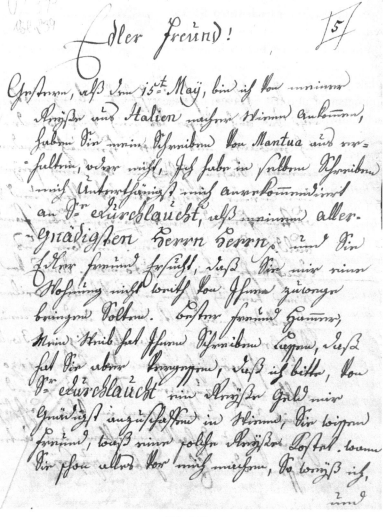

Abb.125a

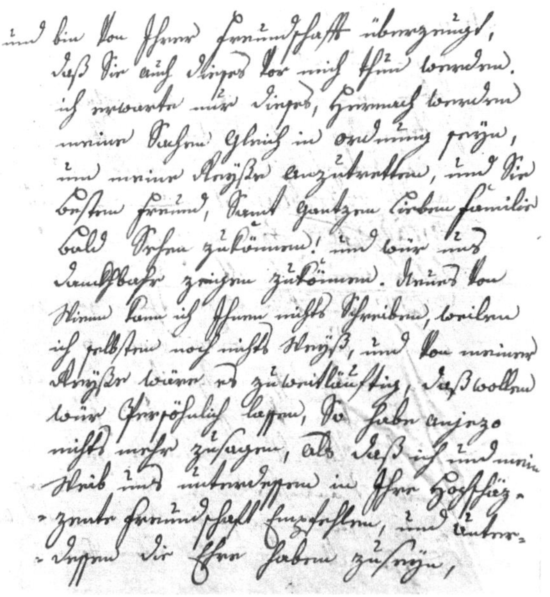

Abb.125b

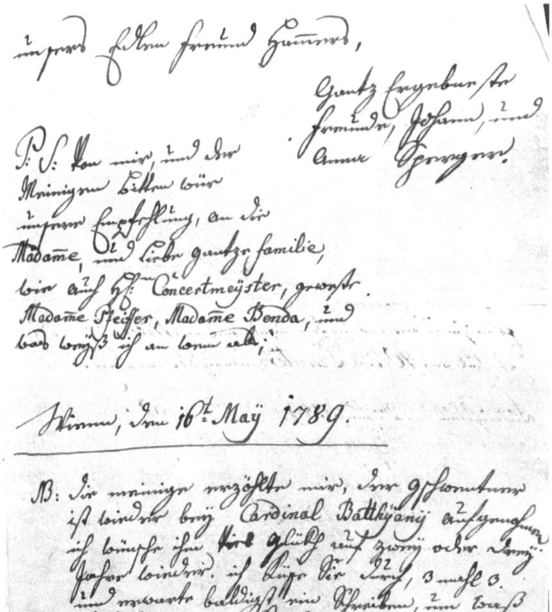

Abb.125c
Edler Freund! Schreiben an seinen Violoncello-Kollegen Franz Xaver Hammer vom 16.5.1789

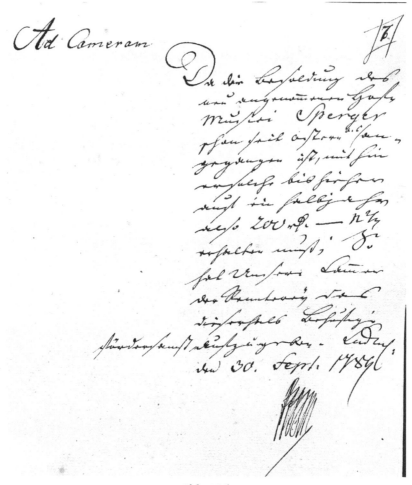

Abb. 126

Ad Cameran
„Da die Besoldung des neu angenommenen Hof Musikus Sperger schon seit Ostern angegangen ist, mithin er solche bis hierhin auch ein halbjähriges also 200 Rthl. erhalten muß. So hat unsere Kammer der Renterey ganz dieserhalb Verlustige aufzugeben. Ludwigslust, den 30. Sept. 1789"

Unterschrift Herzog

Wahrscheinlich haben die Sekretäre der Hofkasse nicht entsprechend verlässlich gehandelt und so verfügt der Herzog nochmals in einem weiteren Schreiben vom 2. Oktober 1789 an die Renterey (die Kammer, der die Besoldungsdinge obliegen), an *Sperger* das Honorar, was ab Ostern 1789 festgelegt und schon am 17. und 30. September angewiesen war, nun endlich auszuzahlen.

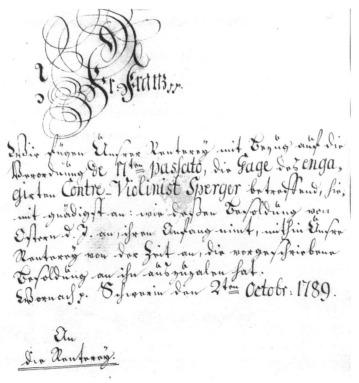

Abb. 127

Fr. Franz:
„Wir fügen Unsere Renterey mit Bezug auf die Verordnung des 17ten passato (vergangenen Monats), die Gage des engagierten Contre-Violinist Sperger betreffend, hiermit gnädigst an: wie deßen Besoldung von Ostern d.J. an ihren Anfang nimmt, mithin Unser Renterey von der Zeit an, die vorgeschrieben Besoldung an ihn auszugeben hat.
Vornach p. Schwerin, den 2ten October 1789".
An die Renterey

In eine eigene Wohnung konnte er mit seiner Frau also nicht so schnell einziehen, aber er erhielt laut einer Verfügung vom Herzog am 25.Februar 1790 einen Garten zugeteilt. Dieser war sicher hilfreich, damit *Sperger* Eigenanbau betreiben und so seine Haushaltskasse entlasten konnte.

„An den Hofmusikus Sperger hierselbst. Wir wollen dem Hofmusikus Sperger den neben des Gastwirtes Eck gelegenen ehemaligen Noellischen Garten confirieren und kann er daher solchen* zu seinem Gebrauch übernehmen. Ludwigslust, dem 25ten Febr. 1790" Unterschrift Herzog *wenn er sich vorher mit der Witwe Noelli wegen dem darin stehenden Baum und sonstigen Sachen abgefunden haben wird.

Sperger nahm den Garten gern an, aber er hatte sich wegen bestimmter Unzulänglichkeiten sofort an den Herzog gewandt und bat um Verbesserungen. Trotz seiner immer wieder zu beobachtenden Bescheidenheit, war er durchaus in der Lage, sein Recht selbstbewußt zu vertreten. Trotz seiner respektvollen Demut seinem Brotgeber gegenüber, war er sich seines Könnens und seiner Stellung sehr bewußt.
Einen Monat nach Erhalt des Gartens verfasst er dieses Schreiben:

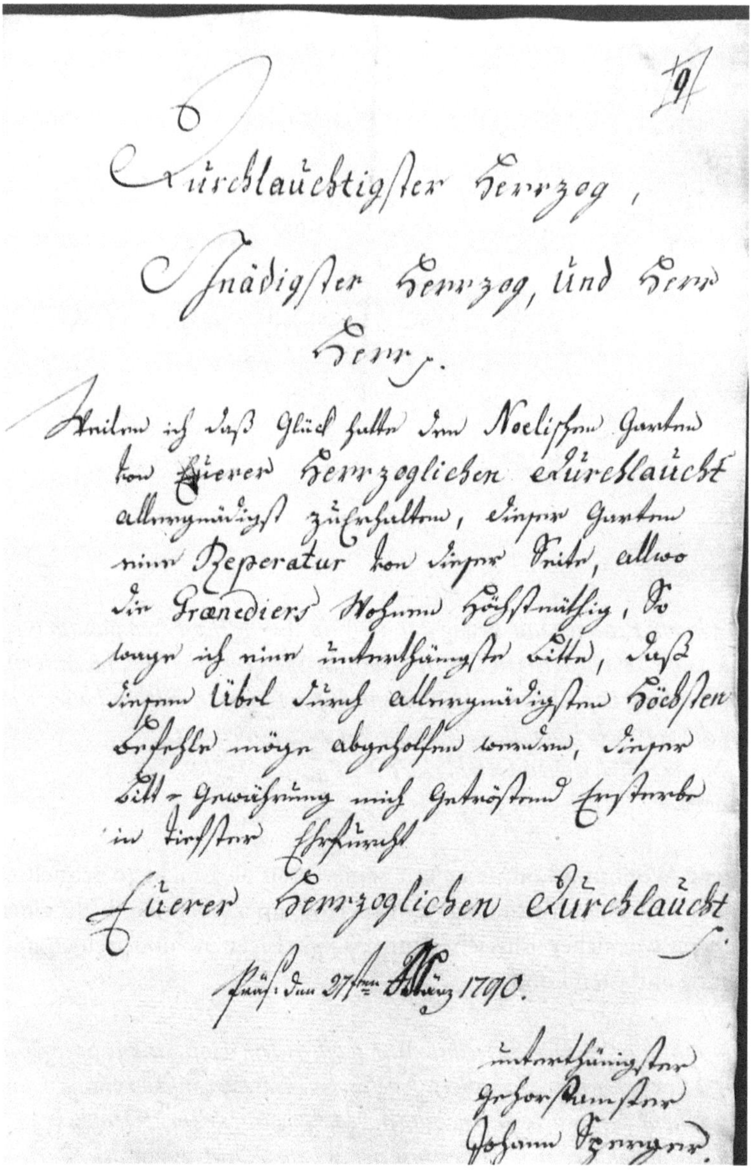

Abb. 128

„Durchlauchtigster Herzog, Gnädigster Herzog, und Herr Herr. Weilen ich das Glück hatte den Noellischen Garten von Eurer Herzoglichen Durchlaucht allergnädist zu erhalten, dieser Garten eine Reparatur von dieser Seite, allwo die Granediers Wohnen Höchstnöthig, So wage ich eine unterthänigste Bitte, daß diesem Übel durch allergnädigsten höchsten Befehle möge abgeholfen werden, dieser Bitt-Gewährung mich getröstend Ersterbe in tiefster Ehrfurcht Euer Herzoglicher Durchlaucht."
Präs: den 17ten März 1790

unterthänigst gehorsamster Johann Sperger

Am gleichen Tage, nach Erhalt dieser Bitte schreibt der Herzog an den Hofbaudirektor *Busch* und befiehlt ihm, Abhilfe zu schaffen.

„An den Hofbaudirektor Busch hieselbst: Der Hofbaudirektor Busch hat den Garten des Hofmusikus Sperger auf der Seite der Grenadiere Höfe so….. und machen zu lassen, daß der Unrath von solchen nicht hinein fließen könne". Ludwigslust, den 27ten März 1790

Unterschrift Herzog

In Sachen des Gartens und besonders seinem Zustand wird es noch einige Korrespondenzen mit dem Herzog und den dafür Verantwortlichen geben. Dazu später mehr.

Sperger besitzt einen Solo- und einen Orchester-Kontrabass – und „feine kostbare" Saiten

Ein halbes Jahr nach der Mitgliedschaft *Spergers* in der Hofkapelle beantragt der neue Kapellmeister *Antonio Rosetti* beim Herzog Saitengelder für einige seiner Streicher. Dieses Dokument gibt uns erstmalig authentischen Beleg darüber, dass *Sperger* zwei unterschiedliche Kontrabässe mit verschiedenen Saitenbezügen und Stimmungen benutzte. Es heißt darin u.a.:

„…..2.)Sperger, der 2 Bässe, einen zum Concert, den zweyten zum Orchestre bezogen halten muß, und dem jeder neue Bezug auf 9 bis 10 Rthl. kostet ---- in proportion von Hammers Saitengeld ---- 16 Rthl.
3.)Sedlaceck hatte unter vorigen Kapellmeister die benöthigten Saiten vom Hofe. Es ist menage die Anschaffung der Saiten jeden selbst zu überlassen. Eben dieser hält 2 Bässe, einen zum Orchestre, den zweyten zum Balle spielen; bedarf aber nicht so feine, kostbare Saiten wie Sperger; – unmaßgeblicher Vorschlag – 10 -12 Rthl. Cour.
Ludwigslust, d. 30. März 1790
Rosetti"

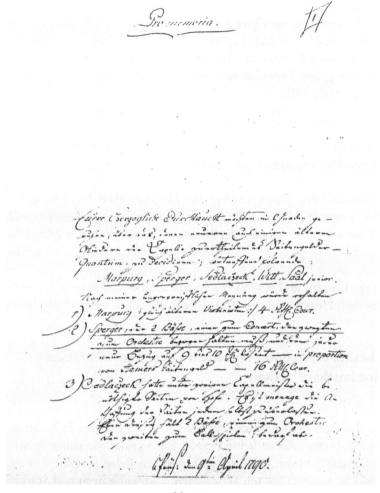

Abb.129a

Dieses Dokument ist umso wichtiger und wertvoller, da es in der gesamten schriftlichen kontrabass-geschichtlichen Literatur keinen weiteren Beleg zu unterschiedlicher Instrumenten- und Saitennutzung gibt. Wir haben damit die absolute Bestätigung, dass *Sperger,* wie auch sein Lehrer *Pischelberger* für das Solospiel die „Wiener Stimmung" („F-,A-D-Fis-A)

Abb. 130 Wiener Stimmung

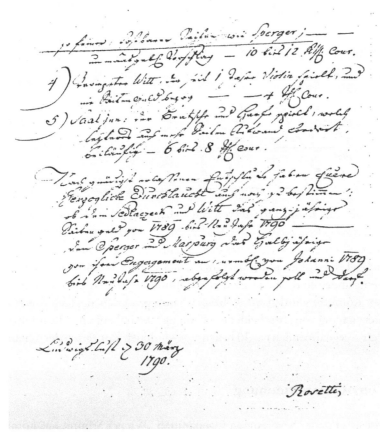

129b
„Sperger und seine feinen kostbaren Saiten…"

und für das Orchesterspiel eine andere Stimmung (‚E-,A-D-G?) benutzte.

Abb. 131

Wie wir spätestens seit den ausführlichen Untersuchungen und Niederschriften durch *Alfred Planyavsky*[87], *Adolf Meier*[88] und *Josef Focht*[89] wissen, hatte sich zur Zeit der Wiener Klassik eine Kontrabass-Stimmung herausgebildet, für die alle Komponisten dieser Zeit im Wiener Musikumfeld ihre Solowerke komponierten. Hier seien noch einmal die Komponisten genannt, deren Werke heute zum Standard-Repertoire aller Kontrabassisten gehören und ausnahmslos für diese Stimmung schrieben: *Dittersdorf, Pichl, Sperger, Vanhal, Hoffmeister, Zimmermann, Mozart.* Auch *Haydn,* dessen Kontrabasskonzert bis heute verschollen ist, sei hier genannt. Seine Verwendung der Wiener Stimmung ist belegt durch die Kontrabass-Soli in seinen Sinfonien.

Abb. 132 Beispiel für die von Haydn benutzte „Wiener Simmung"

Es sei hier erwähnt, dass die Konzerte der Italiener *Antonio Capuzzi* (1755-1818), *Battista Cimador* (1761-1808) und *Domenico Dragonetti* (1763-1846), die etwa im gleichen Zeitraum entstanden sind, nichts mit den Kompositionen der Wiener Schule gemeinsam haben. Ihre Konzerte wurden für 4- bzw. 3-Saiter geschrieben. *Adolf Meier* spricht in seiner Untersuchung von „bescheidenem Umfang" der italienischen Kontrabassliteratur zu jener Zeit – gegenüber den ca. 30 bekanntgewordenen Konzerten der Wiener Schule.

Wiener Terz-Quart-Stimmung

Wie konnte es zu dieser bevorzugten sogenannten „Wiener Stimmung" kommen? Ein wahres babylonisches Kontrabass-Stimmungsgewirr[90] begegnet uns bis zu der Zeit um die Mitte des 18. Jahrhunderts. Teilweise sogar bis ins nächste Jahrhundert: noch 1816 schreibt *Dr. Nicolai* in der AMZ von zwölf aktuellen Kontrabass-Stimmungen[91] Um

---

87 Alfred Planyavsky „Geschichte des Kontrabasses", Verlag Hans Schneider, Tutzing 1970 und 1984

88 Adolf Meier „Konzertante Musik für Kontrabass in der Wiener Klassik", Musikverlag Emil Katzbichler, Giebing über Prien am Chiemsee 1969

89 Josef Focht „Der Wiener Kontrabass" Verlag Hans Schneider, Tutzing 1999

90 Sehr ausführlich erläutert Josef Focht in seinem Buch „Der Wiener Kontrabass" ab S. 19 die zahllosen Stimmungen der Kontrabass-Instrumete 16.-18. Jahrhundert

91 s. AMZ 17.4.1816, Ausgabe 16

1800 vereinheitlichten sich die Kontrabass-Stimmungen allmählich. Dies ging zusammen mit dem Aufkommen des sogenannten „Beethoven-Orchesters".
Aus den Stimmungen des Gambenzeitalters mit den sechs-, fünf-, vier- und dreisaitigen Bassinstrumenten schälte sich um 1750 die so benannte „Wiener Stimmung" (F)-A-d-fis-a heraus.

Abb. 133 Stimmung für den Solokontrabass der Wiener Klassik

Diese Stimmungsangaben finden sich bei fast allen Autoren, die in musiktheoretischen Schriften im 17./18. Jahrhundert darüber berichteten.[92]
Stutzig macht bei dieser Stimmung das Kontra-F innerhalb des sonstigen D-Dur-Dreiklanges. Dazu gibt *Günter Holzhausen* (München) eine einleuchtende Antwort: dieses ‚F' galt als tiefster Ton der männlichen Vokalstimme und benötigte im Chor die instrumentale Unterstützung. Die Stimmung der tiefsten Saite variierte allerdings zwischen ‚Fis', ‚E' und ‚D'.
Die Begriffe „Wiener Stimmung" oder „Wiener Solostimmung" benutzte erstmalig *Alfred Planyavsky* in seiner „Geschichte des Kontrabasses"[93]. *Alfred Meier* dagegen sprach für diese Zeit von der „Terz-Quart-Stimmung" – wegen der vorherrschenden Terz-Intervalle in dieser Reihenfolge. Beides trifft also zu.
Ausschlaggebend für diese Stimmung war die Grundstimmung eines D-Dur-Dreiklanges, bei der eine untere und eine obere Tonhöhe auf ‚a' gestimmt und die beiden mittleren Töne dieses Dreiklanges ‚d' und ‚fis', für einen obertonreichen vollen Klang sorgten. Durch die vorangegangenen Gamben- und Violone-Stimmungen, die immer wieder in vielen Varianten diese Töne bevorzugten, bildete sich am Ende eines langen Prozesses diese „A-d-fis-a"-Stimmung heraus.
Bei diesem Thema sollten wir auch der Frage nachgehen, ob *Sperger* ein Instrument mit Bünden spielte.

Bünde – Ja oder Nein

Leider gibt es darüber, ob *Sperger* mit Bünden spielte oder nicht, keine schriftlichen Quellen, die diese Frage eindeutig beantworten würden. An dieser Stelle kommen erfahrene Spieler zu Wort, die oft *Sperger*-Werke in der ‚Wiener Stimmung' spielten und ihre unterschiedlichen Erfahrungen hier mitteilen.

---

92 s. bei A.Planyavsky, Ausgabe 1984 ab S. 11, A.Meier ab S. 26, J.Focht ab S. 19
93 Alfred Planyavsky „Geschichte des Kontrabasses" bei Hans Schneider, Tutzing 1970 und 1984

Radoslav Šašina – Bratislava: *„Als Sperger 1777 nach Pressburg kam, spielte er ganz sicher einen 5-saitigen Violone mit Bünden. Ein paar Jahre später war in einer Brünner Zeitung vom 9.März 1782 zu lesen, dass "Sperger ein Konzert auf einem fünfsaitigen Kontrabass" spielte, jedoch vor ihm der Kontrabass-Solist Lasser auf einem viersaitigen Instrument. Sperger konzertierte in Preßburg nur für den Erzbischof Batthyany oder auch für die Schwestern des Ursulinen Klosters, unter dem Namen von Ördödy (Schwester vom Herzog Ladislaus von Ördödy aus Fidisch bei Eberau) – dass heisst, er spielte nur für diese Personen in näherem Umfeld. Meine Vermutung: nachdem Sperger 1786 nach Wien ging und er andere Streichinstrumente ohne Bünde und auch Lasser mit einem viersaitigen Kontrabass erlebte, wechselte er auch zu diesem Instrument und verzichtete auf Bünde".*

Korneel le Compte – Brüssel: *„Für mich gibt es wenig Zweifel, dass Sperger **mit** Bünden gespielt hat. Dafür sprechen die zahllosen Doppelgriffe, die sonst falsch geklungen hätten. Die ganze Applikatur der linken Hand verändert sich entscheidend, wenn man ohne Bünde spielt.*

Die besten, die am meisten "ökonomischen" Fingersätze sind mit Bünden vorteilhafter. So z.B. die Doppelgriffe, die man über zwei Saiten mit dem 4. Finger spielt – diese sind mit Bünden ein Kinderspiel, ohne Bünde aber sehr schwierig, sauber auszuführen. In geschwinden Ketten von Doppelgriffen ist es sehr wichtig, ökonomisch spielen zu können.

Es gibt in Spergers Werken eine ganze Menge von solchen Stellen. Manche Stelle ist mit Bünden in einer einzigen Lage sauber spielbar, über 3 oder 4 Saiten. Ohne Bünde ist das nicht möglich, oder es klingt unsauber und vor Allem auch weniger klar, weniger definiert. Ich glaube, man kann das erst gut einschätzen, wenn man auf Darmsaiten spielt – das Spiel auf modernen Stahlsaiten verfärbt die originelle Erfahrung. Das Ansprechen, die Sauberkeit des Klanges, das Timbre, das ist alles sehr verschieden mit Darmsaiten. Auch die Haptik (Tastsinn) ist völlig anders. Auch für den Bogen ist der Unterschied gewaltig.

Ich habe früher mit Stahlsaiten in "Wiener Stimmung" begonnen, ohne Bünde zu spielen. Ich merkte, dass die Technik mit Darmsaiten und mit Bünden eine wirklich ganz andere ist. Man findet bessere, technisch "elegantere" Lösungen. Jedes Mal stellte sich ein "Aha-Erlebnis" ein: aha, so hat er das gemacht! Glissandi, wie Sperger sie in seiner h-Moll-Sonate und im Konzert N.17 vorschreibt, lassen sich auch mit Bünden ausführen. Schnelle Notenfolgen, würde ich behaupten, sind durch Bünde sogar leichter auszuführen, nicht schwieriger! Aber da muss man die typische Wiener Applikatur gut kennen. Manches bleibt in einer oder in zwei Lagen, oder man verwendet "Block" - Lagenspiel wobei man eine leere Saite oder ein Flageolett als "Drehpunkt" verwendet.

Also: beide Techniken sind sehr verschieden. Ein Kontrabassist, der hauptsächlich mit Stahlsaiten spielt, also mit "moderner" Technik, wird die vielen "Wiener" Tricks nicht kennen. Diese lernt man erst nach vielen Jahren mit dem "Wiener Bass", nachdem man viel experimentiert hat, was nicht auf dem ersten Blick selbstverständlich erscheint".

David Sinclair – Paris: *„Johannes Sperger spielte auf einem üblichen Kontrabass seiner Region und Zeit – heute nennen wir es "Wiener Kontrabass" – damals hiess er Violon, Violone oder Contraviolon.*

Es gibt viele Quellen aus dieser Zeit, die dieses Instrument beschreiben. Viele weisen darauf hin, dass es mit Bünden gespielt wurde. (z. B. J.G. Albrechtsberger, L. Mozart. Siehe auch A. Meier „Konzertante Musik für Kontrabass in der Wiener Klassik"). Der Grund, weshalb man damals Bünde benutzt hat, geht zurück auf die Herkunft des Kontrabasses: auf die Familie der ‚Viola da Gamba'. Kontrabässe haben einige Merkmale von der ‚Viola da Gamba' – der ‚Wiener Kontrabass' besonders viele. Dieser hat ebenso wie die ‚Viola da Gamba', eine ‚Terz-Quart'-Stimmung. Man muss diese Stimmung ausprobieren, um zu verstehen, warum Bünde notwendig sind. Octav-sprünge, wie sie so häufig bei klassischen Basslinien vorkommen, sind mit der ‚Wiener Stimmung' entweder über vier Saiten oder mit der linken Hand in Extension (Ausdehnung) über 3 Halbtöne auszuführen – bei beiden Techniken helfen Bünde sehr.

Zweitens: es gibt einen weiteren, heute vergessenen Brauch der ‚Viola da Gamba'- Technik: das sogenannte ‚tenue de doigt' oder auf Deutsch ‚Finger-liegen-lassen'. Dass heisst, man muss all die Töne, die zu einem Akkord gehören, klingen lassen, indem man die Finger liegen lässt. Als perfektes Beispiel dient das Trio aus dem Divertimento für Flöte, Viola, 2 Hörner und Kontrabass von Vanhal. Das Menuetto und Trio wird nur von Flöte und Kontrabass gespielt. Hier unterstützen die Bünde einen wunderbaren Effekt, um die Mehrstimmigkeit der Basslinie zur Geltung bringen zu lassen. Sperger hat solche Passagen geschrieben, z. B. gebrochene Akkorde (Arpeggios) mit komplizierten Bogenstrichen.

In alten Gambenschulen beschrieb man, dass Bünde dafür sorgen, den perfekten, klaren Klang der leeren Saiten zu erzeugen. Heutzutage ist das sehr widersprüchlich, da wir eher vermeiden, leere Saiten zu spielen!

Interessant ist auch die Frage des Vibratos. Im 18. Jahrhundert hat man ebenfalls vibriert und es gibt sogar in Gamben-Quellen technische Anweisungen, wie mit Bünden zu vibrieren ist. Aber dieses Vibrato diente eher als ausschmückendes Ornament, um einen wichtigen Ton hervorzuheben – nicht als generelle Tongebung.

Obwohl es keinen direkten Beweis gibt, dass Sperger mit Bünden spielte, so gibt es auch keinen Grund, auf dieses wichtige Element zu verzichten".

Miloslav Gajdoš – Kroměříž: *„Bis jetzt habe ich keine Quelle finden können, in der schriftliche Beweise belegen könnten, dass Sperger Bünde benutzt hat. Also, es fehlt der authentische Beweis. Ich kann mir aber vorstellen, dass Sperger in den unteren Lagen zu Beginn seiner Karriere mit Bünden spielte – später durch seine virtuosen Kompositionen darauf verzichtete. Aber vielleicht bringt uns diese akademische Diskussion in Hinblick auf die endliche Wiederbelebung des Werkes von Sperger nicht weiter. Die weitaus größere Zahl der Kontrabassisten spielt auf zeitgenössischen Instrumenten in moderner Interpretation die Werke von Sperger – das ist für mich das Entscheidende. Da haben Bünde heute keinen Platz".*

Der Autor vertritt die Meinung, dass *Sperger* ganz sicher in seinen ersten Jahren das Spiel auf dem ‚Wiener Kontrabass' mit Bünden gepflegt hat. Das hatte er von seinem Lehrer *Pischelberger* übernommen. Angesichts der späteren technischen Anforderungen, die er in seinen Kompositionen für den Solokontrabass verlangte, erscheint es mir nicht mehr vorstellbar, dass er Bünde benutzt haben soll. Seine rasanten Läufe in den schnellen Sätzen, seine melodischen, gesanglichen Forderungen in den langsamen Sätzen lassen die Brüche durch die Bünde nicht zu (ausdrückliche Meinung des Autors, der ebenfalls keinen schriftlichen Beleg über Benutzung der Bünde durch *Sperger* gefunden hat).

Eine sehr entscheidende Frage wirft auch die verschiedentliche Spielanweisung auf, die nur als „Glissando" gedeutet werden kann. Meinung des Autors: *Sperger* war in vielen Dingen seiner Zeit voraus – und so schwebt ihm hier schon eine etwas freie Ausführung vor. Hier folgt ein Beispiel aus dem 2. Satz des Konzertes für Kontrabass und Orchester Nr.17[94].

Abb. 134 Vermutliche Glissando-Anweisung von Sperger

Siehe Takt 20 und Takt 42 – beachte die geschlängelte Linie. Dieses Glissando endet auf einem Flageolett-Ton – im Takt danach an der Parallelstelle, bei der das Ziel ein gegriffener Ton ist, gibt es keine Glissando-Vorschrift. Also kann es sich nur um ein elegantes Hochgleiten (Glissando) handeln. Wir finden übrigens die gleiche Stelle und Anweisung wieder in der h-Moll-Sonate für Kontrabass und Violoncello.[95]

Bei größter Achtung und Akzeptanz der Spielweisen und Klangvorstellungen, auch den erbrachten Leistungen der Kontrabassvirtuosen des klassischen Zeitalters, eingeschlossen die unseres Protagonisten – ob mit oder ohne Bünde, wollen wir doch die heute erreichten Klangvorstellungen akzeptieren und darauf aufbauen.

---

94 Schwerin Sign.Mus. 5176/4, A.M. WV: B19; Ausgabe: Doblinger T17
95 Schwerin Sign.Mus. 5182, A.M.WV: C I/10; Ausgabe: Hofmeister T36

Kapitel XI 1790-1792
Johann Matthias im Wettstreit mit Wolfgang Amadeus

Erstes Quartier in Ludwigslust – im Hotel

Wieder zurück zum weiteren Lebensweg *Spergers*:
Auf den Bittbrief an seinen Kollegen *Hammer*, bei der Wohnungssuche in Ludwigslust behilflich zu sein, muss es eine Absage gegeben haben. Seinem Freund *Hammer* war es nicht gelungen, für ihn eine Wohnung in Ludwigslust ausfindig zu machen. Dies ist auch kein Wunder, da zu dieser Zeit Ludwigslust noch im Entstehen war. Die Barockstadt war noch absolut in den Anfängen. Erst im Jahre 1767 war die Hofkapelle durch Herzog *Friedrich von Mecklenburg-Schwerin* nach Ludwigslust verlegt worden. Die Hofmusici wohnten noch sehr verstreut in der Umgebung. Es war also noch kein Wohnraum, geschweige denn Wohnungen zum „Aussuchen" vorhanden. *Sperger* musste mit seiner Frau neun Monate in dem 1773 neuerbauten Hotel beim Gastwirt *Eck* Quartier nehmen, was das heutige Luxus-„Hotel de Weimar" ist. Dies erfahren wir aus dem Schreiben *Spergers*, in dem er beim Herzog *Friedrich Franz I*, seinem noch jungen Brotgeber, um die Begleichung der Rechnung bittet.

„Durchlauchtigster Herrzog!
Allergnädigster Fürst, und Herr Herr – Euer Herzoglichen
Durchlaucht Erkühne ich mich allerunterthänigst vorzustellen, daß ich über ein gantzes Jahr in dem neuen Gasthofe logieren mußte; und solche aber mit viel höheren Kösten verbunden ist, alß in seiner eigenen Haußhaltung, auch, habe meine gantze Jahres-Besoldung zu Mobilierung meiner Wohnung angewand, so wage ich eine unterthänigste Bitte, daß ich von Hochderoselben, allergnädigst unterstützet möge werden, damit ich dem Gastwirth Eck (wie beyliegendes Conto zeiget) alß ein Ehrlicher Mann Contendieren könnte. Zeitlebens werde vor solche Große mir Erzeigte Gnade dankbar seyn, der ich in allerunterthänigster Ehrfurcht ersterbe. Euer Herrzoglichen Durchlaucht allerunterthänigster Johann Sperger
Präs: den 6ten Septbre 1790"

Diesem Schreiben fügte Sperger die Rechnung bei, aufgeschlüsselt von August 1789 bis April 1790 für „Logie" im Hotel beim Gastwirt *Eck*.
Wie so häufig, erhält *Sperger* noch am gleichen Tage die Antwort des Herzogs. Hier die Kernaussage auf seine Bitte hin:

„…ihm aber, wie auch billig ist, das Logis bezahlet werden solle." Herzog am 6.Sep.1790

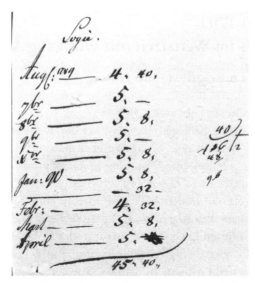

Abb. 135 Hotelrechnung Ehepaar Sperger für die ersten neun Monate in Ludwigslust im Hotel, im jetzigen ‚Hotel de Weimar'.

Die „Übersetzung" des gesamten Schriftstückes aus der altdeutschen Kurrentschrift des 18. Jahrhunderts siehe im Anhang ab S. 316.

Sperger – mehrmals als Solist in Stettin

Wie schon weiter vorn erwähnt (s.S. 81 und S. 83) wurde der Autor von zwei aufmerksamen Kontrabassisten auf eine für die Biographie äußerst interessante Begebenheit aufmerksam gemacht. Nachdem mich der Kontrabassist *Onur Özkaya* aus Istanbul auf eine Mitgliedschaft *Spergers* in einer Freimaurerloge in Eberau/Burgenland Österreich hinwies, konnte ich Weiteres von dem aktiven polnischen Kontrabassisten und Violonespieler *Kazimierz Pyzik* bei seinen Nachforschungen im Jahre 2018 erfahren.
K. Pyzik fand in den Ausgaben einer Zeitschrift der ehemaligen deutschen Stadt Stettin (jetzt polnisch Szczecin) „Stettinischer Intelligentz-Zettel" diese bemerkenswerten Ankündigungen vom 24.Dezember 1790 und vom 3.Januar 1791. Es handelt sich um Konzertankündigungen *Spergers* in dieser Stadt:

„*Concert-Anzeige. Montags den 27sten December nachmittags um 5 Uhr, wird der Contra-Violinist aus Ludwigslust, auf dem hiesigen Freymaurer-Saale ein großes Instrumental-Concert geben. Vor einigen Jahren war derselbe so glücklich, den Beyfall eines schätzbaren Publici zu gewinnen, er zweifelt nicht, auch gegenwärtig durch ganz neue Musicalien, im modernsten Geschmack, diesen ihm so schätzbaren Beyfall zu erlangen, und verspricht sich eines zahlreichen Zuspruchs.*"

> **Stettinischer Intelligentz-Zettel.**
> No. 103. Freytag den 24. December, 1790.
>
> 1. AVERTISSEMENTS.
>
> Concert-Anzeige. Montags den 27sten December Nachmittags um 5 Uhr, wird der Contra-Violinist Sperger aus Ludwigsluft, auf dem hiesigen Freymäurer-Saale ein großes Instrumental-Concert geben. Vor einigen Jahren war derselbe so glücklich, den Beyfall eines schätzbaren Publici zu gewinnen, er zweifelt nicht, auch gegenwärtig durch ganz neue Musicalien, im modernsten Geschmack, diesen ihm so schätzbaren Beyfall zu erlangen, und verspricht sich eines zahlreichen Zuspruchs. Entrée-Billets

Abb. 136

Und eine Woche später bereits kündigt er in dieser Zeitung selbst ein zweites Konzert an

> **Stettinischer Intelligentz-Zettel.**
> No. 1. Montag den 3. Januarius, 1791.
>
> 1. AVERTISSEMENTS.
>
> Ich werde heute Montag den 3ten Januar wieder ein Instrumental-Concert geben, und mich dabey auf dem Contra Violon hören lassen. Entrée-Billets sind bey mir im englischen Hause, auch beym Eingang für 12 Gr. das Stück zu haben. Der Anfang ist um 5 Uhr. Stettin den 3ten Januar 1791.
> Sperger.

Abb. 137

„Ich werde heute Montag den 3ten Januar wieder ein Instrumental-Concert geben, und mich dabey auf dem Contra Violon hören lassen. Entrée-Billets sind bey mir im englischen Hause, auch beym Eingang für 12 Gr(oschen) das Stück zu haben. Der Anfang ist um 5 Uhr. Stettin den 3ten Januar 1791. Sperger."

Innerhalb von sieben Tagen zur Jahreswende 1790/1791 gab *Sperger* also zwei Soloabende in Stettin. Er war gerade erst ein reichliches Jahr in der Ludwigsluster Hofkapelle, muss aber schon vorher – vielleicht auch von seinem Berliner Aufenthalt und den Konzerten dort 1788 – Kontakte geknüpft haben. Es könnte sein, dass die Verbindungen der Freimaurerlogen dabei geholfen haben. Diese Vermutung liegt durch seine Mitgliedschaft in der Loge von Eberau 1783 sehr nahe.

Bemerkenswert ist in der Ankündigung des ersten Konzertes der Hinweis, dass er bereits *„vor einigen Jahren"* in Stettin gespielt habe und er nun mit *„ganz neuen Musicalien, im modernsten Geschmack"* aufwarten wird.

Wie kann es sein, dass er, kaum angestellt in der Hofkapelle Ludwigslust, bereits 16 Monate danach in einer Stadt, ca. 250 km von Ludwigslust entfernt, gleich zwei Konzerte geben kann? Und – dass er, wie in der Ankündigung geschrieben, schon Jahre zuvor hier aufgetreten sei. Es lässt sich nur damit erklären, dass er bei seinem ersten Besuch in Ludwigslust im April 1788 schon einen Konzert-Abstecher nach Stettin unternommen hatte. Wer hat ihm diese Brücken gebaut? Wer hat ihn eingeladen? Geschah alles in Eigeninitiative? Sei es wie es will – es beweist wieder seine unbändige Kraft und Energie, mit und für sein Instrument etwas zu tun.
Angereist in Stettin ist er in einer Postkutsche und natürlich mit seinem Kontrabass – auf alle Fälle muss er sich schon einen guten Namen als ContraViolonist, auch im Norden Deutschlands gemacht haben!
Die Entdeckung dieser Notizen in der Stettiner Zeitung, diese Konzertankündigungen der Jahre 1790 und 1791 sind umso bedeutungsvoller, je mehr sie doch auf die intensive Konzerttätigkeiten *Spergers* hinweisen und uns den schriftlichen Hinweis darauf geben, wie häufig er solistisch unterwegs war. Wie viele Soloauftritte, die (leider) von keinen Zeugnissen belegt werden, mag er neben seiner Orchestertätigkeit absolviert haben?

Sperger sucht weitere Konzertauftritte

Ein weiteres interessantes, ebenfalls originales Dokument taucht auf: am 23.August 1791 wendet sich Sperger in einem Schreiben an den Kurfürsten *Clemens Wenzelslaus von Kurtrier,* der in Koblenz-Breitenstein residiert[96] und sendet ihm eine Serie von sechs Sinfonien. Aus seinem Brieftext erfahren wir Näheres:

„Euer Königliche Hoheit, Durchlauchtigster Churfürst, Allergnädigster Herr Herr, daß Weltbekannte Vergnügen, welches Euer Königl. Hoheit der Musik zu widmen allergnädigst gewähren; macht mich so dreyßte, Höchst deroselben Von meiner Composition Beyliegende 6 Neue Sinfonien allerunterthänigst zu Füßen zu legen, in der allersubmissesten Hoffnung, wann solche Euer Königl. Hoheit nicht mißfällig, noch ferners meine arbeith und fleiße widmen zu dürfen. Solchem nach gelangt an Euer Königl. Hoheit mein allersubmissestes Bitten; da ich bey Sr. Herzogl. Durchlaucht von Mecklenburg-Schwerin, als Hof- und Kammer-Musikus auf dem Contra Violon zu stehen das Glück habe, mir Höchstdero allergnädigstes Belieben, und Befehle zu meiner verbeugenden Verhältnis Mildest bekannt zu lassen.
Mein Fleiß würde unermüdet seyn, wie in tiefster Ehrfurcht ersterbe
Euer Königlichen Hoheit – allerunterthänigster –
allergehorsamster Johann Sperger
Ludwigslust, in Mecklenburg den 23.August, Anno 1791

---

96 s. auch bei A.M. S. 180)

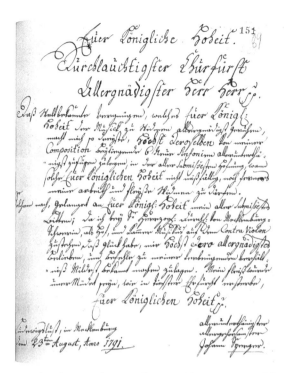

Abb. 138 Sperger-Schreiben an den Kurfürsten Clemens Wenzelslaus von Kurtrier

Aus dem Schreiben, welches *Sperger* genau 2 Jahre nach seiner Anstellung in Ludwigslust verfasste, könnte man verschiedene Anlässe erkennen. *Adolf Meier* vermutet, dass es sich um ein Bewerbungsschreiben gehandelt haben könnte. Das würde voraussetzen, dass es Gründe gab, der Hofkapelle in Ludwigslust den Rücken zu kehren. Was wiederum könnten dafür die Gründe sein? Vielleicht eine Rivalität mit *Antonio Rosetti,* dem Hofkapellmeister – der ja von Hause aus auch Kontrabassist war, bevor er das Dirigieren als seine Berufung erkannte? Könnte das der Anlaß gewesen sein? Auch zu dieser Zeit gab es große Konkurrenzkämpfe unter den Musikern, unter den Komponisten. Könnte es eine Unzufriedenheit in der Hofkapelle, Unstimmigkeiten mit den Kollegen sein? War er unzufrieden mit seinem Brotgeber, dem Herzog? Das letzte wollen wir ausschließen, da er auf der Gehaltsliste der Musiker an oberer Stelle stand und, weil sein Verhältnis zum Herzog ein sehr gutes war.

Wir nehmen an, dass sein Schreiben und die Zusendung seiner sechs Sinfonien eher dazu dienen sollte, seine Werke auch an anderen Orten, bei anderen Orchestern aufgeführt zu wissen – wahrscheinlich auch mit dem Hintergedanken, eine Einladung als Solist zu erhalten. *Spergers* Tatendrang war ungebrochen, auch was das Solospiel anbelangte. Und so gab es nur die Möglichkeit des Notenversandes, um sich ins Bewusstsein zu bringen. Wie sollte man auf ihn aufmerksam, wie sollte er sonst bekannt werden?. Es gab noch keine überregionale Kommunikation.

Sehen wir also den Hauptgrund dieses Schreibens in der Bekanntmachung seiner Werke auch außerhalb seines unmittelbaren Wirkungskreises. Von einer Reaktion, einem Antwortschreiben ist nichts bekannt. Wir können nur eines daraus heute erkennen: *Sperger* ist weiterhin aktiv in der Verbreitung seiner Werke, verbunden mit dem Hintergedanken als Solist eingeladen zu werden.

Mozart- und Sperger-Arien mit obligatem Kontrabass im gleichen Jahr

Wir bleiben im Jahr 1791 – es war das Jahr als *Mozart* eines seiner letzten Werke überhaupt komponierte. Es war auch gleichzeitig sein Todesjahr. Er schrieb noch an der „Zauberflöte". Und hier kommt wieder unser Initiator aus den Jahren Ende der 1760er ins Gespräch, nämlich *Friedrich Pischelberger*. Er hatte in jenen Jahren *Dittersdorf* und *Pichl* dazu gebracht, Kontrabass-Konzerte für ihn zu schreiben. Und jetzt, im Jahre 1791, gelang es ihm, *Wolfgang Amadeus Mozart* zu überzeugen, etwas für Kontrabass zu komponieren. Sicher hatte *Pischelberger* bei *Mozart* um ein Kontrabass-Konzert nachgefragt, was dieser aber wahrscheinlich durch seine Arbeit an der großen Oper mit Papageno und Sarastro ablehnen musste. Wir wollen uns gar nicht ausmalen, was es für die Kontrabass-Historie bedeutet hätte, ein *Mozart*-Kontrabass-Konzert bei den Probespielen und im Konzertsaal zu hören!

Der sehr aktive Kontrabassist konnte ihn aber doch gewinnen, wenigstens ein Werk mit obligatem Kontrabass vorzulegen. Garantiert war es so: *Pischelberger*, neben *Sperger* DER aktive Motor der damaligen Zeit in Sachen Solospiel auf dem Kontrabass – seit 1765 als Kontrabass-Virtuose gefeiert, kann nur er es gewesen sein, der nach *Dittersdorf* und *Pichl* nun auch noch *Mozart* begeistern konnte, etwas für den solistischen Kontrabass zu komponieren.

Und es entstand für Bassbariton und Orchester mit obligatem Kontrabass die Konzertarie „Per questa bella mano" KV 612. *Mozart* vermerkte auf dem Autograph die Fertigstellung dieser Arie mit dem Datum 8. März 1791. Das war mitten in der Zeit, als die ersten Teile der „Zauberflöte" vorlagen.

Die Uraufführung mit den beiden Solisten, dem Sänger *Franz Xaver Gerl* (1764-1827) und dem Kontrabassisten *Friedrich Pischelberger* fand in dem von dem großen Theatermann *Emanuel Schikaneder* geleiteten Freihaustheater auf der Wieden, einer Vorstadtbühne in Wien, statt.

Gerl wurde von *Mozart* auch mit der Rolle des Sarastro in der Zauberflöten-Uraufführung betraut, die ein paar Monate später am gleichen Theater, am 30. September 1791, das Licht der Opernwelt erblickte.

Kann es möglich sein, dass *Johann Matthias Sperger*, seit zwei Jahren im hohen Norden, weit weg von Wien, erfahren hat, dass der 6 Jahre jüngere *Wolfgang Amadeus Mozart* eine Arie mit obligatem Solokontrabass komponiert hat? Ja, er hat es – er muss es von seinem ehemaligen Lehrer *Friedrich Pischelberger* mitgeteilt bekommen haben. Anders

Abb. 139 Erste Partitur-Seite der Mozart-Arie „Per questa bella mano" KV 612

ist es nicht vorstellbar – und sofort greift *Sperger* diese Idee auf und komponiert ein gleiches Werk, aber nicht für Bassbariton, sondern zunächst für Sopran, Orchester mit obligatem Kontrabass.

Und das Erstaunliche und fast nicht Vorstellbare: in der Anlage, der Behandlung des Soloinstrumentes, der melodischen und dramaturgischen Erfindung und sogar in der musikalischen Qualität gibt es keine großen Unterschiede.

Wer dieser Aussage gegenüber skeptisch ist, möge bitte das Werk selbst spielen oder zumindest als Aufnahme anhören. Beispielsweise die Aufnahme von *Claudio Bortolamai*. Ein weiteres Manuskript, ebenfalls mit obligatem Kontrabass und gleichem Text, gleicher musikalischer Thematik, von *Sperger* 1801 überarbeitet, etwas gekürzt und der neuen Gesangslage für Bassbariton angepasst, befindet sich ebenfalls in der Schweriner Bibliothek[97] Die instrumentalen Teile sind im Wesentlichen unverändert übernommen[98]. Am Ende dieser Partitur ist zu lesen: *Fine il Mese 20ten Februar 1801*. Auf dem Umschlag heißt es: „*Aria con Recitativo Ex D# per il Basso, Contrabasso obligato, Due Violini, Due Oboe, Due Corni, Due Viole, Due Clarini, Tympani et Fondamento di Giovanni Sperger in Ludwigslust, L'anno 1801*".

---

97 Unter der Sign. 5129b.
98 A.M., S. 74

**Abb. 140 Notenbeispiel der Ausgabe beim Hofmeister-Verlag:
Letzte Seite der Kontrabass-Solostimme der Sperger-Arie „Selene, del tuo fuoco" –
Arpeggien ähnlich der Mozart-Arie.**[99]

---

99 Das Manuskript befindet sich unter der Signatur „Schwerin 5129a" in der Musikalienabteilung der Landesbibliothek Schwerin. Der Umschlag ist beschriftet mit dem autographen Titel: „Aria Ex D# á Soprano, Contrabasso, Due Violini, Due Oboi, Due Corni, Viola, Due Clarini in B et D# Tympany Ex D et Basso da Giovanni Sperger, Ludwigslust Anno 1791".

Textbeginn „Selene, del tuo fuoco".

Selene, sprich mir nicht mehr von deinem Feuer
oder von andrer Menschen Liebe.
Nicht Liebender bin ich mehr wie einst,
sondern Krieger, zum alten Brauch kehr ich zurück
und wer mich fernhält von meiner Ehre ist mein Feind.
Auf zum Triumph, es ruft mich das Verlangen nach Ehre
und schon triumphiere ich über mein Herz.
Mit selbstloser Begierde, inmitten von Gefahren und Verderben,
mit neuen Lorbeeren will ich das Haupt umgeben.

Also in gleicher Orchester-Besetzung[100].

Abb. 141 Umschlagseite der Arie mit obligatem Kontrabass von 1801

Abb. 142 Letzter Satz der Partitur der Arie mit obligatem Kontrabass 1801

---

100 bei Youtube mit Edicson Ruiz – Kontrabass

Das Interesse an der Sololiteratur des 18. Jahrhunderts erwacht

In den 1920-er Jahren gründeten interessierte Kontrabassisten in Deutschland den „Kontrabassbund" – es begann die Zeit des Interesses an der Kontrabass-Sololiteratur vergangener Jahrhunderte. Ein Auslöser dafür war die Entdeckung und gerichtete Aufmerksamkeit auf die *Mozart*-Arie. Schon 1919 erschien eine Ausgabe bei Bote&Bock von *Leberecht Goedecke*, dem Solobassisten der Berliner Philharmoniker, in einer bearbeiteten Fassung für Sopran anstelle des Bassbariton. Es war neben der Erstausgabe in der Originalfassung bei *Johann André-Offenbach* a. Main eine der ersten Veröffentlichungen von klassischer Kontrabassliteratur.

In der 1929 erschienenen Zeitschrift Nr.3 des „Kontrabassbundes" in Deutschland wurde noch nach Stimmungsmöglichkeiten für den Solokontrabass in der *Mozart*-Arie gesucht. Zu dieser Zeit war die *„Wiener Terz-Quart-Stimmung"* des 18.Jahrhunderts noch weitgehend unbekannt.

Die Ausgaben der *Mozart*-Arie waren die ersten ihrer Art der klassischen Kontrabass-Solomusik. Fortgesetzt wurde es dann 1938 mit der Erstausgabe des Konzertes für Kon-

Als man sich im 20. Jahrhundert wieder der alten Literatur annahm wurde an den Ausführungsmöglichkeiten der Mozartarie viel herumgeraten. Die 1929 gegründete Kontrabassistenzeitschrift[293] brachte in ihrer dritten Nummer eine Beilage mit Vorschlägen zur praktischen Ausführung des Kontrabaßparts:

Notenbeispiel 84

Vorschläge zur Ausführung des Soloparts der Mozartarie aus dem Jahre 1929

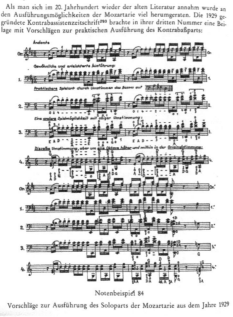

Abb. 143 1929 suchte man die richtige Stimmung für die Mozart-Arie (die bis dahin verlorengegangene Stimmung für den Solokontrabass?).

wurde das A-dur Konzert für Kontrabaß mit Kammerorchester in Nürnberg am 2. Juni 1940 in der Wandelhalle des Opernhauses unter Leitung von Generalmusikdirektor Alfons Dressel erstaufgeführt.

Abb. 144

trabass und Orchester Nr.2 von *Carl Ditters von Dittersdorf*, ebenfalls nicht beachtend die „*Wiener Stimmung*" und fälschlicherweise nach E-Dur „transponiert.[101].
Ein weiterer Meilenstein in der Wiederentdeckung dieser für die Kontrabassisten so wichtigen Literatur war die erstmalige Aufführung eines Konzertes von *Johann Matthias Sperger* am 2.Juni 1940, wie in einem Programmheft von 1940 berichtet wurde (s. Abb. 144).
Der zu dieser Zeit in Nürnberg tätige *Franz Ortner*, sehr aktiver Solokontrabassist des Nürnberger Opernorchesters, ließ sich aus der Bibliothek in Schwerin die Kopien des A-Dur-Konzertes[102] schicken, bearbeitete es für die Erstaufführung mit Orchester und spielte es mit dem Nürnberger Opernorchester. Der Erfolg gab ihm recht und somit stieß der Pionier *Franz Ortner* die Tür auf für erste bescheidene Versuche, sich mit dem Werk *Spergers* auseinanderzusetzen. Der Musikforscher und Verfasser des Standardwerkes „Geschichte der Mecklenburg-Schweriner Hofkapelle", *Clemens Meyer*, beschreibt bereits zu dieser Zeit „…nach dem Anhören des Sperger-Werkes müssen wir unsere Meinung revidieren….die gehörten Sätze sind so schön, dass sie Mozart geschrieben haben könnte". *C. Meyer* gibt seiner Hoffnung Ausdruck, daß das Werk bald in gedruckter Form erscheinen möge.[103] Wie lange es dann aber doch noch dauern sollte, belegt die 16 Jahre später – nämlich 1956 erfolgte erste Druckausgabe dieses Konzertes. Es sollte die erste Ausgabe eines Sperger-Werkes werden.[104]

Abb. 145 Franz Ortner, 1940 Solokontrabassist an der Nürnberger Oper

---

101 Herausgeber Franz Tischer-Zeitz – auch noch im Jahre 2020 das vielgespielte Standard- und Probespielkonzert, nicht die historische Stimmung beachtend!?
102 nach A.M. Konzert Nr. 7, Trumpf-Verzeichnis bei A.Planyavsky: T11
103 Mehr dazu im Anhang S. 322
104 Die erste Ausgabe des Konzertes A-Dur erschien 1956 im Leipziger Musikverlag Pro Musica durch den Kontrabassisten Erwin Müller vom Rundfunk-Sinfonieorchester Leipzig

Zurück zu Sperger: 1791

Die ersten zwei Jahre als Mitglied der Hofkapelle zu Ludwigslust sind vergangen, und ich bin mir sicher, dass sich *Sperger* einen ausgezeichneten Ruf erworben hatte. Er hat das praktische Leben im Ort kennengelernt und kann sich nun trotz seiner relativ guten Besoldung erlauben, an den Herzog folgendes Schreiben zu verfassen. Er tritt dabei sehr respekt- und demutsvoll – aber auch selbstbewusst gegenüber seinem Brotgeber, auf.

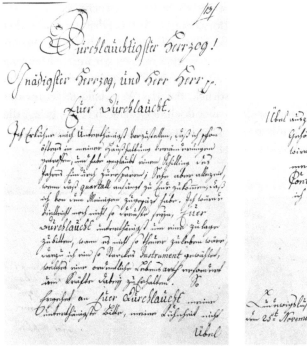

Abb. 146a   Abb. 146b

„Durchlauchtigster Herrzog! Gnädigster Herrzog und Herr Herr, Euer Durchlaucht. Ich Erkühne mich Unterthänigst vorzustellen, das ich schon öfter in meiner Haußhaltung Veränderungen getroffen, und habe geglaubt einen Schilling des Jahres hindurch zuersparen; Sehe aber allezeit, wenn das quartall anfängt zu Ende zukommen, daß ich von dem Meinigen zugesätz habe. Ich würde vielleicht noch nicht so dreyßte seyn, Euer durchlaucht unterthänigst um eine zulage zubitten; wann es nicht so theuer zuleben wäre; darzu ich ein so Starckes Instrument gewählet, welches eine ordentliche Lebensarth erfordert um Kräfte dabey zu erhalten. So Ergehet an Euer Durchlaucht meine unterthänigste Bitte, meine Kühnheit nicht Übel auszudeuten, und meiner Bitte gnädigst Gehör zugeben, mein Einziges

Besterben wird seyn, Euer Durchlaucht mit meinem wenigen Talent auf dem Contrabass vergnügen zu machen, der ich in gantz getroster Hoffnung ersterbe.
Euer Durchlaucht unterthänigster gehorsamster Diener
Johann Sperger Hof Musikus
Ludwigslust dem 25t Novembr, Anno 1791"

Dieser Bittbrief blieb ganz gegen sonstige und spätere Gewohnheiten vom Herzog zunächst unbeantwortet. *Sperger* hielt sich zurück, sandte aber genau ein Jahr später ein ähnlich formuliertes Schreiben an den Herzog.
Zunächst aber müssen wir einen Blick auf die Tätigkeiten *Spergers* neben seinem Orchsterdienst werfen. Wie schon durch das Gesuch des Kapellmeisters *Rosetti* um besonders „feine kostbare Saiten" für seinen Solokontrabassisten vom März 1790 (s. Abb. 129a/b) zu erfahren war, benötigte er also „2 Bässe, einen zum Concert, den zweyten zum Orchestre....". Bereits 1789 beim Verlassen Wiens muss *Sperger* einen Kontrabass bei einem Wiener Instrumentenmacher in Auftrag gegeben haben – und dieses Instrument war im September 1792 in Ludwigslust registriert und von der Kapellkasse bezahlt worden.
Sehr zu bedauern ist, dass es keinen schriftlichn Hinweis zum Namen des Wiener Instrumentenmachers gibt.[105]

Abb. 147 Geigenzettel im vermuteten Sperger-Kontrabass, der in der Nähe Ludwigslust in den 1960er Jahren auftauchte: Sebastian Dallinger Lauten- und Geigenmacher in Wien, 1789

Bis zum Jahre 1792 waren 13 (dreizehn) Kontrabasskonzerte entstanden und wir wissen, wie häufig *Sperger* solistisch tätig war. Jetzt endlich hatte er das entsprechende Instrument aus Wien erhalten.
Es liegt nahe, dass mit gleicher Sendung ein ebenfalls sehr spezieller Bogen aus Wien mitgeliefert wurde. Glücklicherweise ist uns dieser Bogen durch die sorgsame Aufbewahrung zunächst durch die herzogliche Instrumentenkammer und später in den Räumen der Landesbibliothek in Schwerin erhalten geblieben.

---

105 In den 1960er Jahren tauchte in der Nähe von Ludwigslust bei einem Amateurkontrabassisten ein Wiener Kontrabass mit dem Geigenzettel auf. "Sebastian Dallinger Lauten- und Geigenmacher in Wien, 1789". Fachleute sind sich uneinig, ob es das Intsrument Spergers sein könnte. Zweifelnde Frage des Autors: wie gelangt ein Wiener Instrument in den Norden Deutschlands – und ausgerechnet in die Nähe von Ludwigslust?

Abb. 149

Abb. 148 Der Kontrabass von Sebastian Dallinger 1789 – das Sperger-Instrument?

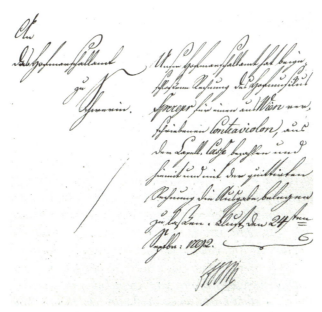

Abb. 150 Der Herzog schreibt an das Hofmarschallamt zu Schwerin: „Unser Hofmarschallamt beigeschlossene Rechnung des Hofmusikus Sperger für einen aus Wien verschriebenen Contraviolon, aus der Kapell Casse bezahlen und hiermit und mit der quittierten Rechnung die Ausgabe belegen zu laßen. Llust., den 24ten Septbr:1792"
Unterschrift Herzog

Abb. 151 Originaler Sperger-Bogen, aufbewahrt in der Musikalienabteilung der Landesbibliothek Mecklenburg-Vorpommern in Schwerin[106]

Dass es dazu kam, verdanken wir der Witwe *Anna Sperger*, die die Instrumente und den gesamten musikalischen Nachlass ihres verstorbenen Mannes, vier Jahre nach seinem Tode, dem damaligen Herzog in Ludwigslust uneigennützig übergeben hatte.
Dazu später mehr. (s.S. 230/231 und im Anhang S. 326/327)
Nun also, am 18.Dezember 1792 formuliert er den zweiten Bittbrief an den Herzog, den er am 2.Januar 1793 übergibt.

---

106 Dazu mehr im Anhang auf S. 326/27

Hier schon sehr eindringlicher wegen einer Gehaltszulage, im Ton voller Demut, aber selbstbewußt im Anliegen. Er war zu diesem Zeitpunkt reichlich zwei Jahre im Dienste des Herzogs.

„Durchlauchtigster Herrzog, Gnädigster Herrzog und Herr Herr
Euer Durchlaucht geruhen in höchsten Gnaden zu vermerken, daß ich es abermahls wage, und mich Erkühne, Euer Durchl. Allerunterthänigst zubitten um eine allergnädigste Zulage. Denn alles was zur Menschlichen Nahrung gehört, ist, und wird noch immer höher im Preiße, daß, wann ich es auch nicht glauben könnte; mir es aber meine Eigene Cassa zuglauben machte. Wobei ich, von quartall zu quartall von dem meinigen mit hierhergebrachten noch allezeit habe zugesezt. Auch wird mir jedermann, Und auch wenn er mein Feind wäre, daß Zeugnis geben daß ich jederzeit meine Schuldigkeit, als Musicus auf das eyfrigste gethan habe! Alß Ehrlicher Mann muß ich es thun, und bin es verpflichtet. Aber auch darzu gehören stärkere Kräfte, wenn ich nur eines anführe, Meinen Körper, der nicht genug gewachsen ist, gegen dem Instrument, welches ich mir gewählet, um solches in seiner Gewalt zu haben. Dießes erfordert Kräfte, und Kräfte kommen, wie man ihnen Nahrung gibt. Wenn man noch so einfach lebt, so ist doch alles sehr theuer. So gelanget, an Euer Durchlaucht, mein allerunterthänigstes Bitten, bey Hoch Deroselben, mit meinem allerunterthänigsten Ansuchen Gnade finden zu lassen, der ich getröstend, in erwartung einer allergnädigsten Resolution ersterbe Euer Durchlaucht allerunterthänigster allergehorsamster
Johann Sperger
Ludwigslust den 18t December 1792

Die Antwort vom Herzog läßt nicht lange auf sich warten – am Tage des Eintreffens des Gesuches antwortet er und notiert das für den Sekretär, der dann das offizielle Schreiben verfasst, zunächst so:

„…daß ich Vorderhand mich außerstand sehe, seiner Bitte zu willfahren, und doppelt unangenehm, jetzt meinerseiten sein Gesuch abzuschlagen, da er einer meiner besten Virtuosen sey."
Llust, 2.Jan.1793

Unterschrift Herzog
(s.Abb. 122 S. 147)
In dem offiziellen Schreiben an Sperger, welches der Sekretär dann in Reinschrift vorlegt, verändert er eigenständig „…*einer meiner besten Virtuosen…*" in „…*einer Unserer besten Virtuosen….*"
Es scheint eine Kleinigkeit – aber die Formulierung des Herzogs zeigt doch noch mehr die sehr persönliche Einschätzung und Einstellung zu seinem Kontrabassisten.
Bevor *Sperger* die erwünschte und lang erhoffte Gehaltszulage erhält, vergeht tatsächlich noch ein Jahr. Unmittelbar davor aber, erlebt Sperger noch einen weiteren Höhepunkt in seiner beruflichen, kompositorischen Tätigkeit.

Kapitel XII 1793-1794
Zwei Sinfonien im Auftrag für eine Königin

Sperger wieder in Berlin beim König – 1793/94

Was könnte der Anlass gewesen sein, dass *Sperger* wieder einige Wochen in Berlin verbringt? Ein sehr bedeutsames Dokument wurde erst vor kurzem vom Leiter der Musikalienabteilung der Landesbibliothek in Schwerin, *Dr. Andreas Roloff*, in den bisher unbeachteten, aussortierten Schriftstücken entdeckt. (s. Abb. 154, S. 183) Es handelt sich um ein Notizblatt, auf welchem *Sperger* am 2. Januar 1794 den Erhalt von 300 Reichsthaler quittiert „*...für zwey gantz neue Componierte Sinfonien...*", die er in Berlin bereits am 14. Dezember 1793 dem Leiter der Hofkapelle *Jean Pierre Duport* überreicht hatte.

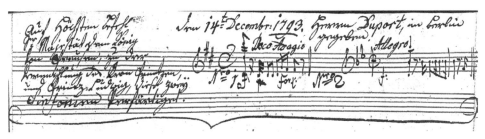

Abb. 152 Am 14. Dezember 1793 überreicht Sperger dem Cellisten und Leiter der Hofkapelle Herrn Duport zwei Sinfonien, die im Auftrag des Königs Friedrich Wilhelm II. „auf Höchsten Befehl Sr. Majestät dem König von Preußen, zu der Vermählung des Kronprinzen und Printz Ludwig diese zwey Sinfonien Verfärtigt" – für seinen Sohn, dem späteren König Friedrich Wilhelm III. mit der späteren Königin Luise, komponiert worden waren.

Am 24. Dezember 1793 heiratete der Sohn des regierenden Königs, der spätere *König Friedrich Wilhelm III.* im Berliner Schloss die Prinzessin *Luise von Mecklenburg-Strelitz*. Der regierende König *Friedrich Wilhelm II.* erteilte *Sperger* den Auftrag, zwei Sinfonien zur Verehelichung/Vermählung (schlecht lesbar) des Kronprinzen zu komponieren. Diese wurden dann (ganz sicher) zu den Hochzeitsfeierlichkeiten in Berlin aufgeführt – der Leiter der Hofkapelle *Duport* hatte die Noten ein paar Tage zuvor in Empfang genommen. Dafür erhielt *Sperger*, persönlich ausgehändigt vom damaligen Finanzminister „*Geheimer Cämmerer*" *Ritz*, die stattliche Summe von 300 Reichsthalern. (Nach vorsichtiger Umrechnung auf den Gegenwert im Jahr 2020 etwa 6000 €).
Ritz spielte damals eine bedeutende Rolle im Kabinett des Königs.[107]

---

107 ein Sprung in die Gegenwart: das Palais Ritz in Potsdam liegt nur unweit vom Palais der Gräfin Lichtenau, der morganatischen Ehefrau des Königs, und wurde gerade im Jahre 2020 restauriert

Abb. 178 Die legendäre Königin Luise von Preußen, Porträt von Josef Maria Grassi 1802

Noch einmal: die zwei Sinfonien wurden auf „*Höchsten Befehl*" des Königs für die Hochzeit seines Sohnes bei *Sperger* in Auftrag gegeben – und dadurch, dass jener sie dem Hofkapellmeister *Duport* übergab, dürften keine Zweifel daran bestehen, dass sie auch durch die Hofkapelle während der Hochzeitsfeierlichkeiten in Berlin aufgeführt wurden. Während dieses Berlin-Aufenthaltes hatte auch *Sperger* gleich wieder „*diese Stücke*" (es handelt sich um sechs Sinfonien), wie im Catalog erwähnt, an die regierende Königin am 20. Dezember 1793 übergeben.

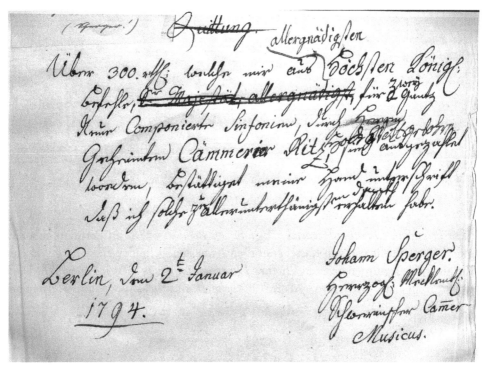

Abb. 154 „Quittung – Über 300 rthl. Welche mir auf allergnädigsten Höchsten Königl. Befehle, Sr. Majestät, allergnädigst, für zwey gantz Neue Componierte Sinfonien, durch Herrn Geheimter Cämmerer Ritz (Hochzeiterlohn?), sind ausgezahlet worden, bestättiget meine Hand unterschrift daß ich solche zu allerunterthänigsten dank erhalten habe. Johann Sperger, Herzogl. Mecklenbg. Schwerinscher Cammer Musicus.
Berlin, dem 2t Januar 1794"

„Sr. Majestät, der Regierenden Königin, Anno 1793, dem 20t Decembr. diese Stücke gegeben."

Es war sicher für *Sperger* eine aufregende Zeit in Berlin und er hat weitere Kontakte zum König aufgenommen – allein der Kompositionsauftrag durch ihn belegt das. Sein Berlin-Aufenthalt ist durch die schriftlichen Belege (*14. Dezember 1793 persönliche Notenübergabe an Duport – 20. Dezember Notenübergabe an die Königin – 2. Januar 1794 Quittung über Erhalt des Honorars für die Auftragskomposition von 2 Sinfonien*) belegt. Also wieder mindesten drei Wochen Berlin-Aufenthalt! – und *Sperger* wird diese Kontakte weiterhin pflegen. (s. im Anhang S. 349)
Wir greifen der Chronologie etwas voraus: am 7. Februar 1797 sendet *Sperger* – wieder Kompositionen *„Auf allerhöchstem Befehle Sr. Königl. Majestät Von Preußen, zu der Vermählung Princesse Auguste diese 3 Sinfonien eingesandt"* – wie im Catalog notiert, an das Königshaus.

Abb. 155

Diese *Prinzessin Christine Friederike Auguste von Preußen* –1780 in Potsdam geboren und 1841 als Kurfürstin von Kassel gestorben – war die Tochter von *Friedrich Wilhelm II.* und seiner legitimen zweiten Ehefrau *Friederike Luise von Hessen-Darmstadt*. Und zur Hochzeit hatte wiederum *Friedrich Wilhelm II.* diesen Kompositions-Auftrag an *Sperger* erteilt!

Kapitel XIII 1794-1808 Ein Kirchen- und ein Gefängnisbau

Wieder in Ludwigslust – Januar 1794

Zurückgekehrt von Berlin erhält *Sperger* in Ludwigslust am 27.Februar 1794 ein Schreiben des Herzogs mit erfreulicher Nachricht: Er durfte sich über eine jährliche Zulage von einhundert Reichsthaler freuen.

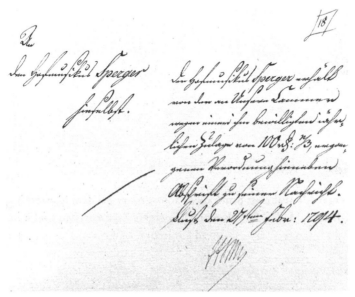

Abb. 156 An den Hofmusikus Sperger hieselbst: „Der Hofmusikus Sperger erhält von der an Unserer Kammer wegen einer ihm bewilligten jährlichen Zulage von 100 Rthl. angenommene Verordnung hinneben Abschrift zu seiner Nachricht". Llust, den 27ten Febr. 1794 Unterschrift Herzog

In dieser Sache erging ein weiteres Schreiben, auch am 27.Februar unterschrieben vom Herzog, an die Kammer, in der die Bezahlung ab dem folgenden Osterfest in Quartalen angewiesen wurde.
Es war 1794, das Jahr, in dem sein 14. Kontrabasskonzert entstanden ist.
Seit dem Beginn seines Kontrabassspiels vor 25 Jahren und vor allem betrachtet vom Entstehen seines ersten Kontrabasskonzertes im Jahre 1777 ist das eine stattliche Anzahl neben all den anderen Kompositionen. Das heißt: in den 17 Jahren zwischen 1777 bis 1794, sind 14 Kontrabasskonzerte – also fast jährlich eines – entstanden! Und das Erstaunliche: diese Autographe sind bis heute (2020) alle in fein säuberlich geschriebener Partitur (von *Sperger* selbst) und z.T. inclusive der Stimmenabschriften erhalten.[108]

---

108 Mehr dazu siehe S. 235

Abb. 157 Sperger-Manuskript: Kontrabass-Solostimme aus dem Konzert Nr.11 (Sperger-Zählung) A-Dur (A.M. WV B9 7.Konzert). Spergers Reinschriften sind immer fehlerlos und gut lesbar.

Abb. 158 Violine 1 aus dem Kontrabass-Konzert A-Dur Nr. 11 (Spergers Handschrift)

Sperger als Organist

Neben all seinen Verpflichtungen, die er als Kontrabassist in der Hofkapelle und als Komponist zu bewältigen hatte, war ihm auch noch das Amt des Organisten aushilfsweise für die sonntäglichen Gottesdienste in der Ludwigsluster evangelischen Schlosskirche übertragen worden. Es gab zwar einen festangestellten Organisten an der Kirche,[109] aber *Sperger* übernahm öfter diese Aufgabe – dafür schrieb er sich kleine Orgelstücke. Auf der Umschlagseite mit dem Inhalt von acht gebundenen Einzelblättern hat er in sehr korrekter Schrift notiert: *„Präambulus, – aus verschiedenen Tonarten, gantz-kurtz eingerichtet, und wie solche in der Herzoglichen Schloss-Kirche zugebrauchen – Von Joh. Math. Sperger. Herzogl. Kammer Musikus, zu Ludwigslust.* (s. Abb. 2, S. 14)

Leider fehlt hier ein Datums-Eintrag, so dass wir nicht erfahren, ab wann er diese Aufgabe ausfüllte. A.M. schreibt darüber in seinem Thematischen Werkverzeichnis S.70, dass die Stücke nach der benutzten Papiersorte zu urteilen, bereits 1786-1789 konzipiert und in den Jahren 1802-1804 in der Schlosskirche benutzt wurden, wo er dann auch den Umschlag mit dem o.g. Text hinzufügte.

Hier ein Beispiel aus seinem Orgelbüchlein, wo er sich ein Zwischenspiel zum berühmten Choral „Nun danket allen Gott" notiert hat – es zeigt, wie geschickt er auf der Klaviatur und in Satztechnik zuhause war.

Abb. 159 Von Spergers Hand aus seinem „Präambulus" für die Orgel

Hierbei kam ihm zugute, das er bereits als 16-jähriger in seiner Heimatstadt Feldsberg die Orgel traktierte und seine ersten Übungen für dieses Instrument aufnotierte – sein „Wegweiser auf die Orgel" von 1766. (s.S. 14)

---

109 nach mündlicher Aussage des Ludwigluster Kantors Dieter Ueltzen 2019

Dass *Sperger* für sein Orgelspiel belohnt wurde, geht aus dem Schriftstück hervor, welches der Herzog an das Kammer Collegium schrieb. Am 3.Juni 1803 verlangt er von dem Collegium, *Sperger* die Summe von 10 Louisdor als Geschenk zu überreichen.

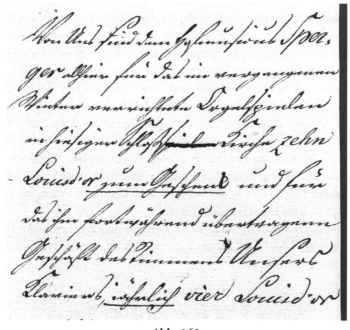

Abb. 160

Der Herzog schreibt am 3.Juni 1803 an das Kammer Collegium: *„Von Uns sind dem Hofmusicus Sperger allhier für das im vergangenen Winter verrichtete Orgelspielen in hiesiger SchloßKirche zehn Louisdor zum Geschenk und für das ihm fortwährende übertragene Geschäft des Stimmens Unseres Klavieres, jährlich vier Louisdor zu zahlen"* [109]

Also nicht nur das Orgelspielen gehörte zum Aufgabenbereich *Spergers*, sondern auch die Tätigkeit des Klavierstimmers im Schloss. (Nach heutiger vorsichtigen Umrechnung beträgt der reine Materialwert eines Louisdor ca. 210-250 Euro.)

Sperger als Bauherr

Wir greifen in der chronologischen Folge der Zeit etwas voraus und berichten über den entscheidenden Beitrag *Spergers* für den Bau einer weiteren, einer katholischen Kirche in Ludwigslust.

---

109 Das gesamte Schreiben wird im Anhang auf S. 316 abgebildet

Sperger als Bauherr

Da der Landesteil Mecklenburg im Norden Deutschlands den reformierten Glauben *Luthers* angenommen hatte, gab es fast ausschließlich evangelische Kirchengemeinden. Einige Musiker der Hofkapelle kamen aus den böhmisch-österreichisch-ungarischen Landen oder aus Frankreich und Italien. Und diese waren ausschließlich katholischen Glaubens.
Was war zu tun? Atheisten im heutigen Sinne gab es nicht, und so wurde der Unmut über fehlende katholische Gotteshäuser immer größer.
An dieser Stelle lassen wir den ehemaligen Kantor/Organist/Chorleiter der Stadtkirche von Ludwigslust (1955 bis 1994) *Dieter Ueltzen* zu Wort kommen, der sich äußerst intensiv mit der Kirchengeschichte in Ludwigslust beschäftigt hat.
Sein Bericht **„*Wie es zum Bau der katholischen Kirche kam*"** soll hier in etwas gekürzter Form wiedergegeben werden:
„Viele namhafte Künstler wurden für die Mecklenburg-Schweriner Hofkapelle in der Ludwigsluster Zeit von 1767-1837 ihres Bestehens angeworben. Beide regierenden Herzöge *Friedrich der Fromme* (1756-1785) und auch *Friedrich Franz I.* (1785-1837) waren außerordentlich musikalisch begabt und evangelischen Glaubens. Seit 1770 gab es die tempelartige Hofkirche gegenüber dem Schloss (s.S. 130/131), wo besonders evangelische Kirchenmusik aufgeführt wurde. Die katholischen Mitglieder der Hofkapelle setzten sich für den Bau einer Kapelle ein, wo sie ihren Glauben leben konnten.
Bereits 1795 war auf Bitten „Unserer lieben Andächtigen Hofsängerin" *Magdalena Reinert*, die zu Gesangsstudien in Italien geweilt hatte und in hoher Gunst beim Herzog stand, ein katholischer Seelsorger aus Schwerin zur Andacht bestellt worden.
Der entscheidende Anstoß zum Bau der katholischen Kirche aber kam von *Johann Matthias Sperger*. Am 10.Oktober 1802 verfasste er eine Bittschrift an den Herzog (s. S. 192). Darin bat er um einen Standort und um Baumaterial zur Errichtung einer *„eigenen Kapelle für die kleine, nicht zahlreiche katholische Gemeinde"*. Diese, also *Spergers* Kapell-Kollegen unterzeichneten diese Resolution – es waren folgende katholische Mitglieder der Hofkapelle:
– Violinist *Elegio Celestino* aus Rom (von 1792 bis 1802 als Nachfolger von *Antonio Rosetti* der Leiter der Hofkapelle.
– Unterzeichner *E. Geese* keine Angaben
– Kontrabassist *Wenzelaus Sedlazeck* aus Prag
– Violoncello- und Gamben-Virtuose *Xaver Hammer*, früherer Musiker unter *Joseph Haydn* in der Esterhazy-Kapelle
– Waldhornist *Johann Georg Theen* aus Neustadt/Saale
– Fagottist *Carl Wenzelaus Haidner* aus Ingolstadt
– Hofsängerin *Franziska Herbst-Ehrhardt* aus Würzburg
– Klarinettist *Joseph Stüber* aus Bayern
– Violinist und Serpentist *Sebastian Seypoltstorf*
– Klarinettist *Paul Cornelius Hammerl* vorher in Mainz und Wien
– Violinist *Alexander Stievenard* aus Frankreich

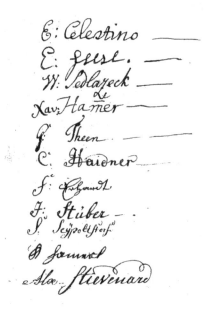

Abb. 161 Hier die originale Unterschriftenliste aus dem Jahre 1802

Bereits einen Tag später teilte der Herzog den *„katholischen Glaubens Genossen hierselbst..."* mit, dass er die Erlaubnis erteile, *„...sich eine eigene Kapelle für ihre kirchlichen Andachts Übungen..."* erbauen zu dürfen.

Der Bau verzögerte sich, doch in dem vom Konzertmeister *Massonneau* gewissenhaft geführten Diarium lesen wir von der Einweihung.

„1809 den 30. November zur Feyerlichen Einweihung der Katolischen Capelle, des Morgens Frühe, die Messe von Himmel, und des Nachmittags, das Te Deum von Schuster, und das Tantum ergo und Genitori von Michael aufgeführt. (ging Gut). Das Allegro aus Mozarts Sinfonie aus C-Dur...".

„1810 den 21. Januar, in der Katolischen Capelle, eine Messe Nr.2 von Haydn, aus C-Dur, aufgeführt. Als Pastor Schultz zur Probe Hochamt hielt. Das Allegro aus Rosettis Sinfonie (C-Dur) das Andante (?)...".

„Den 8.April, in der Katolischen Capelle, eine Messe von Mozart aus C-Dur Nr.11, das Offertorium von Jomelli, ein Allegro aus einer Sinfonie von Sperger aufgeführt, als der Pastor Schultz seine Antritts Predigt hielt...".

„Den 2.Dec., in der Katol. Capelle, die Messe von Himmel und Sinfonie von Rosetti aus C-Dur, Te Deum v. Haydn aufgeführt, zur Gedächtnisfeyer als den Einweihungs Tag der Kirche, da(s) den Eigentlichen Tag d. 30.November Puß- und Beth.Tag war...".

„1817, den 22.May, am St. Helenentag in der Catol. Capelle, eine Messe v. Winter Nr.3, Te Deum v. Haydn. Am heutigen Tag wurde vor der Messe der Neuerbaute Thurm von

Pastor Schultz eingeweiht; und das Hochamt hielt der Pastor Heck aus Schwerin. Alles ging sehr gut. Die Messe u. Offert(orium sang) Madame Prosch (eine Tochter von Rosetti)…".
Von der ersten Orgel ist leider nichts erhalten. Die einzige Spur, die überhaupt zu ihr hinführte, war einst die Erwähnung im Nachruf für *Friedrich Friese I.* Er hatte seit 1802 seine Werkstatt in Parchim. Nach Recherchen von *Dr. Jahn* kann man auf ein 1-manualiges Werk mit maximal 8 -10 Register schließen.
Der Kontrabassist *Sperger* hat das Instrument gekannt und für den praktischen Gebrauch eine kleine Sammlung von Stücken komponiert:
„Präludien, Vor dem Prädigt Gesang. Nach demselben, folgen solche zu die Meß-Gesänge. Wie auch, noch einige Praeludien, zu die Großen Meßen, welches hierin alles angezeigt ist. Von Joh. Sperger 1810"[111]
Diese Sammlung befindet sich in der Landesbibliothek Mecklenburg-Schwerin."
Soweit der Kantor *Dieter Ueltzen.*

Es ist anzunehmen, dass *Sperger* eine herausragende Stellung in der Hofkapelle einnahm, Respekt und großes Ansehen bei seinen Musikerkollegen genoss und vor allem auch bei seinem Brotgeber, dem Herzog von Mecklenburg-Schwerin *Friedrich Franz I.* in großer Anerkennung stand.
Man vertraute ihm an, diesen Bittbrief zu schreiben und der Herzog überlegte nur eine Nacht und entschied tags darauf, dass er den Standort der Kirche in unmittelbarer Nähe zu seinem Schloss im Schlosspark bestimmte.
Als die Kirche im Jahre 2009, im zweihundertsten Jahr des Bestehens renoviert wurde, entdeckte der Ludwigsluster Kantor *Dieter Ueltzen* diesen Bittbrief vom 10.Oktober 1802 an den Herzog:

„Durchlauchtigster Herzog, Gnädigster Herzog, und Herr Herr Euer Durchlaucht Haben mir allerunterthänigst unterzeichneten Voriges Jahre im Monat November Allergnädigste erlaubniß ertheilet, eine Musikalische Reise machen zu dürfen, alß ich solche angetretten, so warr es auch meine Absicht, wenn ich Wohltätige Menschen antreffen könnte, welche uns mit gütigen Beiträgen zu Aufbauung einer katholischen Kapelle unterstützten. Dieser Gedanke fand auch würklich statt zu Ersten bey Herrn Von Greiffenbach, Sekretar bey Seiner Durchlauchten Prinz Anton, und Prinz Maximilian, benannter Sekretar, Versprach mir bey dasigen Churfürstlichen Hofe, alles zu tun in dieser Sache, waß in seinen Kräften stehet.

Euer Herzoglichen Durchlaucht ist allergnädigst bekannt, dass die katholische Gemeinde nicht zahlreich, auch dass es einer so kleinen Gemeinde nicht möglich ist, zu Aufbau einer Kapelle zugedänken, so bittet allerunterthänigst unterzeichneter, samt seinen unterschriebenen Religionsgenossen, Euer Herzogliche Durchlaucht um dazu nöthige Bau= Materialien,

---

111 Mus. 5128

Durchlauchtigster Herzog,
Gnädigster Herzog, und Herr Herr

Euer Durchlaucht

haben wir allenunterthänigst unterzeichneten vorigen Jahrs
im Monath November allergnädigste mündlich mitgetheilt, einer
Musicalischen Reise meines Zusbruders, als ich solcher angetretten,
so wäre es auch meine Absicht, wann ich Wohlthätiger Menschen
anträfe zu finden, welche uns mit gütigen Beiträgen zu
Erbauung einer Catholischen Capelle unterstützten: Solches
geschahe auch wirklich statt zu haben bei Herren von
Christenbach, Secretär bei Seiner Durchlaucht Prinz Anton,
und Prinz Maximilian, benannter Secretär, versprach uns
bei seinem Churfürstlichen Hofe, und zuletzt in dieser Sache,
auch zu seinem Bruder stehet.

Euer Herzoglichen Durchlaucht ist allergnädigst
bekannt, daß die Catholische Gemeinde nicht zahlreich, auch daß
es einer so kleinen Gemeinde nicht möglich ist, zu Aufbauung
einer Capelle zu wünschen, so bittet allenunterthänigst
unterzeichneter, samt seinen unterschriebenen Religionsgenossen, Euer Herzogliche Durchlaucht um Sie zu
nöthigen Bau-Materialien, und einem Sar allerhöchst-
Deroselben angewiesenen Platz, damit wir unsern
Religions-Andachten, mäßig, und ingeheim verrichten können.
Herr von Christenbach übergab uns eine Adresse, damit ich
Ihnen sicher schreiben, die allergnädigste Resolution, und
Willens-Meinung von Euer Herzoglichen Durchlaucht.

p.p. 11ten Octob: 1802

Abb. 162

und eine Von allerhöchstderoselben angewiesenen Platz, damit wir unsere Religions-Andachten, ruhig, und ungestört verrichten könnten.
Herr von Greiffenbach übergab mir seine Adresse, damit ich ihm sicher schreibe, die allergnädigste Resolution, und Willens-Meinung von Euer Herrzoglichen Durchlaucht schriftlich aus allerhöchst deroselben Cabinet ausgefärtigt, samt Insigel beygedrückt zusänden kann: Solt von uns gesammte unterschriebene, durch allergnädigste Bitte, bey Euer Herrzoglichen Durchlaucht allergnädigste erhörung statt finden; so wird auch in rechter zeit, und, von einem Bauverständigen verfertigten Riß, Euer Herzoglichen Durchlaucht, allerunterthänigst vorgelegt werden, ob solcher den allerhöchsten Beyfall würdig ist.
In dieser Hoffnung, dass Euer Herrzogliche Durchlaucht unsere allerunterthänigste Bitte erhören, sehen wir einer allergnädigsten Resolution entgegen.
Euer Herrzoglichen Durchlaucht
Ludwigslust, den 10ten October 1802   allerunterthänigster, allergehorsamster,
unterzeichneter Sperger

Und das Schöne an dieser Geschichte ist, dass heute, 200 Jahre nach der Einweihung dieser Kirche, Gottesdienste gefeiert und nun auch Kammerkonzerte veranstaltet werden. Wieder zurück zur Chronologie in die 1790er Jahre – und wir wenden uns einmal diesem Thema zu:

Sperger – der Privatmensch

Glücklich können wir uns schätzen, dass wir nach 230 Jahren noch immer in den originalen Schriftstücken *Spergers* blättern und nachlesen können, wie sich Teile seines Lebens abgespielt haben.
Hier muss wieder den Herzögen von Mecklenburg-Schwerin gedankt werden für eine vorbildliche Archivierung der erhaltenen Briefe, Gesuche, Antworten des Herzogs und der Bediensteten des Ludwigsluster/Schweriner Hofes – und es soll auch dankend hervorgehoben werden – wie großartig diese Schätze bis heute in den Archiven der Landesbibliothek und des Landeshauptarchives in Schwerin aufbewahrt und gepflegt werden!

So erfahren wir aus dem Schreiben des *Herzogs Friedrich Franz I.* vom 25.2.1790, dass bereits im Februar dieses Jahres, also ein halbes Jahr nach Übersiedlung des Ehepaares *Sperger* aus Wien nach Ludwigslust, der ehemalige Garten des verstorbenen Musikers *Noelli* dem neuen Mitglied der Hofkapelle zugeteilt wird. Nun könnte es sein, dass ein Stück Gartenland direkt Teil der Vergütung für die Musiker war – wir werden noch hören, wie wichtig diese Bewirtschaftung für *Sperger* war.

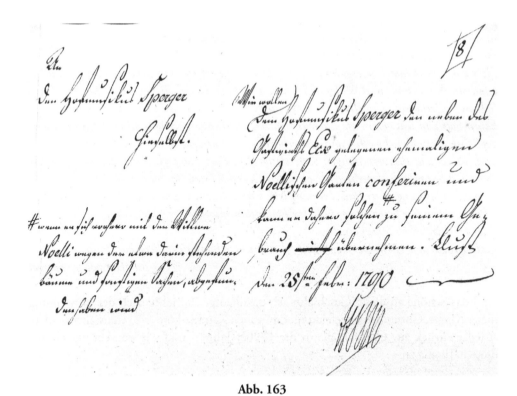

Abb. 163

Der Herzog schreibt an Sperger: "*Wir wollen dem Hofmusikus Sperger den neben des Gastwirts Eck gelegenen ehemaligen Noellischen Garten……solchen zu seinem Gebrauch übergeben*".[112]

Diese Übergabe muss sofort geschehen sein, denn bereits einen Monat später, am 27.März 1790, bedankt sich *Sperger* beim Herzog sehr ehrfurchtsvoll – aber er lässt es sich auch nicht nehmen, gleichzeitig um eine Reparatur zu bitten – und zwar von der Seite des Gartens, wo die "*Grenadiere wohnen*" und es "*höchstnöthig*" sei.
"*Weilen ich daß Glück hatte den Noelischen Garten von Euerer Herzoglichen Durchlaucht allergnädigst zuerhalten, dieser Garten eine Reparatur von dieser Seite, allwo die Grenadiere Wohnen höchstnöthig, So wage ich eine unterthänigste Bitte, daß diesem Übel durch allergnädigsten Befehle möge abgeholfen werden*".[113]

Dieser Bitte *Spergers* kam der Herzog unverzüglich nach, indem er den Hofbaudirektor *Busch* den Befehl erteilte, er solle den Garten so machen lassen, "*…daß der Unrath …. nicht hinein fließen kann…*"

---

112 Hier Abb.163
113 Sperger-Schreiben vom 27.3.1790 an den Herzog

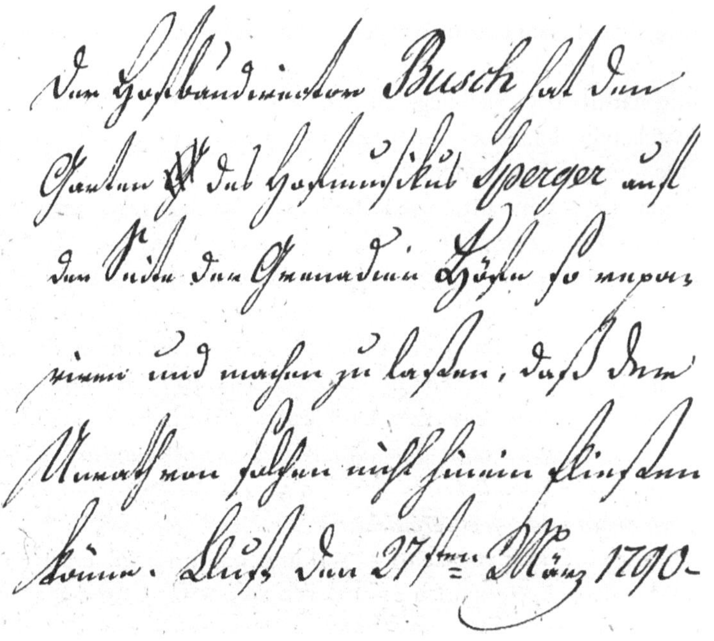

Abb. 164 „…daß der Unrath nicht hineinfließe…"

Wir werden es mitverfolgen, wie es mit dem Garten und den Problemen weiterging. Hier kommen wir noch einmal auf das Schriftstück zurück, welches *Sperger* am 25. November 1791 an den Herzog richtete (s. S. 176, Abb. 146).
Darin hatte er um eine Gehaltserhöhung ersucht, respektvoll gegenüber seinem Brotgeber, aber doch auch selbstbewußt. Und wiederum zurückhaltend seine eigene Person betreffend. Er wusste sehr genau, was er konnte, stellte es aber niemals in den Vordergrund und umschrieb seine Qualifikation in dem Gesuch bescheiden mit den Worten
„…mein einziges Bestreben wird seyn, Euer Durchlaucht mit meinem wenigen Talent auf dem Contrabass Vergnügen zu machen…"

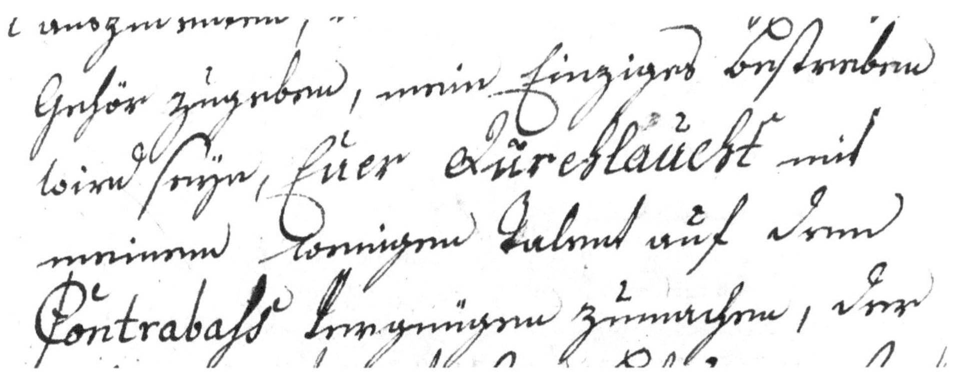

Abb. 165 „…mit meinem wenigen Talent auf dem Contrabass…"

Diese Aussage, diese Formulierung drückt den bescheidenen Charakter unseres Protagonisten aus und wirft ein Licht auf sein zutiefst demütiges Verhalten gegenüber anderen Personen und natürlich speziell gegenüber dem Herzog. Wir werden das noch an verschiedenen Stellen beobachten können. Hier zeigt sich der stark verwurzelte christliche Glaube in Demut und Bescheidenheit.

Als er im Januar 1793 seine Bitte wiederholte, war es schon etwas ernster gemeint mit der erwarteten „*allergnädigsten Zulage*". Und wenn er schreibt „*...alles was zur menschlichen Nahrung gehört ist und wird noch immer höher im Preise – wenn ich es auch nicht glauben könnte, mir aber meine Kasse zu glauben macht...*" werden die ganz menschlichen Wünsche und Bedürfnisse eines sorgenden Ehemannes deutlich – und weiter belegt er es mit der Aussage. „*Weilen ich von Quartal zu Quartal von dem Meinigen mit Hierhergebrachten noch allezeit habe zugesetzt*". Und jetzt seine entscheidende Einstellung, sein Credo: „*Auch wird mir jedermann, und wenn es auch mein Feind wäre, das Zeugnis geben, daß ich jederzeit meine Schuldigkeit als Musicus auf das Eifrigste getan habe! Als ehrlicher Mann muß ich es tun und bin es verpflichtet*".

Bevor der Herzog eine positive Nachricht verkünden konnte, sah er sich in finanziellen Zwängen und musste *Sperger* noch einmal vertrösten mit dem aussagekräftigen Bekenntnis:

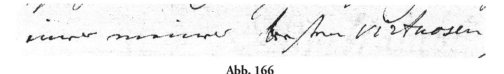

Abb. 166

„*Da er einer meiner besten Virtuosen ist*" bis es dann am 27. Februar 1794 endlich zu dem Bescheid „*...wegen einer bewilligten jährlichen Zulage von 100 Rth....*" kam.

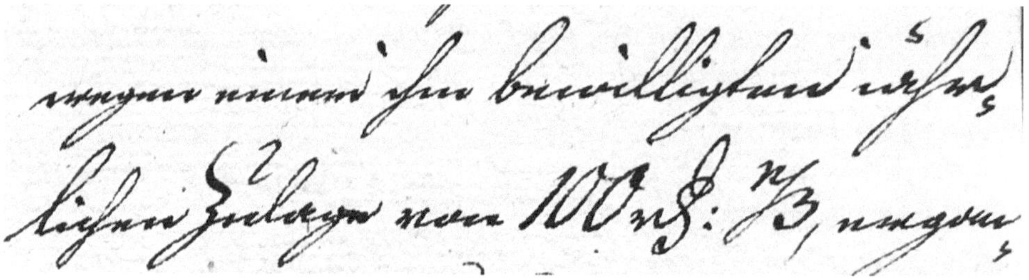

Abb. 167

Trotz eines der höchsten Gehälter, die er innerhalb der Hofkapell-Mitglieder erhalten hatte, nun auch noch mit dieser bewilligten Zulage, schien *Sperger* doch auf Eigenversorgung nicht verzichten zu wollen. So bat er Anfang des Jahres 1794 nochmals um ein zusätzliches Stück Gartenland. Dies wurde ihm am 14. März dieses Jahres in einem Schreiben des Herzogs auch zugesprochen.

Man könnte vermuten, dass er durch seine Herkunft als Sohn eines „Kühhalters", wie wir durch die Geburtsurkunde wissen, an landwirtschaftliche Gepflogenheiten gewöhnt war und er dadurch eine Liebe zu gärtnerischer Beschäftigung neben seiner sonstigen künstlerischen Tätigkeit entwickelt hatte. Allerdings könnten auch Sparzwänge die Ursache sein.
Im Oktober 1795 mußte er schon wieder ein Gesuch stellen, zwecks „...*meinem Garden eine neue Befriedung, noch in diesem Hörbst gemacht würde, weilen anjetzo... noch erbärmlicher befindet, als ich hier anzeige; in allerunterthänigster erfurcht, und gantz getroster Hoffnung...*" ist.
Für *Sperger* etwas enttäuschend, dass die Ausbesserung seines Gartenzaunes doch nicht mehr im Herbst geschehen war und in Hinblick des nahenden Frühlings wandte er sich noch einmal in dieser Angelegenheit am 2.Januar 1796 an den Herzog und schrieb sehr eindeutig: „...*wegen einer Neuen Befriedung auf der Milietär- und Strassen Seyte, die Milietär Seyte ist auch zugleich die Befriedung des Hofes...*" und bat nun endgültig um Erledigung.
Am 30.Januar 1796 erteilte der Herzog nun endgültig dem Hofbaudirektor *Busch* den Befehl
„...*die Gartenbefriedung des Hofmusikus Sperger, nun machen zu lassen...*"
Und so geschah es: am 2.Februar 1796 erteilte der Herzog seinem Oberförster *Krüger* die Anweisung
„...*zu Erneuerung des dasigen Spergerschen Garten Geländers, erforderliche Holzwerk dem Bau daselbst anzuweisen...*"
Der Hofbaudirektor *Busch* bedauert in einem Schreiben an den Herzog am 6.Februar 1796„...*so für Spergerschen Garten Geländers, die Holzgattungen so als solche darzu erforderlich und in der Anlage (Sub.6) verzeichnet worden, gegenwärtig nicht im Vorrath sind...*"

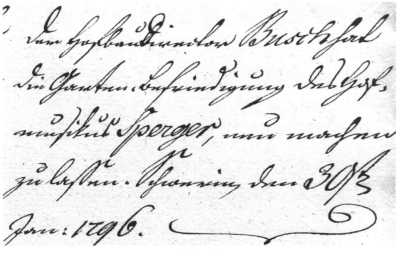

Abb. 168

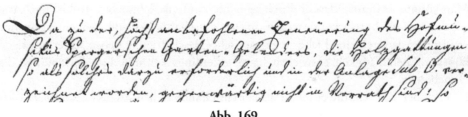

Abb. 169

Gegen alle sonstigen Gewohnheiten, bei denen *Sperger* immer geholfen und entgegengekommen wurde, hat sich diese leidliche Angelegenheit des zu erneuernden Gartenzaunes doch mehrere Jahre hinausgezögert!
1799, am 29.Oktober wendet sich *Sperger* nochmals eindringlich an den Herzog „…
meinen kleinen Garden, welcher sich zwischen dem Gastwirth, Apotheker und graenediers liegt, aus allerhöchster Gnade, vor zehn Jahren erhalten. Von einer Seite des gastwirths und Apotheker, von Jahr zu Jahr, immer ausgebessert worden, und vor drey-Jahren, daß, allergnädigste Versprechen erhalten, daß mir eine Neue Befriedung gemacht werden solte…"
„…*gantz Verrottet und verfallen, Von dieser Seitte, fremde Leuthe, und Jungens, in meinen Garden kommen, mir nichts mehr sicher ist, indenen ich es mir Viel Kosten lassen, durch obst=Bäume, und andere Nothwendigkeiten."*

Dieses Schreiben bewirkte, dass der Herzog zwei Tage später am 31.Oktober 1799 verfügt: „…*der Hauptmann Seydewitz hat den Garten des Hofmusikus Sperger auf den beiden Seiten nach dem Gastwirth und Apotheker es in neue Befriedung setzen und zu Ausbesserung der Grenadier Seite …auf eigene Kosten…machen zu lassen".*

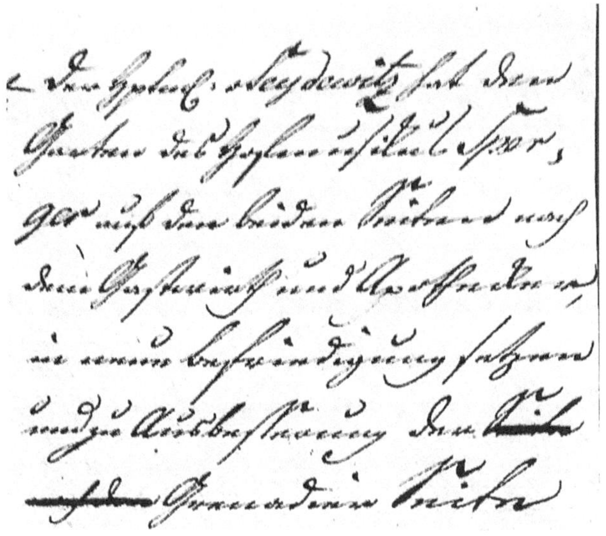

Abb. 170

Das dürfte dann das Ende dieser jahrelangen Gartenbefriedungs-Affäre gewesen sein! Allerdings lassen ihn der Wunsch nach landwirtschaftlicher Tätigleit und Sorge um die Dinge des täglichen Lebens nicht los: animiert durch das Beispiel seines Vaters, der als „Kühhalter" beim Fürsten von Liechtenstein diente, und an die Vorteile des Besitzes einer eigenen Kuh erinnert, beschloss *Sperger* im Alter von 51 Jahren, sich auch als Großtierhalter zu etablieren und eine Kuh anzuschaffen.

Er war mit der Rinderhaltung von frühester Jugend an vertraut – warum sollte das nicht auch hier – im eigenen Garten in Ludwigslust – funktionieren!?.....und so geschah es, dass er sich in einem Schreiben vom 17. Januar 1801 wieder einmal an den großmütigen Herzog *Friedrich Franz I.* von Mecklenburg-Schwerin wandte – dieses Mal mit dem Wunsch nach Tierhaltung:

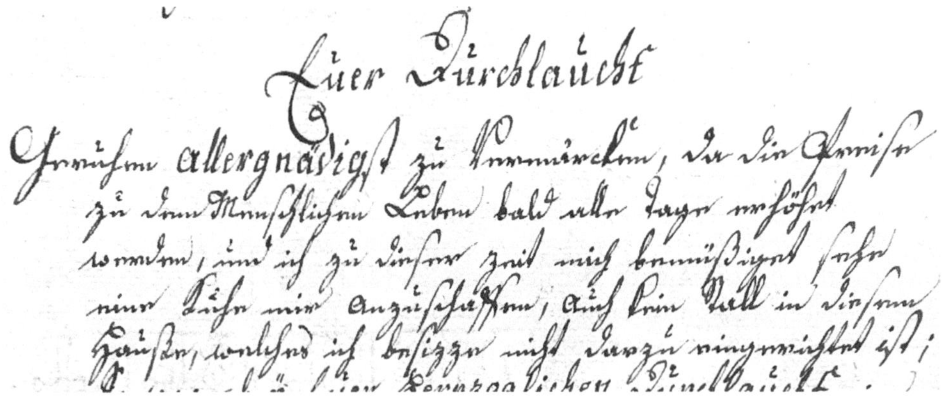

Abb. 171

„*Euer Durchlaucht, geruhen allergnädigst zu Vermärcken, da die Preise zu dem menschlichen Leben bald alle Tage erhöhet werden, und ich zu dieser Zeit mich bemüßigt sehe eine Kuh mir anzuschaffen, auch kein Stall in diesem Hause, welches ich besizze nicht dazu eingerichtet ist....*"[114]

Nur ein paar Tage später, am 21. Januar 1801, zeigte der Herzog Verständnis für *Spergers* Anliegen und schrieb einen Brief: „*Der Hauptmann Seydewitz hat dem Hofmusikus Sperger einen seiner Ställe zum Kuhstall einrichten zu lassen.*"

Da besagter Hauptmann und seine „Grenadiere" in unmittelbarer Nachbarschaft zu *Spergers* Haus und Garten ihr Domizil hatten, könnte es sein, dass der damalige Stall viele Jahrzehnte später in eine Garage umgebaut wurde, die es heute (im Jahre 2020) noch gibt – im Hof des *Spergerschen* Wohnhauses in der Gartenstr. 23 in Ludwigslust!

---

114 s. im Anhang S. 316 folgt der gesamte Sperger-Brief vom 17.1.1801

Abb. 172

Gleichzeitig ließ der Herzog am 21.Januar *Sperger* wissen, dass ihm diese Bitte „*... gewillfahret worden...*" sei – also er sich als „Kühhalter" betätigen darf!
Andere – berechtigte – Sorgen brachte Sperger im Januar 1803 zu Papier. Er schien das Älterwerden zu spüren und damit seine Verpflichtung, sich darüber Gedanken zu machen, wie es seiner Frau im schlimmsten Falle als Witwe ergehen könnte. Das Ehepaar *Sperger* besaß keine Nachkommen, keine Kinder, die sich um sie kümmern könnten. Auch keine „*Anverwandten in dieser Welt....*", wie es der fürsorgliche Ehemann im Brief formulierte.

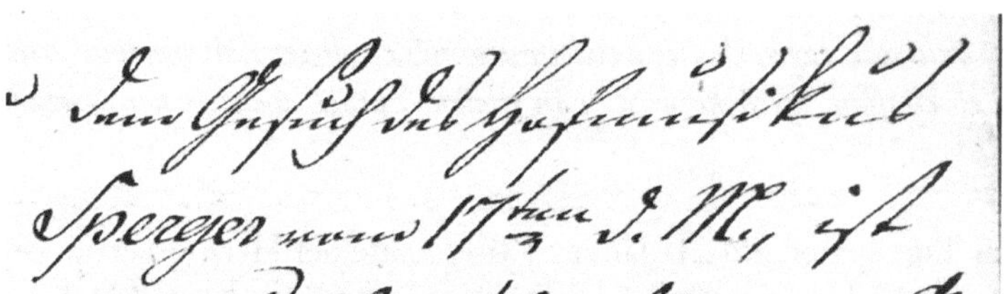

Abb. 173

Hier soll das ungekürzte Bittgesuch an den Herzog vom 25. Januar 1803 erscheinen:

Durchlauchtigster Gnädigster Herrzog!
Euer Durchlaucht,
Geruhen in Höchsten Gnaden, meine allerunterthänigste Bitte, mit welcher ich mich ertreuste, allergnädigst anzuhören: Meine Frau, ist allezeit in großer Furcht und Betrübniß, wenn ich mit einer Unbeßlichkeit befallen werde; Pflicht und Rechtschaffenheit eines Mannes ist es, für sein Weib zusorgen, bishero hatte ich es, aber, nur dieses kann Niemand wissen, welcher Theil, zum Ersten aus dieser Welt gehen muß; auch hat sie keine Anverwandten in dieser Welt nicht mehr, wohin sie sich im Wittwenstand wenden könnte, wenn dieser Fall für Sie eintretten sollte. Eure Herzogliche Durchlaucht, als meinem allergnädigsten Herrzogen flehe ich allerunterthänigst an, weiland die Capelle in der Wittwen Casse nicht einverleibt ist, meiner Frau, aus Höchster Milde, Ihren Kummer und Sorge zustillen, Ihr, eine allerunterthänigste und Wohltätigste Pension, schriftlich zuzusichern: Sollte mir der Allergnädigste Gott noch langes Leben schänken, so werde ich auch alt, und Sie genießt die Ihr, allergnädigst zugesicherte Gnade nicht lange, auch als Ehrlicher Mann, habe meine Pflicht erfüllet.

Mein gantzes Vertrauen, meine gantze Hoffnung, läßt mich nicht zweifeln, bei meinem, immer so Huldreichsten Herrzoge, in dieser gutdänkenden Absicht, eine fehlbitte gemacht zuhaben. Ewig wird das danckgefühl nicht aus meinem Herrzen Schwinden, für eine, Von Euer Herzoglichen Durchlaucht, mir so große erzeigten Gnade, in dieser Hoffnung, in diefster Ehrfurcht ersterbe, als Euer Herzoglichen Durchlaucht,
allerunterthänigster
allergehorsamster
Sperger
Ludwigslust, den 25ten Januar 1803

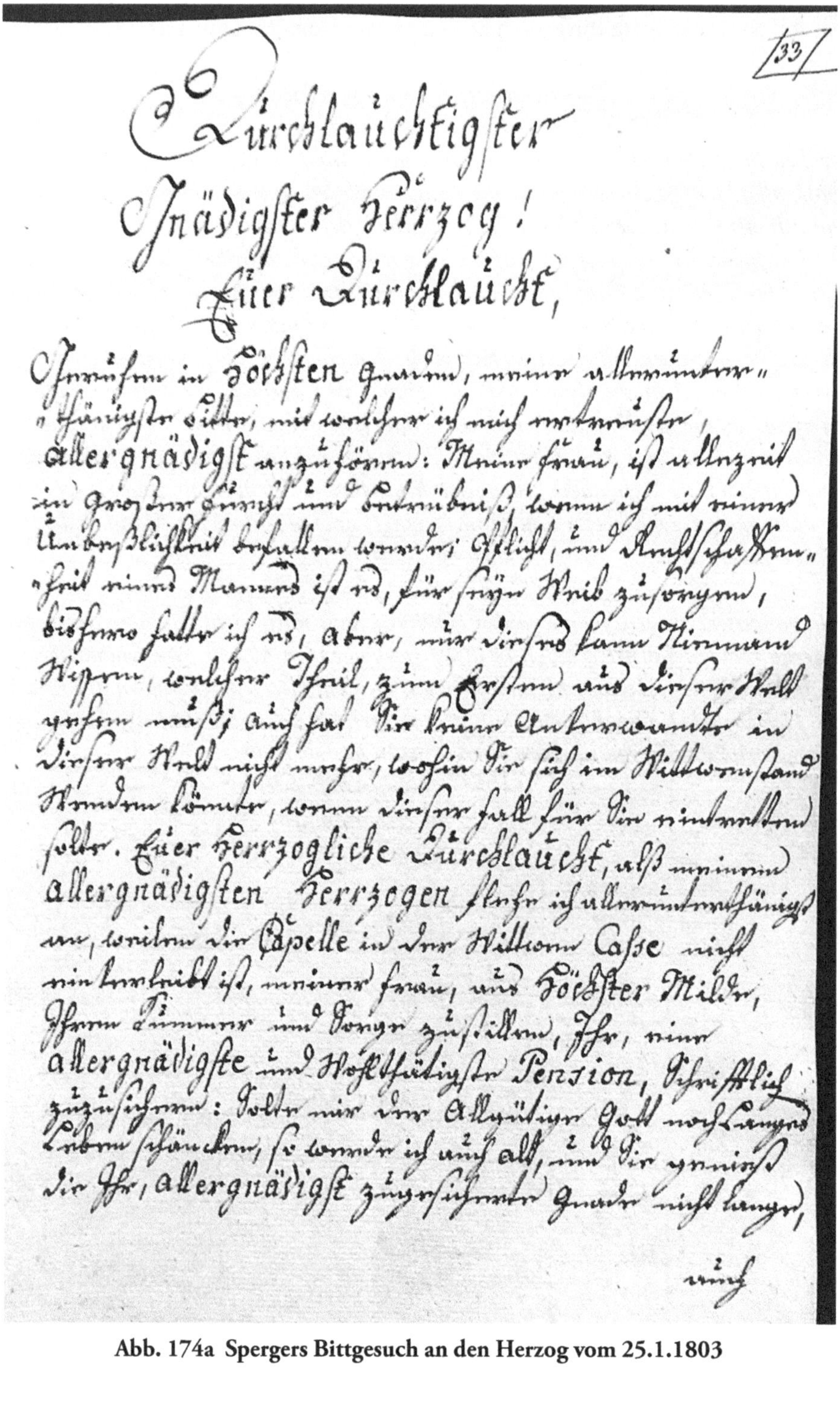

Abb. 174a Spergers Bittgesuch an den Herzog vom 25.1.1803

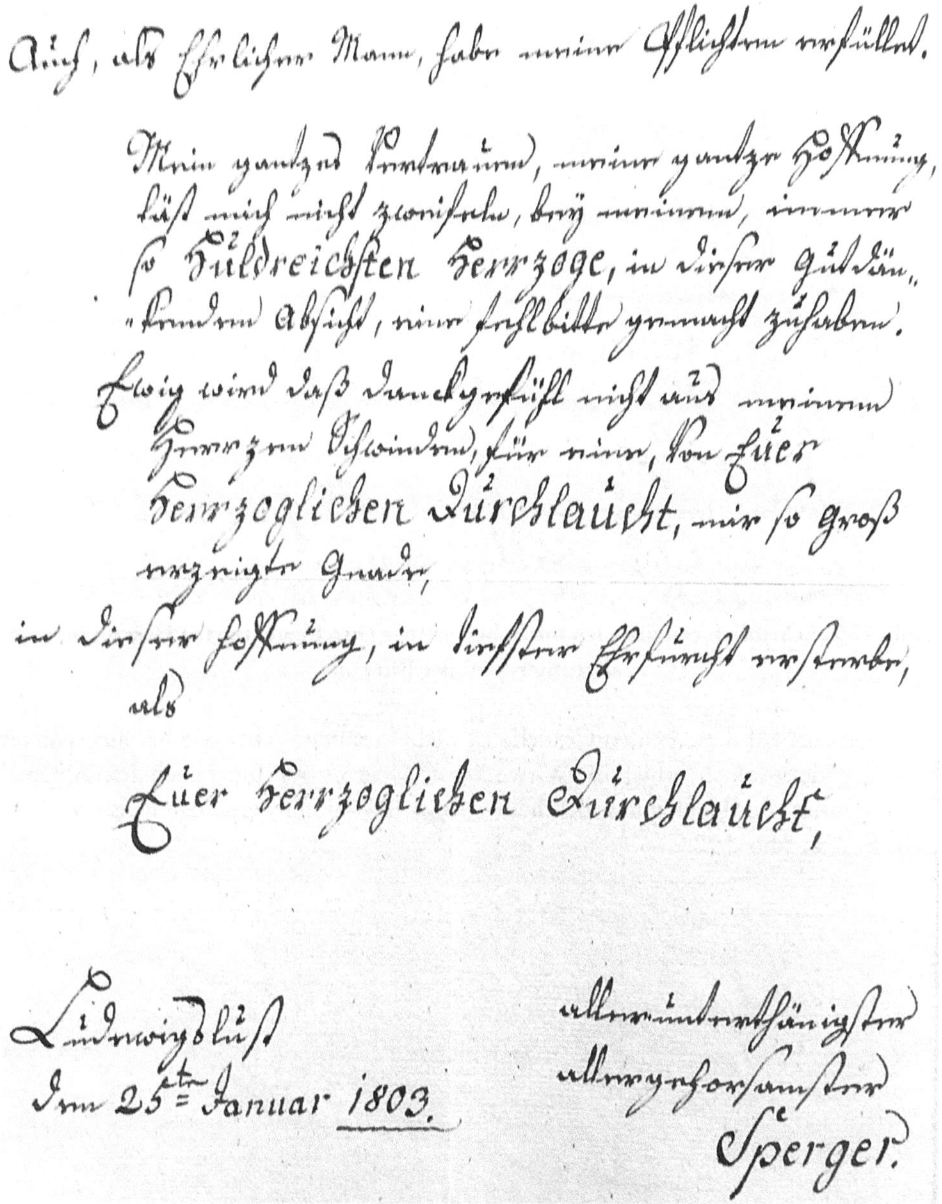

Auch, als ehrlicher Mann, habe meine Pflichten erfüllet.

Mein ganzes Vertrauen, meine ganze Hoffnung, läßt mich nicht zweifeln, bey meinem, immer so Huldreichsten Herzoge, in dieser gütigen, Landes Absicht, eine Fehlbitte gemacht zuhaben.

Ewig wird daß Dankgefühl nicht aus meinem Herzen scheiden, für eine, von Euer Herzoglichen Durchlaucht, mir so groß erzeigter Gnade,

in dieser Hoffnung, in tiefster Ehrfurcht ersterbe, als

Euer Herzoglichen Durchlaucht,

*Ludwigsluß
den 25sten Januar 1803.*

*allerunterthänigster
allergehorsamster
Sperger.*

Abb. 174b

Um ganz sicher zu gehen – und hier zeigt sich, wie dringlich für ihn die soziale Absicherung seiner Frau war – wendet sich *Sperger* in derselben Angelegenheit auch an die Dame des Hofes, an seine „*Durchlauchtigste Gnädigste Herrzogin*". Das ähnlich formulierte Schreiben ist ebenfalls auf den 25.Januar 1803 datiert:

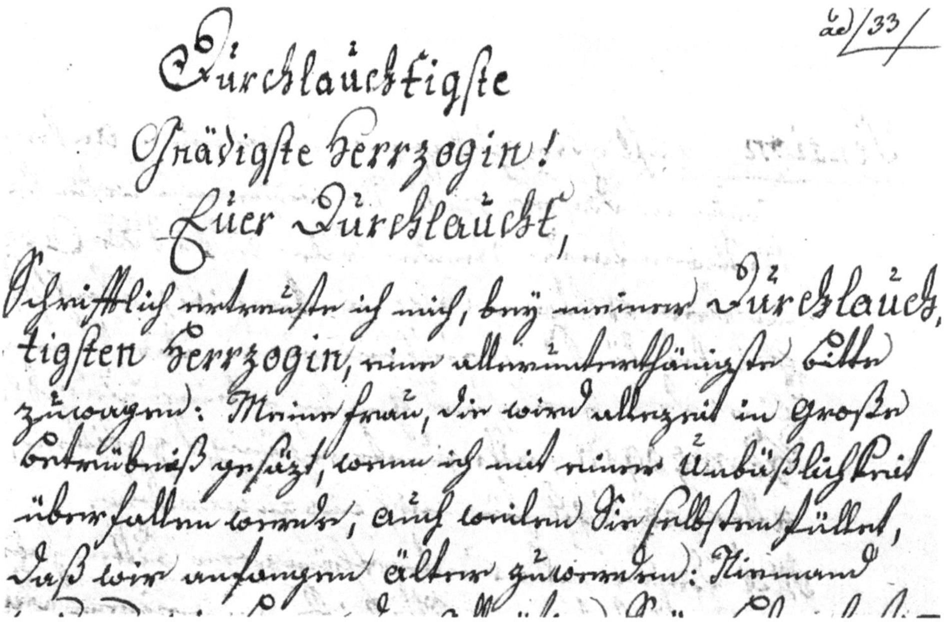

Abb. 175 „Schriftlich ertreuste ich mich, bey meiner Durchlauchtigsten Herrzogin, eine allerunterthänigste Bitte…."

Eine Antwort auf diese beiden Gesuche ist nicht erhalten – aber wie wir aus späterer Korrespondenz wissen, erhielt die Witwe *Anna Maria Sperger* sofort nach dem Ableben ihres Mannes vom Herzog den Bescheid – sogar über eine lebenslange Pension. Dazu siehe S. 228, Abb. 192.

Beschwerde über einen Gefängnisbau

Wir springen in das Jahr 1808, in dem es noch einmal um ein Stück Gartenland geht. In einem Schreiben *Spergers* vom 10. Oktober 1808 beklagt er sich beim Herzog über den Bau eines sehr suspekten Gebäudes unmittelbar neben seinem Wohnhaus, wo er sich in seinem kleinen Garten etwas Gemüse angepflanzt hatte und nun durch den Schatten dieses Gebäudes keine Ernte mehr hat – nämlich ein Gefängnis.

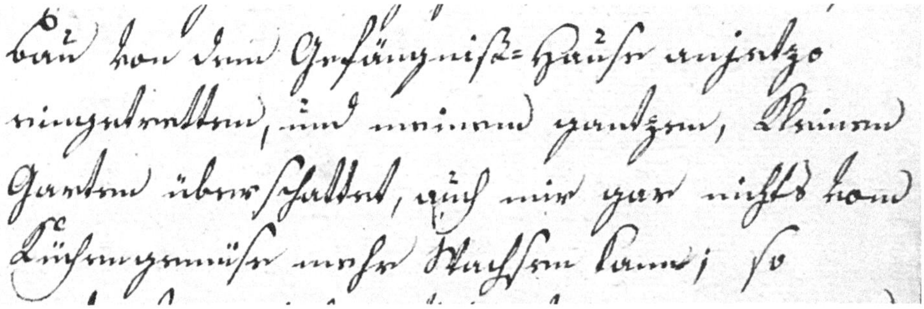

Abb. 176 „…Bau von dem Gefängnis-Hause anjetzo eingetretten, und meinen gantzen, kleinen Garten überschattet, auch mir gar nichts von Küchengemüse mehr Wachsen kann…"

Natürlich hat der Herzog auch diesmal Verständnis für seinen Kammermusikus und schreibt ihm am 15. Oktober 1808:
„…das Gartenland Gesuch Unseres Cammer Musicus Sperger ist gebetenermaßen bewilligt…".

Auch gleichzeitig an den Cabinetts-Sekretär *Ehrhardt* schreibt der Herzog:

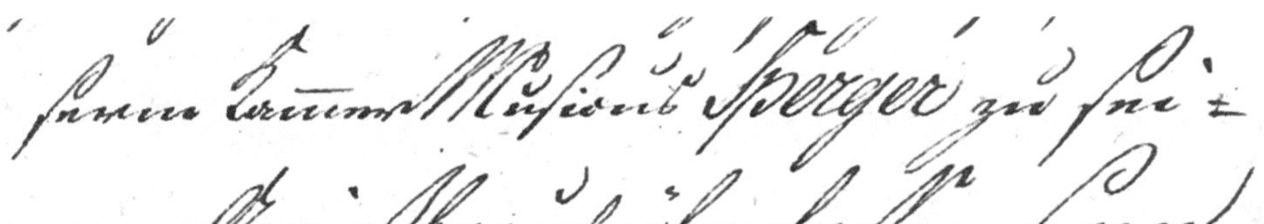

Abb. 177

„…Unserem KammerMusicus Sperger zu seinem Genießbrauch überlassen…"

Soviel zu den mehr oder minder privaten Lebensansichten des Ehepaares *Sperger* in Ludwigslust an der Schwelle zum 19. Jahrhundert.

Kapitel XIV 1801-1812 Reisepass zum Grand Concert

Wir kommen jetzt noch einmal auf das Jahr 1801 zurück. Zwei äußerst gewichtige Zeugnisse sind erhalten geblieben: zum einen ein „Reisepass", wie er zu dieser Zeit durch die sprichwörtliche Kleinstaaterei in deutschen Landen ausgestellt werden musste:

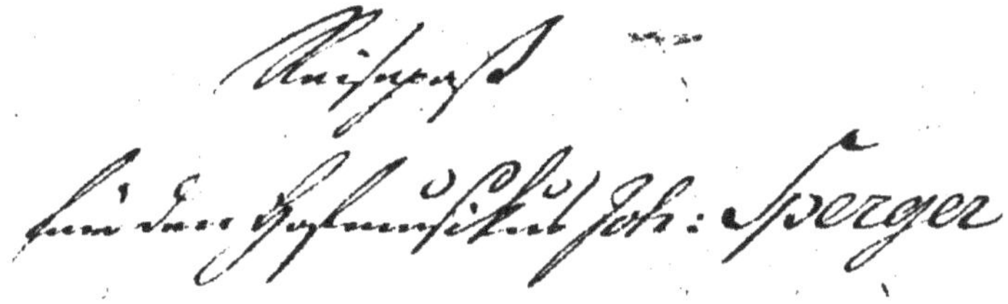

Abb. 178 Reisepass für Ehepaar Sperger

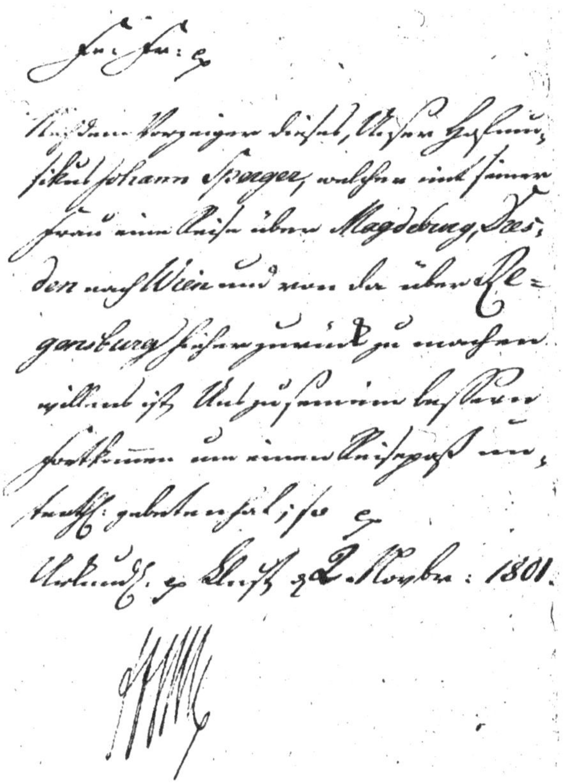

Abb. 179 „Friedrich Franz – Nach dem Vorzeigen dieses, Unseres Hofmusikus Johann Sperger, welcher mit seiner Frau eine Reise über Magdeburg, Dresden nach Wien und von da über Regensburg hierher zurück zu machen willens ist, Uns zu seinem besseren Fortkommen um einen Reisepaß gebeten hat, so es Urkundl.in Ludwigslust, 2.Novbr. 1801"
– Unterschrift Herzog

Zum anderen eine in der Geschichte des Kontrabass-Spiels bedeutsame Reise, über die uns dieses Dokument Nachricht gibt: Die Reise zu einem Ereignis, über das sogar in der „AMZ"[115] berichtet werden wird:

Solokonzert mit dem Gewandhausorchester in Leipzig

Dies dürfte vielleicht der bis dahin bedeutendste Auftritt eines Kontrabassisten mit einem, auch schon damals berühmten Orchesters gewesen sein! Die AMZ (s. S. 378) berichtet über Herrn *Sperger*, der nicht mit einem, nein sogar mit zwei Kontrabass-Konzerten im Gepäck angereist war.
Dieses Dokument verdanken wir der im Jahre 1798 gegründeten Musikzeitschrift in Leipzig.
Und ausgerechnet über dieses Konzert wurde eine relativ ausführliche Kritik verfasst.
Sogar schon 1799/1800 im Jahrgang 2 der Zeitschrift befasst sich ein Artikel mit der „Darstellung des Musikzustandes im Mecklenburgischen" und erwähnt *„... Contrabassisten, Hr. Sperger und Hr. Sedlazet. Die Bässe sind sehr gut besetzt: und Hr. Sperger ist auf seinem Instrument Konzertist"*[116].
Im Jahrgang 4 1801/1802 ist über das *„am 26. November 1801 stattgefundene Konzert im Leipziger Gewandthaus"* zu lesen:

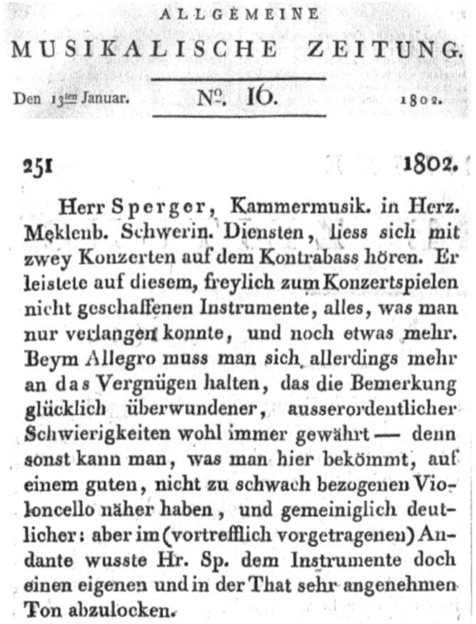

Abb. 180

---

115 Allgemeine musikalische Zeitung
116 s. A.M. S. 116

Solokonzert mit dem Gewandhausorchester in Leipzig

„Übersicht dessen, was in Leipzig während des letzten Vierteljahrs für Musik öffentlich getan wurde....Herr Sperger, Kammermusik. im Herz. Mecklenb. Schwerin. Diensten, liess sich mit zwey Konzerten auf dem Kontrabass hören. Er leistete auf diesem, freylich zum Konzertspielen nicht geschaffenen Instrumente, alles, was man nur verlangen konnte, und noch etwas mehr. Beym Allegro mußte man allerdings mehr an d a s Vergnügen halten, das die Bemerkung glücklich überwundener, außerordentlicher Schwierigkeiten wohl immer gewährt – denn sonst kann man, was man hier bekommt, auf einem guten, nicht zu schwach bezogenen Violoncello näher haben, und gemeiniglich deutlicher: aber im (vortrefflich vorgetragenen) Andante wußte Hr. Sp. dem Instrument doch einen eigenen und in der Tat sehr angenehmen Ton abzulocken."

Durch dieses Dokument erfahren wir authentische Details über *Spergers* Konzertieren. Wir müssen um so dankbarer sein, da zu dieser Zeit noch kaum derartige Berichte irgendwo schriftlich festgehalten wurden.
Es tut sich die Frage auf: wie oft und wo überall ließ sich *Sperger* als Solist hören? Wir hatten durch die Zeitungsankündigung im *„Stettinischen Intelligentz – Zettel"* von 1790/91 erfahren, dass er mehrfach im damaligen deutschen Stettin Soloabende gegeben hatte – wir wissen aus den Empfehlungsschreiben der Persönlichkeiten Hofkapellmeister *Reichardt, Graf von Brühl*, Rittmeister *Massow* von seinen Konzerten vor dem preußischen König im Jahre 1789.
Und wir wissen von vielen Soloauftritten in Schlössern, an Höfen des Adels – wir haben aber kaum direkte Einschätzungen, Kritiken über sein Spiel. Deshalb ist diese Kritik aus der AMZ von besonderer Bedeutung.
Es ist eine Besprechung, wie wir sie auch heute noch vorfinden: die Zweifel am Soloinstrument Kontrabass, aber auch gleichzeitig das Erstaunen des Machbaren – und hier nun besonders die Aussage über *Spergers* vortreffliche Tongestaltung!
Eine weitere Frage, die dieser Konzertauftritt mit dem Gewandhausorchester aufwirft: wie kam es dazu, dass er eingeladen wurde, mit diesem Orchester als Solist aufzutreten?. Wie ist er im entfernten Leipzig als Mitglied der Ludwigsluster Hofkapelle auserkoren worden, dort gleich zwei seiner Kontrabasskonzerte aufzuführen?
Er musste sich also bereits einen guten Namen als Solist und auch als Komponist gemacht haben, um eine derartige Einladung zu erhalten.
Und nun zu den technischen Details der Reise: er begab sich also in einer Postkutsche mit seiner Ehefrau *Anna*, seinem Kontrabass und dem Orchester-Notenmaterial, ausgestattet mit einem vom Herzog ausgestellten Reisepass, auf die Reise. In diesem Schreiben sind die Stationen Magdeburg, Dresden, Wien und Regensburg genannt – dazwischen liegt Leipzig, was erstaunlicherweise nicht erwähnt ist! Hat er seinem Brotgeber, dem Herzog in Ludwigslust verschwiegen, dass er in Leipzig als Solist auftritt? Man weiß es nicht – auf alle Fälle begab er sich als 51-Jähriger auf diese Konzertreise und spielte tatsächlich 1801 ein denkwürdiges Konzert mit dem Gewandhausorchester! Kontrabass-geschichtsträchtig!

1808 – Ende der Korrespondenz Sperger – Herzog

Das Jahr 1801 markiert einen wichtigen Punkt in der Historie des Kontrabass-Solospiels:
Ein Kontrabass-Solokonzert mit einem schon damals berühmten Klangkörper – dem Gewandhausorchester in Leipzig!
In den Jahren danach haben wir über den Kirchenbau durch das *Sperger*-Schreiben vom Oktober 1802 erfahren und aus dem Jahre 1803 vom Pensions-Ersuchen *Spergers* für seine Frau und endlich vom nochmaligen Bittschreiben *Spergers* vom 10. Oktober und dem Antwortschreiben des Herzogs vom 15.Oktober 1808 – danach liegen keine originalen Dokumente mehr vor.
Und damit endet leider die Korrespondenz, die uns Einblick, auch in das private Leben *Spergers* geliefert hat.
Es existiert allerdings noch das letzte originale Schriftstück, eine Quittung vom 1.Oktober 1808, in der *Sperger* den Erhalt seines Vierteljahresgehaltes in Höhe von 125 Reichsthaler bestätigt (Abb. 181).
Wie korrekt es am Hofe von Ludwigslust zuging, belegen ganz ähnlich lautende Quittungen u.a. aus einem längeren Zeitraum ab 1799. Unverändert quittiert *Sperger* den Empfang seines jährlichen Gehaltes von insgesamt 500 Reichstaler, ausgezahlt in 4 Vierteln von je 125 Rthl.

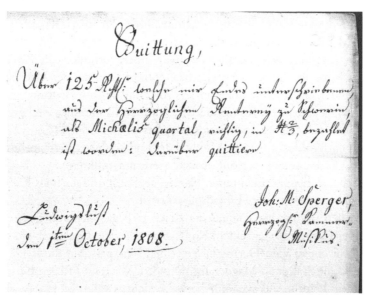

Abb. 181 „Quittung – Über 125 Rthl. welche mir Endes unterschriebenen aus der Herrzoglichen Renterey zu Schwerin, als Michalis quartal, richtig, in N2/3, bezahlet ist worden. Darüber quittiere Joh:M:Sperger, Herrzogl. Kammer Musikus Ludwigslust den 1tenOctober, 1808".

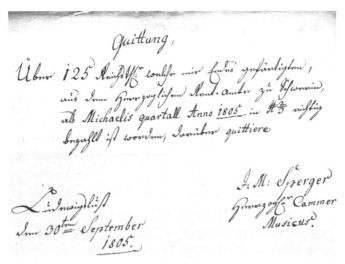

Abb. 182

Hier können wir noch einmal seine Unterschriften beobachten: der immer wieder erwähnte zweite Vornamen ‚Matthias' erscheint nicht immer, aber öfter. Aus allen Unterlagen ist leider nicht erkennbar, woher die fallweise Unterschiedlichkeit der Vornamen rührt: *Johann* oder *Johannes* oder *Johann Matthias* – eines aber bleibt von Beginn seiner Kompositionstätigkeit konstant: nämlich der italienisierte Namenszug *Giovanni Sperger*. Und das sehr konsequent seit seiner ersten Komposition. Der Vorname Johann Matthias erscheint in allen erhaltenen mehr oder weniger privaten Schreiben – und so soll es bei der heutigen Namensnennung bleiben. Es ist seine eigene Namensgebung.

Kompositionen in Ludwigsluster Zeit

In den Jahren der Mitgliedschaft *Spergers* in der Ludwigsluster Hofkapelle seit 1789 ist in kompositorischer Hinsicht vergleichsweise weniger entstanden, als in den frühen Jahren der Zeit in der Preßburger Hofkapelle (1777 – 1783): In diesen Zeitraum fällt seine fruchtbarste Schaffensperiode. In Ludwigslust war er abgelenkt durch vielerlei Tätigkeitn. Neben seiner Hauptaufgabe im Orchester, spielte er als „Aushilfsorganist" an den Sonntagen in beiden Kirchen des Ortes, er unterrichtete die Kinder des Herzogs im Klavierspiel, stimmte die Klaviere und immer wieder stellte er sich der Aufgabe als Kontrabass-Solist. Zeugnis davon geben uns die erhaltenen Dokumente von den Konzerten in Stettin (1790/1791) und Leipzig (1801), die seine Soloauftritte dort belegen. Auch viele Solo-Konzerte in Ludwigslust sind uns bekannt – auch besonders durch die authentischen Aufzeichnungen durch den Konzertmeister *Massonneau* in seinem seit 1803 geführten Diarium. Immerhin – in seinen letzten vier Lebensjahren führte Sperger noch fünfmal ein Solokonzert auf.

Diarium
aufgezeichnet vom Konzertmeister Louis Massonneau in den Jahren 1803-1815. In dieser Aufzählung erscheinen die Aufführungen Sperger'scher Kompositionen und die Konzerte bei denen er als Kontrabass-Solist auftrat.
(**fettgedruckt** = Kontrabass-Konzerte)

1803
26. Mai, Concert im Goldenen Saal…**Concert für den Contrabass**, comp. u.gespielt
von Hr. Sperger

1804
31. August, Concert im Goldenen Saal…Sinfonie v.Sperger (als letztes Werk im
Programm)
20. September, Concert im Schweizerhause der Herzogin….**Concert für den
Contrabass**, comp. u. gespielt v. Hr. Sperger

1805
28. August, Concert im Vorzimmer der Herzogin…Allegro v. Spergers Sinfonie

1806
29. May, Concert im Schweizerhause der Herzogin…Sinfonie v. Sperger

1808
15. Juny, Concert bey dem Erb Printz, im Trompeter Saal. Als der französische General
Delaure hier war…Sinfonie von Sperger (als letzte Nummer des Programms).

1809
24. Novb., Concert bey dem Erb Prinzen, in der Sel. Herzogin Vorzimmer…**Concert für
den Contrabass**, gespielt v. Hr. Sperger.

1810
8. April, in der katholischen Capelle…ein Allegro aus einer Sinfonie von Sperger
aufgeführt, als der Pastor Schultz seine Antritts Predigt hielt.
1. August, Concert im Vorzimmer der Sel. Herzogin. Sinf. v. Sperger
21. Nov., Concert im Vorzimmer der Sel. Herzogin. Sinf. v. Sperger aus Es- Dur
Contrabaß Concert v. Sperger, gespielt von Hr. Sperger

1811

9. Jan., Concert im Vorzimmer der Herzogin…**Contrabass Concert** v. r. Sperger

31.Jan., Concert im Vorzimmer der Herzogin…Sinf. v. Sperger aus F… Allegro aus
Spergers Sinf..

7.März, Concert im Vorzimmer der Sel. Herzogin, Sinf. v. Sperger aus Es-Dur

3.April, Concert im Vorzimmer der Sel. Herzogin….**Quartett für den Contrabaß v.**
Sperger (Hr. Sperger), Oboe (Hr.Braun), Viola (Hr. Bode), Violoncello (Hr. Hammer)

19. April, Concert im Vorzimmer der Sel. Herzogin, Sinf. v. Sperger aus C

5. Nov., Concert im Vorzimmer der Sel. Herzogin, **Contrabaß Concert** v. Sperger,
gespielt v. Hr. Sperger

14. Nov., Concert im Vorzimmer der Sel. Herzogin…Sinf. v. Sperger aus C-Dur

40

4.Dec., Concert im Vorzimmer der Sel. Herzogin…Quintett für Clarinett v. Backofen, Hr.
Hammerl, Hr. Vollbrecht, Hr. Sperger, Hr.Herr, Hr.Hammer

25. Dec., Nachts um 12 Uhr, als die Weihnachtsnacht… Sinf. v. Sperger aufgeführt

1812

2. Januar, Concert im Vorzimmer der Sel. Herzogin…**Contrabaß Concert** v. Sperger,
gespielt v. Hr. Sperger

2. May, am St. Helenen Tag….Sinf. v. Sperger….in der Catol.Capelle aufgeführt

26. May in der Catol. Capelle, das Requiem von Mozart aufgeführt, für den am 13. May
Sel. Verstorbenen Cammer Musicus, Ersten Contrabassisten Sperger, welcher 25 Jahre in
Mecklenburg-Schwerinischen Diensten gestanden hat.

29. September, in der Catol. Capelle, am S. Michaelis Tage…Sinf. v. Sperger aufgeführt

> **1813**
> 9. May, in der Catol. Capelle....Sinf. v. Sperger...als Danksagungsfest des glücklichen
> Sieges der Russisch-Preußischen Waffen über die Franzosen.
> 22. May, in der Catol. Capelle, am St. Helenen Tage als Schutzpatronin der
> Kirche...Sinf. v. Sperger
> 27. May, in der Catol. Capelle am Himmelfahrts Tag...Sinf. v. Sperger aufgeführt
> 25. Dec., Nachts um 12 Uhr, als die Weihnachts-Nacht....Sinf. v. Sperger
> 26. Dec., am 2. Weihnachtstage u. St. Stephans Tag, in der Catol. Capelle...Sinf. v. Sperger
> **1814**
> 25. Dec., Nachts um 12 Uhr, als die Weihnachts Nacht....Sinf. v. Sperger aufgeführt
> **1815**
> 4. May, am Himnmelfahrtstag in der Catol. Capelle....Sinf. v. Sperger
> 4. Juny, am St. Johannis Tag, in der Catol. Capelle...Sinf. v. Sperger aufgeführt

Abb. 183

Wie wir aus den vielen oben dokumentierten Korrespondenzen mit dem Herzog erfahren, war er sehr damit beschäftigt, seinen Lebensunterhalt durch Bewirtschaftung des eigenen Gartens etwas zu verbessern. Nach den zahlreichen Gesuchen in dieser Angelegenheit zu urteilen, hat ihm das sehr viel Zeit geraubt. Vielleicht hat doch seine Feststellung, dass „...*die Preise zu dem menschlichen Leben bald alle Tage erhöhet werden...*", zu dem Entschluss geführt, sich zunehmend auf die Eigenproduktion zu verlassen.

Trotz all dieser Ablenkungen sind jedoch noch einige Konzerte für den Kontrabass entstanden.

Wir hatten festgehalten, dass in den siebzehn Jahren zwischen 1777 und 1794 vierzehn Kontrabass-Konzerte enstanden waren, die sicher auch durch ihn uraufgeführt worden waren – wer hätte sie sonst spielen können?

1796 lag sein musikalisch bemerkenswertestes Konzert Nr. 15 fertig vor. Bereits 1797 war das nächste Konzert, Nr. 16 fertig, – bevor es dann anscheinend hinsichtlich der Komposition bzw Veröffentlichung von Kontrabass-Konzerten eine längere Schaffenspause gab: Es dauerte 8 Jahre um dann das A-Dur-Konzert Nr.17 (Scordatura B-Dur)

Kompositionen in Ludwigsluster Zeit 215

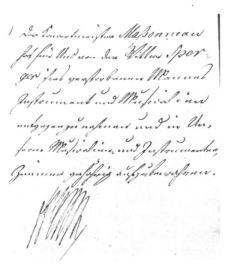

Abb. 184
Herzog schreibt am 17.Oktober 1816 an den Konzertmeister Massoneau: „…der Konzertmeister Massoneau hat für Uns von der Wittwe Sperger ihres verstorbenen Mannes Instrument und Musikalien entgegenzunehmen und in Unseren Musikalien – und Instrumenten Zimmer gehörig aufzubewahren."
Unterschrift Herzog

vorzulegen – am Ende der Partitur: *8ten. Nov. 1805. Spergers* letztes Konzert, die Nr.18, wurde laut Eintrag auf der letzten Pariturseite am *20t. August 1807* beendet.
Es ist eine immense Leistung, die ihresgleichen sucht: 18 Konzerte für den Kontrabass zu komponieren mit allen (bis heute im Jahre 2020 auch vollständig erhaltenen) Partituren und teilweise Orchesterstimmsätzen.
Ein grandioser Schatz, der tatsächlich erst jetzt in diesen Jahrzehnten an der Wende zum 21. Jahrhundert ans Licht gehoben wird! Zum Teil 230 Jahre lang unbeachtet in einem Dornröschenschlaf – vorbildlich aufbewahrt, zunächst in der Notenkammer des Herzogs und nun seit Jahrzehnten in der Musikalienabteilung der Landesbibliothek Schwerin. Wir werden später auf diese Konzerte eingehen (S. 235).
In seinen letzten vier Lebensjahren wurde *Sperger* noch einmal sehr aktiv im Solospiel. Nach einer Pause von fünf Jahren führte er ab 1809 jedes Jahr eines seiner Kontrabasskonzerte auf.
Diese längere, für *Sperger* ungewöhnliche Pause, könnte mit seinem Gesundheizszustand zusammenhängen. Im Pensions-Gesuch für seine Frau aus dem Jahre 1803 führte er gewisse Krankheitsprobleme an und 1806 verfasste er sein Testament, was auch darauf schließen könnte. Tatsächlich pausierte er bis 1809 als Solist und spielte nur im Orchester. Umso eifriger trat er in den Folgejahren auf: im Jahre 1811 finden wir ihn sogar zweimal als Solist erwähnt, und selbst kurz vor seinem Tode im Mai führte er am 2. Januar 1812 nochmals ein Kontrabasskonzert in Ludwigslust auf.

Es könnte sein, dass sein enormer Arbeitswille, seine bis dahin gezeigte Energie, seinen Körper so ausgezehrt haben, dass er am 13.Mai 1812 verstarb. Die im Sterberegister als *„Nervenfieber"* dokumentierte Todesursache könnte darauf hindeuten. Der Zusatz *„Er war ein von Natur lebhafter, aber dabei doch schwächlicher Mann"* könnte uns eine weitere Erklärung liefern.

```
            Auszug aus dem Sterberegister
          der Pfarrgemeinde Ludwigslust/Meckl.
    ================================================

    Jahrgang und Nr.:       1812/2
    Tag des Todes:          13.May 1812
    Tag der Beerdigung:     15.May 1812
    Name des Verstorbenen:  Johannes  S p e r g e r
    Alter:                  62 Jahr
    Gebortsort:             Feldsperg in Unterösterreich
    Todesursache:           Nervenfieber.
                            Er war ein von Natur lebhafter, aber dabei
                            doch schwächlicher Mann.
```

Abb. 185

Damit ging ein mehr als wahrlich ausgefülltes Musikerleben zu Ende, ein Leben mit größter Liebe zu seinem Instrument, dem Kontrabass – ein Leben mit und für den Kontrabass!

Wer kann es besser ausdrücken als seine Frau, die unmittelbar nach dem Tode an den Herzog diese Worte findet:

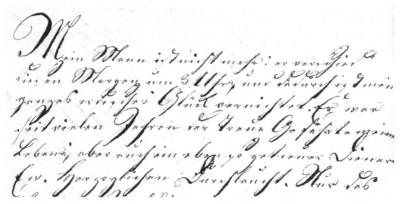

Abb. 186 „Mein Mann ist nicht mehr, er verschied diesen Morgen um 3 Uhr und dadurch ist mein ganzes irdisches Glück vernichtet. Er war seit vielen Jahren ein treuer Gefährte meines Lebens, aber auch ein ebenso getreuer Diener Ew. Herzoglichen Durchlaucht...".

Kompositionen in Ludwigsluster Zeit 217

Diese berührenden Worte drücken aus, was die Witwe in diesen Stunden unmittelbar nach dem Tode fühlt. Wie aus den wenigen Dokumenten über das ganz private Leben und das Verhältnis zu seiner Frau hervorgeht, können wir von einer äußerst innigen Verbindung sprechen. Immer setzte er sich neben seinem immensen Arbeitspensum für angemessene hauswirtschaftliche Dinge ein, mit Nachdruck versuchte er bereits 1803 für seine Frau eine Pension sicher zu erlangen. 1806, im Alter von 56 Jahren setzte er sein Testament auf.

Dieses Dokument ist umso wertvoller für unsere Biographie, je mehr wir von der Familie *Sperger* erfahren.[117]

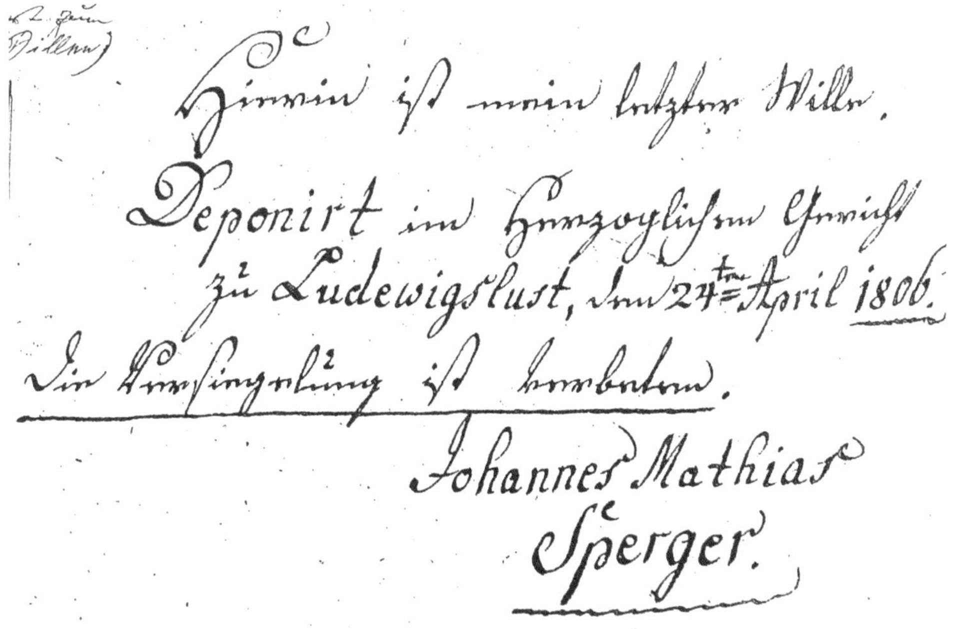

Abb. 187 Hier das Kuvert, in welchem das Testament seit 1806 aufbewahrt wird. Beachte die Unterschrift: Johannes Mathias Sperger.

    Hierin ist mein letzter Wille,
    Deponiert im Herzoglichen Gericht
    zu Ludewigslust, den 24ten April <u>1806.</u>
<u>Die Versiegelung ist verboten.</u>
              Johannes Mathias
                  Sperger

---

117 Dem Mitglied der Internationalen Sperger-Gesellschaft, dem Ludwigsluster Reinhard Heissner, verdanken wir die Entdeckung des Testamentes im Jahre 2003 als er, angeregt durch die Aktivitäten der Gesellschaft, im Ludwigsluster Stadtarchiv nach historischen Schriftstücken suchte – und fündig wurde.

Kapitel XV 1806-1812 Ohne Pomp und Gepränge

Das Testament von Johann Matthias Sperger

Geschrieben hat er es am 24.April 1806 im Alter von 56 Jahren und unterzeichnet mit dieser Schreibweise seines Namens: *Johannes Mathias Sperger.*
Es wird seitdem im Stadtarchiv des Rathauses Ludwigslust aufbewahrt. Das Auffinden dieses Dokumentes verdanken wir dem Ludwigluster *Reinhard Heissner* im Jahre 2003. Es verschafft uns authentische Informationen über seine fünf Geschwister, die alle im Raum seines Geburtsortes Feldsberg lebten.

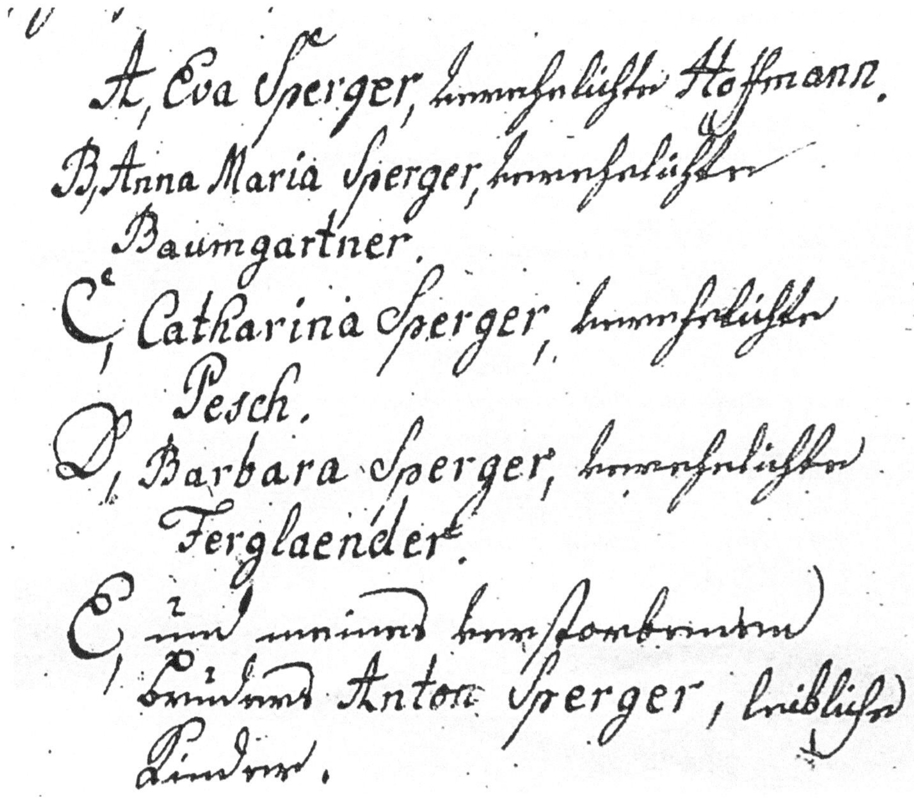
A, Eva Sperger, verehelichte Hofmann.
B, Anna Maria Sperger, verehelichte Baumgartner.
C, Catharina Sperger, verehelichte Pesch.
D, Barbara Sperger, verehelichte Ferglaender.
E, und meines verstorbenen Bruders Anton Sperger, leibliche Kinder.

Abb. 188

„A, Eva Sperger, verehelichte Hofmann. B, Anna Maria Sperger, verehelichte Baumgartner. C, Catharina Sperger, verehelichte Pesch. D, Barbara Sperger, verehelichte Ferglaender. E, und meines verstorbenen Bruders Anton Sperger, leibliche Kinder".

Des weiteren erfahren wir über seine ihm so nahestehende Ehefrau Maria Anna,
…dann aber auch mich meiner Pflicht gegen meine mir stets mit vorzüglicher Liebe und Treue zugethaner Ehegattin zu entledigen…

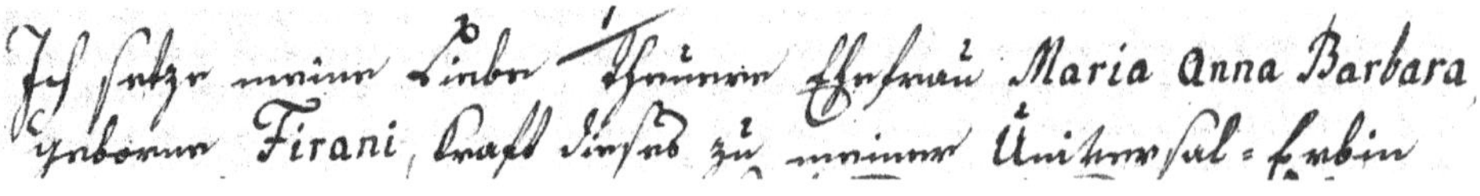
Ich setze meine Liebe theuere Ehefrau Maria Anna Barbara geborene Firani, kraft dieses zu meiner Universal-Erbin

Abb. 189

…Ich setze meine Liebe theuere Ehefrau Maria Anna Barbara geborene Firani, kraft dieses zu meiner Universal-Erbin…

über seine ungebrochene Gläubigkeit.

Im Nahmen Gottes des Vaters, des Sohnes, und des heiligen Geistes, Amen!

Wir lernen seinen demütigen, bescheidenen Charakter kennen

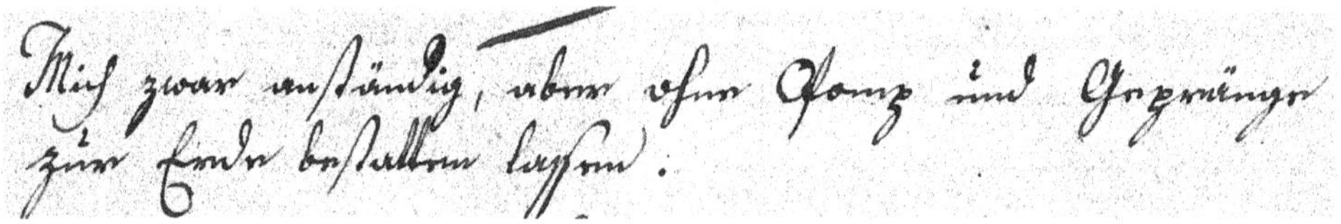
Mich zwar anständig, aber ohne Pomp und Gepränge zur Erde bestatten lassen.

Abb. 190

…Mich zwar anständig, aber ohne Pomp und Gepränge zur Erde bestatten lassen.

und wir erfahren auch, dass er keine Nachkommen hat.

Das im Original erhaltene Testament von Johannes Mathias Sperger :

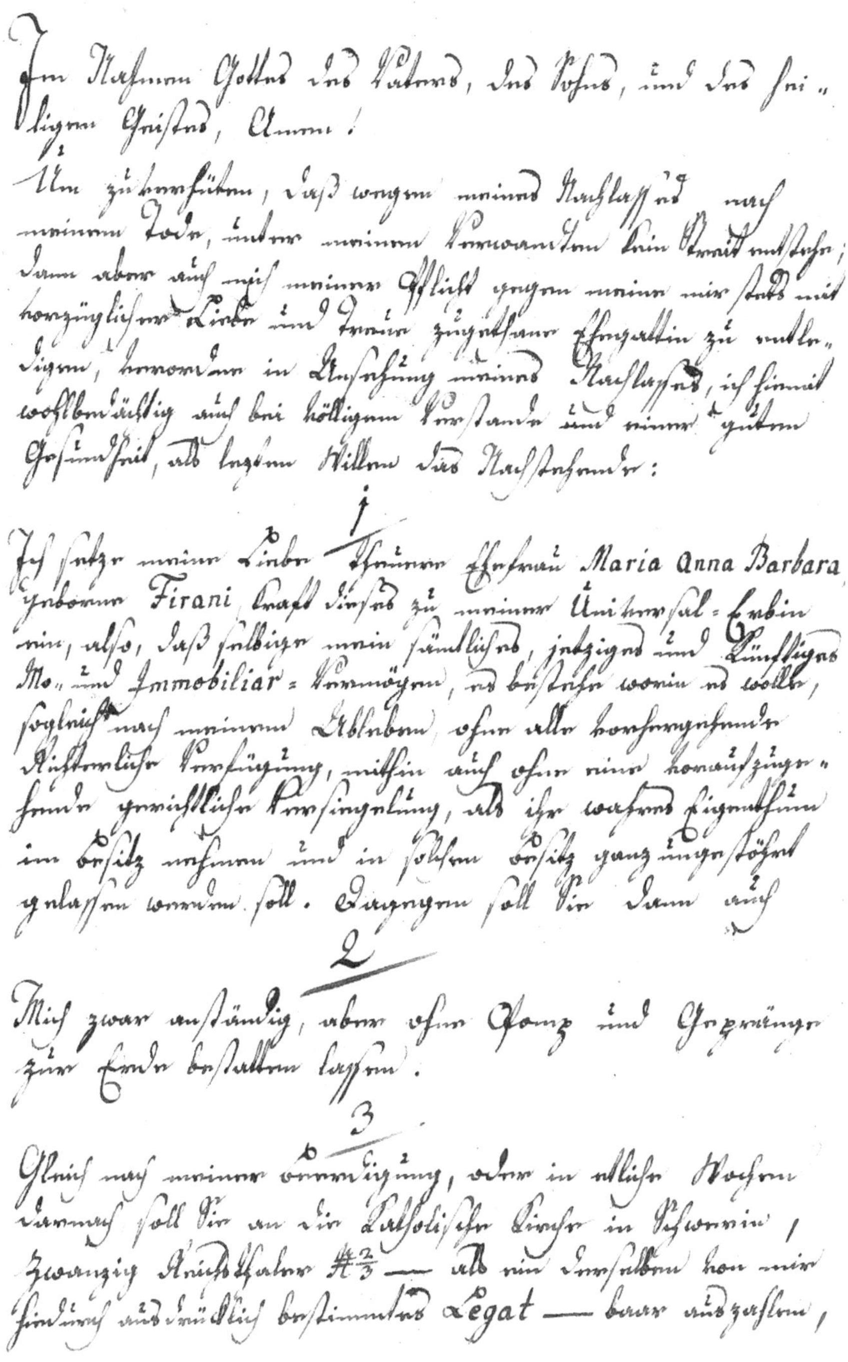

Im Nahmen Gottes des Vaters, Des Sohns, und des heiligen Geistes, Amen!

Um zuverhüten, daß wegen meines Nachlaßes nach meinem Tode, unter meinen Verwandten kein Streit entstehe; dann aber auch nach meiner Pflicht gegen meine mir stets vielgeliebten Kinder und Treue zugehörende Ehegattin zu entledigen, kommen in Ansehung meines Nachlaßes, ich hiemit wohlbedächtig auch bei völligem Verstande und meiner guten Gesundheit, als letzten Willen das Nachstehende:

1.

Ich setze meine liebe, theüere Ehefrau Maria Anna Barbara gebornen Firani kraft dieses zu meiner Universal-Erbin ein, also, daß selbige mein sämtliches, jetziges und künftiges Mo- und Immobiliar-Vermögen, es bestehe worin es wolle, sogleich nach meinem Ableben, ohne alle vorhergehende Richterliche Verfügung, mithin auch ohne einer vorausgehenden gerichtlichen Versiegelung, als ihr wahres Eigenthum in Besitz nehmen und in solchem Besitz ganz ungestöhrt gelaßen werden soll. Dagegen soll sie dann auch

2.

Mich zwar anständig, aber ohne Ganz und Gepränge zur Erde bestatten laßen.

3.

Gleich nach meiner Beerdigung, oder in etlichen Wochen darnach soll sie an die Katholische Kirche in Schwerin, Zwanzig Reichsthaler ₵₴ — als ein derselben von mir hiedurch ausdrücklich bestimmtes Legat — baar auszahlen,

Abb. 191a

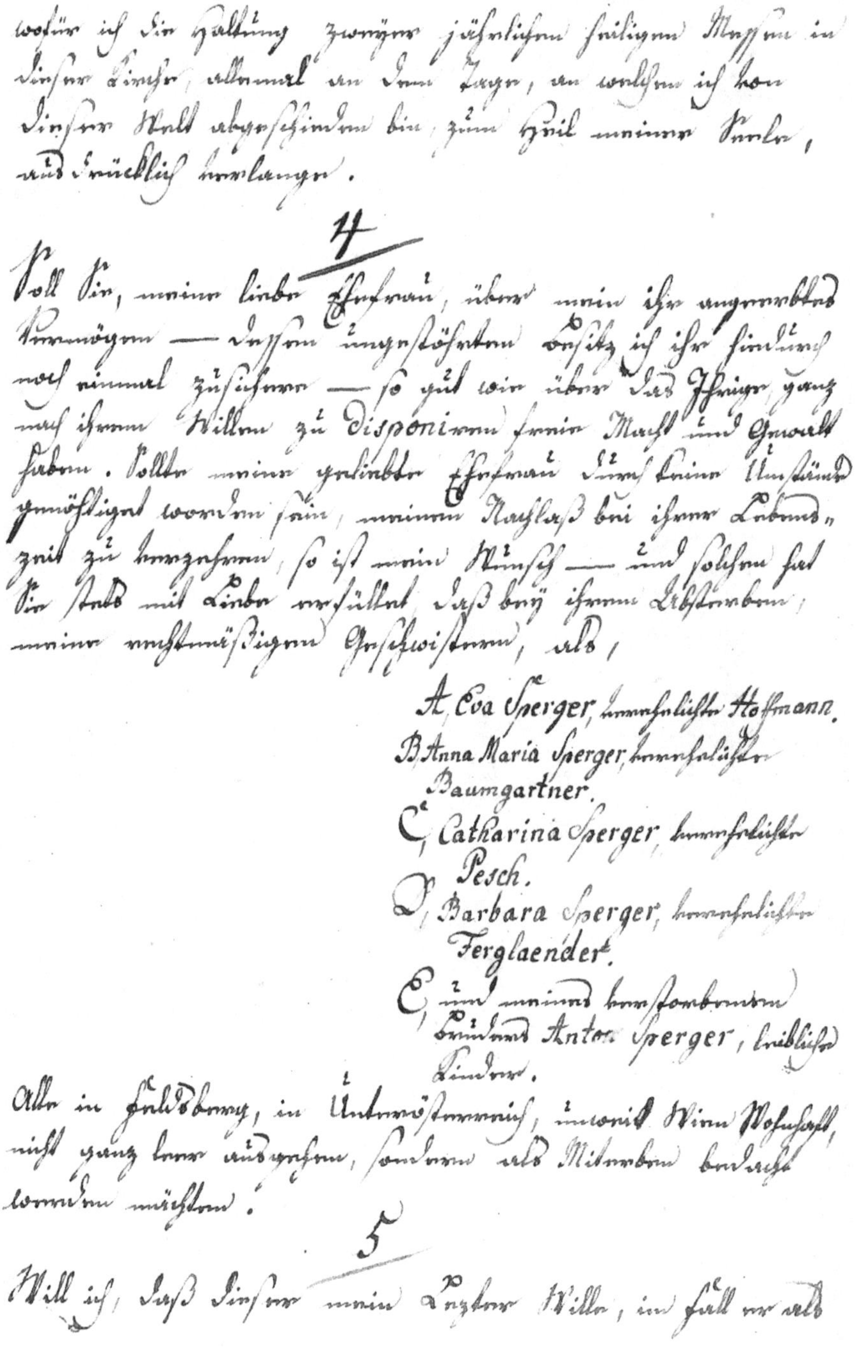

wofür ich die Haltung zweyer jährlichen heiligen Messen in Unserer Kirche, allemal an dem Tage, an welchem ich von dieser Welt abgeschieden bin, zum Heil meiner Seele, ausdrücklich verlange.

4

Laße ich, meine liebe Ehefrau, über mein ihr angewohntes Vermögen — dessen ungestörten Besitz ich ihr hiemit noch einmal zusichere — so gut wie über das Ihrige ganz nach ihrem Willen zu disponiren freye Macht und Gewalt haben. Sollte meine geliebte Ehefrau durch keine Umstände genöthiget worden seyn, meinen Nachlaß bei ihrer Lebens-zeit anzugehen, so ist mein Wunsch — und solchen hat sie Statt mit Liebe erfüllet daß bey ihrem Lebsterben, meine nachtraurigen Geschwistern, als,

    A, Eva Sperger, vermählter Hoffmann.
    B, Anna Maria Sperger, vermählter
     Baumgartner.
    C, Catharina Sperger, vermählter
     Pesch.
    D, Barbara Sperger, vermählter
     Ferglaender.
    E, und meines verstorbenen
     Bruders Anton Sperger, leibliche
     Kindern.

Alle in Salzburg, in Unterösterreich, in ihrem Wohnsitz, nicht ganz leer ausgehen, sondern als Miterben bedacht werden möchten.

5

Will ich, daß dieser mein Letzter Wille, in Fall er als

Abb. 191b

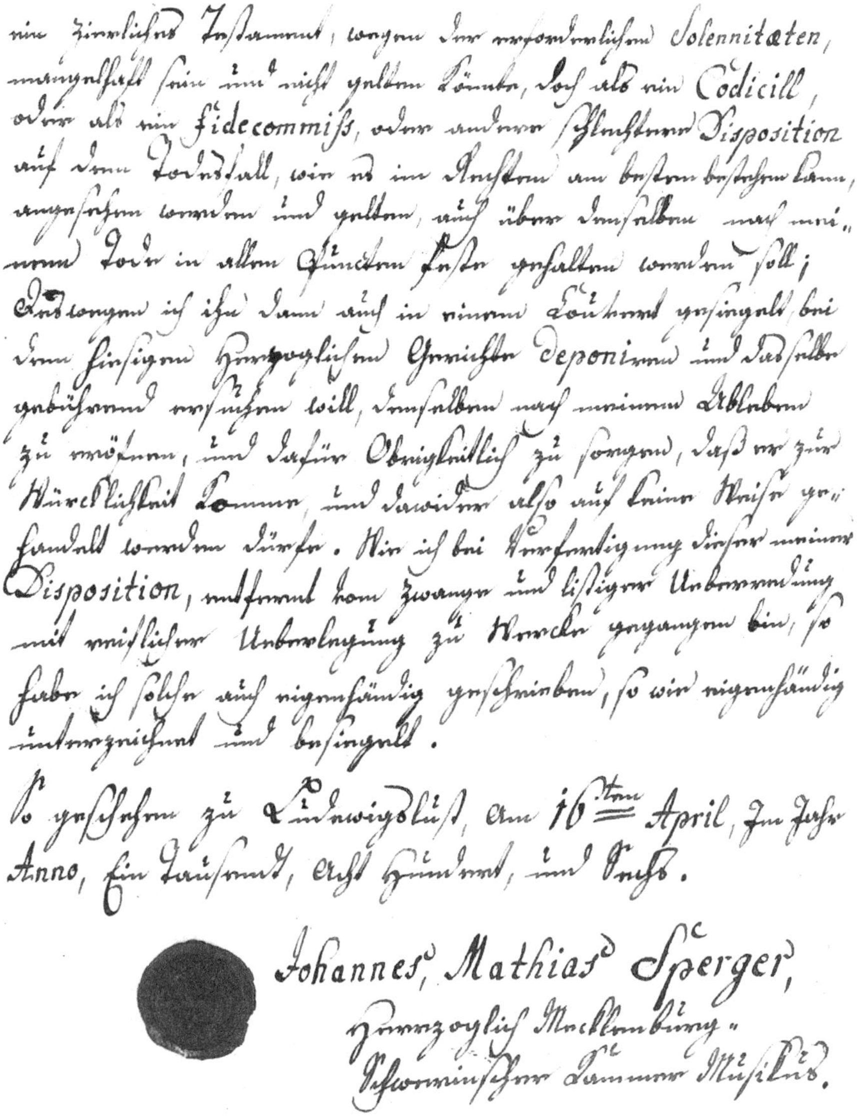

ein Zivrliches Testament, wegen der erforderlichen Solennitaeten, mangelhaft sein und nicht gelten könte, doch als ein Codicill, oder als ein fidecommiß, oder andere fleckere Disposition auf dem Todesfall, wie es im Rechten am besten bestehen kann, angesehen werden und gelten, auch über denselben nach mir, wenn Dir in allen Stücken strict gehalten werden soll; Und wegen ich ihn dan auch in einem Couvert geschlossen bei dem hiesigen Herzoglichen Gerichte deponiren und derselbe gebührend versehen will, denselben nach meinem Ableben zu eröfnen, und darüber Obrigkeitlich zu sorgen, daß er zur Wirklichkeit komme, und darwieder also auch keine Weise gehandelt werden dürfe. Wie ich bei Verfertigung dieser meiner Disposition, nichtweniger von Zwange und listiger Unterweisung mit weislicher Ueberlegung zu Werke gegangen bin, so habe ich solche auch eigenhändig geschrieben, so wie eigenhändig unterzeichnet und besiegelt.

So geschehen zu Ludwigslust, am 16ten April, Im Jahr Anno, Ein Tausend, Acht Hundert, und Sechs.

Johannes Mathias Sperger,
Herzoglich Mecklenburg
Schwerinscher Cammer Musikus.

Abb. 191c

Wortlaut des Testamentes von
Johann Matthias Sperger vom 24. April 1806

Im Nahmen Gottes des Vaters, des Sohnes, und des heiligen Geistes, Amen!

Um zu verhüten, dass wegen meines Nachlasses nach meinem Tode, unter meinen Verwandten kein Streit entstehe; dann aber auch mich meiner Pflicht gegen meine mir stets mit vorzüglicher Liebe und Treue zugethane Ehegattin zu entledigen, verordne in Ansehung meines Nachlasses, ich hiermit wohlbedächtig auch bei völligem Verstande und einer guten Gesundheit als letzten Willen das Nachstehende:

1/

Ich setze meine Liebe Theuere Ehefrau Maria Anna Barbara, geborene Firani, kraft dieses zu meiner Universal-Erbin ein, also, dass selbige sämtliches, jetziges und künftiges Mo- und Immobiliar-Vermögen, es bestehe worin es wolle, sogleich nach meinem Ableben, ohne alle vorhergehende Richterliche Verfügung, mithin auch ohne eine voraufzugehende gerichtliche Versiegelung, als ihr wahres Eigenthum im Besitz nehmen und in solchen Besitz ganz ungestöhrt gelassen werden soll. Dagegen soll sie dann auch

2/

Mich zwar anständig, aber ohne Pomp und Gepränge zur Erde bestatten lassen.

3/

Gleich nach meiner Beerdigung, oder in etlichen Wochen darnach, soll sie an die Katholische Kirche in Schwerin, Zwanzig Reichsthaler N2/3---als ein derselben von mir hierdurch ausdrücklich bestimmtes **Legat** ---baar auszahlen, wofür ich die Haltung zweyer jährlichen Heiligen Messen in dieser Kirche, allemal an dem Tage, an welchem ich von dieser Welt abgeschieden bin, zum Heil meiner Seele, ausdrücklich verlange.

4/

Soll Sie, meine liebe Ehefrau, über mein ihr angetragenes Vermögen ---- dessen ungestöhrten Besitz ich ihr hierdurch noch einmal zusichere ----- so gut wie über das Ihrige, ganz nach ihrem Willen zu disponieren freie Macht und Gewalt haben. Sollte meiner geliebten Ehefrau durch keine Umstände genöthigt worden sein, meinen Nachlaß bei ihrer Lebenszeit zu verzehren, so ist mein Wunsch ---- und solchen hat Sie stets mit Liebe erfüllet, dass bei ihrem Absterben, meine rechtmäßigen Geschwister, als, .

 A, *Eva Sperger, verehelichte Hoffmann.*
 B, *Anna Maria Sperger, verehelichte Baumgartner.*
 C, *Catharina Sperger, verehelichte Pesch.*
 D, *Barbara Sperger, verehelichte Ferglaender.*
 E, *und meines verstorbenen Bruders Anton Sperger, leibliche Kinder.*

Alle in Feldsberg, in Unterösterreich, unweit Wien Wohnhaft, nicht ganz leer ausgehen, sondern als Miterben bedacht werden möchten.

5/
Will ich, dass dieser mein letzter Wille, im Fall er als ein zierliches Testament, wegen der erforderlichen Solennitaten, mangelhaft sein und nicht gelten können, doch als ein Codicill, oder als ein Fidecommiss, oder andere schlechtere Disposition auf dem Todesfall, wie es im Rechten am besten bestehen kann angesehen werden und gelten, auch über denselben nach meinem Tode in allen Puncten feste gehalten werden soll; deswegen ich ihn dann auch in einem Kouvert gesiegelt, bei dem hiesigen Herzoglichen Gerichte deponieren und dasselbe gebührend ersuchen will, denselben nach meinem Ableben zu eröfnen, und dafür Obrigkeitlich zu sorgen, dass er zur Würcklichkeit komme, und dawider also auf keine Weise gehandelt werden dürfe. Wie ich bei Verfertigung dieser meiner Disposition, entfernt vom Zwange und listigerer Unbarredung mit reiflicher Unbarlegung zu Wercke gegangen bin, so habe ich solche auch eigenhändig geschrieben, so wie eigenhändig unterzeichnet und besiegelt.
So geschehen zu Ludewigslust, am 16ten April, Im Jahr Anno, Ein Tausend, Acht Hundert, und Sechs.

__Johannes, Mathias Sperger,__
__Herzoglicher Mecklenburg-__
__Schweriner Kammer Musikus__

Für die Erfüllung von Spergers Wunsch, „ohne Pomp und Gepränge" beigesetzt zu werden und jeweils an seinem Todestag zum Heile seiner Seele eine Heilige Messe zelebriert zu erhalten, hat sicherlich seine geliebte Gattin gesorgt. In diesem Testament begegnen wir dem Menschen *Sperger* auf innige Weise.

Kapitel XVI 1812-1816
Ein Dienstmädchen und das Geschenk an die Kontrabassisten

Ehefrau Anna Maria Sperger – als Witwe

Wie in den Musiker-Personalakten des Hofmarschallamtes vermerkt,[118] wurden die sterblichen Überreste des Verstorbenen zwei Tage nach seinem Tode verbrannt.
Zwei Wochen später, am 26.Mai 1812 kam es in der katholischen Kirche zu Ludwigslust durch sein Orchester, durch die Hofkapelle Ludwigslust, zu einer denkwürdigen Aufführung durch *Spergers* Orchester – in Ehrfurcht und Gedenken an den großen Musiker wurde das Requiem von *Wolfgang Amadeus Mozart* aufgeführt. Nichts kann besser belegen, in welch hohem Ansehen unser Protagonist bei seinen Orchesterkollegen, dem Herzog, dem gesamten Hofe stand, als eine Aufführung dieses *Mozart*-Werkes
Im „Diarium" vom Konzertmeister *Massonneau* hatten wir gelesen: *„26. May in der Catol. Capelle, das Requiem von Mozart aufgeführt, für den am 13. May Sel. Verstorbenen Cammer Musicus, Ersten Contrabassisten Sperger, welcher 25 Jahre in Mecklenburg-Schwerinischen Diensten gestanden hat".*[119]
In der AMZ („Allgemeine musikalische Zeitung") vom Juni1812, und in „Musikalische Zeitung für die österreichischen Staaten", Jg.1 ist gleichlautend zu lesen,: *„Am 14ten Mai starb in Ludwigslust der herzogl. Mecklenburg-Schwerinische Hof-Musicus und erste Contrabassist, Johann Sperger, nach 25 jährigen Diensten. Das Orchester verliert an ihm eins seiner vorzüglichsten Mitglieder, indem er auf seinem Instrumente eine seltne Kraft und Bestimmtheit besass, wodurch er dem Ganzen eine feste Haltung zu geben wußte. Ausser den Vorzügen eines wackeren Ripienisten spielte Sperger auch Concerte auf dem Contrabass, welche er selbst componierte, so wie er auch eine Anzahl Symphonien componierte, welche in einem gefälligen Styl und ohne große Schwierigkeiten für die Ausführung geschrieben sind weshalb sie für Liebhaber-Concerte sehr brauchbar wären"*
Es war für *Anna Maria Barbara Sperger, geb. Firani*, ein schwer zu ertragender Verlust. Sie stand nun allein da, im hohen Norden Deutschlands, weit weg von ihrer Heimat im österreichisch-ungarischen.
Dank der fürsorglichen Haltung der herzöglichen Familie am Hofe, sicher auch befördert durch die bevorzugte Stellung, die *Sperger* eingenommen hatte, setzte sich, wir würden heute sagen ein sozialer Prozess in Gang, der eine gewisse Absicherung für die Witwe zur Folge hatte. Wir können heute nur darüber staunen, wie zu dieser Zeit an den Höfen – vielleicht nicht an allen, aber hier in Mecklenburg-Schwerin auf alle Fälle – die administrativen Vorgänge gehandhabt wurden.

---

118 Hofmarschallamt, Pers.-Akten, Musiker, Sperger, I lfd.Nr.1, aufbewahrt im Landeshauptarchiv Schwerin

119 Lt. Auskunft vom Schweriner Musiker Stefan Fischer liegt noch heute, 2020, das Notenmaterial dieser Aufführung mit Eintragungen aus dieser Zeit in Schwerin

Bereits am 14. Mai, einen Tag nach dem Ableben ihres Mannes, erhielt die *Witwe Sperger* vom Herzog eine weitreichende Zusage.

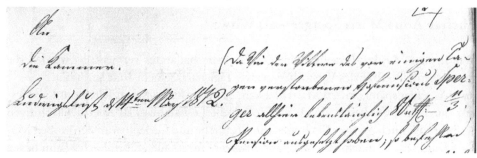

Abb. 192

Der Herzog schreibt an die Kammer: *„Da Wir der Wittwe des vor einigen Tagen verstorbenen Hofmusikus Sperger allhier lebenslänglich 80 Rthl. Pension ausgesetzt haben...."*

Und an die Witwe ergeht folgendes Schreiben:
„...zur Feurung 3 Faden Holz und 3qm Soden Torf bewilligt...und zu ihrer Nachricht schriftlich beiliegende Verordnungen... zur Wohnung mit beiliegendem Garten...die linke Seite des Hauses abtreten an den Sohn.... des Hof- und Harmonie Musikus Nicolai bestimmt haben...."

Unterschrift Herzog.

Gleichzeitig gehen vom Herzog unterschriebene Anweisungen an die zuständigen Stellen betreffend die Pension und die der Witwe zugedachten Naturalien.
An den Oberförster Leubert: *„...Holz für die Witwe Sperger..."*
„...Torf für die Witwe Sperger..."
verantwortlich dafür ist Amtmann Weber.

Benachrichtigung an das Hofmarschallamt: *„...Pension für die Hofmusicus Wittwe Sperger..."*

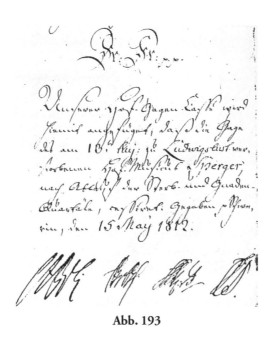

Abb. 193

Am 15.Mai 1812 folgt ein weiteres Schreiben vom Herzog Fr. Fr.: „*Unserer Hof Gagen Kasse wird hiermit aufgefüget, daß die Gage des am 13. Mai zu Ludwigslust verstorbenen Hof Musicus Sperger, nach Ablauf der Sterbe- und Gnaden-Quartäle, ...gegeben., Schwerin, den 15 May 1812*"

Unterschriften von vier zuständigen Sekretären. Wir halten noch einmal fest: ein bürokratisch scheinendes, aber gut funktionierendes Sozialnetz für die nun allein stehende *Anna Sperger*.

Witwe Anna Sperger und das Dienstmädchen

Zunächst scheinen die herzöglichen Zusicherungen *Anna Sperger* zufriedengestellt zu haben.
Sie konnte in der Wohnung bleiben, musste aber einen Teil davon für ein junges Mitglied der Hofkapelle abtreten. Da wir heute wissen, in welch großzügiger Wohnung das Ehepaar *Sperger* lebte, wird es ihr nicht allzu schwer gefallen sein.
Dennoch wandte sie sich drei Wochen nach dem Tod ihres Mannes, am 4.Juni 1812, mit einem neuerlichen Schreiben an den Herzog, in welchem sie ihm „...*Gnade der Pension von jährlichen 80 Reichsthalern...*" ihren „...*schuldigsten Dank...*" aussprach. Gleichzeitig erwähnte sie ihre Zulage aus der Wiener Witwenkasse, die aber „...*durch die unglücklichen Zeitläufte den Cours der Wiener Geld Papiere sehr herunter gebracht hätten, daß meine...*

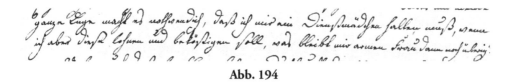

Abb. 194

...ganze Erhebung von dorther nur aus kaum 10 Ducaten besteht. Mein Alter und meine ganze Lage macht es nothwendig, daß ich mir ein Dienstmädchen halten muß, wenn ich aber diese lohnen und beköstigen soll, was bleibt mir armen Frau dann noch übrig?" [120]

Immerhin war es ihr möglich, ein Dienstmädchen zu halten, auch wenn dessen Versorgung erhebliche Kosten verursachte. Sie fand jedoch mit ihrem Anliegen beim Herzog Gehör und erhielt – zwar erst einige Monate später – eine Zusage über die Erhöhung ihrer Pension um weitere 20 Reichstaler.
Ludwigslust, d. 27. Oct. 1812. „*Wir erteilen der verwittweten Hofmusicus Sperger hiermit eine Pensions Zulage von 20 Rthl.*"
Ein Gedankensprung in die Jetztzeit lässt uns erstaunen, dass es in damaliger Zeit möglich war, als Kontrabassisten-Witwe ein Dienstmädchen einzustellen – sicher lag es an der bevorzugten Position ihres verstorbenen Ehegatten, der ja ein sehr hoch angesehenes Mitglied der Hofkapelle war und in höchster Gunst beim Herzog stand.
Jedenfalls konnte die Witwe *Sperger* zunächst in ihrer angestammten Wohnung für die nächsten Jahre wohnen bleiben.

Ein Denkmal für Anna Sperger

Musikalien und das Instrument ins herzogliche Archiv

Das Datum 27.April 1816 ist für die Historie des Kontrabasses ein sehr entscheidendes. Es handelt sich um ein Schreiben von *Anna Sperger* an den Herzog von Mecklenburg-Schwerin *Friedrich Franz I.* Darin bietet die *Witwe Sperger* dem Herzog nichts Geringeres an, als den gesamten Nachlass ihres Mannes *Johann Matthias Sperger*.
Die Witwe Sperger schreibt an den Herzog: „*Schließlich lege ich Euer Königlichen Hoheit, das Instrument meines seeligen Mannes, nebst allen seinen Musikalien....*" (s. Abb. 195)

Und dieser Nachlass hat enormes ideelles Gewicht, er enthält das beinahe gesamte Repertoire für Solokontrabass der klassischen Musikepoche, der Wiener Klassik.
Ein einmaliger Vorgang in der Musikgeschichte: in einer von *Johann Matthias Sperger* gut geordneten und gewissenhaft zusammengetragenen Sammlung übereignet die *Witwe Sperger* diesen Schatz der Nachwelt.

---

120 Der gesamte Brief von Anna Sperger an den Herzog vom 14.Juni 1812 s. S. 317

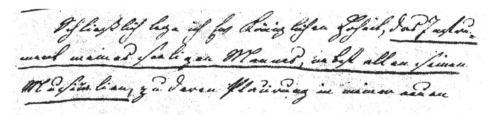

Abb. 195

Zunächst dem herzoglichen Archiv in Ludwigslust. Die erhaltenen Schriftstücke, Briefe aus dieser Zeit geben uns darüber authentischen Bericht.
Glücklicherweise erkannte der musikbezogene Herzog die Tragweite dieses Angebotes und unternahm die einzig richtigen Schritte.

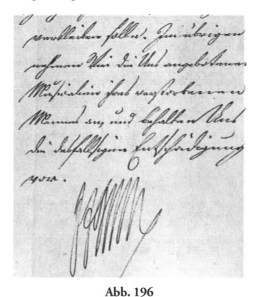

Abb. 196

Die Herzog-Antwort an die Witwe Sperger vom 27.4.1816, also am gleichen Tage des Angebotess, lautete dann auch folgerichtig: „...*im übrigen nehmen Wir die Uns angebotenen Musikalien ihres verstorbenen Mannes an, und behalten Uns die desfallsige Entschädigung vor*"

Unterschrift Herzog

Der Herzog schreibt an den Violinisten *Massonneau* und bittet um Verwahrung des Nachlasses von Sperger: „*Der Konzertmeister Massonneau hat für Uns von der Wittwe Sperger ihres verstorbenen Mannes Instrument und Musikalien entgegenzunehmen und in Unsere Musikalien, und Instrumenten Zimmer gehöhrig aufzubewahren*". Unterschrift Herzog (s. Abb. 184, S. 215)

Dieser Vorgang ist nicht hoch genug einzuschätzen, denn allein durch diese korrekte Vorgehensweise, zu allererst von der Witwe *Anna Sperger*, vom musikverständigen Herzog *Friedrich Franz I.* von Mecklenburg-Schwerin und dann vom Konzertmeister *Massonneau*, ist uns dieser einmalige Schatz erhalten geblieben!
Nach der Übersiedlung der Hofkapelle aus Ludwigslust 1837 wieder zurück nach Schwerin und dann über verschiedene Stationen im Schweriner Schloss, ab 1891 im Turm des Schweriner Domes und schließlich nach Interims-Unterbringungen nun im Jahre 2020 vorbildlich aufbewahrt in den modernen Räumen der Musikalienabteilung der Landesbibliothek Mecklenburg-Vorpommern in Schwerin und gewissenhaft betreut von Archivar *Dr. Andreas Roloff* ist uns der Zugang zu all diesen Noten möglich geworden.
Dieser Nachlass enthält neben den 45 Sinfonien *Spergers*, annähernd 30 Instrumentalkonzerte aus seiner Hand, ca. 100 Kammermusiken in verschiedensten Besetzungen, etwa 60 sogenannte Feldpartien (Bläsermusiken), ca. 20 Tänze, Klaviermusik, Orgelwerke, Kantaten und – nicht weniger als 52 Kompositionen für den Solokontrabass. Darunter so markante Werke wie die von *Carl Ditters von Dittersdorf, Johann Baptist Vanhal, Franz Anton Hoffmeister, Wenzeslav Pichl, Anton Zimmermann* und die 40 Kompositionen für den solistischen Kontrabass von *Johann Matthias Sperger* selbst.
Wir möchten uns gar nicht vorstellen, wie unsere Kontrabass-Welt aussähe, wenn die Witwe *Anna Sperger* diese Noten vier Jahre nach dem Tode ihres geliebten Mannes nicht dem Herzog zur Aufbewahrung überlassen hätte, möchten nicht wissen, was wir ohne diese klassische Literatur spielen würden – wir wüssten gar nicht, dass es diese Konzerte überhaupt gegeben hat.
Der ganz große Dank gilt natürlich zuallererst *Johann Matthias Sperger*, der mit seiner Intelligenz, seinem Können, seinem Wissen und seiner großen Liebe zu seinem Instrument Kontrabass diesen Weitblick hatte, all das zu sammeln und aufzubewahren. Er hat sogar die Partituren mit Umschlägen versehen und sehr ordentlich und einheitlich beschriftet.[121]

Witwe Anna Sperger nach dem Tode ihres Mannes

Die Witwe *Anna Maria Sperger* überlebte ihren Mann um 15 Jahre, bevor sie 1827 im für damalige Verhältnisse hohen Alter von 76 Jahren in Ludwigslust verstarb.
Einige Dokumente aus dieser Zeit, die uns einen kleinen Einblick in ihr Leben geben, sind im Original erhalten geblieben. So erteilt uns ihr Schreiben aus dem Jahr 1814, also zweieinhalb Jahre nach dem Tod ihres Mannes verfasst, Auskunft über die Tätigkeit ihres Mannes als gelegentlicher Spieler der Orgel in der katholischen Kirche. Hier quittiert sie den Erhalt von 50 Reichstalern.

---

121 Eine Aufstellung der Kontrabass-Solowerke im Nachlass Spergers befindet sich S. 235.

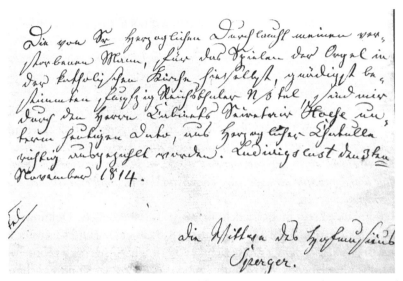

Abb. 197 „Die von Sr. Herzoglichen Durchlaucht meinem verstorbenen Mann, für das Spielen der Orgel in der katholischen Kirche, hierselbst, gnädigst bestimmten fünfzig Reichsthaler N/3tel, sind mir durch den Herrn Cabinetts Sekretär Hoefe unter heutigem Dato, aus herzoglicher Schatulle richtig ausgezalt worden. Ludwigslust, den 3ten November 1814" die Wittwe des Hofmusikus Sperger

Bis zum Jahre 1816 konnte *Anna Sperger* noch im eigenen Hause in der Gartenstraße wohnen bleiben – bis der Herzog am 31. Dezember 1815 einen Entschluss seines Cabinetts an den Hof- und Landbaumeister *Barca* weiterreichte:
„*Wir haben uns nun entschlossen, das Sperger'sche Haus dem Friseur Friedrichs käuflich überlassen zu wollen…*"[122]
Dies war sicher ein herber Schlag für *Anna Sperger*. Sie benötigte einige Monate, bevor sie auf diese schmerzliche Mitteilung mit einem Brief am 27. April 1816 an den Herzog reagieren konnte. Es ist auch gleichzeitig das Schreiben, in welchem sie die Musikalien ihres Mannes dem Herzog anbot. (Abb. 195, S. 231, auch S. 319)
Darin lesen wie u.a.: „*…mit allerdemütigster Resignation ergebe ich mich in den Willen Eurer Königlichen Hoheit…*" aber auch recht selbstbewußt formuliert sie diese Wünsche: „*… die neue für mich bestimmte Wohnung nicht weit von meiner jetzigen…und in einen guten bewohnbaren Zustand gesetzt und mir auch der nöthige Stallraum eingeräumt werde…*".[123]
Darauf erging am gleichen Tage, am 27. April 1816 bereits die Anweisung des Herzogs an das Hofbauamt, dass „*…die Wohnung in gutem wohnbaren Stand gesetzt wird, ihr auch die nöthige Stallung dabey einzuräumen, damit sie dieserwegen zufrieden gestellt werde*".

---

122 Der gesamte Text des Schreibens im Anhang S. 318
123 Der gesamte Text des Briefes befindet sich im Anhang S. 319ff

Einige Monate später, am 17. Juli 1816 erfahren wir noch durch einen Brief von *Anna Sperger* an den Hof- und Landbaumeister *Barca*, dass *"…mir meine Gesundheit zu lieb ist, als daß ich sie zu Gunsten eines Friseurs, dem es gleich sein kann, ob er ein paar Wochen früher oder später in den Besitz meines Hauses gesetzt werde.…"* und unterschreibt dann als *"…ergebenste Dienerin Anna Sperger"*.

Das schien den Sekretären des Ludwigsluster Hofes nicht geheuer, so dass sie den Herzog baten, er möge dem Leibmedicus *Stoerzel* in der Eigenschaft als „Kreisphysicus" den *"…Auftrag erteilen, die für die Hofmusicus Wittwe Sperger daselbst bestimmte neue Wohnung zu prüfen, ob in der kommenden Woche solche von derselben bezogen werden könne, ohne daß daraus für sie nachteilige Folgen auf ihre Gesundheit entstehen und an das dortige Gericht abzugeben"*.[124]

Wie das ausgegangen sein mag, ist nicht bekannt – diesbezügliche Dokumente fehlen. Ein Schriftstück existiert noch aus dem Jahre 1819: in einem Ludwigsluster Einwohnerregister ist „*Anna Sperger* als am 6. Febr. 1750 in Linz/Österreich geborene und 30 Jahre in Ludwigslust lebende Witwe katholischen Glaubens" erwähnt. Es geht nur noch aus einem erhaltenen Schreiben des Hofbaumeisters *Barca* aus dem Jahre 1823 hervor, dass in der (neuen) Wohnung von *Anna Sperger* schnelle Abhilfe zu schaffen sei, da die Wohnung durch Schwamm nicht bewohnbar sei.

Wir erfahren dann nur noch aus den Akten der Wiener Tonkünstler-Societät, dass *"… die Wittwe Sperger am 8. Dec. 1827 in Ludwigslust im 77. Jahre ihres Alters am Nervenschlag gestorben"* ist.[125]

Der Name *Sperger* taucht dann in den Schriften der Wiener Gesellschaft nicht mehr auf.

---

124 s. im Landeshauptarchiv Schwerin
125 s. Adolf Meier S. 191

Kapitel XVII 1816-1827 Ein Denkmal für Anna Sperger

Der große Dank gilt Anna Sperger

Es war *Anna Spergers* große Leistung, die gesamte klassische Kontrabass-Sololiteratur der Nachwelt zu erhalten. An dieser Stelle sollen all die Werke benannt werden, die durch ihren Beitrag für Kontrabassisten-Generationen gerettet wurden.
Insgesamt sind es 52 Werke für Solokontrabass, die sich im Nachlass *Spergers* befinden und heute in der Musikalienabteilung der Landesbibliothek Mecklenburg-Vorpommern vorbildlich aufbewahrt werden.

Der gesamte Kontrabass-Nachlass Spergers

eigene Solowerke und von den Komponisten Dittersdorf, Pichl, Zimmermann, Vanhal, Hoffmeister

Die hier notierte Aufstellung der Kontrabass-Konzerte von *Johann Matthias Sperger* folgt seiner Zählung, die er nach 1807 vorgenommen hat. Er ordnete seinen gesamten Kontrabass-Konzert-Nachlass in Umschlagmappen und versah seine eigenen Konzerte mit entsprechender Nummerierung. Nicht immer stimmt es mit den von *Adolf Meier* datumsmäßig erforschten Papiersorten überein. Diese Zählung kommt zu einer geringfügig anderen Reihenfolge.
Für jedes Konzert ist die Signatur der Landesbibliothek Schwerin, die von *Clemens Meyer* erstellt wurde, genannt (LBMV); dann die Zählung durch Sperger selbst (Sp), die übernommen wurde in der „Geschichte des Kontrabasses" von *Alfred Planyavsky* unter dem Signum „T"= Trumpf-Kontrabass-Werkverzeichnis (Plany/T) und in der letzten Spalte die Zählung und Einordnung durch *Adolf Meier* (AM).

Sperger-Kontrabass-Konzerte

		LBMV	Sp	Plany/T	AM	
Konzert Nr.1 D/Es-Dur	1777	5176/3	Nr.1	T1	B3	- 1.Konzert*
Konzert Nr.2 D/Es-Dur	1778	5176/12	Nr.2	T2	B4	- 2.Konzert*
Konzert Nr.3 B-Dur	1778	5176/1	Nr.3	T3	B5	- 3.Konzert*
Konzert Nr.4 F-Dur	1779	5176/2	Nr.4	T5	B6	- 4.Konzert*
Konzert Nr.5 Es-Dur	1779	5176/2a	Nr.5/14	T14	B7	- 5.Konzert*
Konzert Nr.6 G-Dur	1779	5176/9	Nr.6	T6	B8	- 6.Konzert*
Konzert Nr.7 Es-Dur	1783	5177/4	Nr.7	T7	B10	- 8.Konzert
Konzert Nr.8 Es-Dur	1785	5177/7	Nr.8	T8	B11	- 9.Konzert
Konzert Nr.9 Es-Dur	1787	5177/1	Nr.9	T9	B12	-10.Konzert
Konzert Nr.10 B-Dur	1787	5177/2	Nr.10	T10	B13	-11.Konzert

Konzert Nr.11 A-Dur	1791?	5176/8	Nr.11	T11	B9	- 7.Konzert
Konzert Nr.12 Es-Dur	1792	5176/7	Nr.12	T12	B14	-12.Konzert*
Konzert Nr.13 D-Dur	1792	5176/6	Nr.13	T13	B15	-13.Konzert*
Konzert Nr.14 Es-Dur	1793	5174/2b	Nr.14	T14	B16	-14.Konzert*
Konzert Nr.15 D-Dur	1796	5176/10	Nr.15	T15	B17	-15.Konzert*
Konzert Nr.16 Es-Dur	1797	5176/11	Nr.16	T16	B18	-16.Konzert*
Konzert Nr.17 B-Dur	1805	5176/4	Nr.17	T17	B19	-17.Konzert*
Konzert Nr.18 c-Moll	1807	5176/5	Nr.18	T18	B20	-18:Konzert*

Die mit Sternchen* versehenen Konzerte stimmen mit der Nummerierung von *Sperger* überein.

Weitere Sperger-Werke für und mit Kontrabass:

Concertino für Contrabasso concert., Flauto Traverso concert., Viola concert. und Orchester D-Dur
    1778   5174/4   T4   B27

Rezitativ und Arie für Sopran, Kontrabass obligat und Orchester „Selene del tuo fuoco"
    1791   5129a   T19   H III/1

Rezitativ und Arie für Bass, Kontrabass obligat und Orchester „Selene del tuo fuoco"
    1801   5129a   T20   H III/2

Rezitativ und Arie für Sopran, Kontrabass obligat und Orchester „Non t'avvilir la cura"
    1793   5129c   T21   H III/3

Cassatio in D per il Fl. trav., Vl. obl., Va. obl., Co. 1, Co. 2 e Contrabasso
    1783   5188/5 u. 5188/8   T22   C IV/3

Rondeau in D Einzelsatz; Fl., 2 Co., Vl., Va., Cb.
    Keine Zeitangabe   5188/9   T23   C IV/5

Cassatio in D per il Fl. trav., Vl. obl., Alto Va., 2 Co. et Cb. (o.Fag.)
    1786   5188/1   T24   C IV/4

Cassatio in D a Fl., 2 Ob., 2 Co., Fag. oder Cb., Fag.rip.
    1786   5188/4   T25   C IV/6

Romanze per il Contraviolone, 2 Vl., Va., Vc.
    1789/1793   5178   T26   B 29

Adagio für Kontrabass, 2 Vl., Va., Vc.
    1789   5179   T27   B 30

Cassatio per il Quintetto, Vl., Va., 2 Co., Cb.
    1781   5188/10   T28   C IV/1

Quartetto in G, Ob., Vl., Va, Cb
    1789   5191/5   T29   C III/24
Quartetto in B, Ob., Va., Vc., Cb.
    1791   5191/6   T30   C III/25
Quartetto in D, Fl., Cb., Va., Vc.
    1789   5191/14 u. /14a   T31   C III/23/23a
Cassatio in Es a Alto Viola, Violone, 2 Co.
    1778/1784   5188/6   T32   C III/28
Cassatio il Notturno a Viola e Violone, 2 Co.
    1780   5188/7   T33   C III/29
Cassation in D, Terzetto per il Co. primo, Alto Viola e Contrabasso
    1786-1789   5188/3   T34   C II/21
Terzetto in D per il Fl.trav., Va. et Contrabasso
    1786-1789   5188/3a   T35   C II/20
Sonata in H mol per il Contrabasso et Violoncello
    1790   5182   T36   C I/10
Duetto in D per il Alto Viola e Contrabasso
    1796   5185   T37   C I/8
Sonata in D per il Contrabasso e Viola
    1777-1782   5183   T38   C I/6
Sonata in D per il Contrabasso et Alto Viola
    1789   5184   T39   C I/9
Sonatan in D per il Contrabasso e Viola obligato
    177-1782   5185   T40   C I/7

Kontrabass-Solowerke anderer Komponisten *im Nachlass Spergers:*

Carl Ditters von Dittersdorf **(1739-1799)**
Duetto in Es per il Viola et Violone (1765?)
Sinfonia in D á Contre Basso e Viola Comcertati, 2 Vl., 2 Ob., 2 Co., Viola e Basso (1766?)
Concerto in Es per il Contrabasso, 2 Vl., 2 Fl., 2 Co., Viola e Basso (1767?)
Concerto per il Violone, 2 Vl., 2 Fl., 2 Co., Viola e Basso (1768?)

Wenzeslav Pichl **(1741-1805)**
Concerto in D per il Violone Principale, 2 Vl., 2 Ob., 2 Cö., Viola e Basso (1765?)
Concerto in D per il Contrabasso, 2 Vl., 2 Fl. obl., 2 Co. obl., Va. e Basso (1766?)

Anton Zimmermann **(1741-1781)**
Concerto in D per il Contrabasso, 2 Vl., 2 Ob., 2 Co., Fag., Va. e Basso (1780?)

***Jan Baptist (Giov.) Vanhal* (1739-1813**
Concerto in Es per il Contrabasso, 2 Vl., 2 Ob., 2 Co., Va., Basso Continuo (1786-1787)

***Franz Anton Hoffmeister* (1754-1812)**
Concerto in Es per il Contrabasso, 2 Vl., 2 Ob., 2 Co., Va. e Basso Continuo (1786-1787)
Quartetto Nro. 2do á Contra Basso, Vl. obl., Va. obl., con Basso (1786-1787)
Quartetto Nro. 3tio á Contra Basso, Vl. obl., Va. obl. et Basso (1786-1787)
Quartetto Nro. 4tro á Contra Basso, Vl. obl., Va. obl. et Basso (1786-1787)

Es folgen die von Sperger beschriebenen Umschlag- bzw. Titelblätter – alle mit den Inhalten Partitur und Stimmen – aufbewahrt in der Musikalienabteilung der Landesbibliothek Mecklenburg-Vorpommern Günther Uecker in Schwerin.

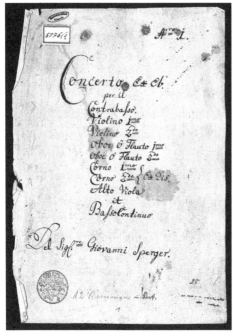

Abb. 198 Sperger-Konzert Nr. 1 D-Es-Dur 1777   Abb. 199 Sperger-Konzert Nr. 2 D-Es-Dur 1778

Abb. 200 Sperger-Konzert Nr. 3 B-Dur
1778

Abb. 201 Sperger-Konzert Nr. 6 G-Dur
1779

Abb. 202 Sperger-Konzert Nr. 7 Es-Dur
1783

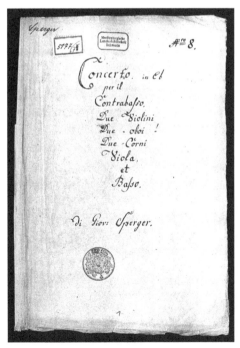

Abb. 203 Sperger-Konzert Nr. 8 Es-Dur
1786

Abb. 204 Sperger-Konzert Nr. 9 Es-Dur
1787

Abb. 205 Sperger-Konzert Nr. 10 B-Dur
1787

Abb. 206 Sperger-Konzert Nr. 11 A-Dur
1791

Abb. 207 Sperger-Konzert Nr. 12 Es-Dur
1792

Abb. 208 Sperger-Konzert Nr. 13 D-Dur
1792

Abb. 209 Sperger-Konzert Nr. 14 Es-Dur
1793

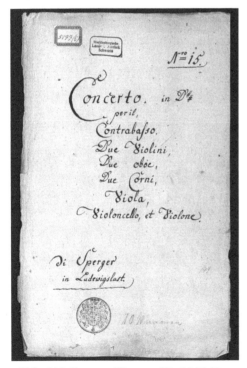

Abb. 210 Sperger-Konzert Nr. 15 D-Dur
1796

Abb. 211 Sperger-Konzert Nr. 17 A-Dur
1805

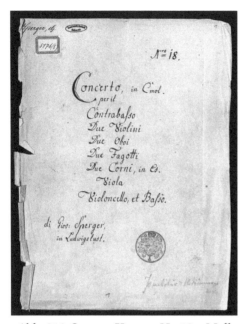

Abb. 212 Sperger-Konzert Nr. 18 c-Moll
1807

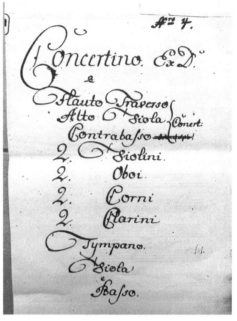

Abb. 213 Concertino Cb., Va., Fl.,
e Orchestre 1778

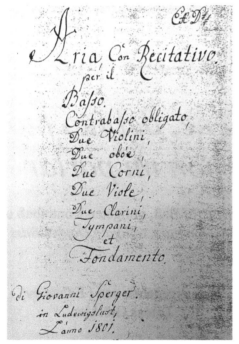

Abb. 214 Arie con Recitativo Selene
1801

Abb. 215 Sonate per il Contrabasso e Viola
oblige Nr. 1 1777-1782

Abb. 216 Sonata per il Contrabasso et Viola Nr. 2 1777-1782

Abb. 217 Sonata per ilContrabasso et Viola Nr. 3 1789

Abb. 218 Sonata per il Contrabasso et Violoncello Nr. 4 1790

Abb. 219 Duetto per il Alto Viola e Contrabasso 1796

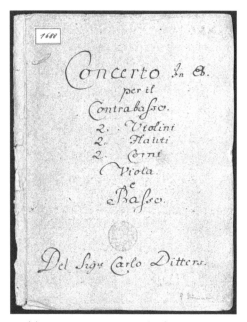

Abb. 220 C.D.v.Dittersdorf Concerto 1
1765-1769

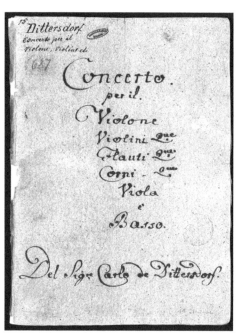

Abb. 221 C.D.v.Dittersdorf Concerto 2
1765-1769

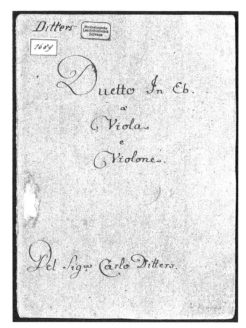

Abb. 222 C.D.v.Dittersdorf Duetto Viola e
Violone 1765-1769

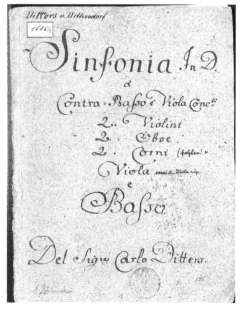

Abb. 223 C.D.v.Dittersdorf Sinfonia Contrabasso e Viola concertant 1765-1769

Der gesamte Kontrabass-Nachlass Spergers 245

Abb. 224 W.Pichl Concerto 1
1765-1769

Abb. 225 W.Pichl Concerto 2
1765-1769

Abb. 226 F.A.Zimmermann Concerto
ca.1780

Abb. 227 J.B.Vanhal Concerto
1786-1787

Abb. 228 F.A.Hoffmeister Concerto Nr. 3
1786-1787

Abb. 229 F.A.Hoffmeister Quartetto Nr. 2
1786-1787

Abb. 230 F.A.Hoffmeister Quartetto Nr. 3
1786-1787

Abb. 231 F.A.Hoffmeister Quartett Nr. 4
1786-1787

Kapitel XVIII 1812-2020 Was bleibt

Die Bedeutung Spergers

Bisher wurde *Johann Matthias Sperger* als „bedeutendster Kontrabassist des 18. Jahrhunderts" tituliert. Daran hatte auch niemand gezweifelt und es etwa in Abrede gestellt.

Aber – diese Bezeichnung muss entschieden revidiert werden: *Sperger* war nicht der bedeutendste Kontrabassist des 18. Jahrhunderts, sondern der bedeutendste Kontrabassist bis in unsere Tage. Und zwar als DER (deutsche) Vertreter der Wiener Schule, der Wiener Klassik.

Es gibt nur einen Kontrabassisten, der in der Geschichte des Kontrabasses vergleichsweise ebenbürtig zu bezeichnen wäre: der Italiener *Giovanni Bottesini*. Dieser war ebenso wie *Johann Matthias Sperger* neben seiner solistischen Ausnahmeerscheinung als Komponist erfolgreich, der Gültiges geschaffen hat – nur eben einhundert Jahre später.

Insofern gebührt *Johann Matthias Sperger* das Verdienst, als erste ganz außergewöhnliche Persönlichkeit der Kontrabass-Historie genannt zu werden.

Wenn seine Bedeutung herausgestellt werden soll, dann müssen wir das in verschiedenen speziellen Kategorien tun.

Was ist zuerst zu nennen? Die umfangreiche Zahl seiner Kompositionen? Seine Kompositionen für den Solo-Kontrabass? Seine Ideen für Neues? Denn alles, was er für sein Instrument, für den Kontrabass komponierte, enthält neue und weitergehende Ideen, die er als Erster zu Papier gebracht hat. Er war in sehr vielen Dingen der Erste, der neues entdeckte, praktizierte und in die richtige Form goss. Er hatte nicht viele Vorbilder, auf die er schauen und sich etwas abgucken konnte. Es waren alles seine ureigenen Ideen, seine Gedanken, seine Erfindungen. Wenn wir doch früher auf ihn geschaut hätten, vieles übernommen hätten, wäre in der Entwicklung des Kontrabasses, speziell im solistischen Spiel, einiges besser, schneller vorangekommen.

Sollen wir das hervorheben, was er in Sachen der gesamten klassischen Kontrabass-Sololiteratur für nachfolgende Kontrabassisten-Generationen geleistet hat, oder sollen wir vorrangig auf sein reges Solospiel bis in das Jahr seines Todes hinein, hinweisen? Oder schauen wir auf seinen Kompositionsstil, auf seine Instrumentierungskunst oder die geschickte Behandlung seiner Orchesterfassungen – speziell für die Kontrabass-Konzerte?. Es sollte nicht vergessen werden: seine unerschöpfliche Erfindungsgabe an Themen, an Melodien, an technischen Herausforderungen, die er trotz der harmonischen Einengungen durch die Terz-Quart-Stimmung genial meisterte. Sein Themen- und Melodienreichtum, welche er aus dem deutschen Volksliedgut schöpfte – es muss ihm nur so aus der Hand bzw. der Feder geflossen sein.

Erwähnt sei auch seine absolut perfekte, fehlerfreie, druckreife Niederschrift seiner zahlreichen Werke.

Wo fangen wir an? Beginnen wir mit seinen Kontrabass-Werken.

Vierzig Kompositionen für den Solokontrabass

Davon existieren allein 18 (achtzehn) Konzerte mit Orchester – s.S. 235.
Davon sind 16 Konzert-Manuskripte vollständig mit Partitur, autographen Solostimmen und Stimmensätzen vorhanden; zwei Konzerte sind nur durch Partituren überliefert.
Sperger hat seine 18 Kontrabasskonzerte nach ihrer Vollendung alle in Mappen geordnet und mit seiner Nummerierung versehen. s.S. 235.
Neben den reinen Konzerten gibt es das äußerst interessante Werk für großes klassisches Orchester – es ist das mit „Concertino ex D" betitelte sinfonische Werk für „Flauto Traverso conc., Viola Alto conc. und Contrabasso conc." und Orchester (2 Violinen, 2 Oboen, 2 Corni, 2 Clarini, Tympano, Viola et Basso). s.S. 236.
Dieses Werk weist alle typischen Merkmale einer konzertanten Sinfonie auf, welche den drei Solisten dankbare Aufgaben zuweist. (s. ab S. 49).
Des weiteren die Kompositionen, die *Sperger* angeregt durch *Mozarts* Komposition „Per questa bella mano" verfasste. Sofort nach der Entstehung jener Arie mit obligatem Kontrabass schrieb Sperger zwei Arien für ebendiese Besetzung „Selene, del tuo fuoco" und „Non t'avvilir la cura". s.S. 236

Abb. 232 Erste Partiturseite der „Arie con Recitativo Selene, del tuo fuoco… " für Bass, obl. Kontrabass und Orchester von 1801 (die etwas veränderte Version der Sopranarie von 1791; Sign. 5129a, KT: T20, AM HIII/2,)

Sie lassen in der musikalischen Substanz keine Unterschiede zum großen Meister erkennen (dazu mehr ab Seite 170).
Die Arie mit dem Titel „Selene, del tuo fuoco" liegt in zwei Varianten vor. Sperger hat sie einmal für Sopran (1791), einmal mit geringfügiger Veränderung für Bassbariton (1801) geschrieben.
Eine weitere Arie mit dem Textbeginn „Non t'avvilir la cura" liegt in der Besetzung für Sopran, obligatem Kontrabass und Orchester vor.

Kammermusiken für oder mit Kontrabass

Hierbei stechen besonders die vier Sonaten für Kontrabass heraus. Es sind die ersten Sonaten überhaupt, die für den klassischen Kontrabass komponiert wurden. Noch nicht mit einer Klavier- oder Cembalo-Begleitung – dafür mit einem obligaten Begleitinstrument – Viola bzw. Violoncello.

Abb. 233 Erste Manuskript-Seite (Ausschnitt) der h-Moll-Sonate „per il Contrabasso et Violoncello" (s.S. 237)

Sperger betrat damit Neuland und stieß eine Tür auf, die allerdings erst 100 Jahre später von *Adolf Misek* mit seinen romantischen Sonaten durchschritten wurde. Und diese frühen Sonaten haben bis heute ihren musikalischen Wert behalten bzw. wurden eigentlich erst in den 1990er Jahren – (200 Jahre nach dem Entstehen!) durch die Ausgaben[126] bekannt.

Ebenso sein äußerst virtuoses und voller melodischer Einfälle präsentes „Duetto in D per il Alto Viola e Contrabasso" (S. 237 und 243).

In diesem Duetto begegnen uns Arpeggio- und andere virtuose Passagen, wie sie bis zu diesem Zeitpunkt, und auch lange danach, nicht vorstellbar waren.

Spergers fünfundvierzig Sinfonien

Sie erinnern in gesamter Symptomatik vordergründig an *Haydn's* Tonsprache. Seine Menuett-Trioteile geben oft geradezu das Abbild der *Haydnischen* Trios der Tageszeiten-Sinfonien wieder. Sein melodisches Idiom nutzt das deutsche Volksliedgut. Variantenreich ziert er in den Wiederholungsteilen aus und erhielt damit schon um 1780 in einer Zeitungsnotiz das Prädikat: „*... mit neuen Gedanken vollgepfropft...* ".

Ein markantes Beispiel für *Spergers* Ideenreichtum ist seine „Ankunfts-Sinfonie", das bewusste Gegenstück zur Abschieds-Sinfonie von *Joseph Haydn*. So wie dieser endet, nämlich mit zwei Violinen, lässt *Sperger* seine *„Grande Sinfonie in F"* beginnen (Abb. 234).

Dazu liegt am Aufbewahrungsort in Schwerin folgendes Einzelblatt: *„Eine bekannte Sinfonie Von Capellmeister Hayden, in welcher daß orchester durch abgehen der Musici im Finale, Immer kleiner wird. Allhier ist das gegentheil. zwey Violin-spieler, lassen sich nur Sehen, als wenn Sie nur allein hier wären: Sie fangen das Andante an zuspielen. daß zu gehen geschiehet, wie unten nachstehend zusehen, NB: Jemand nehme dieses Papier in die Hand, und saget es ordentlich denen Herren Musici: an welchem die Reihe, und wann Er gehen solle, um, bey guter zeit einzutreffen, damit es leicht in ausführung gebracht werden kann, habe ich Variazionen darzu gewählet."*

Interessant ist die Notiz, die ein Sekretär am Berliner Hof des Königs *Friedrich Wilhelm II.*, dem die Sinfonie gewidmet ist, in der Partitur innen, oben links anbrachte: *„angekommen 11ten Febr. 1797, gespielt den 30ten Märtz 1797"* (Abb. 235). Dadurch erfahren wir Details: *Sperger* schickte die Noten – laut seinem Eintrag im Catalog am 7.Februar in Ludwigslust ab, am 11. Februar wurden sie in Berlin in Empfang genommen und 7 Wochen später in Berlin gespielt – sicher von der Hofkapelle, die unter der Leitung des berühmten Cellisten und „Oberintendanten der königlichen Kammermusik" in Berlin *Jean-Pierre Duport* stand.

---

126 Hofmeister-Verlag Leipzig

angekommen d 11ten Febr 1797.
gespielt den 30ten Märtz 1797.
KHM 5253
No 3.
Grande Sinfonie en Fb:
à
Deux Violons
Deux Hautbois
Deux Flûtes
Deux Bassons
Deux Cors de Chasse
Viole
Violoncelle, et Contrabass.
Dediée très Respectuesement
à Sa Majeste
le Roy de Prusse.
Composée par Jean Sperger. Musicien
de Chambre et de la Chapelle à la Cour
de Meklenbourg Suerin...

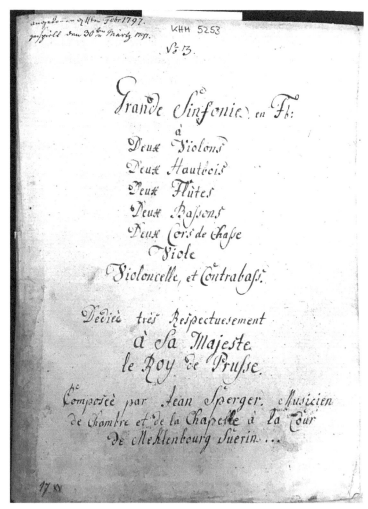

Abb. 234 Das Titelblatt der „Ankunfts-Sinfonie" von Sperger, 1797 dem König von Preußen Friedrich WilhelmII. gewidmet. Er schreibt in französisch als Jean Sperger – in der damaligen Sprache am Preußischen Hof.

angekommen d 11ten Febr 1797.
gespielt den 30ten Märtz 1797.

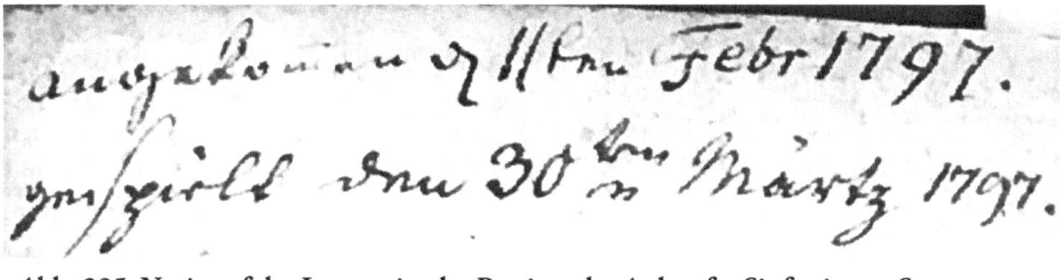

Abb. 235 Notiz auf der Innenseite der Partitur der Ankunfts-Sinfonie von Sperger „angekommen 11ten Febr. 1797, gespielt den 30ten Märtz 1797."

Oder seine von ihm selbstbenannte „Cello-Sinfonie", die er dem cellospielenden Preußenkönig *Friedrich Wilhelm II.* widmete und die mit einer obligaten Solostimme eigentlich mehr zu einem Violoncellokonzert tendiert. Siehe Abb. 16 (S.28) und Abb. 86 (S. 108).

Abb. 236 Beginn des Trios aus der „Cello-Sinfonie" – beachte die virtuose Solocello-Stimme.

Schon bald nach Einführung der Klarinette ins Orchestergeschehen ab Mitte des 18.Jahrhundert, setzt *Sperger* bereits 1781 in seiner 8.Sinfonie das neuartige Holzblasinstrument ein. Bei seinen „Feldpartien", den reinen Bläsermusiken auch bereits schon ab 1777. Sehr variabel gibt *Sperger* in seinen Sinfonien den Bläsern typisch klassische Aufgaben: größtenteils für die Standardbesetzung mit zwei Oboen und zwei Hörnern, aber auch öfter zusätzlich mit ein oder zwei Flöten oder Fagotten, teilweise mit Trompeten, Klarinetten und in 21 Sinfonien kommen auch Pauken zum Einsatz.
Sperger befolgt die in der 2.Hälfte des 18.Jahrhunderst herausgebildeten klassischen Regeln einer viersätzigen Sinfonie: Allegro – Andante/Adagio – Menuetto/Trio und Finale Allegro. Gelegentliche Abweichungen zur Dreisätzigkeit lassen sich beobachten. Molltonarten lassen sich nur in zwei Sinfonien finden. Hier zeigt sich sein eher optimistischer, freundlicher, dem musikalischen Divertimento, dem Heiteren zugeneigter Charakter.

So entdecken wir in einem Nekrolog auf *Spergers* Tod 1812: „*...so, wie er auch eine Anzahl von Symphonien componirt hat, welche alle in einem eignen gefälligen Styl und ohne große Schwierigkeiten für die Ausführung geschrieben sind, weshalb sie für Liebhaber-Concerte sehr brauchbar sind.*"

Dagegen geht der Musikforscher und -schriftsteller *Georg Thouret* achtzig Jahre später einen Schritt weiter, indem er im „*Katalog der Musikaliensammlung auf der Königlichen Hausbibliothek im Schlosse zu Berlin*" 1895 schreibt: „*Spergers Sinfonien zeichnen sich durch Klarheit aus, einzelne sind gehaltreich, keine ganz wertlos*".

Diesem Urteil schließt sich der Autor an und fügt einige Besprechungen der neuerlichen CD-Einspielung von *Sperger*-Sinfonien an. Es geht dabei um die Aufnahmen mit dem Orchester *l'arte del mondo* und seinem Dirigenten *Werner Ehrhardt*[127].

Fono Forum, Juni 2016:

--»... *ein überzeugendes Plädoyer für einen Komponisten, der durchaus auch in unsere Konzertsäle zurückkehren sollte.*«

Eine andere Besprechung hält fest:

--»*Die drei hier vorgestellten Sinfonien entstanden Ende der 1780er-Jahre, fordern also einen Vergleich mit Mozarts und Haydns reifen Werken heraus. Dabei macht der sonst hauptsächlich als Kontrabassvirtuose bekannte und als ‚Kleinmeister' bezeichnete Sperger keine schlechte Figur, der zahlreiche Konzerte, Sonaten und Kantaten hinterließ, die durch ihre einfallsreiche Melodik und ihren eleganten Stil beeindrucken.*

Es präsentieren sich die Werke als leidenschaftliche und oft tiefgründige Kompositionen im Sturm-und-Drang-Stil, die in jedem Fall zu den hochwertigsten Vertretern ihrer Gattung zu zählen sind – und Haydn oftmals erstaunlich nahekommen ohne epigonal zu wirken.«

Weitere Rezensionen:

--»...*was aber am meisten erstaunt, ist die Nähe zu Haydn, teilweise Mozart – Vorläufer der g-Moll-Sinfonie. Reich an Erfindung, Virtuosität und Dramatik – leider ist Sperger immer noch zu unbekannt – es sollte sich bald ändern!*«

--»...*unglaublich welch hervorragende Musik in unseren Bibliotheken und Archiven schlummert. Johann Matthias Sperger hatte wohl kaum jemand „auf dem Schirm" bis diese CD erschien (außer natürlich seine unglaublichen Violone-Konzerte). Das ist eine schier grandiose Aufnahme sowohl hinsichtlich des Repertoires als auch der Interpretation. Wer wirklich den Mut hat, seine Musikliebe zum 18. Jahrhundert zu vertiefen und zu erweitern, liegt hier goldrichtig.*«

---

127 beim Label: DHM, Bestellnr.: 8455618

Spergers Instrumentalkonzerte neben den Konzerten für sein Instrument

Außer den 18 Kontrabasskonzerten, dem „Concertino für drei konzertierende Instrumente und Orchester" und der „Cellosinfonie" (eigentlich ein Violoncellokonzert) sind im Nachlass acht Instrumentalkonzerte erhalten. Hier muss zuerst das außergewöhnliche Violakonzert genannt werden, was von Fachleuten als eines der bedeutendsten klassischen Konzerte für dieses Instrument tituliert wird. Virtuos, melodiös, den gesamten Tonumfang ausnutzend und vor allem von musikalischer Tiefe geprägt, zeigt hier *Sperger* sein ganzes künstlerisches Empfinden.

Jeweils zwei Konzerte für das Horn und für die Trompete, welche bereits in mehreren Schallplatten- und CD-Aufnahmen vorliegen, geben Einblicke auch in seine Vorstellungswelt bei Blasinstrumenten. Auch hier lotet er Höhen und technische Möglichkeiten aus. (s. Meinungen berühmter Solisten ab S. 307) Dazu kommen noch die Konzerte für Flöte, Fagott und Violoncello. Es existieren leider keine Violin- und Klavierkonzerte.

Spergers Instrumentationskunst

Bereits in seinem ersten Kontrabasskonzert zeigt er, wie eine orchestrale Begleitung umzusetzen ist, um das Soloinstrument deutlich hervortreten zu lassen. Sobald der Solist einsetzt, verstummen die Bläser. Und was sehr bezeichnend für die Weitsicht bei der Instrumentierung ist: er lässt auch hier während der Solostellen die Viola pausieren.

Dies stellen wir allerdings bei all seinen Solokonzerten fest: sobald das Soloinstrument – sei es das Violoncello, die Flöte, das Fagott, das Horn oder die Trompete – einsetzt, bleibt nur der dreistimmige Satz im Orchester durch die beiden Violinen und den Bassopart erhalten.

In seltenen Fällen, wo es sich zur Untermauerung der Harmonie nötig macht, stützen die beiden Hörner den dreistimmigen Satz mit ausgehaltenen Tönen – sparsam, dezent. Die beiden Oboen kommen nur hinzu, wenn es zur Unterstützung der melodischen Linien erforderlich ist.

Sehr konsequent führt er das bereits bei seinen ersten Instrumentalkonzerten durch, welche er im Alter von 26/27 Jahren komponierte.

Wo nimmt er diese Erfahrung her? Es ist sein Wissen, seine Vorstellungskraft, die ihm dieses vorschreibt. Durch diese Instrumentierungskunst tritt der Solopart der Instrumente immer klar, durchsichtig, transparent hervor. So bleibt dem Solisten Raum für ein dynamisches Spiel bis zum äußersten pianissimo.

Spergers Harmonisierungsmöglichkeiten, Doppelgriff- und Arpeggio-Varianten

Abb. 237 Manuskript-Partiturseite: Kontrabasskonzert Nr.1 – Bläser und Viola pausieren während des Soloinstrumenten-Einsatzes

Spergers Harmonisierungsmöglichkeiten, Doppelgriff- und Arpeggio-Varianten

Bei den Kontrabasskonzerten der klassischen Wiener Schule muss zuerst die Stimmung des Instrumentes, die "Wiener Stimmung" in Betracht gezogen werden. Diese bietet durch die leeren Saiten ‚A-D-FIS-A die Grundlage der Tonalität.

Abb. 238

Die Tonsprache der klassischen Musik, deren Duktus sehr stark von Dreiklangsmotivik lebt, spielt auch bei *Sperger* eine tragende Rolle.
Dies ist nicht nur bei seinen Kontrabasskonzerten zu beobachten, aber dort speziell. Dreiklangbrechungen in allen Varianten in den unteren sowie den Daumenlagen werden von *Sperger* in den melodischen Ablauf einbezogen. Sie finden sich abwechslungsreich und phantasievoll in immer neuen Varianten.

z.B. als Dreiklang-Akkorde:

Abb. 239 Beachte immer: Spergers Notation im Violinschlüssel – und bei den Beispielen hier in D-Dur. Hier das Beispiel aus dem „Flötenquartett".

als Doppelgriffe:

Abb. 240a Beispiel aus dem zweiten Satz der Sonate h-Moll für Kontrabass und Violoncello obligat.

als Doppelgriff-Zweistimmigkeit:

Abb. 240b

Abb. 240c Bei diesem Beispiel (Sonata per il Contrabasso e Viola) zeigt die oberste Notenzeile die Notation Spergers; in der zweiten Zeile stelle man sich die Griffart vor, die auf dem ‚Wiener Kontrabass' ausgeführt wurde. Die letzte Notenzeile zeigt die Bearbeitung für den Kontrabass in heutiger Solostimmung.

als Arpeggien:

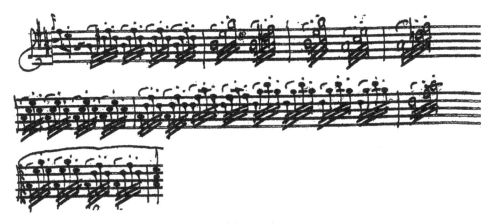

Abb. 240d

Speziell in den Ecksätzen seiner Konzerte verarbeitet er vielfache Arpeggien aus den sich bietenden Akkordmöglichkeiten.
Ein paar Beispiele sollen hier in seiner Notierungsart aufgezeigt werden:

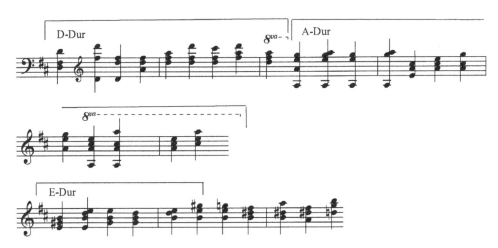

Abb. 241 Diese Akkordbildungen sind auch gleichzeitig die Grundlagen für seine Arpeggiovarianten.

Durch die Weitgriffigkeit ist der Kontrabassist auf die leeren Saiten und ganz speziell in den oberen, den Daumenlagen, auf die natürlichen Flageoletttöne als ‚Orientierungspunkte' angewiesen. Hier im Beispiel Abb. 242 ist die Lageneinteilung *Spergers* in den Daumenpositionen dargestellt:

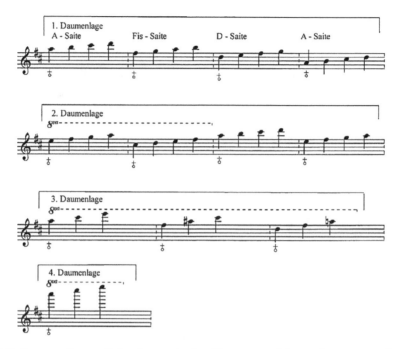

Abb. 242 Spergers Lagen-Orientierung in den Daumenpositionen, immer ausgehend von einem natürlichen Flageolett-Ton – mit dem Daumen gegriffen.

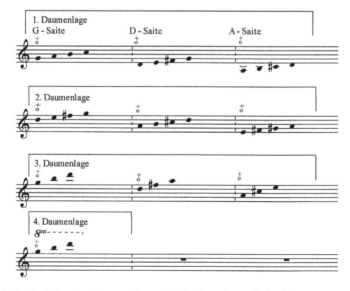

Abb. 242a Die vier Daumenlagen in der heutigen (Solo-)Quartstimmung

In seinem Buch „Der Wiener Kontrabass" beschreibt *Josef Focht* auch diese Orientierungspunkte mit zusätzlicher genauer Bezeichnung der sogenannten „Partialtöne", mit der Obertonreihe, der Naturtonreihe – die ja so wichtig für den solospielenden Kontrabassisten sind.

Mit folgender Abbildung soll die Notation *Spergers* für die „Wiener Stimmung" und die heutige Ausführung auf einem quartgestimmten Kontrabass in Solostimmung dargestellt werden. Dabei ist zu berücksichtigen, dass der reale Klang immer 2 Oktaven tiefer ist, als es in *Spergers* Notation (im Violinschlüssel) erscheint. Wir wissen, dass er mit diesem Schlüssel die solistische Aufgabe des Kontrabasses anzeigen wollte.

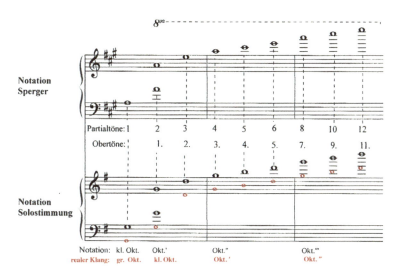

Abb. 243 Diese Tabelle zeigt Spergers Notation für die „Wiener Stimmung" – und die Ausführung auf dem heutigen Kontrabass in quartgestimmter Solostimmung.

Detaillierte Erläuterung: Die Abb. 243 zeigt den Umfang der hohen A-Saite bei *Sperger* bzw. der hohen A-Saite in heutiger Solostimmung (Lesart: G-Saite).

In der oberen Zeile der ersten Akkolade sind die Partialtöne (Naturtonreihe) abgebildet, wie sie von *Sperger* für seine Solowerke notiert wurden. Die Zahlen darunter geben die (von der Musikwissenschaft so benannte) Nummerierung dieser Töne an. In der unteren Akkolade findet sich die Notation für den heutigen Kontrabass in Solostimmung (FIS-H-e-a)

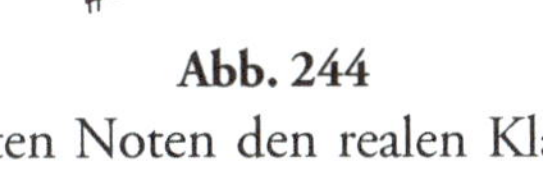

Abb. 244

– und darunter zeigen die roten Noten den realen Klang (s. Abb. 243). Auch findet sich die Bezeichnung der entsprechenden Oktave – von der ‚Großen Oktave' bis zur ‚dreigestrichenen Oktave'.

Sperger nutzt in seinen Kontrabass-Solowerken einen Umfang von 4 ½ (vier- und einer halben Oktave) aus. Der tiefste Klangton ist das „Kontra-A" – der höchste klingende Ton ist das „dreigestrichene e (e''')" (s. Anhang S. 324f). Sogar bei seinem F-Dur-Konzert (*Sperger* Nr. 4), bei welchem der Kontrabass eine kleine Terz höher gestimmt wird, erreicht er das dreigestrichene g'''.

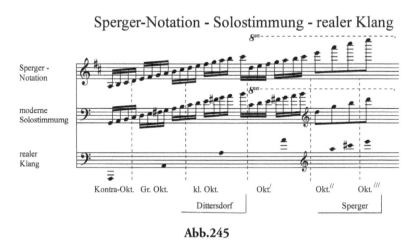

Abb. 245

Wir finden diesen Umfang bis zum dreigestrichenen ‚e' in vielen seiner Werke.[128] Hier folgt ein Beispiel für die „Höhenausflüge" bei *Sperger* bis zum klingenden dreigestrichenen e''' (aus dem Flötenquartett) – beachte dazu die Abbildungen 246 und 246a

Abb. 246 Passage aus Spergers „Flötenquartett" im 3.Satz für den Kontrabass in originaler „Wiener Stimmung"

Und hier die Ausführung auf dem heutigen quartgestimmten Kontrabass in Solostimmung:

Abb. 246a

---

128 Als Beispiel sei angeführt das 2.Dittersdorf-Konzert – bekannt als das vielgespielte E-Dur-Konzerte – welches im Gegensatz dazu nur einen Umfang von zwei und einer halben Oktave durchschreitet.

Zurück zur weiteren praktischen Ausführung:
Die für den Spieler absolut nötigen Orientierungspunkte (leere Saiten und Flageolettpunkte) engen aber auch die Harmonisierung in gewisser Weise ein. Es bleibt Vieles im diatonischen Bereich der Grundtonarten. Dazu der Musikwissenschaftler *Wilhelm Fischer* in seiner Dissertation: *„Das frühklassische Konzert kennt jedoch keine komplizierten harmonischen Abläufe: die Soloexposition verlässt regulär sehr bald die Tonika und wendet sich der Dominante zu. Der Mittelteil berührt episodenhaft die Mollparallele, und die Reprise befestigt die Tonika"*[129]
Diese Aussage trifft auch auf die Instrumentalkonzerte *Spergers* zu – bei den Kontrabasskonzerten kommt noch eine gewisse Einengung der Harmonisierung durch die Gegebenheit der Terz-Quart-Stimmung dazu.
Dann aber in den Orchester-Zwischenspielen weitet *Sperger* die Harmonisierung aus. Hier in den Vor- und Zwischenspielen betritt er das Feld der harmonischen Abwechslung. Hier legt ihm niemand harmonische Fesseln an. Hier geht es über Doppeldominanten in die Tonika-, Dominant- und Subdominant-Parallelen, auch vereinzelt in Medianten („tG" = Tonikavariant-Gegenparallele oder „Terzverwandtschaften"). Ein sehr markantes (typisches Medianten-) Beispiel zeigt sich im 2. Satz seines berühmten 15. Kontrabasskonzertes:

Abb. 247 Passage aus dem 2.Satz des Kontrabasskonzertes Nr. 15 – Harmonieabschluss mit einer Mediante (Terzverwandtschaft).[130]

Wir halten fest:
Spergers melodische Erfindungsgabe ist abhängig
1.) von der Spielbarkeit in der „Terz-Quartstimmung"

---

129 Vgl. Wilhelm Fischer: „Zur Entwicklungsgeschichte des Wiener klassischen Stils" 1915, 74 ff.

130 Diese interessante Harmonisierung erscheint in keinem klassischen Kontrabasskonzert – weder bei Dittersdorf, Pichl, Vanhal oder Hoffmeister.

Abb. 248

2.) von der Weitgriffigkeit des Kontrabasses und

3.) im Verbund mit den Orientierungspunkten in den oberen Lagen.

Große Intervallsprünge verbieten sich durch diese Vorgaben. Ganze Phrasen werden so konzipiert, dass sie sich im Rahmen einer einzigen Daumenlage (oft über drei, seltener über vier Saiten) abspielen.

Der Phantasie sind hierbei dem Komponisten keine Grenzen gesetzt – und diese zeigt sich in vielfältigster Weise.

Seine unerschöpfliche Vorstellungsgabe lässt *Sperger* immer wieder sich nie wiederholende Melodie- und auch Harmonie-Varianten finden, so dass ein farbenfrohes Spiel, im Besonderen im Zusammenspiel mit dem Orchester entstehen kann. Diesen Satz möchte ich unterstreichen: im Zusammenspiel mit dem Orchester!

Seine Kompositions-Struktur lässt sich sehr klar erkennen: technische Passagen werden so angelegt, dass sie entweder tonleiterartig auf einer Saite (immer in Aufwärtsrichtung) oder über

Abb. 249 Hier ein Beispiel aus der Sonate D-Dur für Kontrabass und Viola oblig. (Hofmeister T40, A.M.: CI/7); beachte Violinschlüssel

drei bzw. über 2 Saiten in einer Lage zu spielen sind.

Abb. 250 Ein Beispiel aus der h-Moll-Sonate. Beachte den Fingersatz-Eintrag von Sperger: 4.Finger auf der Fis-Saite – dies bedeutet: die gesamte Passage ist in einer Lage zu spielen. Spergers Melodie-Erfindung richtet sich nach dem Lagenspiel.

Spergers Harmonisierungsmöglichkeiten, Doppelgriff- und Arpeggio-Varianten 263

In den oberen Bereichen nutzt *Sperger* den Daumen als Stütz- (Ausgangs-)punkt um ganze Passagen in einer Lage gut bewältigen zu können.
Sehr klar lassen sich diese sogenannten „Ausgangspunkte" erkennen:
Hier auf dem ersten Oktavton der leeren Saite (= 1.Daumenlage)

Abb. 251 Wiener Stimmung

Abb. 251a Solostimmung

Dazu ein Beispiel aus dem A-Dur-Konzert Nr. 11, 3.Satz (A.M.: B9; Sperger+K.T.: T11):

Abb. 252

Hier die Ausführung in der „Wiener Stimmung" mit Fingersatz-Eintragungen des erfahrenen *Sperger*-Praktikers *Korneel le Compte*: „…*es ist alles in einer Lage zu spielen*". = ein Beispiel der 1. Daumenlage:

Abb. 252a

Die Abbildung 252b zeigt die Übertragung auf den Kontrabass in heutiger Solostimmung:

Abb. 252b Selbst bei der Übertragung in die heutige Solostimmung lässt sich die gesamte Passage in einer Lage bewältigen.

Der nächste Daumenlagen-Ausgangspunkt liegt auf dem Quintton der Oktave (Duodezime = 2.Daumenlage)

Abb. 253 Wiener Stimmung

Abb. 253a Solostimmung

Hierzu das folgende Beispiel aus Kontrabasskonzert Nr.8 (A.M.: B11; K.T.: T8):

Abb. 254 Hier eine Passage in Spergers originaler Handschrift aus Konzert Nr.8

und die Ausführung in der 2. Daumenlage mit Fingersatz-Eintragungen auf dem „Wiener Kontrabass" (von *Korneel le Compte*):

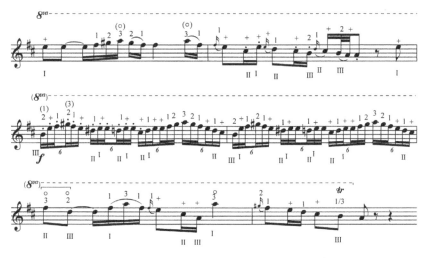

Abb. 254a „…es ist alles in einer Lage zu spielen".

Die Abbildung 254b zeigt die Übertragung auf den Kontrabass in heutiger Solostimmung:

Abb. 254b

Noch ein weiteres Beispiel aus dem Konzert Nr.8 in der 2.Daumenlage:

Abb. 255 Hier ein Ausschnitt aus dem Konzert Nr.8 – Handschrift Spergers

Dazu die Fingersätze – wieder „…*alles in einer Lage zu spielen*", wie auch die *Sperger*-Spieler in der originalen Wiener Stimmung neben *Korneel le Compte: Miloslav Gajdoš, David Sinclair, Radoslav Šašina* und *Jan Krigowsky* mit minimalen Unterschieden empfehlen:

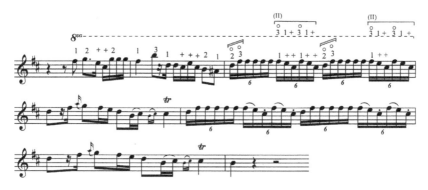

Abb. 255a aus Konzert Nr.8 (Sperger- und K.T.-Zählung), 1.Satz

Die Abbildung 255b zeigt die Übertragung auf den Kontrabass in heutiger Solostimmung:

Abb. 255b

danach auf der 2.Oktave der leeren Saite (= 3.Daumenlage)

Abb. 256 Wiener Stimmung

Abb. 256a heutige Solostimmung

und dann vom 3. Grundton in der 4. Daumenlage

Abb. 257 Wiener Stimmung

Abb. 257a heutige Solostimmung

Hier ein weiteres Beispiel aus Konzert Nr. 8 in *Spergers* Handschrift, bei dem es in die 4. Daumenlage und bis zum dreigestrichenen ‚e' (realer Klang) geht:

Abb. 258

Und hier (Abb. 258a) die Fingersätze für die „originale Wiener Stimmung" – mit den Daumenlagen-Einteilungen:

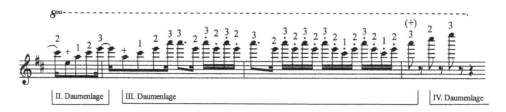

Abb. 258a

Die Abbildung 258b zeigt die Übertragung auf den Kontrabass in heutiger Solostimmung:

Abb. 258b

Die 4. Daumenlage (Abb. 258b – letzter Takt) wird von *Sperger* nur auf der obersten Saite verlangt und auch nur, wie hier angegeben: als Dreiklang – da gibt es keine melodischen Floskeln mehr. Uns begegnet das in verschiedenen Werken *Spergers*.

Wir haben durch diese Beispiele sehen können, wie *Sperger* das Lagenspiel in den grifftechnisch schwierigen hohen Lagen in seinen Kompositionen behandelt – und für die Melodiefindung und das praktische Spiel heranzieht und einsetzt. Die Flageolette als stabilisierende „Ausgangspunkte" sind für *Spergers* Kompositionsgeschehen in den Daumenlagen äußerst wichtig. Ja, geradezu das entscheidende Merkmal für sein virtuoses Spiel!

Dieses gibt seinem Spiel die kompositorische Struktur oder anders ausgedrückt: dieses gibt seiner Komposition die spielerische Struktur – und damit auch die Sicherheit für die Lagenwechsel und somit natürlich auch für die Intonation.
Spergers Lageneinteilung basiert hauptsächlich auf den Partialtönen. Er hat mit diesem System der imaginären Einteilung eine Basis für sein Kompositionsschema geschaffen. Es war neu, grundlegend und gleichzeitig in sich geschlossen und endgültig.
Es hatte für sein Schaffen eine große Bedeutung. In dieser Konsequenz sind seine Werke für den Solokontrabass geschaffen und demonstrieren ihre Endgültig- und Zeitlosigkeit.

Siehe weiteres zu dieser Problematik im Kapitel XIX (nächste Seite) unter dem Titel: „Untersuchung der Virtuosität in den Sperger-Kontrabasswerken"

Kapitel XIX Untersuchung

Untersuchung der Virtuosität in den Sperger-Kontrabasswerken[131]

Sperger war sein Leben lang in Personalunion als Komponist und Kontrabassist im Orchester und als Solist tätig.
Dadurch konnte er entsprechend wirksam werden.
Durch die Spezifik des Instrumentes, was Stimmung, Flageolett-, Lagen-, Skalen-, Doppelgriffspiel usw. anbelangt, bedarf es für die kompositorische Arbeit eines besonderen Vertrautseins mit den Gegebenheiten dieser Spezies – Kontrabass.
Die Merkmale, die sich in Melodieführungen, Passagen, Arpeggien und Doppelgriffen, die auf der Dreiklangsmotivik basieren, ausdrücken, haben in einer Dreiklangs-Grundstimmung natürlich die günstigste Voraussetzung - oder anders ausgedrückt: ein auf einem Dur-Dreiklang eingestimmtes Instrument gibt die beste Grundlage für dreiklangs-orientierte Melodik (Thematik).
Die herausgebildete Terz-Quart-Stimmung (nur im Wiener Raum, die sogenannte „Wiener Stimmung") war für die Entwicklung des Solospiels auf dem Kontrabass von immenser Bedeutung.
Ausgestattet mit den günstigsten Voraussetzungen eines gut ausgebildeten und talentierten Musikers, konnte *Sperger* bereits mit seinem ersten Kontrabasskonzert an den damaligen Stand der Solokompositionen anknüpfen und weit darüber hinaus fortfahren.
Er hat dann das Kontrabass-Solospiel zu höchster Blüte gebracht – und es verlangt nicht nur für seine Zeit allergrößten Respekt.
Ich möchte ein paar entscheidende Merkmale benennen, die den hohen Stand der *Sperger'schen* Kontrabasstechnik belegen.
Hier folgen zunächst alle Doppelgriffe aus *Sperger*-Werken, die zeigen sollen, wie vielfältig er diese einsetzt:

---

131 Gekürzt aus einem Vortrag von1987 beim Sperger-Kolloquium im Kloster Michaelstein – in Studien zur Aufführungspraxis und Interpretation der Musik des 18.Jahrhunderts, Heft 36 „Bericht über das Sperger-Kolloquium anlässlich seines 175. Todestages am 13. Mai 1987"

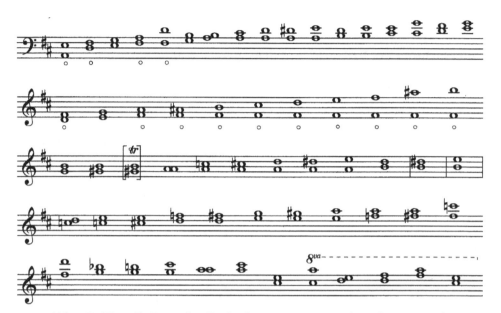

Abb. 259 Hier alle Doppelgriffe, die Sperger in seinen Solowerken verwendet

Ein praktisches Beispiel aus seinem „Duetto per il Contrabasso e Viola" (T37):

Abb. 260 Bei diesem Beispiel (Duetto per il Contrabass e Viola) zeigt die oberste Notenzeile die Notation Spergers; in der zweiten Zeile stelle man sich die Griffart vor, die auf dem ‚Wiener Kontrabass' ausgeführt wurde. Die letzte Notenzeile zeigt die Bearbeitung für den Kontrabass in heutiger Solostimmung.

Und aus der Sonate für „Contrabasso e Viola" (T40): S.273, Abb.261

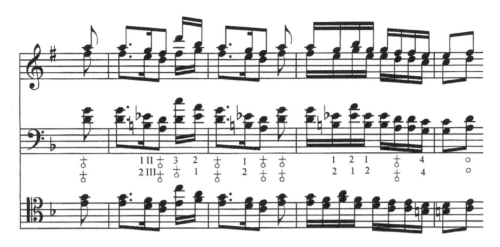

Abb. 261 Bitte wieder beachten: erste Notenzeile zeigt Spergers Notation, danach die Griffart (Fingersätze) auf dem ‚Wiener Kontrabass' – letzte Zeile: die Bearbeitung und Lesart für die heutige Solostimmung.

Diese häufigst angewandte Praxis von Doppelgriffen in Terzen schließt aber nicht aus, dass es auch zahlreiche Sexten und Quinten gibt – auch ganze chromatische Doppelgriff-Passagen.

Kunstvoll und virtuos nutzt *Sperger* die Gegebenheit dieser Stimmung, indem er hier die zweite Stimme über eine Oktave hinweg eine chromatische Bewegung ausführen lässt. (Abb. 262)

Abb. 262 Bitte beachte die Beschreibung bei den vorhergehenden Abbildungen 260 und 261.

Weitere Zweistimmigkeit begegnen wir durch Liegenlassen einer leeren Saite, was auf der oberen Saite ein melodisches Spiel problemlos gewähren läßt.

Beispiel aus der Sonate für „Contrabasso e Viola" (T39):

Abb. 263 siehe auch hier die Beschreibung von Abb. 260

Ein weiteres Beispiel aus der h-Moll-Sonate für Kontrabass und Violoncello

Abb. 264

Sperger schreckt auch nicht zurück während eines Terz-Doppelgriff-Laufes auf dem oberen Ton einen Triller zu verlangen:

Abb. 265

Das nächste Beispiel zeigt, wie geschickt *Sperger* dem Solisten eine 2stimmige Melodiepassage in die Hand schreibt, die in einer Lage auszuführen ist.

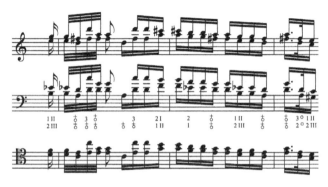

Abb. 266 siehe auch hier die Beschreibung von Abb. 260

Dur-Dreiklänge in der Grundstellung sind einfach durch einen Barréegriff zu realisieren. Quartsextakkorde durch den Fingersatz 1-2-4, Sextakkorde durch 2-1-4 und Sekundakkorde durch 4-2-1

Abb. 267

Der einzige Mollakkord, der in seinen Werken auftaucht ist mit dem Fingersatz 2-4-4 zu spielen.

Abb. 268

Das harmonische Gefüge, wie es sich bei den *Sperger*-Kontrabasskonzerten darstellt, umfasst die in Abb. 269 dargestellten Akkord- und Arpeggiobildungen: überwiegend in allen Umkehrungen die Dreiklänge in D- und A-Dur, sechs verschiedene Akkordumkehrungen in E-Dur, 4 in H-Dur und je eine in G- bzw. Fis-Dur, sowie einen e-Moll-Quartsextakkord.

Aus der Übersicht aller Akkordbildungen, die bei den Sperger-Kompositionen Anwendung finden, ist die Grundstimmung des Instrumentes erkennbar.

Vierklangbildungen basieren immer auf der leeren tiefen A-Saite.

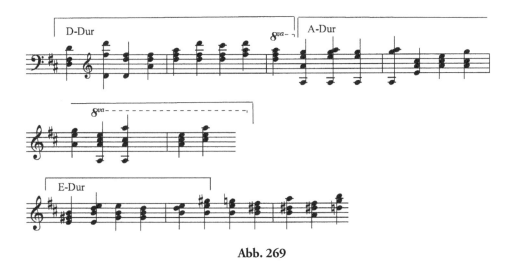

Abb. 269

Die Harmonien E-, H- und Fis-Dur erscheinen immer nur in der Funktion als Zwischendominanten, sind nie das Ziel von Modulationen.

In parallele Moll-Tonarten wird manchmal ausgewichen. Ein Funktionsdiagramm bei der Gegenüberstellung des *Mozart*-Violinkonzertes in A-Dur und des *Sperger*-A-Dur-Konzertes lässt leicht die bevorzugte Harmonik erkennen (s. Abb. 270):

Mit Abstand am häufigsten begegnen wir dem Tonika-Dominant-Dialog mit einigen Ausflügen zur Subdominante, seltener zu Subdominant-Parallelen oder weiterreichenden Funktionen.

Diese Harmonisierungsart stellte bereits *Wilhelm Fischer* in seiner Untersuchung: *„Zur Entwicklungsgeschichte des Wiener klassischen Stils"*, 1915, 74 ff., für das klassische Solokonzert fest.

Man vermisst vielleicht mehr Vorhalt-Akkorde, Orgelpunkte, Dissonanz-Klänge, die die Komposition beleben – wie es z.B. *Joachim Quantz* in seiner Flötenschule fordert: *„Soll eine Melodie galant aussehen, so kommen immer mehr Consonanten als Dissonanzen vor. Wenn der erstern viele nach einander gesetzet werden...kann das Gehör dadurch leicht ermüdet werden. Die Dissonanzen müssen es also dann und wann gleichsam wieder aufmuntern!"*[132]

	Mozart Vl.-Kzt. A-Dur (1. Satz)		**Sperger** Kb.-Kzt. A-Dur (1. Satz)
T	=	39	41
D	=	25	35
S	=	17	6
Tp	=	3	1
Dp	=	–	–
Sp	=	3	5
t	=	0,6	0,2
s	=	1,2	0,2
SS	=	0,3	–
SSp	=	–	1,2
(D)	=	11	9
Medianten	=	–	0,2

Abb. 270 Die Gegenüberstellung wird in Prozentpunkten (%) aufgeschlüsselt.

---

132 J. Quantz: Flötenschule, VIII. Hauptstück, S. 77

Untersuchung der Virtuosität in den Sperger-Kontrabasswerken 277

Ein Vergleich mit Mozarts A-Dur-Violinkonzert bringt zwar in der Funktions-Gegenüberstellung keine abschweifenden Unterschiede, aber durch reichlichere Anwendung der genannten Kriterien, die für die nötigen Spannungsbögen sorgen, entsteht, natürlich in Verbindung mit der melodischen Erfindung, mehr Abwechslung.
Bei beiden Komponisten sind die Tonika-Passagen die vorherrschenden – gefolgt von denen in der Dominante. (s. auch bei *W.Fischer* S. 302).
Zu Abbildung 271: Diesen Strukturen der Arpeggio-Figurationen begegnen wir in vielen Kompositionen *Spergers*. Sie escheinen sehr häufig in der Strichart von zwei gebundenen- und zwei gestoßenen Noten und geben als Begleit-Figuren dem melodischen Überbau eine federnde Leichtigkeit.
Bogentechnisch verlangt es vom Spieler größte Virtuosität, da die Figur immer über drei Saiten zu bewältigen ist. Hier in diesem Beispiel aus dem Flötenquartett (T41) schreibt *Sperger* den Bassschlüssel vor:

Abb. 271 Hier Spergers Notation

Grifftechnisch ist also in diesem Falle die Schwierigkeit eine weitaus geringere - die Problematik liegt im bogentechnischen Bereich. Man bedenke: *Spergers* Bogen mit konvex ausgeprägter Form (s. Abb. 151 auf S. 179) und die damit verbundene Elastizitäts-Trägheit in schnellem Tempo. In der Abfolge gebunden-gestoßen, ist ein spiccato, ein Springbogen nicht möglich.
Dies sollte für die, die die urtextliche Interpretation bevorzugen, ein Hinweis sein. Auf dem heutigen quartgestimmten Solokontrabass ist diese Stelle in G-Dur zu spielen (klingend A-Dur):

Abb. 271a Hier die Les- und Spielart auf dem modernen quartgestimmten Solokontrabass.

Auffällig in der klassischen Sololiteratur bei den Streichinstrumenten ist die Verwendung der häufigsten Strichvariante, die aus 2 gebundenen und 2 gestoßenen Noten besteht. Eine andere häufig anzutreffende Arpeggio-Figuration bei *Sperger* ist auch die in Abb. 272 dargestellte.

Abb. 272 In heutiger Solostimmung ist diese Passage in G-Dur zu spielen. Immer bedenken: die Notation Spergers im Violinschlüsssel klingt in heutiger Solostimmung zwei Oktaven tiefer.

Abb. 272a:

Diese Strichvariante verlangt ebenfalls eine ausgezeichnete Beherrschung der Bogentechnik und macht ein Spiccato in diesem Falle denkbar. Damit lässt sich ein transparenter Klang erzeugen.

Eine andere Variante wird von *Sperger* gern bevorzugt, die eine gleichmäßig geführte Bogenhand erfordert.

Abb. 273 Diese Strichvariante sieht auf den ersten Blick einfach aus, verlangt aber eine ruhige rechte Hand.

Das nächste Beispiel bezieht sich auf noch eine Variante des Arpeggios im 6/8 Takt.

Abb. 274 Eine sehr virtuose durchsichtige Arpeggio-Variante im 6/8tel Takt.

Dafür ein Beispiel aus dem A-Dur-Konzert T11:

Abb. 275

Wenden wir uns der Betrachtung des Lagen- und Skalenspiels zu, d.h. der allgemeingeforderten Technik der linken Hand.
Beide Kontrabasskonzerte von *Dittersdorf*, in den 60er Jahren des 18.Jahrhunderts entstanden, zählen zu den ersten Solokonzerten und beschränken sich im Lagenspiel, bis auf ganz geringe Ausnahmen, auf die unteren Positionen, d.h. es wird noch kein Spiel im Daumenaufsatz verlangt. Eine rasante Entwicklung des Kontrabass-Solospiels hat sich in der Zeitspanne um 1765 bis 1790, in der die Konzerte von *Haydn, Pichl, Dittersdorf, Zimmermann, Vanhal, Hoffmeister* und natürlich *Sperger* entstanden sind, abgespielt.
Sperger nutzt für seine Solowerke die gesamte Skala des Griffbrettes und darüber hinaus – bis zum klingenden dreigestrichenen ‚e'.
Der gesamte geforderte Umfang schließt 4 ½ Oktaven ein, von denen allein drei Oktaven mit fest niedergedrückter Saite im technischen sowie kantablen Spiel genutzt werden, wie es die Abb. 276 zeigt. Der Rest bleibt den Flageoletts vorbehalten.

Abb. 276 Der gesamte von Sperger benutzte Umfang beim Solokontrabass vom Kontra- ‚A' bis zum dreigestrichenen *e'''* (realer Klang)

Die Betrachtung des solistischen Kontrabass-Spiels bei *Sperger* läßt häufig sehr hoch geführte Stimmen erkennen, wie hier im 3. Satz des Flötenquartettes (bis zum real klingenden dreigestrichenen ‚e'. Wir erinnern uns: nur eine Sexte unter dem höchsten Ton bei den Violinkonzerten von *Mozart* und *Haydn*!).

Abb. 277 Hier ein Beispiel aus dem Flötenquartett (T31) bis zum dreigestrichenen *e'''*

Der Grund für das Ausnutzen der gesamten Mensurlänge liegt einerseits in *Spergers* unglaublicher Virtuosität, die sich über alle Tonlagen des Instrumentes erstreckte – andererseits war er als Komponist und gleichzeitig Interpret seiner Solowerke darauf bedacht, für den Hörer immer in gut verständlicher Höhenlage zu agieren. Die typischen Bass-Töne überließ er dem begleitenden Orchester-Bass. Beachte diesen entscheidenden Aspekt: *Spergers* melodisch und technisch wichtigen Solo-Passagen finden sich in den Bereichen der real klingenden *kleinen und eingestrichenen Oktave* – es sind die von der menschlichen Stimme bevorzugten Tonlagen.

Die oft verlangte Höhe war ein Grund, weshalb die Rezeption seiner Werke bisher so zurückhaltend vonstatten ging. Dies macht die Übertragung auf den heutigen in Quarten gestimmten Solokontrabass etwas problematisch, zuzüglich der veränderten Klangvorstellungen.

Typisch virtuose Skalenläufe, wie sie immer wieder vorkommen, sind diese in D- oder A-Dur – und zwar ausschließlich in aufsteigender Bewegung:

Abb. 278 Ein Beispiel aus der D-Dur-Sonate für Kontrabass und Viola (T40)

Um dem virtuosen Lagenspiel Sicherheit zu geben, werden wiederum sehr geschickt leere Saiten bzw. Flageolette in den Ablauf einbezogen. Wobei hier die Schwierigkeiten in häufigen Saitenwechseln in den unteren Lagen bzw. in der 1. Daumenlage liegen, da ja nach nur einem gegriffenen Ton bereits die nächste Saite erreicht wird. Es ist also wieder weniger die Schwierigkeit in der linken Hand als im Bewältigen der Bogentechnik. Ein typisches Beispiel zeigt die Passage aus dem „Duetto per il Contrabasso e Viola"

Untersuchung der Virtuosität in den Sperger-Kontrabasswerken

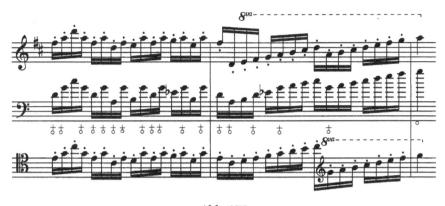

Abb. 279

Die linke Hand bleibt während der gesamten schwierigen Stelle in einer Lage (bis auf zwei Lagenwechsel im letzten Lauf), wogegen der Bogen schnellste Saitenwechsel auszuführen hat. Dass die linke Hand dabei natürlich auch virtuos gefordert wird, versteht sich von selbst.

Gleiches zeigt die Stelle aus dem letzten Satz dieses Duettes:

Abb. 280

Die gesamte Passage liegt in einer Lage – der Daumen bildet auf dem Oktav-Flageolett einen Sattel. Dies gibt Sicherheit und die Möglichkeit über fast zwei Oktaven brillantes Laufwerk zu realisieren, ohne diese zu verlassen.

Die nächste höhere Lage, die als Ausgangs-Position genutzt wird, ist die, wo der Daumen auf der Duo-Dezime (Quinte über dem ersten Oktavton, die 2.Daumenlage), ebenfalls ein Flageolett, zum Liegen kommt.

Wieder von hier aus werden ganze virtuose Melodiepassagen in den kompositorischen Ablauf integriert, ohne dass die Lage verlassen werden muss.

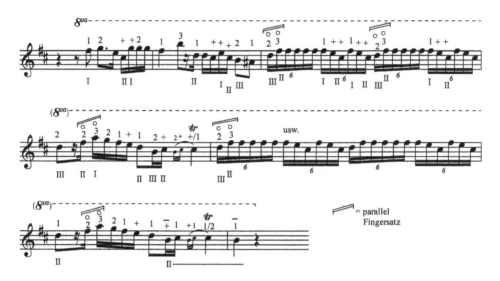

Abb. 281 zeigt ein Beispiel aus dem Kontrabasskonzert T8

Ungeachtet dieser bevorzugten Spielart (Lagenspiel ausgehend vom Daumen-Flageolett) verlangen *Spergers* Kompositionen eine virtuose Beherrschung der linken Hand über das gesamte Griffbrett sowie eine ausgewogene Bogentechnik der rechten Hand.

Eine Herausforderung für jeden Spieler, der sich mit dem Werk *Spergers* für den Solokontrabass befasst. Mit seinen Konzerten, Sonaten, Kammermusiken für den Kontrabass ragt *Sperger* als ein Solitär der Kontrabassgeschichte weit heraus.

In seiner Zeit gab es niemanden, der auch nur annähernd diesem Können nahe kam. Es gab keine Solisten, die sein Werk gespielt hätten. Es blieb unserer Zeit vorbehalten, sich eingehender mit diesem vollgültigen Werk zu beschäftigen.

Eine große Aufgabe hinterließ uns *Sperger*: unglaubliche 200 Jahre nach seinem Tode werden nun Kontrabassisten auf diesen genialen weitsichtigen Kontrabassisten-Komponisten aufmerksam und nehmen sich seines Werkes an.

Kapitel XX Voller Ideen

Markante Themen aus Sperger-Kontrabasskonzerten

Sperger verfügte über einen enormen Ideenreichtum an Themen für seine achtzehn Kontrabasskonzerte. Es gelang ihm immer wieder charismatische Themen zu finden. Nach klassischer Vorgabe sind es meistens achttaktige Themen, mit Ausnahmen auch zwölf- oder 16-taktige Ausweitungen. Eine Auswahl wollen wir hier vorstellen.
Es soll hier an einigen Beispielen von markanten Themen aus Kontrabass-Werken die Vielfalt dargestellt werden. Es kann nur ein kleiner Ausschnitt sein.
Beginnen sollen Themenanfänge aus seinem ersten Kontrabasskonzert von 1777.
Bereits dabei, welches er im Alter von 27 Jahren beendete, zeigt sich ein spritziges lebendiges Thema, womit er den ersten Satz eröffnet.
Für den Spieler liegt es gut in der Hand, es ist temperamentvoll, einprägsam und geht sofort ins Ohr, spielt sich gut.

Abb. 282 1.Konzert (LBMV: Sign.5176/3, JMS: Nr.1, Plany/KT: T1, AM B3)

Auch in der bearbeiteten Version für den heutigen Solokontrabass ist es sehr gut spielbar:

Abb. 282a[133]

---

133 Erstausgabe 2020 Hofmeister FH3543, Hrsgb.: K.Trumpf/M.Gajdoš, T1

Ebenso temperamentvoll ist das Thema des letzten Satzes seines ersten Konzertes – gut spielbar, nachsingbar, logisch im Aufbau der Melodiefolge.

Abb. 283

Desgleichen die Bearbeitung des dritten Satzes:

Abb. 283a

In seinem 2. Konzert lässt *Sperger* ebenfalls temperamentvoll und mit Schwung nach einem Orchestervorspiel den Solisten beginnen:

Abb. 284 2.Konzert (**LBMV: Sign.5176/12, JMS: Nr.2, Plany/KT: T2, AM B4**)

Geradezu ideal liegt auch in der Bearbeitung für den quartgestimmten Solokontrabass das acht-taktige virtuose Thema in der Hand:

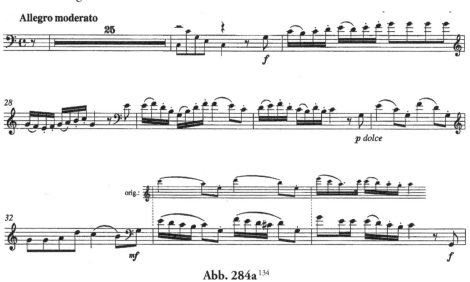

Abb. 284a[134]

---

134 Erstausgabe 1999 Hofmeister FH2745, Hrsgb.: K.Trumpf/M.Gajdoš, T2

Mit einem ruhigen, sehr gesanglichen Thema beginnen die ersten Violinen das Adagio, was dann vom Solisten unverändert aufgegriffen wird:

Abb. 285

Hier die Spielversion in heutiger Solostimmung:

Abb. 285a

Den dritten Satz dieses zweiten Kontrabasskonzertes beginnt der Solist wieder temperamentvoll - ebenfalls mit einem markanten Rondo-Thema, welches dann vom Orchester immer wieder in heiterer Form aufgegriffen und beantwortet wird:

Abb. 286

In geradezu idealer Lage lässt sich dieses achttaktige Thema auf dem heutigen Kontrabass in Solostimmung musizieren. Dieser gesamte Rondosatz sprüht von Energie und Spielfreude.

Abb. 286a

Ein weiteres typisches Rondothema, diesmal im 6/8-Takt, begegnen wir im dritten Satz des achten Kontrabasskonzertes:

Abb. 287 8.Konzert (LBMV: Sign.5177/7, JMS: Nr.8, Plany/KT: T8, AM B11)

Wieder gut ausführbar in der heutigen Solostimmung:

Abb. 287a

In relativ hoher, der ersten Daumenlage, beginnt wiederum ein achttaktiges Thema im Kontrabasskonzert Nr. 16:

Abb. 288 16. Konzert (LBMV: Sign.5176/11, JMS: Nr.16, Plany/KT: T16, AM B18)

Die Herausgeber dieses Konzertes zogen es vor, in der gut liegenden und kraftvoll klingenden unteren Lage, der kleinen Oktave das Thema vorzustellen:

Abb. 288a[135]

Immer wieder überraschen die Sperger'schen Themeneinfälle in den Rondosätzen, wie hier im Konzert Nr. 16:

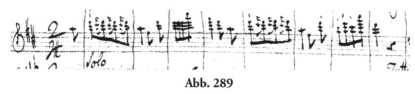

Abb. 289

Spritzig, absolut gut spielbar auch in heutiger Solostimmung:

Abb. 289a

---

135 Erstausgabe 2015 Doblinger DM1494, Hrsgb. K.Trumpf/M.Gajdoš, T16

Das Kontrabasskonzert Nr. 17 stellt ein wunderbar nachsingbares Thema vor, welches im Alla breve in einem 16-taktigen Motiv vorgeführt wird. Variantenreich und mit viel musikalischem Witz überrascht nicht nur dieser 1. Satz dieses Konzertes:

Abb. 290 17.Konzert (LBMV: Sign.5176/4, JMS: Nr.17, Plany/KT: T17, AM B19)

Hier die Ausführung in moderner Solostimmung – ebenfalls gut spielbar.

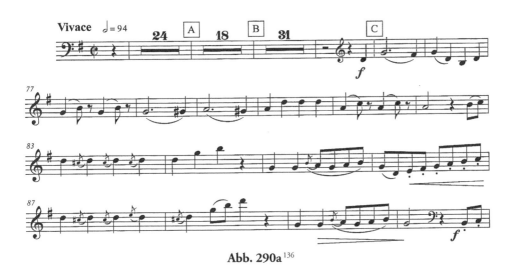

Abb. 290a[136]

---

136 Erstausgabe 2017 Doblinger DM1499, Hrsgb.: K.Trumpf/M.Gajdoš, T17

So witzig und temperamentvoll, wie der 1. Satz dieses Konzertes Nr. 17 vorgestellt wird, geht es im 3. Satz weiter:

Abb. 291

Hier die Ausführung in heutiger Solostimmung:

Abb. 291a

Wir sind hier mit diesem sehr markanten und bewusst vorzutragenden Thema in *Spergers* letztem Kontrabasskonzert Nr. 18. Angelehnt an seine h-Moll-Sonate in etwas abgewandelter Form stellt er ein äußerst kraftvolles Thema vor:

Abb. 292 18.Konzert (LBMV: Sign.5176/5, JMS: Nr.18, Plany/KT: T18, AM B20)

In günstigster Ton- und Spiellage lässt sich auch in moderner Solostimmung dieses wunderbar abgerundete, sich logisch entwickelnde Thema kraftvoll zum Klingen bringen:

Abb. 292a[137]

---

137 Erstausgabe 2017 Doblinger DM1497, Hrsgb.: K.Trumpf/M.Gajdoš, T18

Hier zum Vergleich stellen wir das Thema der h-Moll-Sonate vor, was die Vorlage für sein 18. Kontrabasskonzert gegeben hat:

Abb. 293

In der bekanntgewordenen Ausgabe für Kontrabass und Klavier kann auch hier der Kontrabassist sehr bewusst dieses auf 10 Takte ausgeweitete Thema vorstellen:

Abb. 293a[138]

---

138 Erstausgabe 1997 Hofmeister FH2450, Hrsgb.: Klaus Trumpf T36

Weitere Themen aus Sperger-Kontrabass-konzerten im Original

Es sollen hier noch einige Beispiele von Kontrabasskonzerten folgen, die die Vielfalt der *Spergerschen* Themenideen zeigen sollen.
Diese erscheinen hier in seiner Originalhandschrift.
Bitte dabei beachten: im Violinschlüssel notierte Passagen klingen zwei Oktaven tiefer. Lesevorschlag: anstelle des Violinschlüssels stelle man sich einen Tenorschlüssel vor und bei der Tonart zwei Kreuze weniger – und dann spielen in heutiger Solostimmung, so ergibt es den gewünschten realen Klang des *Sperger*werkes.

3. Konzert (LBMV: Sign.5176/1, JMS: Nr.3, Plany/KT: T3, AM B5)[139] mit *Spergers* Notiz auf dem Deckblatt

Abb. 294

---
139 Vergleiche S. 278

4. Konzert (LBMV: Sign.5176/2, JMS: Nr.4, Plany/KT: T5, AM B6); das Konzert Nr. 4 steht in der Tonart F-Dur. Hier stimmte *Sperger* seinen Kontrabass um eine kleine Terz höher ein C-F-A-c

Abb. 295

6. Konzert (LBMV: Sign.5176/9, JMS: Nr.6, Plany/KT: T6, AM B8):

Abb. 296

7. Konzert (LBMV: Sign.5177/4, JMS: Nr.7, Plany/KT: T7, AM B10):

Abb. 297

8. Konzert (LBMV: Sign.5177/7, JMS: Nr.8, Plany/KT: T8, AM B11):

Abb. 298

9. Konzert (LBMV: Sign.5177/1, JMS: Nr.9, Plany/KT: T9, AM B12):

Abb. 299

10. Konzert (LBMV: Sign.5177/2, JMS: Nr.10, Plany/KT: T10, AM B13):

Abb. 300

11. Konzert (LBMV: Sign.5176/8, JMS: Nr.11, Plany/KT: T11, AM B9)[140]

Abb. 301

11a 2. Satz Mozart-Thematik im 2.Satz des A-Dur-Konzertes.

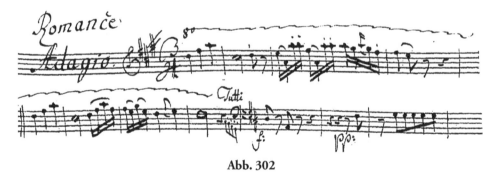

Abb. 302

---

140 Ausgaben: Pro Musica 1987, Gerig 1992, Breitkopf&Härtel 2021; Hrsgb.: Klaus Trumpf, T11

12. Konzert (LBMV: Sign.5176/7, JMS: Nr.12, Plany/KT: T12, AM B14):

Abb. 303

13. Konzert (LBMV: Sign.5176/6, JMS: Nr.13, Plany/KT: T13, AM B15):

Abb. 304

14. Konzert (LBMV: Sign.5174/2b, JMS: Nr.14, Plany/KT: T14, AM B16):

Abb. 305

15. Konzert (LBMV: Sign.5176/10, JMS: Nr.15, Plany/KT: T15, AM B17):

Abb. 306[141]

Die Konzerte Nr. 16, 17, 18 s. ab S. 290

Analyse Sperger-Konzert Nr.1 – von 1777[142]

Sperger komponierte sein erstes Kontrabasskonzert im Alter von 26/27 Jahren – zu diesem Zeitpunkt spielte er etwa 7-8 Jahre Kontrabass. Es ist bei weitem nicht seine erste Komposition.
Zu dieser Zeit (Fertigstellung im September 1777) lagen bereits sechs Sinfonien und einige Kammermusiken, eventuell sogar schon seine ersten beiden Kontrabass-Sonaten mit obligater Viola vor.

Abb. 307 Kontrabasskonzert Nr.1 – letzte Partiturseite mit Datum 19.September 1777

---

141 Ausgabe: Hofmeister 1999, FH2420 Hrsgb.: Michinori Bunya, T15
142 siehe auch S. 276: Harmonie-Analyse des A-Dur Konzertes (LBMV: Sign.5176/8, JMS: Nr.11, Plany/Klaus Trumpf: T11, AM B9)

Analyse Sperger-Konzert Nr.1 – von 1777   301

Wir erkennen bereits in seinem ersten Kontrabasskonzert einen in Form und Struktur sehr gut ausgebildeten Komponisten. Er hatte das große Glück an einen sehr erfahrenen Theorielehrer, an den Komponisten *Johann Georg Albrechtsberger,* gekommen zu sein, der ihm ein äußerst fundiertes musiktheoretisches Wissen als Grundlage für sein kompositorisches Schaffen gelegt hatte. Dies geschah nur ein paar wenige Jahre davor – ab 1769 in Wien; wie lange er bei ihm die Unterweisungen genoss, ist nicht bekannt. Seine bereits hier erreichte Meisterschaft ist allein schon zu erkennen, wie er den Orchesterbegleitpart differenziert anlegte. Er hatte bereits bei diesem ersten Kontrabasskonzert erkannt, dass er den Orchesterapparat immer entsprechend zurückhaltend agieren lassen muss, um dem Solo-Kontrabass den klanglichen Vortritt zu lassen.

Nach einer achttaktigen piano-Streicher-Einleitung lässt er volltönig in typisch klassischer Manier das volle Orchester mit Bläsern (2 Oboen, 2 Hörner) das Vorspiel fortführen – und reduziert sofort beim Einsatz des Soloinstrumentes das Orchester.

Abb. 308 Soloeinsatz mit reduziertem Orchester

Abb. 309 Mit einem markanten Thema beginnt der Solokontrabass den ersten Satz – 12 Takte, die sich in drei unterschiedlichen Vierertaktgruppen aufteilen lassen und sich logisch ergänzen.

In der Orchester-Einleitung sowie in den großen Teilen der Solo-Durchführung bleibt er in seinem ersten Konzert noch sehr in den Harmonien von Tonika, Dominante und Subdominante verhaftet[143] – bis auf einen Ausflug in die Tonika-Parallele mit gewissen technischen Anforderungen.

Ein wichtiger Aspekt, der für all seine Kompositionen gilt: **seine gesamte Melodik basiert auf dem deutschen Volksliedgut** – und hier erstaunt, wie er mit immer wieder neu anklingenden Themenideen Abwechslung in das Spiel bringt. Es sind immer gut nachsingbare Themen, die im Aufbau einer musikalischen Logik entsprechen.

Er präsentiert z.B. eine neue Melodie-Idee – und die Weiterführung erschließt sich sofort.

Nach 46 Takten stellt er das zweite Thema vor, welches mit *dolce* bezeichnet ist und in Doppelgriff-Terzen ausgeführt wird. Das bietet sich durch die Terz-Quartstimmung des damals benutzten Solo-Kontrabasses an.

---

143 Vgl. Wilhelm Fischer: „Zur Entwicklungsgeschichte des Wiener klassischen Stils" 1915, 74ff., in der die typische relativ schlichte Harmonisierung der Zeitspanne Frühklassik/Klassik untersucht wird

Analyse Sperger-Konzert Nr.1 – von 1777   303

in Spergers Handschrift.

Die Bearbeitung der Erstausgabe (beachte Fußnote 133, S. 284) verzichtet auf die Doppelgriffe, um das melodische Element des Seitenthemas deutlicher hervortreten zu lassen.

Abb. 311 Das gesangliche Seitenthema des 1. Satzes im ersten Kontrabasskonzert – hier in der Erstausgabe von 2020 in bearbeiteter Form.

In der folgenden Durchführung erscheinen wieder einige technische Passagen, die diesen ersten Satz dann über ein orchestrales Zwischenspiel, bei dem auch wieder die Bläser, wie bereits im Vorspiel, hinzugezogen werden, zur Reprise leiten. Sehr geschickt lässt er durch die Reduzierung des Orchesters während der Solopassagen des Kontrabasses das Soloinstrument immer klanglich präsent hervortreten.
Die Reprise erscheint in der Grundtonart des Beginns, führt noch einmal das gesangliche zweite Thema vor und leitet mit einigen Arpeggien zur typischen harmonischen Kadenz-Einleitung hin. Leider ist keine Kadenz von *Sperger* selbst erhalten.
Im **zweiten Satz** lässt *Sperger* die Bläser pausieren um der Gesanglichkeit des Kontrabasses den nötigen Freiraum zu geben. Spielerische 32tel vermitteln diesem Largo-A-Dur-Satz eine transparente Leichtigkeit. Harmonische Abwechslung bringt dann die Überleitung in die Tonikaparallele, in der eine elegische Melodie, die sich logisch in den Ablauf einfügt und geschickt über eine Doppeldominante zunächst zur Dominante und wieder zurück zur Ausgangs-Tonika führt. Noch einmal werden Melodiefloskeln aus dem ersten Teil aufgegriffen bevor es zur typischen Kadenz-Einleitung hinführt.

Abb. 312

Der **3. Satz** beginnt wieder mit einem markanten Thema – wie im ersten Satz mit einer 12-taktigen Periode. Diese lässt sich auch wieder in drei viertaktige Gruppen aufteilen – sehr logisch in der Themenentwicklung.

Abb. 313 Hier das Thema des 3. Satzes des ersten Kontrabasskonzertes – wieder 12-taktig wie im ersten Satz.

Der gesamte 3.Satz lässt den Solisten dankbare virtuose Achtelbewegungen in staccato-Abläufen ausführen. Auch hier bleibt die harmonische Struktur sehr den Grundharmonien verhaftet – bis er in Arpeggien über Sept- und verminderte Akkorde die relativ schlichte Harmonik aufbricht und in virtuosem Zusammenwirken eine große Wirkung erzielt.

Abb. 314 Im 3.Satz finden sich virtuose und harmonisch interessante Arpeggien. Bereits im ersten Kontrabasskonzert nutzt Sperger diese und bettet sie mit Doppelgriffen in den musikalischen Ablauf.

Zum Schluss der kurzen Analyse noch eine historisch wichtige Feststellung: es war die Zeit am Ende der 70er Jahre des 18.Jahrhunderts, als man von der barocken Instrumentenbezeichnung des tiefsten Streichinstrumentes ‚Violone' abrückte und zur einheitlichen Bezeichnung ‚Kontrabass' überging. Siehe nächste Seite die Abbildung der ersten Partiturseite, auf der *Sperger* ‚Violone' durchstrich und in ‚Contrabasso' übersetzte. Dabei blieb er sehr konsequent bei all seinen Kompositionen für den Solo-Kontrabass.

Abb. 315 Die erste Partiturseite des ersten Kontrabasskonzertes – beachte: Sperger streicht ‚Violone' durch und ersetzt es mit ‚Contrabasso'.

Kapitel XXI Die Nachwelt urteilt

Musikerpersönlichkeiten zur Bedeutung des Werkes Spergers

Zu dem Kapitel „Die Bedeutung *Spergers*" lassen wir verdienstvolle Instrumentalisten und Dirigenten zu Wort kommen, die oft *Sperger*-Werke zur Aufführung brachten und sich mit dem Werk unseres Protagonisten sehr gut auskennen. Beginnen soll der Kontrabass-Solist und Pädagoge *Miloslav Gajdoš*, der vielleicht am häufigsten die verschiedensten *Sperger*-Werke öffentlich aufgeführt und sich auch durch Noten-Ausgaben verdient gemacht hat:

Miloslav Gajdoš, Internationaler Kontrabass-Solist, Prof. am Pavel-Josef-Vejvanovský-Konservatorium Kroměříž, Internationaler Juror, Leiter internationaler Meisterklassen weltweit, Komponist, Herausgeber von Kontrabassliteratur.
„*Sperger war ein Musiker, von Gott begnadet und mit allem gesegnet! Seine melodischen und harmonischen Kreationen sind absolut orginell und von Einmaligkeit. Ich wage zu sagen, manches erinnert an Mozart oder Haydn's Tonsprache – seine Sinfonien und Arien besonders. Für unser Instrument, für den Kontrabass kreierte und formte er einen Stil, der den Übergang vom Violone zum solistischen Kontrabass schuf und weit in die Zukunft wies. Aus seiner Zeit heraus war er die wichtigste Persönlichkeit für unsere Kontrabass-Historie. Mit seinen neuen Ideen in Erweiterung der technischen Belange des Kontrabasses, grundsätzlich basierend auf der musikalischen Aussage, hob er unser Instrument zu einem wertigen Soloinstrument.*"

𝄢

Clemens Meyer (1868-1958), Musiker, Bratschist, Musikwissenschaftler – schrieb 1913 die „Geschichte der Mecklenburg-Schweriner Hofkapelle von Anfang des 16.Jahrhunderts".
In einem Schriftstück von 1942 äußert er sich zur Aufführung des Konzertes A-Dur (A.M.: B9; Sperger-Zählung und K.T.: T11) von *Johann Matthias Sperger* in einem Brief an *Franz Ortner*, dem Kontrabassisten, der als erster ein Sperger-Werk aufführte, folgendermaßen:
„*Die Ansicht, Spergers Werke seien heute zum Teil veraltet (ich selbst teilte bisher diese Ansicht), muß nach dem, was ich nun aus Nürnberg gehört habe, stark revidiert werden. Die beiden gehörten Sätze sind so schön, daß sie Mozart geschrieben haben könnte…..daß die Spergerschen Werke wohl verdienen, allgemeiner bekannt zu werden. Hoffentlich geben Sie das gespielte Konzert gelegentlich im Druck heraus. Auch die Orchesterbegleitung, die sehr dezent aufgeführt wurde, ist überaus klangschön*".

𝄢

Korneel le Compte, Dr. phil., 35 Jahre Solokontrabassist an der Belgischen Nationaloper „La Monnaie" in Brüssel, Professor für Kontrabass modern als auch historischer Kontrabass und Violone – Spezialität Wiener Kontrabass; Kammermusikduo „Sweet 17" mit Wiener Kontrabass und Viola d'Amore (mit Haruko Tanabe); 2019: Dissertation: „Building Bridges" – Wiener Kontrabass.

„Als Wiener-Kontrabass Spieler hat es mich immer erstaunt wie weit Sperger in der Erforschung der Möglichkeiten und der scheinbaren Grenzen des Instrumentes geht, und wie er versucht die von der Stimmung bestimmten Fesseln zu lösen. Kein anderer "Wiener" Kontrabassist-Komponist kommt seiner Inventivität nahe.

Obwohl die Beschränkungen des Wiener Violone und des Klassischen Stils ihn dazu zwingen mit den gebräuchlichen formelhaften Skalen und Arpeggien zu spielen und sie mit einzuschliessen, findet man in vielen seiner Werke einen transzendenten, kreativen Funken der uns Spergers Persönlichkeit, seine Musikalität, und seine erstaunliche technische Meisterschaft zeigt.

Darum ist seine Musik auch heute relevant: ihre Herausforderungen sind nicht nur technisch, sondern auch musikalisch. Spieler und Zuhörer werden nicht nur "athletisch", auf einer virtuosen Weise befriedigt, sondern auch ihre ästhetischen Erwartungen werden ernährt. Er spricht eine Sprache die wir verstehen, fühlen, und geniessen können."

𝄢

Ludwig Güttler, Solist, Dirigent, Musikinitiator, einer der berühmtesten und international bekanntesten Trompeter unserer Zeit, hat bereits vor Jahrzehnten Solokonzerte für Trompete und Corno da Caccia mit Orchester von Johann Matthias Sperger aufgeführt und auf Tonträger aufgenommen.

„Die Beobachtung, dass die Kontrabassisten Sperger gegenüber skeptisch sind, vermag ich nicht nachzuvollziehen – weil Sperger ein Melodiker ist und sich auch in angrenzenden Klangbildern sehr gut auskennt. Seine Musik ist im besten Sinne heitere Klassik. Seine melodischen Einfälle sind genial, phantasiereich und sprudeln aus einer schier unerschöpflichen Quelle. Die Orchesterbehandlung bei Sperger ist typisch klassisch; die langsamen Sätze nehmen wegen ihrer Empfindungstiefe einen hohen Stellenwert ein.

Einen fehlenden musikalischen Wert festzustellen, ist überhaupt nicht denkbar.

Ich wünsche meinen Kontrabassisten-Kollegen beim Umgang mit ihrem bedeutendsten Vorfahren Wertschätzung und die Würdigung der großartigen Leistungen von Sperger.

Es gibt keinen Grund, das Licht des Komponisten und Kontrabassisten Johann Matthias Sperger unter den Scheffel zu stellen, ganz im Gegenteil!"

𝄢

Daniel Raiskin, Dirigent, Music Director bei Winnipeg Symphony Orchestra/Kanada, Chefdirigent der Slowakischen Philharmonie in Bratislava und Principal Guest Conductor bei der Belgrader Philharmonie:
„Als Bratschist spielte ich das Duetto für Viola und Kontrabass von Johann Matthias Sperger und nun war ich sehr froh, als Dirigent auch selbst Kontrabass-Konzerte zu begleiten. Seine Musik ist frisch und energisch, die Stimmführung sehr klar und die Phrasierungen sehr konsequent und deutlich. Auch ist es nicht problematisch, die Balance zwischen Solo und Orchester zu schaffen, da seine Instrumentierung, die Registerwahl und vor allem der kluge Umgang mit Tutti und Soli bei der Verteilung im Streicher-Apparat auf natürliche Weise dieses Problem löst. Er lässt den Kontrabass singen und sprechen – die Virtuosität ist nur Ausdrucksmittel, nicht das Ziel an sich. Es war eine Erfahrung und wirklich ein tolles Erlebnis, Konzerte von Johann Matthias Sperger zu dirigieren!"

𝄢

Roman Patkoló, Kontrabass-Solist, Oper Zürich, Prof. in Basel, Preisträger verschiedener Wettbewerbe, 2018 OPUS-Preisträger „Instrumentalist des Jahres" hat Werke von Johann Matthias Sperger öffentlich aufgeführt und auf Tonträger aufgenommen.
„Johann Matthias Sperger gilt für mich mit seinen 18 Kontrabasskonzerten, 4 Sonaten, zahlreicher Kammermusik für Kontrabass als Hauptperson bzw. Hauptkomponist unserer Kontrabass-Literatur. Seine Melodien, Harmonien, virtuosen Passagen und die gesamten musikalischen Strukturen sind reich und charismatisch, womit er eine autonome Stilistik in die Kontrabassliteratur und überhaupt in die Kontrabass-Historie gebracht hat. Er war einer der ersten und der bedeutendste Kontrabass-Solist des 18. Jahrhunderts und weit darüber hinaus. Überhaupt kann ich ihn als Paganini bzw. als Pionier des Kontrabasses einschätzen, da seine Werke technisch sowie musikalisch äußerst anspruchsvoll sind."

𝄢

Johannes Moesus, Dirigent, setzt sich als Entdecker und Vermittler in zahlreichen Weltersteinspielungen für weniger bekannte Komponisten, auch Johann Matthias Sperger ein, u.a. als Dirigent des Internationalen Sperger-Wettbewerbes.
„Mit seiner 1793 in Ludwigslust komponierten, abendfüllenden Passionskantate ‚Jesus in Banden' für Soli, Chor und Orchester gebührt dem Katholiken Johann Mathias Sperger das Verdienst, die Tradition der evangelischen Kirchenkantate in Mecklenburg zu einem wohl letzten Höhepunkt geführt zu haben. Gerade weil Spergers Schwerpunkt als ‚guter Compositor' zeitlebens auf der Instrumentalmusik lag, ragt diese durch die oratorische Besetzung, durch großen Umfang und beeindruckende Ausdrucksstärke absolut außergewöhnliche Komposition wie ein Solitär aus seinem Gesamtwerk hervor. Das umfangreiche Werk mit Arien, Rezitativen, Chören, Chorälen stellt Sperger mit herausragender kompositorischer Meisterschaft virtuos in den Dienst der Aufgabe, den Zuhörer angesichts des Passionsgeschehens in seinen

seelischen Grundfesten zu erschüttern. Die vom Violinisten der Mecklenburgischen Staatskapelle Schwerin Stefan Fischer aufführungspraktische Einrichtung und initiierte Aufführung kam in Ludwigslust unter meiner Leitung im August 2012 zur erstmaligen Wiederaufführung (nach 219 Jahren!) zustande. Spergers 90-minütige Kantate ‚Jesus in Banden' hinterließ die Zuhörer tief bewegt. Dieses Werk gehört für mich zu den beeindruckendsten oratorischen Werken des ausgehenden 18. Jahrhunderts."

᪥:

Renate Sperger, Organistin an der Peterskirche in Wien – aus der weitverzweigten Familie Sperger; Internationale Preisträgerin, rege Konzerttätigkeit In- und Ausland.
„Die Tonsprache Johann Matthias Spergers klingt für mich oft wie an Mozart anlehnend, mir fallen seine späten Opern ein. Beim Oratorium „Jesus in Banden" dachte ich spontan an die Zauberflöte. Natürlich erinnert mich sein Stil auch an die Frühklassik, besonders an Musik von Haydn. Auf jeden Fall sind Spergers Werke von perfekter formaler Struktur, phantasievoll, musikantisch und voll von schönsten melodischen Einfällen!"

᪥:

Wolfram Wagner, Wien, Komponist zahlreicher Orchester-, Kammermusik-, Chor und Instrumentalwerken, Kammeropern und Solowerke für Kontrabass.
„Johann Matthias Spergers Kantate ‚Jesus in Banden' ist eine meisterhaft komponierte Musik. Man merkt die zeitliche Nähe zu Mozart – vielleicht in der Tonsprache noch etwas frühklassischer. Die Chorsätze sind äußerst kunstvoll und besonders schön das Quartett mit den Figurationen in der Violine.
Sein Kontrabasskonzert Nr. 15 ist wirklich großartige Musik, frisch, lebendig und geistreich - genau das, was man auch über Haydns Musik sagt.
Eine sehr erfreuliche Begegnung!"

᪥:

Dirk Stöve, Musik- und Kunst/Kultur-Autor über Sperger.
„Johann Matthias Sperger ist für mich eine echte Entdeckung und ich komme aus dem Staunen nicht heraus. Es sind klingende Schätze, ein faszinierender Komponist erschließt sich mir, von dem ich vorher kaum mehr als den Namen kannte. Ich höre die CDs mehrfach mit Genuss und entdecke dabei immer wieder neue Details."

᪥:

Miloslav Jelínek, langjähriger Solokontrabassist der Philharmonie Brno, Professor an der Musikakademie in Brno, internationaler Solist und Leiter von Kontrabassmasterclasses weltweit.
„Johann Mathias Sperger ist eine ausserordentliche Persönlichkeit – seine Musik ist eine reine klassische Kunst. Er hat mit seinen herrlichen Kompositionen für Kontrabass das Instrument zu den Soloinstrumenten gehoben.

Ich möchte nur die Perlen der einzig erhaltenen originalen Kontrabass-Sonaten dieser Zeit nennen, die die Literatur für dieses Instrument maßgeblich bereichert – die nicht nur für Zuhörer, sondern vor allem auch für die Interpreten einen wesentlichen Beitrag darstellen. Spergers Sonaten bergen in sich all das, was wir von klassischen Sonaten erwarten können. In diesen Werken finden sich alle Arten von technischen Anforderungen, wie Arpeggien, Doppelgriffe, Flageolettspiel, Lauftechnik, Lagenwechsel, diverse Bogentechnik – der Umfang der Kompositionen umfasst 4 ½ Oktaven.
Es gibt keine andere ähnliche Original – Literatur für Kontrabass. Spergers Sonaten sind ein selbstverständlicher Bestandteil des Studienmaterials an Musikinstituten.
All das halte ich für wesentlich nicht nur wegen der einmaligen Bedeutung dieser Kompositionen für die Kontrabass – Literatur, sondern auch wegen ihrer Schönheit, und nicht zuletzt für die Entwicklung des Kontrabasses als Konzertinstrument. Aus meiner eigenen Erfahrung kann ich nachweisen, dass das Konzertpublikum diese Sonaten begeistert begrüßt."

𝄢

Peter Damm, langjähriger Solohornist der Sächsischen Staatskapelle Dresden, einer der bekanntesten Hornisten unserer Zeit, Leiter internationaler Meisterkurse; hat bereits vor Jahrzehnten die Konzerte für Horn und Orchester von Johann Matthias Sperger öffentlich aufgeführt und auf Tonträger aufgenommen.
„Sperger muss aus der Rolle des Kontrabass-Komponisten erlöst werden, sein Werk ist umfangreicher und vielschichtiger. Es ist ein Glücksfall für die Musikgeschichte, dass sein Lebenswerk in Schwerin erhalten geblieben ist. In Johann Matthias Sperger haben wir nicht nur einen berühmten Kontrabassisten zu sehen.
Sein umfangreiches kompositorisches Schaffen zeigt uns, dass er ein bedeutender Komponist der Wiener Klassik war, der bereits Ansehen bei seinen Zeitgenossen fand. Sein Werk sollte ebenso die Achtung unseres Jahrhunderts erfahren, sollte in den Konzertprogrammen präsenter werden! Von den beiden Hornkonzerten bevorzugte ich gern das Konzert in Es."

𝄢

Radoslav Šašina, Professor für Kontrabass an der Musikakademie Bratislava, erfahrener Sperger-Interpret, CD-Aufnahmen mit Sperger-Werken in Original-Stimmung, Juror und Leiter internationaler Meisterkurse.
„Durch meine intensive 40-jährige Beschäftigung mit Spergers Musik habe ich eine vertrauliche Beziehung. Sperger war der bedeutendste Kontrabassist und Virtuose seiner Zeit und darüber hinaus. Seine Werke haben grundsätzliche Bedeutung für alle Solokontrabassisten. Sein ausserordentlicher Charakter kommt in seinen Kompositionen zum Ausdruck. Nach meiner praktischen Erfahrung konnte Sperger keine Bünde benutzt haben, weil das nicht zu seiner melodischen und virtuosen Musik korrespondierte. Er ist für uns Kontrabassisten von immenser Bedeutung!"

𝄢

Stefan Malzew, langjähriger GMD der Neubrandenburger Philharmonie gibt seinen Eindruck über die Aufführung des Kontrabass-Konzertes A-Dur (T11) von Johann Matthias Sperger wider:

„Sperger ist aus dem klassischen Musikleben nicht wegzudenken, da er u. a. mit seinen Kontrabasskonzerten einem der wichtigsten Instrumente des Orchesters eine Plattform geboten hat, auch als Soloinstrument wahrgenommen zu werden. Das, was er geschaffen hat und das auch nach Jahrhunderten in seinem Wert immer mehr zum Tragen kommt, ist bemerkenswert. Dafür, dass dabei so wunderbare musikalische Juwelen, wie zum Beispiel der langsame Satz des A-Dur Konzertes, herausgekommen sind, gebührt ihm ewiger Dank. Bei der Anlage der Komposition fällt besonders die Formstrenge, die strukturelle Verarbeitung und die Fülle von melodischen Einfällen auf – ungeachtet der verlangten Virtuosität. All das zusammen bietet dem Solisten alle Möglichkeiten der musikalischen Gestaltung und Präsentation seines Könnens und dem Publikum einen musikalischen Hochgenuss."

𝄢

Stefan Fischer, Violinist der Mecklenburgischen Staatskapelle, dem Nachfolgeorchester der Ludwigsluster Hofkapelle, Musikforscher, Initiator vieler Aufführungen von Werken Spergers, u.a. Kantate „Jesus in Banden".

„Nach dem Studium der Violine und der historischen Aufführungspraxis kam ich 1982 als Geiger nach Schwerin, wo damals das musikalische Erbe als Verpflichtung galt und so wurde ich bald mit Spergerschen Sinfonien konfrontiert und staunte immer mehr. Das großartige und reichhaltige Repertoire der ehemaligen Hofkapelle hat mir unzählige Antworten auf meinem aufführungspraktischen Weg zu Sperger gegeben. Ich fühle mich heute seinen vielen Kompositionen, von der Violinsonate bis zum Oratorium nahe und verbunden – und sehe seine Musik als große Bereicherung meiner musikalischen Welt".

𝄢

David Sinclair, Dozent für Kontrabass an der Hochschule der Künste Bern (HKB) und Dozent für Kontrabass und Violone an der Schola Cantorum Basilienesis (SCB) in Basel, Schweiz; Internationaler Solist, Kammer- und Orchestermusiker.

„Aus meiner Sicht hat Sperger als Komponist für den Kontrabass Enormes geleistet und eine bedeutende Entwicklung eingeleitet. Obwohl er nicht der Erste war, der für Solokontrabass geschrieben hat, war er aber derjenige, der z.B. als Erster Sonaten für den Kontrabass komponierte. Er hat sehr viel in den verschiedensten Besetzungen ausprobiert – vom Duett bis zur konzertanten Sinfonie. Sperger versuchte immer neue Wege zu öffnen – sein Merkmal war die ‚Experimentierfreudigkeit'.

In seinen frühen Werken bleibt er einem eher traditionellen und idiomatischen Stil verpflichtet – bis er dann an die Grenzen des Machbaren geht. Es erinnert fast schon an Bottesini in Tonumfang und Technik!

Das Spiel Spergers muss zauberhaft gewesen sein, wie wir aus Zeitdokumenten wissen. Letztlich darf man nie vergessen, dass es Sperger war, der uns durch sein Sammeln von zeitgenössischer Kontrabassmusik überhaupt die Werke der Wiener Klassik bekannt gemacht – und bis in unsere Zeit überbracht hat! Es ist sein großartiges Verdienst!"

𝄢

Artem Chirkov, Erster Solokontrabassist der St. Petersburger Philharmonie, internationaler Solist, Leiter von Meisterklassen weltweit.
„Nach über 200 Jahren hat das Werk von Johann Matthias Sperger eine Wiedergeburt erfahren. Zweihundert Jahre nach dem Tod des Komponisten wurde ein kulturelles, ein musikalisches Vakuum ausgefüllt.
Damit gab es einen wichtigen Impuls – eine neue Entwicklungsstufe war geschaffen!
Die Musik von Johann Matthias Sperger spielt für die Entwicklung der Kontrabasshistorie eine wesentliche Rolle. Strenge Formen des Klassizismus in Spergers Musik, spezielle Regeln der musikalischen Sprachsteuerung, strenge Regeln der Harmonisierung – und alles ist gekleidet in grenzenlose Emotionen des Komponisten.
Spergers Musik erfordert eine sorgfältige Ausarbeitung der Details, einen delikaten Geschmack und eine Kultur des Hinhörens. Die Fülle an Dialogen zwischen den Instrumenten macht den Lernprozess zu einer aufregenden Reise. In vielen Passagen kann der Part mit Mozart und Haydn verglichen werden.
Themen, Durchführung und Reprise in seinen Konzerten entwickeln sich so selbstverständlich und zeigen gemeinsam mit dem Orchesterpart perfekte klassische Solokonzerte – ganz im Stile Haydns. Mit ihnen wird die schmerzhafte Lücke des verschollenen Haydn- Kontrabasskonzertes aufgehoben.
Komplexität des Materials überrascht – Reichtum an Texturen und Melodien; ein unglaublich interessantes Werk, welches größte Virtuosität verlangt!
In melodischer Erfindung meisterhaft mit außergewöhnlicher Schönheit der Melodien und virtuosem Material, was die Phantasie zu meisterhafter Gestaltung anregt.
Sein Werk wird hochgeschätzt. Die Musik von Sperger lebt und erobert weiterhin neue Generationen von Musikern und Zuhörern."

𝄢

Klaus Trumpf, langjähriges Mitglied der Staatsoper/Staatskapelle Berlin, Solokontrabassist, Leiter internationaler Kurse, Juror internationaler Wettbewerbe, Initiator vielfältiger Kontrabass-Events: Sperger-Wettbewerb, Sperger-Gesellschaft, Gründer des Internationalen Kontrabass-Ensembles BASSIONA AMOROSA, Herausgeber, Sperger-Forscher.
„Etwa 100 Jahre nach dem Tod Johann Matthias Spergers wird sein kompositorischer Nachlass erstmalig bibliographisch erfasst – weitere 50 Jahre brauchte es, bis erstmalig ein Werk aus seiner Feder aufgeführt wurde und noch einmal fast 50 Jahre, bis sein umfangreiches Werk auf ein breiteres Interesse bei ausführenden Musikern stieß.

Dann aber, mit den ersten Ausgaben und seit dem 1. Internationalen Johann-Matthias-Sperger-Wettbewerb im Jahre 2000, war die Tür aufgestoßen.
Spergers Hinterlassenschaft umfasst ein Werk von ca. 350 Kompositionen. Es überrascht die Breite seiner unterschiedlichen Werke – vom Duo über alle Besetzungsvarianten der Kammermusik, Bläsermusiken bis hin zu den Instrumentalkonzerten und zur Sinfonik. Darunter 40 Werke für den Solo-Kontrabass – und speziell darin finden wir einen wahren Kosmos an neuen Ideen, musikalisch sowie technisch.
Und immer wieder: er war der Erste, der den Kontrabass in all seinen Facetten erkundete und in seinen Kompositionen gültig zu Papier brachte. In Personalunion als Kontrabassist und Komponist gelang es ihm, alle seine künstlerischen Ideen in klassische Formen der vielfältigen Instrumentalmusik zu giessen.
Außergewöhnlich phantasiereich ist sein Melodien-Reichtum, der sich aus einer schier unerschöpflichen Quelle speist. Die Grundlage dafür bot ihm das deutsche Volksliedgut und daraus schöpfte er auch seine Harmonik. Das Divertimentohafte ist vielleicht das vorherrschende Charakteristikum in seinem Werk.
Seine Neigung, Neues auszuprobieren, zeigt sich auf vielen Feldern: er nutzt den Umfang der Instrumente bei seinen Instrumentalkonzerten bis an deren Höhengrenzen – ob bei Horn, Trompete, Viola, Kontrabass. Der verlangte Umfang beim Solokontrabass durchmisst fast fünf Oktaven. Hier probiert er in immer wieder neuen Varianten alle Arpeggio- und Doppelgriffmöglichkeiten aus. Gewagte Flageolettpassagen finden sich in allen Kontrabass-Solowerken.
In seiner Sinfonik und den Kantaten probiert er ein breites Feld von stilistischer Vielfalt: von Anklängen barocker Choräle bis hin zu Anfängen der romantischen Tonsprache.
Spergers Behandlung seiner Orchesterbegleitungen der Instrumentalkonzerte ist als genial zu bewerten – durch geschickteste transparente Orchestrierung wird dem Solisten grundsätzlich die klangliche Dominanz gegeben. Die Vor- und Zwischenspiele glänzen durch Präsenz und vielschichtige Harmonisierung in klassischer Formensprache.
Spergers Tonsprache ist eigenständig, individuell, persönlich – damals wie heute verständlich, deshalb universell und von absoluter Gültigkeit."

Anhang

Einige komplette Schreiben, die im Haupttext erwähnt wurden

1.) Herzog-Schreiben vom 6.9.1790 an Sperger, betreffend die Hotel-Bezahlung in Ludwigslust im ersten Jahr seiner Anstellung.
Siehe auch S. 165

An den Hofmusikus Sperger hieselbst.
Der Hofmusikus Sperger erhält auf seine im vergangenen Monath eingereichte unterthänigste Bitte um Bezahlung seiner Rechnung in hiesigem Gasthof, hierdurch zur Antwort, daß ihm in seinem ersteren Gesuch ... der folgen willen und wird er ohne daß eine ......seiner ihm festgesetzten Besoldung aus besonderer Gnade mehr erhalten hat als er eigentlich haben könne nicht willfahret werden könne, ihm aber, wie auch billig ist, das Logis bezahlet werden solle.
Ludwigsl. den 6.Sept. 1790   Unterschrift Herzog

2.) Hier folgt auf Hinweis von S.199, Fußnote 114 das vollständige Sperger-Schreiben vom 17.1.1801, betreffend die Anschaffung einer Kuh:

Durchlauchtigster Herrzog, Gnädigster Herrzog und Herr Herr; Euer Durchlaucht, geruhen allergnädigst zu Vermärcken, da die Preise zu dem Menschlichen Leben bald alle Tage erhöhet werden, und ich zu dieser Zeit mich bemüßigt sehe eine Kuh mir anzuschaffen, auch kein Stall in diesem Hause, welches ich besizze nicht dazu eingerichtet ist; So wage bey Euer Herzoglichen Durchlaucht eine allerunterthänigste Bitte, daß Höchst dieselben allergnädigst geruhen zubefehlen, daß eine von die obbenannte Ställe zu diesem gebrauche eingerichtet werde. Gantz getrost sehe einer allergnädigsten Resolution entgegen, der ich in tiefster erfurcht ersterbe, als, Euer Herzoglichen Durchlaucht allerunterthänigster allergehorsamster Sperger.
Ludwigslust den 17.ten Januar 1801   präs. 21ten Jan. 1801

3.) Herzog-Schreiben vom 3. Juni 1803 an das Kammer Collegium in Schwerin, betreffend Gelder an Sperger für verschiedene Tätigkeiten außerhalb seines Orchesterdienstes (s. S. 188, Abb. 160).

An das Kammer Collegium in Schwerin
Von Uns sind dem Hofmusikus Sperger für das im vergangenen Winter verrichtete Orgelspielen in hiesiger Schlosskirche zehn Louisdour <u>zum Geschenk</u> und für das ihn fortwährende übertragende Geschäft des Stimmens Unseres Klavieres, jährlich vier Louisdour auf Ostern, diesen jüngst..........bewilligt worden und hat Unser KammerCollegium der Zahlung halber, das Befehlige (?) an die Renterey zu erlassen.
Llust, den 3ten Junius 1803.   Unterschrift Herzog

4.) Es folgt der gesamte Text des Schreibens der Witwe Anna Sperger vom 14.6.1812, betreffend u.a. die Einstellung eines Dienstmädchens (s. S. 229)

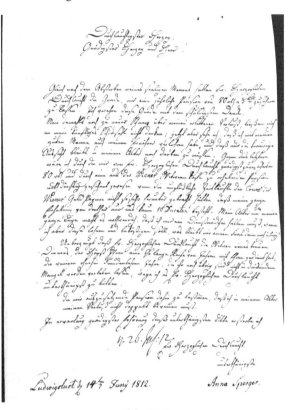

Abb. 316

„Durchlauchtigster Herzog, Gnädigster Herzog und Herr!
Gleich nach dem Absterben meines seeligen Mannes hatten Eure Herzoglichen Durchlaucht die Gnade, mir eine jährliche Pension von 80 Rthl. zusichern zu lassen. Ich verehre diese Gnade mit dem schuldigsten Dank. Mein damahls noch zu neuer Schmerz über meinen erlittenen Verlust, ließen mich an mein künftiges Schicksal nicht denken; jetzt aber sehe ich, daß ich mit meinem guten Manne auch meinen Ernährer verlohren habe, und daß mir die traurige Aussicht bleibt in meinem Alter noch darben zu müssen.
Gegen dies letztere wäre ich durch den mir von Ew. Herzoglichen Durchlaucht gnädigst zugesicherten 80 Rthl. und durch eine aus der Wiener Witwenkasse zu erhebenden Pension nothdürftig gesichert gewesen, wenn die unglücklichen Zeitläufte den Cours der Wiener Geld Papiere nicht an sehr herunter gebracht hätten, daß meine ganze Erhebung von dorther nur aus kaum 10 Ducaten besteht. Mein Alter und meine ganze Lage macht es nothwendig, daß ich mir ein Dienstmädchen halten muß, wenn ich aber diese lohnen und beköstigen soll, was bleibt mir armen Frau dann noch übrig?

Ueberzeugt daß Ew. Herzogliche Durchlaucht die Witwe eines treuen Dieners der Högst Ihnen eine so lange Reihe von Jahren mit Ehren gedient hat, die wenigen ohnehin freudlosen Jahre, die mir noch übrig sind, nicht in drückendem Mangel werden verleben lassen, wage ich es Ew. Herzogliche Durchlaucht unterthänigst zu bitten, die mir auszusetzende Pension dahin zu bestimmen, daß ich in meinem Alter meinen Verlust nicht doppelt beweinen muß. In Erwartung gnädigster Erhörung dieser unterthänigsten Bitte ersterbe ich
Ew. Herzogliche Durchlaucht unterthänigst Anna Sperger"
Ludwigslust, d. 14ten Juni 1812

5.) Herzog-Brief an den Hof- und Landbaumeister Barca vom 31.12.1815, betreffend den Verkauf des Sperger-Hauses (s. S. 233 Fußnote 122).

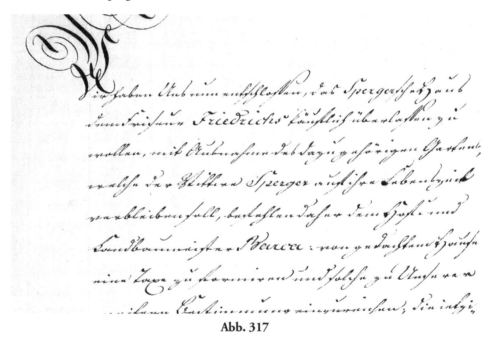

Abb. 317

Wir haben Uns nun entschlossen, das Spergersche Haus dem Friseur Friedrichs käuflich überlassen zu wollen mit Ausnahme des dazugehörigen Gartens, welcher der Wittwe Sperger auf ihre Lebenszeit verbleiben soll, bestellen dafür beim Hof- und Landbaumeister Barca von gedachtem Hause eine Taxe zu formieren und solche zu Unserer weiteren Bestimmung einzureichen; die itzigen Bewohner desselben werden dann zu Ostern oder Johannis d.J. anderweit unterzubringen seyn, um zu einer dieser Zeiten dem Käufer in dem Fall, daß der Verkauf mitdemselben zu Stande kommt, das Haus tradieren zu können.
Ludwigslust, den 31ten Dezember 1815   Unterschrift Herzog
An Hof- und Landbaumeister Barca   Präs.Llust 31.Januar 1816

Einige komplette Schreiben, die im Haupttext erwähnt wurden   319

6.) Hier folgen drei äußerst interessante Schriftstücke, die uns im Original erhalten sind und in Schwerin aufbewahrt werden (s. S. 231, Abb. 195, S. 215, Abb. 184 und S. 231, Abb. 196). **Für die Historie der Kontrabass-Literatur vielleicht die wichtigsten Zeugnisse:**[144]

1.) Das Schreiben der Witwe Anna Sperger an den Herzog vom 27. April 1816, betreffend u.a. der Noten-Nachlass Spergers:

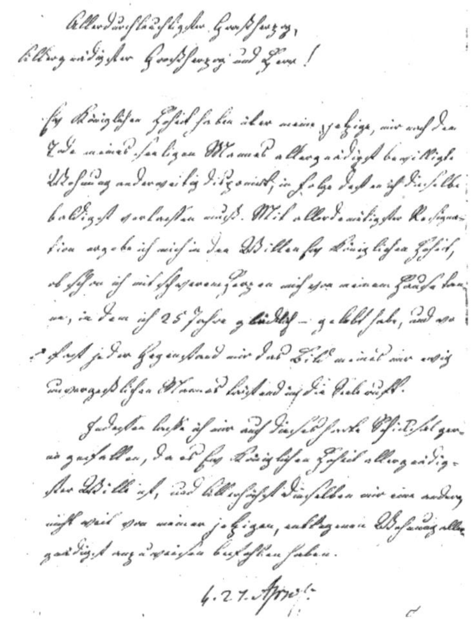

Abb. 318a 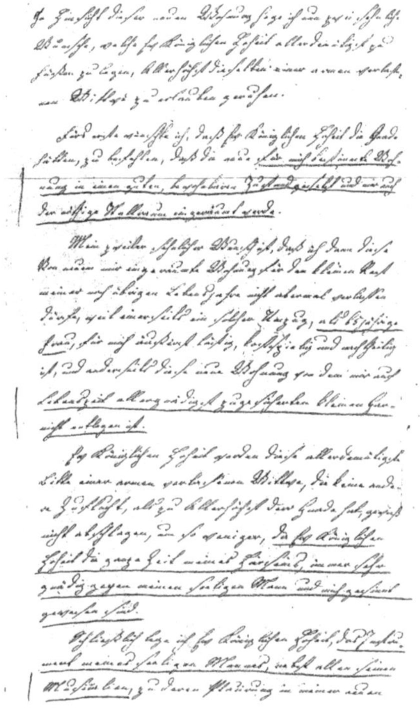   Abb. 318b

Allerdurchlauchtigster Großherzog,
Allergnädigster Großherzog und Herr!
Eure Königliche Hoheit haben über meine jetzige, mir auf dem Tode meines seligen Mannes allergnädigst bewilligte Wohnung anderweitig disponirt, in folge dessen ich dieselbe baldigst verlassen muß. Mit allerdemüthigster Resignation ergebe ich mich in den Willen Eurer Königlichen Hoheit, obschon ich mit schwerem Herzen mich von meinem Hause trenne, in

---

144 Aufbewahrt im Landeshauptarchiv Schwerin unter
2.12-1/26-7 Hofstaatssachen – Hofkapelle, Nr. 286
2.26-1/1 Großherzgl. Kab. I/Sachakten, Nr. 10214
2.26-1/2 Großherzgl. Kab. I/Personalia, Nr. 7995
2.26-2 Großhrzgl. Hofmarschallamt, Nr. 1144, 1328, 3068, 3089)

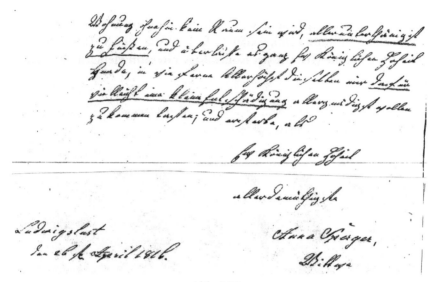

Abb. 318c

dem ich 25 Jahre glücklich gelebt habe, und so fast jeder Gegenstand mir das Bild meines mir ewig unvergeßlichen Mannes trägt und auf die Seele ruft.

Indessen lasse ich mir auch dieses harte Schicksal gerne gefallen, da es Euer Königlichen Hoheit allergnädigster Wille ist, und allerhöchst dieselben mir eine andere nicht weit von meiner jetzigen, entlegenen Wohnung allergnädigst anzuweisen befohlen haben.

In Hinsicht dieser neuen Wohnung sage ich nun zwei sehnliche Wünsche, welche Euer Königlichen Hoheit allerdemütigst zu Füßen zu legen, Allerhöchst dieselben einer armen verlassenen Wittwe zu erlauben geruhen.
Für's erste wünsche ich, daß Eure Königlichen Hoheit die Gnade hätten, zu befehlen, daß die neue für mich bestimmte Wohnung in einem guten bewohnbaren Zustand gesetzt und mir auch der nöthige Stallraum eingeräumt werde.

Mein zweiter sehnliche Wunsch ist, daß ich dann diese Von neuem mir eingeräumte Wohnung für den kleinen Rest meiner noch übrigen Lebensjahre nicht abermal verlassen dürfe, weil einerseits ein solcher Umzug, als 65jährige Frau, für mich äußerst lästig, kostspielig und nachteilig ist, und anderseits diese neue Wohnung von dem mir auf Lebenszeit allergnädigst zugesicherten kleinen Garten nicht entlegen ist.

Eurer Königlichen Hoheit werden diese allergnädigste Bitte einer armen verlassenen Wittwe, die keine andere Zuflucht, als zu Allerhöchst dero Gnade hat, gewiß nicht abschlagen, um so weniger, da Euer Königlichen Hoheit die ganze Zeit meines Hierseins, immer sehr gnädig gegen meinen seligen Mann und mich gesinnt gewesen sind.

Einige komplette Schreiben, die im Haupttext erwähnt wurden   321

Schließlich lege ich Eurer Königlichen Hoheit, das Instrument meines seeligen Mannes, neben allen seinen Musikalien, zu deren Planierung im meiner neuen Wohnung ohnehin kein Raum sein wird, allerunterthänigst zu Füßen, und überlasse es ganz Euer Königlichen Hoheit Gnade, inwiefern Allerhöchst dieselben mir dafür vielleicht eine kleine Entschädigung allergnädigst wollen zukommen lassen, und ersterbe, als
Euer Königlichen Hoheit allergnädigst
Anna Sperger Wittwe
Ludwigslust den 27. April 1816

2.) Das Antwortschreiben des Herzogs vom 27. April 1816 an die Witwe Anna Sperger:

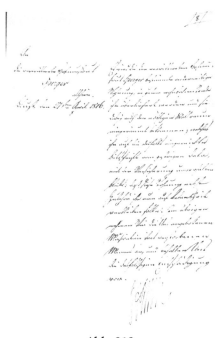

Abb. 319

„*An die verwittwete Hofmusikus Sperger allhier, L.lust, den 27ten April 1816*
Es wird die der verwittweten Hofmusikus Sperger bestimmte anderweitige Wohnung, in gutem wohnbaren Stande ihr überliefert werden, und sie dabei auch den nöthigen Stallraum eingeräumt bekommen, welcher ihr auf die desfalls eingereichte Bittschrift vom gestrigen Dato, mit der Versicherung unser erhalten bleibt: daß diese Wohnung nebst Zubehör ihr nun auf Lebenszeit verbleiben solle. Im übrigen nehmen wir die Uns angebotenen Musikalien ihres verstorbenen Mannes an und behalten Uns die desfallsige Entschädigung vor".

Unterschrift Herzog

3.) Das Schreiben des Herzogs an den Konzertmeister Massoneau vom 17. Oktober 1816:

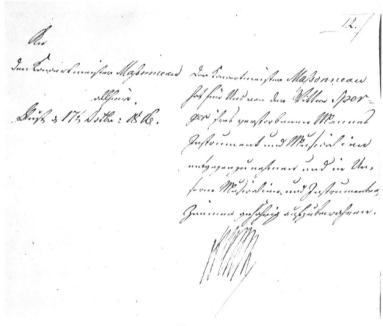

Abb. 320

„Der Konzertmeister Massoneau hat für uns von der Witwe ihres verstorbenen Mannes Instrument und Musikalien entgegen zu nehmen und in Unser Musikalien und Instrumenten Zimmer gehörig aufzubewahren."

Unterschrift Herzog

7.) *Clemens Meyer* (1868-1958), Musiker, Bratschist, Musikforscher, Kustos der Musikaliensammlung der Mecklenburgischen Landesbibliothek Schwerin, schrieb die allumfassende „Geschichte der Mecklenburg-Schweriner Hofkapelle". (s. S. 175, Fußnote 103)

In einem Schriftstück äußert er sich zur Aufführung des Konzertes A-Dur (T11) von *Johann Matthias Sperger* folgendermaßen: „*Die Ansicht, Spergers Werke seien heute zum Teil veraltet (ich selbst teilte diese Ansicht), muß nach dem, was ich nun aus Nürnberg gehört habe, stark revidiert werden. Die beiden gehörten Sätze sind so schön, daß sie Mozart geschrieben haben könnte....daß die Spergerschen Werke wohl verdienen, allgemeiner bekannt zu werden. Hoffentlich geben Sie das gespielte Konzert gelegentlich im Druck heraus. Auch die Orchesterbegleitung, die sehr dezent aufgeführt wurde, ist überaus klangschön*".

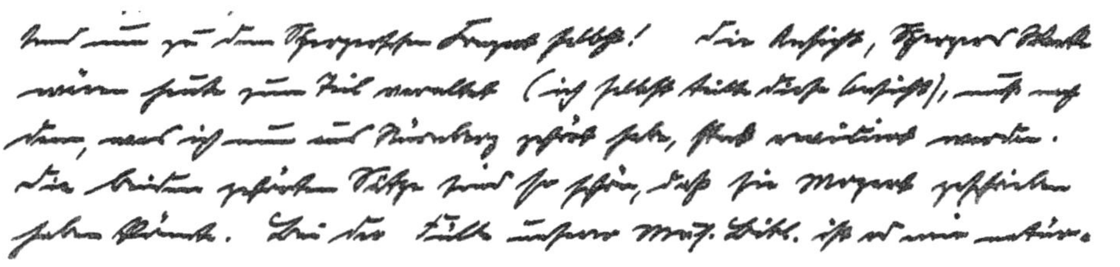

Einige komplette Schreiben, die im Haupttext erwähnt wurden

Abb. 321

Die erste Aufführung eines *Sperger*-Konzertes fand mit dem Solisten *Franz Ortner* und dem Nürnberger Opernorchester im Theater Nürnberg am 2.Juni 1940 statt.
Darüber schreibt der Rezensent der „Fränkischen Tageszeitung" am 4.Juni 1940: „...*wie sich der Kontrabass zu schlanker, heller Musizierfreude erheben kann und welch virtuoser Beweglichkeit er fähig ist, hat Franz Ortner prächtig demonstriert...*".

Im „Fränkischen Kurier" heißt es über den Solisten: „... *mit der Brillanz seiner glasklaren Passagen, seiner ungetrübten Doppelgriffe und seiner tonechten Kantilene...*".

Und zwei Jahre später nach neuerlicher Aufführung dieses Konzertes konstatiert der Kritiker in der „Nürnberger Zeitung" am 26.mai 1942: „...*erstaunliche Weichheit und Geschmeidigkeit, fließende Leichtigkeit der schnellen Passagen... so wurde das Spergersche Werk zu einem Triumph meisterhafter Kontrabaßkunst*".

Kontrabass – Violine

Zum Thema Lageneinteilung, Partialtöne, Höhengrenze, Umfang soll diese Ergänzung den Vergleich zur Violine und die Notwendigkeiten aufzeigen, weshalb die Beherrschung der Lagen mit Hilfe der Flageoletttöne geradezu lebensnotwendig für den Kontrabassisten ist.

Weshalb die Thematik der Lageneinteilung beim Kontrabass so wichtig ist, zeigt der Vergleich zur Violine:

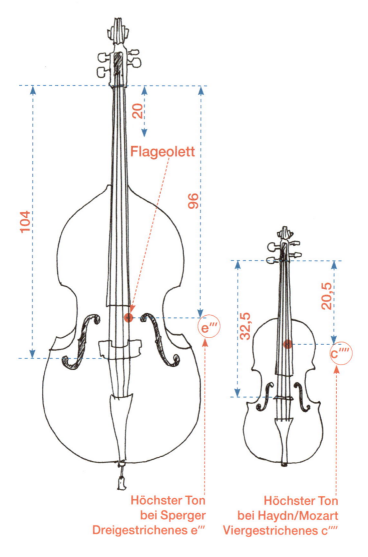

Abb. 322

Schwingende Länge der Saiten:
Kontrabass
    etwa 104,00 cm (durchschnittlich)
Violine
    exakt 32,05 cm (genormt)

Höchste Töne bei den Konzerten:
Kontrabass bei Sperger
    dreigestrichenes ‚e' – vom Sattel gemessen: etwa 96,00 cm
Violine bei Haydn/Mozart
    viergestrichenes ‚c' – vom Sattel gemessen: 20,05 cm

Der Klang-Höhenunterschied beträgt bei Kontrabass (Sperger) und Violine nur eine Sexte (e''' bis c'''').

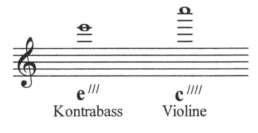

Abb. 323

Umfang beim Kontrabass (Sperger):   4 ½ Oktaven
Umfang bei der Violine (Haydn, Mozart): 3 ½ Oktaven

Die Konzerte von Haydn und Mozart verlangen nur eine Sexte mehr in der Höhe als die Sperger-Kontrabasskonzerte.

Der Kontrabassist bewältigt einen Mensur-Umfang (Greiflänge) von   ca. 96 cm.
Der Violinist bewältigt einen Mensur-Umfang (Greiflänge) von   ca. 20 cm.

Wir ersehen allein aus den Längenunterschieden der Mensuren die Wichtigkeit der Lageneinteilung beim Kontrabass mit Hilfe der Partial-(Flageolett-)töne.

Der „Sperger-Bogen"[144]

Es dürfte kein Zweifel bestehen, dass dieser Bogen,

Abb. 324

der sich in der Musikalienabteilung der Landesbibliothek Mecklenburg-Vorpommern in Schwerin befand, dem Besitz von *Johann Matthias Sperger* zugeschrieben werden muss. In den 60er Jahren des 20. Jahrhunderts befand sich der gesamte wertvolle Musikalienbesitz, sehr beengt, in den Räumlichkeiten des Turmes des Schweriner Domes. Nicht sehr ideal, unauffällig zwischen verschiedenen Gegenständen, aber gut erhalten in einem Schrank deponiert, zusammen mit einem Violone-Bogen aus der Zeit um 1700

Abb. 325

befanden sich diese Zeitzeugnisse der Musikinstrumentengeschichte an diesem Ort. Nach Interims-Aufbewahrungsorten und den inzwischen vorbildlich hergerichteten Räumlichkeiten in der Landesbibliothek Schwerin, befinden sich diese zwei originalen Bögen wieder an ihrem ursprünglichen Ort und zur Ansicht für alle Interessierten bereit in einem Schaukasten.

Abb. 326

---

144 s. S. 200, Abb. 173

Der Sperger-Bogen 327

Sicher hatte *Sperger* im Jahre 1789, als er Wien verließ, einen Kontrabass und diesen Bogen bei einem Instrumentenbauer in Auftrag gegeben, und diese 1792 nach Ludwigslust geholt (s. S. 177).
Der Bogen ist in allen Details original erhalten.
Die im Verhältnis zu anderen Bögen aus dieser Zeit besonders elegante Form, die Leichtigkeit, die Verarbeitung, deuten auf ein besonderes Exemplar hin.
So, wie *Sperger* gewissenhaft sein Notenmaterial, seine einzigartige Sammlung der klassischen Solo-Kontrabass-Literatur hegte und pflegte, so hat er auch auf sein benutztes Instrumentarium Wert gelegt. Er wird diesen Bogen bei einem Wiener Bogenmacher im speziellen Auftrag haben anfertigen lassen.
Die Eleganz des Bogens drückt sich besonders in der schwungvollen Spitze, ebenso in der dezenten konvexen Stangenform aus. Auch die original erhaltene Schraube aus gedrechseltem Elfenbein geben dem Bogen ein extravagantes Aussehen. Allein in diesem kleinen, aber so wichtigen Instrumenten-Zubehör drückt sich die barocke Prachtentfaltung aus. Auch im Vergleich zu den späteren Bögen des gesamten 19. Jahrhunderts, bis in die Zeit der zwanziger Jahre des 20. Jahrhunderts, wo kein besonderer Wert auf Aussehen und leichte Spielbarkeit des Kontrabass-Bogens gelegt wurde, erkennen wir hier ein wertvolles Stück Kunsthandwerk, einen antiken Kunstgegenstand - vom ideellen Wert ganz zu schweigen!
Dieser Bogen muss die idealen Voraussetzungen für die virtuose Bogentechnik, die *Sperger* in seinen Werken verlangt, geschaffen haben.

Abb. 327

	Maße des Sperger-Bogens (um 1789):	Maße des Kontrabass-Gambenbogens:
Material:	Kirschholz	vermutlich Kirschholz
Gesamtlänge:	75 cm	80 cm
Strichlänge:	53 cm	63 cm
Gewicht:	137 g	119 g
Länge der Spitze:	7,5 cm	4,1 cm
Länge des Frosch:	9,7 cm	7,4 cm
Höhe Stange-Haare Mitte:	6,5 cm	4,8 cm
Höhe des Frosches:	5,1 cm	3,5 cm
Höhe der Spitze:	5,2 cm	3,0 cm

Abb. 328 **Abb. 329**

Zur Sperger-Familiengeschichte

Mitteilungen aus Valtice (früheres Feldsberg)
von Dieter Friedl (Bernhardsthal) und Frau Caterine Saiko (Wien)

Bei Recherchen für die Sperger-Biographie, die bis zum Zeitpunkt der Veröffentlichung immer wieder Neues ans Licht brachten, zählen auch die Mitteilungen, die in letzter Zeit den Autor erreichten – und zwar aus dem jetzigen tschechischen Valtice, dem damaligen Geburtsort Spergers Feldsberg/Niederösterreich.
Diese Mitteilungen beinhalten:
„Die Familie Sperger wurde nach jetzigem Wissensstand erst um 1744 in Feldsberg ansässig.

Abb. 330 Spergers Geburtshaus[146]

Der Vater unseres Johann Matthias' Stephan Sperger dürfte zuvor eine Art Wanderhirte gewesen sein. In Kirchstätten heiratete er am 12.Februar 1726 Barbara Fux aus Haderstorff, die bereits am 30.Oktober 1727 verstarb.
Am 24. Februar 1728 – nach dem Tod seiner ersten Frau – heiratete er im nicht allzuweit von Feldsberg gelegenen Ort Mistelbach Maria Barbara Mutsch.
Aus dieser Ehe stammen die Kinder Anton (1734), Eva (27.2.1736), Anna Maria (6.10.1738), Catharina (13.2.1741), Joseph (6.3.1743-20.3.1743), Barbara

---

146 vermutlich Mitte 18.Jh.; Bild: IMG_20200527_161716 von Jiří Grbavčic, Valtice 2012) im Archivdes Valtice Museum Association

(27.9.1744-gestorben vor 1747), Barbara (18.6.1747) und Joannes (23.3.1750).
Ein weiterer jüngerer Bruder Joannes Baptista Sperger (24. Juni 1755) starb 9 Stunden nach der Geburt am 25. Juni 1755.
Vom Bruder Anton stehen in den Feldsberger Taufbüchern die Taufen von mindestens 8 Kindern (geboren zwischen 1753 und 1768). Das sind die Kinder, die unser Johann Matthias in seinem Testament als Miterben erwähnt (s. S. 19, 222 und 224).
Zum Tode der Eltern von Johann Matthias war folgendes zu erfahren: Vater Stephan Sperger starb am 17.11.1773 und die Mutter Barbara Sperger(in) am 28.1.1776.

Abb. 331 Das ehemalige Geburtshaus Johann Matthias Spergers im Jahre 2020 [147]

---

147 Fotograf: Mgr. et Mgr. Daniel Lyčka, Valtice 27. 5. 2020 (Haus im Jahre 2020)

In einem Historienbericht von 2020 der Valticer Lada Rakovská und Jan Pihar heißt es: „Die Geschichte des Kindes (Johann Matthias) beschreibt die Feldsberger Überlieferung: „…über den begabten Knaben eines hiesigen Stierhalters".
Interessant ist es, zu erfahren, dass bis in das Jahr 1945 das frühere Elternhaus unseres Johann Matthias, im Zusammenhang mit dem Vater als „Kühhalter", im Volksmund als das „Stierhaus" bekannt war. Bis 1990 in schlechtem Zustand wurde es in der Malá Strana No 205 (Kleinseite No 205) von der Stadt an Privat verkauft und zu einem Familienhaus umgebaut und restauriert.

Zur Vornamens-Nennung teilt uns Catherine Saiko aus Wien mit:
Joann(es) ist der lateinische Name für Johann, somit ist Johann völlig korrekt auf Deutsch. Falls man aus der Geburtsurkunde „zitiert", dann schreibt man es so wie es dort steht, aber ansonsten verwendet man den Namen in der Sprache der betreffenden Person bzw. so wie sich derjenige dann selbst genannt/geschrieben hat. Joann oder Joannes wäre also in einem deutschen Text Unsinn.
In neueren tschechischen Artikeln (2020) über unseren Protagonisten ist zu lesen: Johann Matthias Sperger wird bis heute nicht nur als Kontrabassvirtuose, sondern auch als Komponist geschätzt. Sein sinfonisches Schaffen ist bemerkenswert durch die Instrumentation und die neue Art der Verwendung u. a. von Blasinstrumenten. Die innovativsten seiner Konzerte waren für den Kontrabass bestimmt; er trug wesentlich zur Festigung ihrer klassischen Form, zur Bereicherung der Instrumentierung, zur Verkettung der spezifischen Kontrabassmelodik und Figuration sowie zur Entwicklung des Spiels auf diesem Instrument bei.

Lebensstationen, Reiserouten, Solokonzerte

Lebensstationen Spergers

Feldsberg	1750-1767
Wien	1767-1777(?)
Preßburg	1777-1783
Eberau	1783-1786
Wien	1786-1789
Ludwigslust	1789-1812

Spergers Reiseroute 1787/1788

08.12.1787	Brünn
17.12.1787	Prag
Ende Dezember 1787	Dresden
26.01.1788	Berlin 1. Konzertauftritt
02.03.1788	Berlin 8. Konzertauftritt
12.04.1788	Ludwigslust
08.05.1788	Ansbach
15.05.1788	Dischingen
Anfang Juni 1788	Wien Ankunft

Postkutsche	*km etwa*
Wien – Brünn	150 km
Brünn – Prag	180 km
Prag – Dresden	170 km
Dresden – Berlin	200 km
Berlin – Ludwigslust	200 km
Ludwigslust – Ansbach	700 km
Ansbach – Dischingen	100 km
Dischingen – Wien	600 km
Mindest-Distanz:	2.300 km

Beurkundete Solokonzerte

Wien	20.12.1778
Preßburg	1779
Brünn	1781
Berlin	8 x Januar-März 1788
Wien	22.12.1788
Stettin	27.12.1790
Stettin	03.01.1791
Lübeck	14.01.1792
Leipzig	26.11.1801
Ludwigslust	7 x 1803-1812

Italienreise Spergers 1789

Parma	01.-15.04.1789
Triest	ca. 20.-30.4.1789
Venedig	ca. 30.04.-05.05.1789
Mantua	ca. 05.-10.05.1789

Lebensstationen, Reiserouten, Solokonzerte

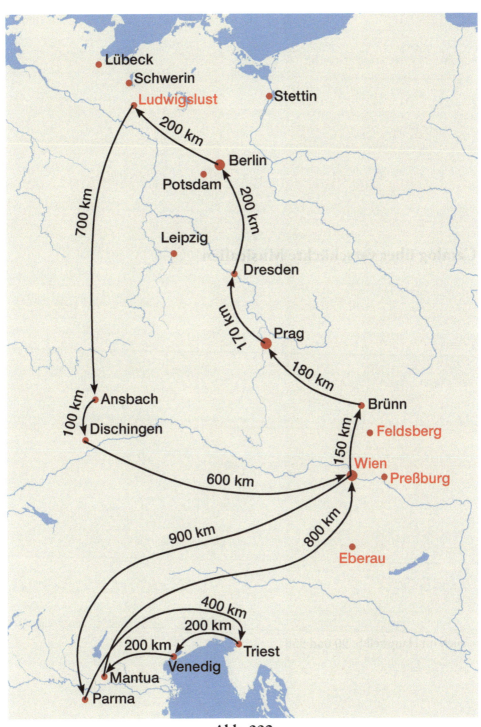

Abb. 332

Catalog über verschückte Musicalien

s. auch im Hauptteil S. 90 und 95ff

Catalog über verschückte Musicalien

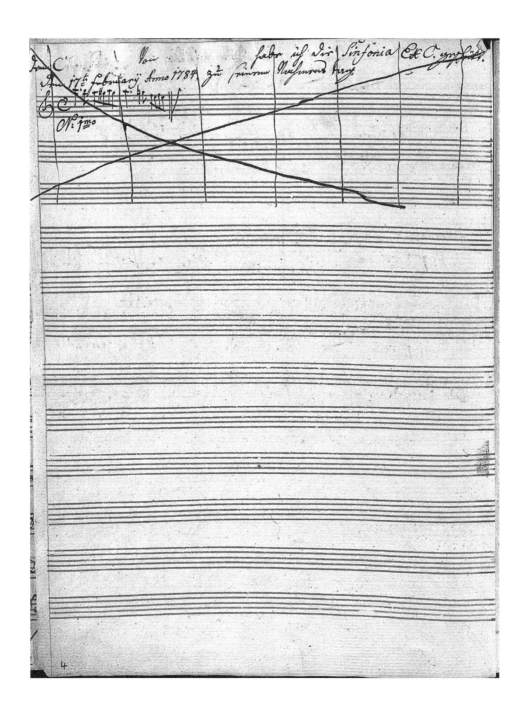

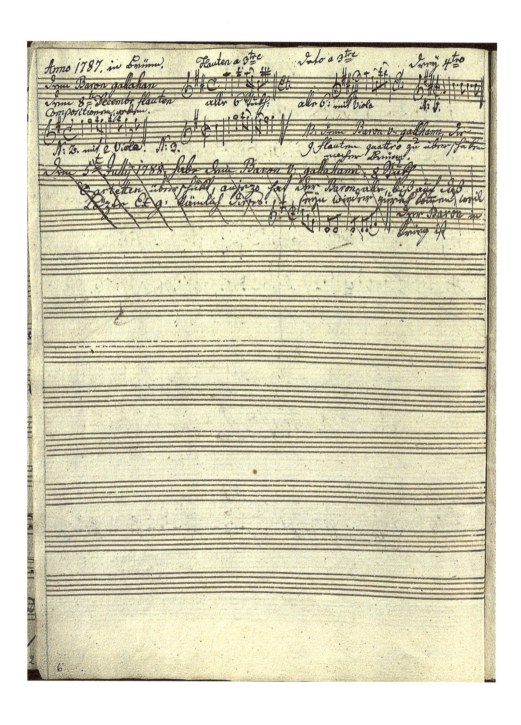

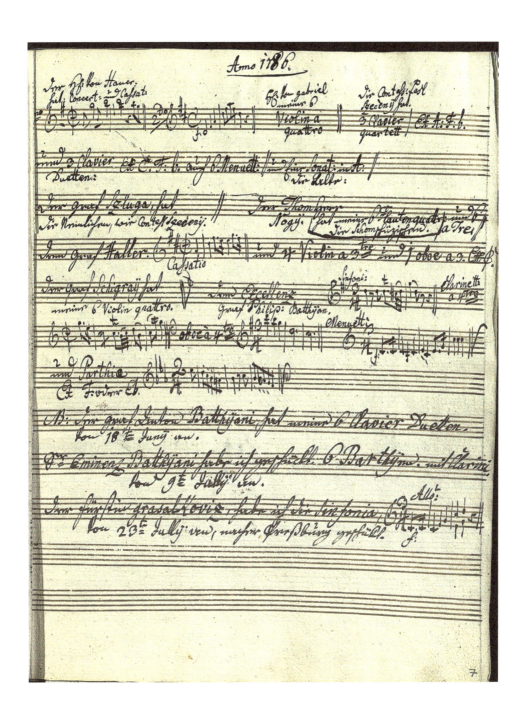

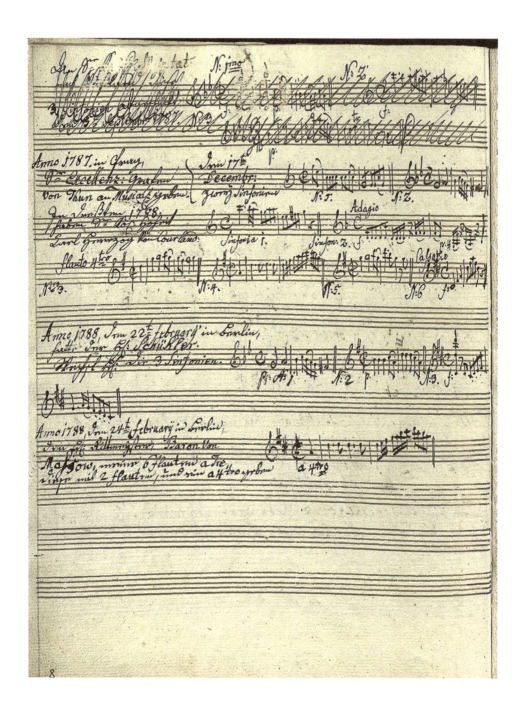

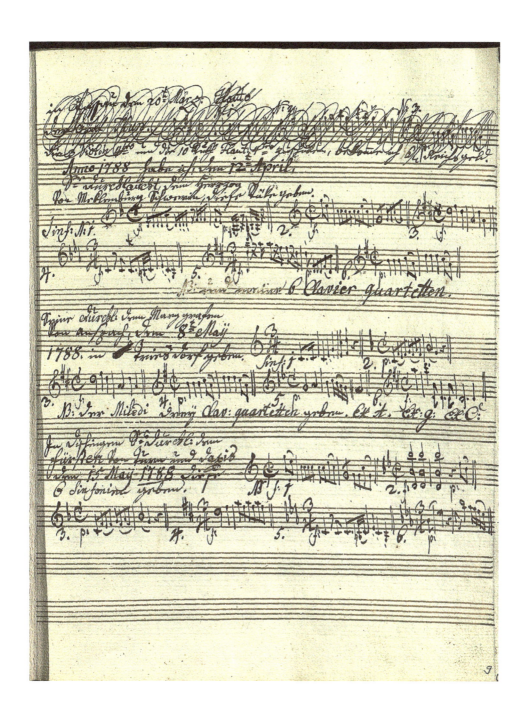

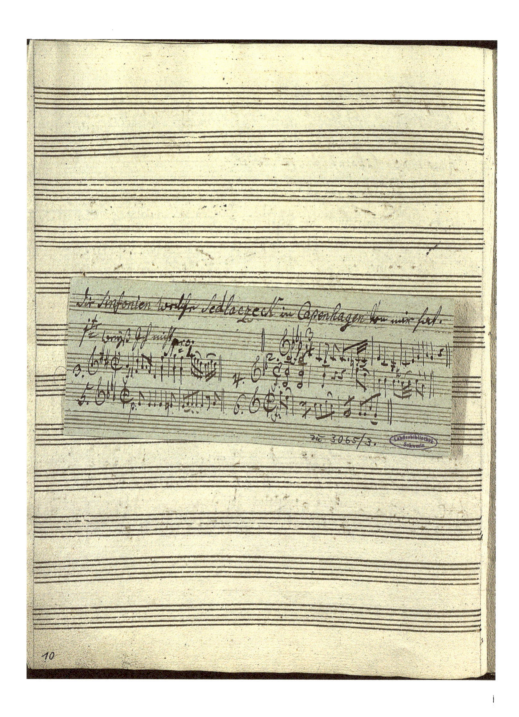

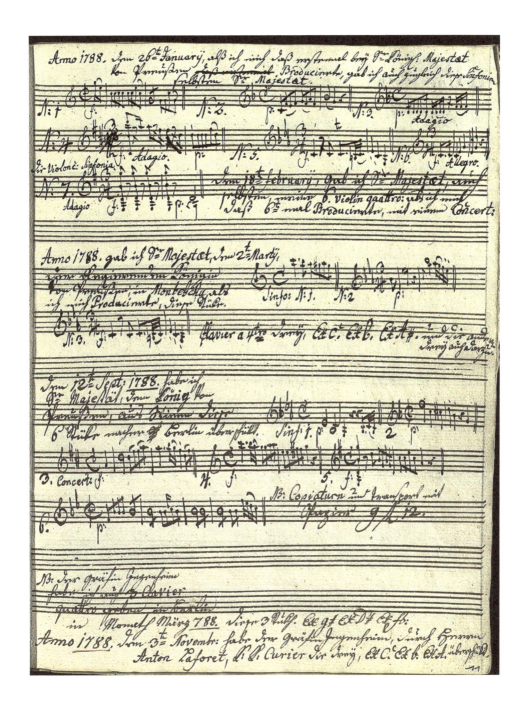

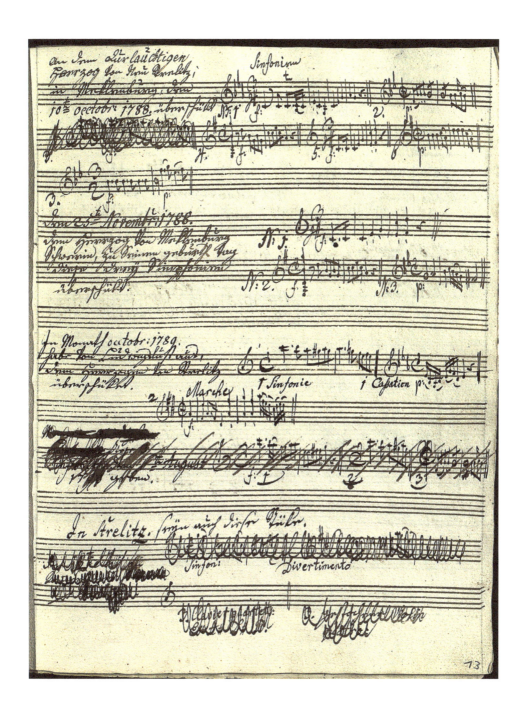

Tema von Contra Bass Concerte

s. auch im Hauptteil S. 90ff

Thema von Contra Bass Concerte

„Der Internationale Johann-Matthias-Sperger-Wettbewerb – die Internationale Johann-Matthias-Sperger-Gesellschaft"

Nach vielen Jahren der intensiven Beschäftigung mit Leben und Werk *Spergers*, nach ungezählten Aufführungen, vielen Noten-Ausgaben, tauchte folgende Frage auf: wie das Werk *Spergers* bekannt machen?
Die Idee eines Wettbewerbes mit Pflichtstücken des Komponisten wurde von einigen Mitstreitern begeistert aufgegriffen. Und so kam es beim ersten, relativ spontan organisierten Wettbewerb zu dem unerwarteten Überraschungserfolg. Es war im Jahre 2000. Innerhalb kürzester Zeit standen beinahe 90 Teilnehmer aus über 20 Ländern auf der Anmeldeliste. Und es wurde ein Riesenerfolg! Namhafte Kontrabassisten wirkten als Juroren: *Alfred Planyavsky* (Wien), *David Walter* (New York), *Lev Rakov* (Moskau), *Miloslav Gajdoš* (Kroměříž-CR), *Karoly Saru* (Budapest), *Ovidiu Bădilă* (Basel), *Paul Erhard* (Colorado, USA), *Miloslav Jelínek* (Brünn) und *Klaus Trumpf* (München/Berlin).

Dieser erste Wettbewerb wurde noch völlig privat ohne besondere Struktur, dafür aber mit ansteckendem Optimismus organisiert. Fragen nach Fortsetzung wurden gestellt und so machte sich die Idee der Gründung einer Gesellschaft breit.

Abb. 333 Oben v.l.n.r. Die Gründungsmannschaft Stephan Petzold, Werner Zeibig, Dr. Gerhard Höhne, Angelika Starke, Markus Rex,
unten: Karsten Lauke, Holger Michalski, Ulf Kupke, Klaus Trumpf.

Die **Gründungsmannschaft** der Internationalen *Johann-Matthias-Sperger*-Gesellschaft traf sich am 17.April 2001 im Berliner Konzerthaus und legte den Grundstein für weitere Vorhaben mit dazugehöriger Satzung, die am 3.1.2002 in Kraft trat.
Es wurde der Turnus von zwei Jahren der Wettbewerbsdurchführung festgelegt und daran wurde bis 2018 festgehalten.

Als **Schirmherren** konnten führende international anerkannte Musikerpersönlichkeiten gewonnen werden:
Zubin Mehta 2000-2004, *Anne-Sophie Mutter* 2006-2008, *Nikolaus Harnoncourt* ab 2010)

Wettbewerbsorte waren:
Woldzegarten, Michaelstein, Ludwigslust, Schloss Namedy.

Juroren waren bis 2016 weltweit führende Solisten/Professoren/ Solokontrabassisten: *Alfred Planyavsky*-Austria, *David Walter*-USA, *Ovidiu Bădilă*-Romania, *Paul Erhard*-USA, *Miloslav Gajdoš*-CR, *Miloslav Jelínek*-CR, *Karoly Saru*-Hungaria, *Werner Zeibig*-Germany, *Stefan Schäfer*-Germany, *Frank Proto*-USA, *Francois Rabbath*-France, *Thierry Barbé*-France, *Lev Rakov*-Russland, *Irena Olkiewicz*-Polen, *Petya Bagovska*-Bulgaria, *Alexander Michno*-Russia/Spain, *Hans Roelofsen*-Netherland, *Radoslav Šašina*-Slowakia, *Wolfgang Harrer*-Austria, *Thomas Martin*-Greatbritain, *Jorma Katrama*-Finland, *Alexander Shilo*-Russia, *Irena Olkiewicz*-Poland, *Martin Humpert*-Swiss, *Günter Klaus*-Germany, *Daniel Marillier*-France, *Angelika Starke*-Germany, *Paul Ellison*-USA, *Christine Hoock*-Germany/Austria, *Ho Gyo Lee*-Southkorea, *Roman Patkoló*-Slowakia/Swiss, *Arni Egilsson*-USA, *Dorin Marc*-Romania/ Germany, *Teppo Hauta-aho*-Finland, *Jun-Xiao Hou*-China, *Eugene Levinson*-USA, *Catalin Rotaru*-Romania/USA, *Alberto Bocini*-Italy, *Jeff Bradetich*-USA, *Klaus Trumpf*-Germany

In die **„World Federation of International Music Competitions"** in Genf wurde der *Internationale Johann-Matthias-Sperger-Wettbewerb* am 17.4.2012 aufgenommen.

1. Wettbewerb 2000 in Woldzegarten – Mecklenburg-Vorpommern

Abb. 334 Jury: v.li. oben: Miloslav Jelínek, Karoly Saru, Paul Erhard, Ovidiu Bădilă, Miloslav Gajdoš, David Walter, Lev Rakov, Alfred Planyavsky, Klaus Trumpf

Abb. 335 Preisträger: 2. Preis: Ion Braica, 1. Preis: Roman Patkoló, 3. Preis: Ruslan Lutsyk – 1. Preis: ein Kontrabass von Luciano Golia

2. Wettbewerb 2002 in Kloster Michaelstein

Abb. 336 Jury v.li.ob: Miloslav Gajdoš, Karoly Saru, Miloslav Jelínek, Lev Rakov, Werner Zeibig, Radoslav Šašina, Petya Bagovska, Klaus Trumpf, Hans Roelofsen, Paul Erhard

Abb. 337 Preisträger: 2. Preis: Petr Ries, 1. Preis: Artem Chirkov,
3. Preis: Dominik Greger – 1. Preis: ein Kontrabass von Luciano Golia

3. Wettbewerb 2004 in Ludwigslust

Abb. 338 Jury v.li.: Klaus Trumpf, Hans Roelofsen, Wolfgang Harrer, Irena Olkiewicz, Jorma Katrama, Thomas Martin, Alexander Michno, ‚Miloslav Gajdoš, Martin Humpert

Abb. 339 Preisträger: 1. Preis: Szymon Marciniak, 2. Preis: Benedikt Hübner, 3. Preis: Fuyuki Kurokawa – 1. Preis: ein Kontrabass der Firma Karl Höfner GmbH Hagenau

4. Wettbewerb 2006 in Ludwigslust

Abb. 340 Jury v.li.: Paul Erhard, Miloslav Gajdoš, Radoslav Šašina, Daniel Marillier, Günter Klaus, Angelika Starke, Martin Humpert, Miloslav Jelínek

Abb. 341 Preisträger v. li.: 3. Preis: Voitech Velicek, 1. Preis: Min Jae Soung, 2. Preis: Marie Clement – 1. Preis: „Pirastro-Preis" 5.000 €

5. Wettbewerb 2008 in Ludwigslust

Abb. 342 Jury v.li.: Frank Proto, Ho Gy Lee, D. Torre, Paul Ellison, Christine Hoock, Thomas Martin, Miloslav Gajdoš, Francois Rabbath

Preisträger:

Abb. 343 1. Preis: Gunars Upatnieks — 1. Preis: „Pirastro-Preis" 5.000 €

Abb. 344 2. Preis: Kevin Jablonski

Abb. 345 3. Preis: Thierry Roggen

6. Wettbewerb 2010 in Schloss Burg Namedy

Abb. 346 Jury v.li.: Marc Dorin, Radoslav Šašina, Thierry Barbé, Alexander Shilo, Günter Klaus, Arni Egilsson, Roman Patkoló, Miloslav Jelínek, Ho Gyo Lee; oben: kstl. Ltr, Klaus Trumpf

Abb. 347 Preisträger: 2. Preis: Krystoph Firlus, 1. Preis: Mikyug Soung, 2. Preis: Jakub Fortuna – 1. Preis: „Pirastro-Preis" 5.000 €

7. Wettbewerb 2012 in Schloss Burg Namedy

Abb. 348 Jury v.li.oben: Yun-Xia Hou, Arni Egilsson, Werner Zeibig, Roman Patkoló, Thierry Barbé, Stefan Schäfer, Eugen Levinson, Teppo Hauta-aho, Klaus Trumpf, Günter Klaus

Abb. 349 Preisträger: 3. Preis: Piotr Zimnik, 1. Preis: Michael Karg, 2. Preis: Thomas Hille – 1. Preis: ein Kontrabass von Björn Stoll

8. Wettbewerb 2014 in Schloss Burg Namedy

Abb. 350 Jury li.ob.: Miloslav Gajdoš, Catalin Rotaru, Miloslav Jelínek, Werner Zeibig, Alexander Shilo, Stefan Schäfer, es fehlt Thomas Martin.
Preisträger: 2. Preis: Razvan Popescu, 3. Preis: Martin Raška, 2. Preis: Dominik Wagner, 1. Preis: Marvin Wagner
– 1. Preis: ein Kontrabass von Roland Wilfer

9. Wettbewerb 2016 in Ludwigslust

Abb. 351 Jury v.li.oben: Alberto Bocini, Jeff Bradetich, Stefan Hempel, Alexander Shilo, Christine Hoock, Miloslav Gajdoš, Marc Dorin

Abb. 352 Preisträger:
1. Preis: Marek Romanowski
– 1. Preis: ein Kontrabass von Jakob Motter

Abb. 353
2. Preis: Michael-Pavlos Semsis,
2. Preis: Maria Krykov

CDs mit Kompositionen von JOHANN MATTHIAS SPERGER

JOHANN MATTHIAS SPERGER
AUSGEWÄHLTE WERKE für KONTRABASS
Kontrabass: Klaus Trumpf
Romanze für Kontrabass und Streichquartett,
Sonate E-Dur für Kontrabass und Klavier
Duetto für Kontrabass und Viola
Concertino für Solokontrabass, Flöte, Viola und Orchester
ARS VIVENDI, magnamedia MUSIC 2100257

JOHANN MATTHIAS SPERGER
SONATEN for DOUBLE BASS and VIOLA
Kontrabass: Radoslav Šašina, Viola: Milos Valent
3 Sonatas for Double Bass and Viola, Duet for Double Bass and Viola
DISKANT DK0135-2131, 2012

JOHANN MATTHIAS SPERGER
TRIO SONATA QUARTETT
Double Bass: Radoslav Šašina
Trio in D Major, Sonata for Double Bass and V.-cello,
Quartett in D Major for Db., Fl., Va., Vc.
1992 Slovak Treasures, TREC 4-0009

JOHANN MATTHIAS SPERGER und weitere Komponisten

SONATEN für VIOLA UND KONTRABASS
von SPERGER und DITTERSDORF
Kontrabass: Paul Breuer, Viola: Franz Beyer
J.M.Sperger: Sonaten Nr. 1 und 2
Dittersdorf: Duetto Es-Dur
FONO Schallplattengesellschaft mbH, FCD91009

DOUBLE BASS CLASSICAL and VIRTUOSO
Double Bass: Miloslav Jelínek
J.M.Sperger: Sonate D-Dur T40, Sonate h-Moll T36,
F.Chopin, G.Bottesini, S.Rachmaninov, M.Stedron;
GNOSIS BRNO, G-MUSIC 019

DOUBLE BASS in THREE CENTURIES of MUSIC
Double Bass: Miloslav Jelínek
J.M.Sperger: Sonate D-Dur T39, J.Massenet, S.Rachmaninov,
R.Gliere, R.Tulacek, G.Dinicu, Ch. Gounod;
GNOSIS BRNO, G-MUSIC 029

CONTRABASSO CLASSIC CANTABILE
Kontrabass: Klaus Trumpf
J.M.Sperger-Sonate h-Moll, T36
P.Casals, G.Fauré, E.Granados, K.Güttler, R.Gliere, M.Bruch, N.Rota
ARS VIVENDI magnamedia MUSIC2100253

KONTRABASS POPULÄR
Kontrabass: Klaus Trumpf
J.M.Sperger. Romanze für Solo-Kontrabass und Streichquartett
S.Koussewitzky-Chanson triste, Valse miniature,
L.Montag-Extreme, C.Saint-Sans-Schwan, D.v.Goens-Scherzo,
S.Rachmaninov-Vocalise, Bach-Gounod-Ave Maria, K.Hirai-NaraYama
ARS VIVENDI, magnamedia MUSIC 2100159

YOUNG MASTER oft the DOUBLE BASS
Double Bass: Ödön Rácz
J.M.Sperger: Sonate D-Dur T40
J.Geissel, H.Fryba, S.Koussewitzky, G.Bottesini,
M.Victor, L.Weiner, N.Rimski-Korsakov
Lamatti, LCD 1022

CONTRABASS CON AMORE
Double Bass: Jorma Katrama
J.M.Sperger: Sonate E-Dur,
Abel, Bottesini, Cassado, Granados, Bruch, Albeniz;
WARNER CLASSICS LC-02822;
Best.-Nr.: 4509956052

SPERGER DUO
Double Bass: Filip Jaro
J.M.Sperger: Sonate D-Dur T39,
G.F.Händel, A.Misek, L.Rajter
Diskant, DK 0166-2131

RECORDING DEDICATED TO FRANTISEK POSTA
Double Bass: Miloslav Hrdlík
J.M.Sperger: Concertino for Double Bassm Fl., Va. and orchestra,
J.J.Quantz, D.Dragonetti, Le Blanc;
PANTON 81 1229-2131 (1992)

STRING TRIOS
Belvedere Trio Wien
J.M.Sperger: Trios für Vl., Va., Vc.
J.G.Albrechtsberger - Trio
Hungaroton Classic, HCD 32109

THE VIRTUOSO DOUBLE BASS
Double Bass: David Sinclair
J.M.Sperger: Quartett in D Major
J.B.Vanhal, J.Haydn, J.Mannl
TITANIC RECORDS Ti-219

RARITÄTEN FÜR KONTRABASS
Kontrabass: Gerhard Dzwiza
J.M.Sperger: Cassation Nr.3 Contrabasso, Co., Va.;
Duetto per il Contrabasso e Viola,
F.A.Hoffmeister, A.Findeisen, G.Bottesini,
L.v.Beethoven, B.Romberg, G.Rossini, M.Haydn
CHRISTOPHORUS CHE 0126-2

SLOVAK DOUBLE BASS CENTURIES
Double Bass: Jan Krigovsky
J.M.Sperger: Sonata h-moll Double Bass and Violoncello
L.Rajter, L.Kupkovic u.a.
Slowakei, SOZA 2560-002-2 ISBN: 978-80-972419-3-3

SPERGER TRIO
Wiener Kontrabass: Frank Wittich
J.M.Sperger: Duetto in D, J.Haydn, A.Lidl,
HOFA LC05699

JOHANN MATTHIAS SPERGER mit ORCHESTER

JOHANN MATTHIAS SPERGER
Double Bass Concertos 2 & 15, Sinfonie No.30
Double Bass: Roman Patkoló
Kurpfälzisches Kammerorchester Mannheim,
Dir.: Johannes Schlaefli
cpo 555 101-2

JOHANN MATTHIAS SPERGER
Double Bass Concertos 1 & 8, Sinfonie No.15
Double Bass: Roman Patkoló
Südwestdeutsches Kammerorchester Pforzheim
Dir.: Douglas Bostock
cpo 555 404-2

JOHANNES MATTHIAS SPERGER - SYMPHONIES
L'arte del mondo Kammerorchester Dir.: Werner Ehrhardt
Symphonie Nr. 21 g-minor
Symphonie Nr. 26 c-minor
Symphonie Nr. 34 D-major
deutsche harmonie mundi 88875056172

THE 18th CENTURY SYMPHONIE
J.M.Sperger: 3 Symphonies C-major, F-major, B flat-major
Orchestra: Musica Aeterna Bratislava, Dir.: Peter Zajicek
NAXOS 8.554764

MUSIK der MECKLENBURG-SCHWERINER HOFKAPELLE
J.M.Sperger: „Ankunftssinfonie",
F.I. Kuntzen, A.Vivaldi, L.Massenneau, F.A.Rösler-Rosetti
Mecklenburgische Staatskapelle Schwerin
Digital Recording 0578-2

KLASSISCHE WERKE für KONTRABASS von VANHAL und SPERGER
Kontrabass: Klaus Trumpf
Camerata Musica – Dir.: Zjelko Straka
VANHAL: Kontrabass-Konzert
SPERGER: Flötenquartett und Sonate D-Dur T40
Berlin Classics Edel Classics 0040742BC

KLASSISCHE VIOLA-KONZERTE des 18.Jh.
Viola: Vidor Nagy, Kurpfälzisches Kammerorchester Mannheim,
J.M.Sperger, J.W.A.Stamitz, A.Stamitz
Koch-Classics LC-10015; Best.-Nr.: 2367552
Vertrieb: Universal

CONERTOS for DOUBLE BASS and ORCHESTRA
Double Bas: Zsolt Fejervari
Erkel-Chamber Orchestra, Dir.: Lili Aldor
J.M.Sperger: Concerto No.15 D-major
J.B.Vanhal: Concerto D-major
Hungaroton Classic, HCD 32341

VIRTUOSO DOUBLE BASS CONCERTOS
Double Bass: Filip Jaro
J.M.Sperger: Concerto A-major, Nr.11,
Romance for Double Bass and Stringquartet T26
J.B.Vanhal: Concerto D major
D.Dragonetti: Concerto A major No.3
Diskant, DK 0181-2131

WIENER KONTRABASS-KONZERTE
Kontrabass: Edicson Ruiz,
J.M.Sperger D-Dur Nr.15 (T15), F.A.Hoffmeister,
A.Zimmermann, C.D.von Dittersdorf Nr.2,
„Klassik aus Berlin", Phil. 06020

SPERGER-ANKUNFTS-SINFONIE
HAYDN-ABSCHIEDS-SINFONIE
Label: Unisono Pfeifer-Koch, Bobenheim-Roxheim
LP, Best.-Nr.: 22821

TROMPETENKONZERTE
Trompete: Ludwig Güttler und Virtuosi Saxonie
J.M.Sperger: Konzert D-Dur
u.a. Aufnahme. 1987/88 Dresden
EDEL CLASSICS 0013152BC

TROMPETENKONZERTE
Trompete: Ludwig Güttler und Virtuosi Saxonie
J.M.Sperger: Concerto D-Dur für Corno da Caccia
u.a. Werke, Aufnahme: 1986/87 Dresden
EDEL CLASSICS 0300041BC

TROMPETENKONZERTE
Trompete: Wolfgang Basch
Chamber Orchestra St. Petersburg
J.M.Sperger, J.Haydn, J.G.v. Reutter,
G.Ph.Telemann, L.Mozart
VMS 119

HORNKONZERTE
Horn: Peter Damm
Staatskapelle Dresden, Dir.: Siegfried Kurz
J.M.Sperger Konzert Es-Dur,
A. Vivaldi, P.J.Fick, J.Reicha
Berlin Classic, Edel Classics 0183862BC

HORNMUSIC
Horn: Miklós Nagy
Erdödy Chamber Orchestra, Dir.: Márton Rácz
J.M.Sperger: Concerto D-major, Concerto flat E major,
Hornquartett E flat major, Jagdmusik 12 Horn-Duos;
Hungaroton Classic HCD 32145

DUO SWEET 17
Wiener Kontrabass (Darmsaiten/Bünde): Korneel le Compte
Viola d'Amore: Haruko Tanabe
J.M.Sperger: Sonata T37 (arr. für Viola d'Amore)
Attilio Ariosti: Sonata 11 in d und 7 in b)
Rough Records Nr. 2012/1

Anmerkungen

Hellmut Federhofer (Musikwissenschaftler an den Universitäten Graz und Mainz) **zu Sperger.**

Hier erscheinen in gekürzter Form die Kernaussagen des Musikwissenschaftlers *Hellmut Federhofer* aus dem Jahre 1965 zu den Niederschriften Spergers ‚*Gradus ad Parnassum*' und ‚*Wegweiser auf die Orgel, vor mich Johannes Sperger Mathias Sperger 1766*' – zitiert aus seinem Artikel „*Musiktheoretische Schriften aus Johannes Matthias Spergers Besitz*".

„Der Traktat Spergers ‚*Gradus ad Parnassum oder Anführung zur Regelmesigen Composition*' läßt sich als eine abkürzende Umarbeitung des „*Gradus ad Parnassum*" von *Johann Joseph Fux* von 1725 identifizieren. In einigen Ausführungen kommen textliche Änderungen vor, wodurch die verkürzende Darstellung gegenüber dem Original verliert. Die Umarbeitung kann nur von einem Lehrer, vermutlich vom Musiklehrer in Feldsberg für Unterrichtszwecke für den jugendlichen *Sperger* stammen. Das Manuskript bezeugt jedenfalls, dass Sperger in seiner Jugend nach *Fux'ens* ‚*Gradus ad Parnassum*' in die Grundelemente der Satztechnik eingeführt worden ist.

Die zweite theoretische Schrift Spergers ‚*Wegweiser auf die Orgel*' von 1766, basiert auf der dritten Auflage des musiktheoretischen Werkes *Giacomo Carissimi's* mit gleichem Titel aus dem Jahre 1696. *Spergers* Abschrift enthält eine Auswahl aus *Carissimis* Schrift, die sich besonderer Beliebtheit als Unterrichtsbuch erfreute. So diente sie neben dem ‚*Gradus ad Parnassum*' auch *Sperger* als Grundlage seiner musikalischen Ausbildung".

Anmerkungen

Von *Anton Zimmermann* (s. S. 69), der ab 1772 in der Preßburger Hofkapelle als Violinist und ab 1776 als „fürstlicher Hofkompositeur" und Kapellmeister wirkte, ist uns ein Kontrabass-Konzert bekannt. Dass es ein zweites Konzert von ihm gibt, verdankt der Autor einer Mitteilung des Münchener Kontrabassisten *Michael Schönfelder*, der 2014 in der Bibliothek des Klosters Stift Kremsmünster in Österreich Einblick in das Manuskript nehmen konnte.

Er hatte diesen Hinweis wiederum aus der *Anton Zimmermann*-Biographie von der tschechischen Musikwissenschaftlerin *Darina Mudra* erfahren, die diese Entdeckung eines zweiten *Zimmermann*-Kontrabasskonzertes erst vor ein paar Jahren im Stift Kremsmünster machte.

Auf dem Titelblatt gibt es den Vermerk ‚*Kempffer*'. Wenn der Namenseintrag auf dem Titelblatt original sein sollte, dann könnte es sich um den Kontrabassvirtuosen *Joseph Kämpfer* handeln, der in der Preßburger Hofkapelle unter *Anton Zimmermann* in den Jahren 1779/1780 als Kontrabassist spielte.

Die Titelseite zeigt eine stark verblasste Beschriftung: **„Concerto in D Violone Prinzipale"**. Es wird im Stift Kremsmünster als *Zimmermann*-Konzert Nr. 2 geführt.

Abb. 354

Sollte es tatsächlich von *A. Zimmermann* stammen, so bezweifelt der Autor, dass es **nach** dem bekannten *Zimmermannkonzert* entstanden sein soll. Es bewegt sich in der Melodie- und Themenerfindung sehr einfach. Seinen sonstigen Kompositionen nicht vergleichbar. Es könnte der erste Versuch eines Solokonzertes für den Kontrabass in Wiener Stimmung gewesen sein. Nähere Untersuchungen stehen noch aus.

Abb. 355

Sei es wie es will – wir haben auf alle Fälle den Beleg, dass zu dieser Zeit, als die beiden Kontrabass-Virtuosen *Kämpfer* und *Sperger* gemeinsam in der von *Zimmermann* geleiteten Hofkapelle tätig waren, mehrere Kontrabass-Konzerte entstanden waren. *Spergers* Konzerte sind bekannt und bis heute erhalten – wogegen alle Kompositionen von *Kämpfer* leider verschollen sind (s. *J. Focht* S.184).

ZEITTAFEL

1750 geboren in Feldsberg/Oberösterreich (jetzt Valtice/CR)
1766 „Wegweiser" – eigene Übungsstücke für die Orgel als 16-jähriger geschrieben
1767/
1768 Wien – vermutlich durch Mäzen Fürst Liechtenstein
1769 Unterrichtsbeginn bei F.Pischelberger und F.G.Albrechtsberger
1777 Heirat mit Anna Maria Barbara Firani
1777 Erste Anstellung Hofkapelle Preßburg bei Fürstbischof Batthyany; Hier fruchtbarste Kompositionszeit – erste Kontrabasskonzerte und Sinfonien
1779 Wien, Aufführung eig. Kontrabasskonzert – wird Mitglied der Tonkünstler-Gesellschaft
1781 Solokonzert in Brünn
1783 Auflösung der Hofkapelle Preßburg - durch Reformen des Kaisers Joseph II.
1783 Anstellung Hofkapelle Fidisch bei Eberau bei den Grafen von Erdödy
1786 Auflösung der Hofkapelle der Grafen Erdödy - durch Reformen Joseph II.
1786 Wien ohne feste Anstellung, u.a. Notenkopist, verschickt zahlreiche Partituren an Königs- und Fürstenhäuser, wo es vermutlich Hofkapellen gibt
1787 Dezember, Reisebeginn über Brünn, Prag, Dresden nach Berlin und Ludwigslust
1788 26. Januar – Berlin: erstes von 7 Konzert-Auftritten vor König Friedrich Wilhelm II. – Empfehlungsschreiben von J.F.Reichardt, Graf Brühl u.a. an den Herzog in Ludwigslust
1788 12. April – Konzert vor Herzog Friedrich Franz I in Ludwigslust
1788 22. Dezember Wien, Aufführung eigener Werke vor Tonkünstler-Gesellschaft
1789 März bis Mai: Italienreise Parma, Triest, Venedig, Mantua
1789 Juli, Anstellung in der Hofkapelle und Übersiedlung nach Ludwigslust
1789 -
1812 zahlreiche Kontrabass-Solokonzerte und Orgelspiel an Kirchen beider Konfessionen in Ludwigslust
1790/
1791 Dez. 1790 und Jan. 1791 Solokonzerte in Stettin
1792 Solokonzert in Lübeck
1801 Leipzig, Konzert mit dem Gewandhausorchester (zwei Kontrabasskonzerte)
1806 24. April – Testament (aufbewahrt im Herzoglichen Gericht zu Ludwigslust)
1812 13. Mai – Tod in Ludwigslust (lt. Sterbeurkunde „an Nervenfieber")
1812 26. Mai – Aufführung des Mozart-Requiems anlässlich des Todes Spergers

ABKÜRZUNGEN,
die im Buch vorkommen.

A.M. oder AM	=	Adolf Meier
AM WV	=	Adolf Meier Werkverzeichnis
A.P., Planyavsky	=	Alfred Planyavsky
J.F.	=	Josef Focht
K.T.	=	Klaus Trumpf
ABGB	=	Algemeins Bürgerliches Gesetzbuch (Österreich)
Sp., JMS	=	Sperger
T	=	Trumpf Signum im Werkverzeichnis von Alfred Planyavsky in „Geschichte des Kontrabasses" Tutzing 1970/1984
Sign.	=	Signatur
KT	=	Klaus Trumpf
LBMV	=	Landesbibliothek Mecklenburg-Vorpommern
LB	=	Landesbibliothek
AMZ	=	Allgemeine Musikzeitung
Schwerin Mus.	=	Schwerin Museum LB Musikabteilung
MGG	=	Musik in Geschichte und Gegenwart
RISM	=	Répertoire International des Sources Musicales (Onlinesuche nach Musikquellen)

Quellenverzeichnis

Alphabetische Reihenfolge

Carissimi, Giacomo: „Wegweiser, die Kunst, die Orgel recht schlagen" 1693
Compte, Korneel le: „The Viennese Violone - A personal journee and a Method" 2019
Dittersdorf, Karl von: „Lebensbeschreibung" Leipzig 1801
Focht, Josef: „Der Wiener Kontrabass" Tutzing 1999
Fux, Johann Joseph: „Gradus ad Parnassum" 1742
Kade, Otto: „Die Musikalien-Smlg. des Großherzogl. Mecklenb.-Schweriner Fürstenhauses" Schwerin 1893
Kaiserkern, Babette: „Luigi Bocherini - Leben und Werk" Weimar 2014
Massoneau, Louis: „Diarium 1803-1837" in Adolf Meier „Konzertante Musik für Kontrabass der Wiener Klassik" Prien am Chiemsee 1969
Meier, Adolf: „Konzertante Musik für Kontrabass der Wiener Klassik" Prien am Chiemsee 1969
Meier, Adolf: „Thematisches Werkverzeichnis der Kompositionen von Johannes Sperger", Michaelstein/Blankenburg 1990
Meyer, Clemens: „Geschichte der Mecklenburgisch-Schweriner Hofkapelle" Schwerin 1913
Michno, Alexander: „Das biograph. Wörterbuch der Kontrabassisten der Vergangenheit" Moskau 2018
Planyavsky, Alfred: „Geschichte des Kontrabasses" Tutzing 1970/1984
Planyavsky, Alfred: „Mozarts Arie mit obligatem Kontrabass" Moz.jb.1971/72
Planyavsky, Alfred: „Der Barockkontrabass Violone" Wien, Salzburg 1989
Planyavsky, Alfred: Aufsätze, Rezensionen, Artikel in verschiedenen Zeitschriften
Studien zur Aufführungspraxis: „Bericht über das Sperger-Kolloquium 1987" Heft 36, Michaelstein 1988
Trumpf, Klaus: „Virtuosität in den Kontrabass-Werken Spergers" in Studien zur Aufführungspraxis Heft 36, Michaelstein 1988
Trumpf, Klaus: „Von Stimmungen und Dreisaitern" in „Das Orchester" 40/12, Mainz 1992
Trumpf, Klaus: „Sperger, Verzeichnis seiner Kontrabass-Kompositionen" Manuskript 1968

Literaturverzeichnis

Alphabetische Reihenfolge

Autorenkollektiv „Friedrich Wilhelm II. und die Künste", 1997, Herausgeber: Generaldirektion der Stiftung Preußische Schlösser und Gärten Berlin.-Brandenburg
BASS WORLD 2012/35: Miloslav Jelínek „J.M.Sperger Sonatas" Dallas 2012
Borchert, Jürgen: „Mecklenburgs Großherzöge 1815-1918" Schwerin 1992
Dokumenation: „Wege zur Stadt - 125 Jahre Stadt Ludwigslust" Ludwigslust 2001
Landesmusikrat Mecklenburg-Vorpommern: „ Studien zur lokalen und territorialen Musikgeschichte II" Greifswald 2002
MGG prisma, Hrsg. Nobach, Christina: „ Streichinstrumente" Bärenreiter Kassel 2002
Otto, Karl-Heinz: „Friedrich Wilhelm II." Wittenberg 2008
Otto, Karl Heinz: „Friedrich Wilhelm - Der Große Kurfürst" Wittenberg 2013
Preisendörfer, Bruno: „Als die Musik in Deutschland spielte" Berlin 2019
Rosetti-FORUM: Heft 10-2009 und Heft 18-2017
Ruppert, Heinz: „Dokumentation zur Stadtgesch. Potsdams - Villa Ingenheim", Potsdam 1990
Sichelschmidt, Gustav: „Friedrich Wilhelm II." Berg am See 1993
Staatliche Museen Schwerin/Ludwigslust: „ Schloss Ludwigslust" Schwerin/München 2016
Sperger-FORUM: Heft I-2002 bis Heft VIII-2018
Ueltzen, Dieter: „Mecklenburg-Schweriner Hofkapelle" in Amtl.Bekanntmachungsblatt Ludwigslust 2003

Danksagung

Ganz besonderen Dank möchte ich zuerst meiner lieben Frau Liane für ihre immerwährende Hilfe, auch für die Biographie, aussprechen.
Das Fürstenhaus Liechtenstein hatte bereits im 18. Jahrhundert weitsichtig unseren Protagonisten persönlich durch Mäzenatentum unterstützt.
In der Neuzeit erfährt nicht nur der Sperger-Wettbewerb großzügige Hilfe - sondern auch die Herausgabe dieser ersten Sperger-Biographie. wofür ich meinen besonderen Dank an S. D. Fürst Hans Adam II. von und zu Liechtenstein aussprechen möchte

Der Autor dankt sehr herzlich für die Bereitstellung der Originaldokumente Noten und Schriftstücke folgenden Bibliotheken:
– Musikalienabteilung der Landesbibliothek Mecklenburg-Vorpommern, „Günther Uecker" in Schwerin, Johannes-Stelling-Str.29, Leiter Dr. Andreas Roloff
– Landeshauptarchiv Schwerin, Graf-Schack-Allee 2
– Musikalienabteilung der Staatsbibliothek zu Berlin, Unter den Linden 8

Einen weiteren Dank an dieser Stelle an Holger Michalski (Göttingen) für seine gewissenhaften End-Korrekturen.
Der Autor dankt folgenden Personen, die Hinweise zum Thema „Sperger" gegeben haben. Ohne Einschränkung müssen zuerst die Namen der beiden „Sperger-Experten" Prof. Miloslav Gajdoš (Kroměříž) und Prof. Dr. Korneel le Compte (Brüssel) genannt werden.

Desweiteren gaben Hinweise (*Alphabetische Reihenfolge*):
Prof. Claudio Bortolamai (Verona), Artem Chirkov (St. Petersburg), Prof. Korneel le Compte, Dr. (Brüssel), Prof. Peter Damm (Dresden), Stefan Fischer (Schwerin), Dieter Friedl (Bernhardsthal), Prof. Miloslav Gajdoš (Kroměříž), Dr. Ewald Gerth (Potsdam), Prof. Ludwig Güttler (Dresden), Reinhard Heissner (Ludwigslust), Prof. Günter Holzhausen (München), Andreas Krämmer (Seßlach, Sperger-Denkmal), Günter Krause (Berlin), Jan Krigovský (Bratislava), Prof. Ljubinko Lazić (Belgrad), Prof. Tom Martin (England, Gedenktafel am Wohnhaus Spergers), Vidor Nagy (Stuttgart), Onur Özkaya (Istanbul), Prof. Roman Patkoló (Zürich, Basel), Prof. Mag. Alfred Planyavsky (Wien), Kazimierz Pyzik (Krakow), Dr. Kristina Quaisser (Paris – Übersetzungen aus dem Französischen S.120ff), Dr. Andreas Roloff, (Schwerin), Catherine Saiko (Wien), Prof. Radoslav Šašina (Bratislava), Marina Schieke-Gordienko (Berlin), Michael Schönfelder (München), Georg Schwärsky (Berlin), Prof. David Sinclair (Paris, Bern), Brigitta Steinbruch (Schwerin), Prof. Dr. Christian Thorau (Potsdam), Töchter Angelika, Bettina, Kristin und Alexandra, Dieter Ueltzen (Ludwigslust).
Photos des „Ludwigsluster Bilderbogens", S. 382ff: Oliver Viaña
Zeichnungen auf S. 324 und S. 333: Frank Naumann-Zander

Ludwigsluster Bilderbogen

Namensgebung 2003: Johann-Matthias-Sperger- Musikschule

Aus Anlass des 1. Sperger-Wettbewerbes pflanzt die Jury eine Kastanie

**Sperger-Denkmal (Bronce) in Ludwigslust; Bildhauer: Andreas Krämmer;
Einweihung 2018**

**Dieses Bild von Sperger hat der serbische Maler Milan Đurić
nach der original s/w-Zeichnung von A. Abel aus dem Jahre 1803 gefertigt.**

Ludwigsluster Bilderbogen

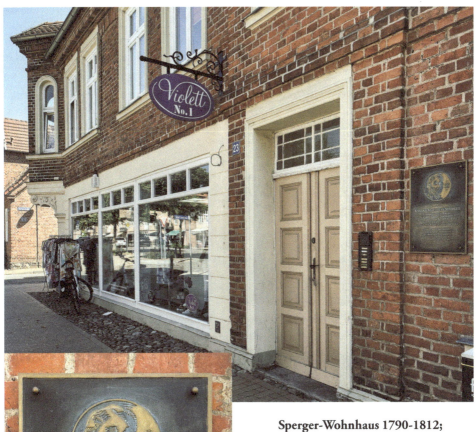

Sperger-Wohnhaus 1790-1812;
Zustand 2020

Sperger-Gedenktafel am Wohnhaus;
enthüllt 2004; gestiftet vom englischen
Kontrabassisten Thomas Martin

Straßennamen seit 2015:
J.-M.-Sperger-Straße in Ludwigslust

Festveranstaltung mit Aufführung der Sperger-Kantate „Jesus in Banden" anläßlich seines 200. Todestages

Anläßlich des 260. Geburtstages findet im Geburtsort im heutigen Valtice eine Gedenkausstellung stat

Anläßlich des 200. Todestages findet in Ludwigslust eine Gedenkveranstaltung statt.

Ludwigsluster Bilderbogen

Zur Gedenkveranstaltung anlässlich des 200. Todestages Spergers am 13.5.2012 übergibt der Präsident der Sperger-Gesellschaft Klaus Trumpf den Schaukasten mit den beiden originalen Sperger-Bögen

Anläßlich des 250. Geburtstages: Gedenkveranstaltung im Kloster Michaelstein.

Personenregister

Die zahlreichen Namen der Juroren und Preisträger der Sperger-Wettbewerbe s. S. 357-367.
Die Namen der Solisten der CD-Aufnahmen s. S. 368-373

Agricola, Johann Friedrich 116
Albrechtsberger, Johann Georg 28, 32, 39, 41, 86, 301, 377
André-Offenbach, Johann 174
Bach, Carl Philipp Emanuel 112
Bach, Johann Sebastian 13, 46, 92ff, 112, 116
Barca – Ludwigslust 234, 318
Baron Gallahan 104ff
Bartok, Bela 71
Batthyany, Karl Joseph 78
Becker, Franz Anton 21
Beethoven, Ludwig van 28, 56, 78, 99ff, 109, 111ff
Benda, Friedrich Ludwig 129
Benda, Madame 151
Berwald, Wilhelm 92
Bischof von Raab 47, 102
Bocherini, Leopoldo 109
Boccherini, Luig 99ff, 108ff
Boeck, Anton 45, 71, 74
Boeck, Ignaz 45, 71, 74
Borchert, Jürgen 380
Bortolamai, Claudio 171, 381
Bottesini, Giovanni 13, 67, 247
Bourbon, Ferdinand von 141
Braun, Wilhelm 129
Breitkopf&Härtel Musikverlag 34, 298
Bunya, Michinori 300
Busch – Ludwigslust 157, 194ff
Capuzzi, Antonio 160
Carissimi, Giacomo 21ff, 374, 379
Celestino, Eligio 129, 189
Czerny, Carl 28

Chirkov, Artem 313, 381
Cimador, Battista 160
Comtess Szeceny 104
Czerwenka, Franz 45
Dallinger, Sebastian 177ff
Damm, Peter 66, 311, 381
Denner – Klarinettenbau 95
Dittersdorf, Karl Ditters von 33ff, 39, 59, 61ff, 66, 86, 150, 160, 170, 175, 232, 235ff, 260ff, 279, 290ff, 379, 391
Doblinger – Verlag 75, 164
Dragonetti, Domenico 160
Dressel, Alfons 174
Dresen, Friedrich Ludwig 93
Duport, Jean-Pierre 99ff, 109ff, 112, 181ff, 250
Duport, Jean-Louis 99ff, 112
Đurić, Milan 384
Eck – Ludwigslust 155, 165ff
Ehrhardt – Ludwigslust 205
Ehrhardt, Werner 253
Enke, Johann Elias 99
Faber, Franz 74
Fasch, Johann Friedrich 92
Federhofer, Hellmut 21, 374
Firani, Anna Maria Barbara 55
Fischer, Stefan 129, 227, 310, 312, 381
Fischer, Wilhelm 261, 276ff, 302
Focht, Dr. Josef 32, 58, 67, 76, 160ff, 259, 376, 379, 391
Földner, Dr. – Ludwigslust 144
Försch, Stephan 59
Forkel, Johann Nikolaus 59
Franz, Karl 45

Personenregister

Friedl, Dieter 329, 381
Freiherr von Patácic, Adam 32, 34, 39, 42
Friedrich von Mecklenburg-Schwerin 165
Friedrichs – Ludwigslust 233, 318
Fries, Friedrich 191
Fürstprimas Kardinal Batthyany, Joseph 42ff, 53, 57ff, 69, 77, 79ff, 85, 104, 152, 377
Fürstin Grassalcovicz 85, 104
Fürst Kaunitz 58
Fürst Lichnowski 111
Fürsten von und zu Liechtenstein 17, 377
Fürst von Liechtenstein, Karl Eusebius 17ff
Fürst von Liechtenstein, Franz Josef I 31ff, 199
Fürst Hans Adam II. von und zu Liechtenstein 381
Fürst von Esterhazy 38, 43, 47, 69, 77, 102ff
Fux, Barbara 329
Fux, Johann Joseph 27ff, 374, 379
Gabriel 104
Gajdoš, Miloslav 163, 266, 284, 286, 290ff, 307, 381
Gerig – Musikverlag 298
Gerl, Franz Xaver 39, 170
Gerth, Ewald 381
Geese, E. 189
Goedecke, Leberecht 174
Goethe, Johann Wolfgang von 13, 117
Golia, Laciano 359ff
Gräfin Ingenheim 124, 137
Gräfin Lichtenau 181
Graf Batthyani, Anton 104
Graf Batthyany, Ludwig 77
Graf Batthyani, Philip 104
Graf Bentheim-Tecklenburg 70
Graf von Brühl, Carl 115, 117ff, 209, 377
Graf Haller 104

Graf Schigray 104
Graf Szluga 104
Graf von Thun 106
Grafen von Erdödy, Ludwig und Ladislaus 79ff, 85, 92, 127, 377
Graf von Széchény 47ff, 95, 104
Graff, Anton 116
Grassi, Josef Maria 182
Graun, Carl Heinrich 112ff, 116
Grbavčic Jiří 329
Grindler – Preßburg 70
Güttler, Ludwig 66, 308, 381
Hackel – Brünn 60
Händel, Georg Friedrich 95, 110
Haidner, Carl Wenzelaus 189
Hammerl, Paul Cornelius 189, 213
Hammer, Franz Xaver 43, 45, 69ff, 129, 143, 151ff, 165, 189ff
Hardy, Thomas 37
Hause, Wenzel/Vaclav 92
Haydn, Joseph 34, 37ff, 43, 46ff, 56, 69, 76ff, 81, 86, 112, 160, 189ff, 250, 253, 279ff, 324ff, 391
Haydn, Michael 34
Heck – Pastor 191
Heine, Samuel Friedrich 129
Heinrichshofen – Ludwigslust 82
Heissner, Reinhard 217, 219, 381
Herbst-Ehrhardt, Franziska 189ff
Herder, Johann Gottfried 117
Heuer, Roland 71
Herr Gabriel 104
Herr von Hauer 104
Hertel, Johann Wilhelm 129
Herrmann, Heinz 86
Herzog von Courland, Karl 107
Herzog von Neustrelitz 137ff
Herzog Friedrich der Fromme 128, 189
Herzog Christian Ludwig II. 128
Herzogin von Mecklenburg-Schwerin 204

Herzog Friedrich Franz I. von Mecklenburg-Schwerin 70, 115, 121, 124ff, 127ff, 137, 143ff, 146ff, 152, 155, 165, 176 179ff, 185, 188ff, 191, 193ff, 199, 207, 229ff, 251, 316
Hinrichsen – Ludwigslust 165
Hoefe 233
Höfner, Karl 361
Hoffmeister, Franz Anton 61, 86ff, 102, 160, 232, 235ff, 261, 279
Hofmeister Musikverlag 38, 86, 142, 164, 172, 250, 262, 284ff, 300
Hohenzollern 112
Holzhausen, Günter 161, 381
Hummel, Johann Julius 76
Hummel, Johann Nepomuk 28
Iffland, August Wilhelm 117
Jäppelt, Karl Siegismund 92
Jahn, Dr. 191
Jelínek, Miloslav 310
Jomelli 190
Kade, Otto 379
Kämpfer, Joseph (Kempffer) 31ff, 41, 45, 58ff, 69, 375ff
Kaiser Joseph II. 42, 47, 77ff, 85, 102, 377
Kaiserin Maria Theresia 34, 39, 42, 47, 56, 77ff
Kaiserkern, Babette 109, 379
Katzbichler, Emil 18, 45
Knobelsdorf, Georg Wenzelslaus von 112
Königin Elisabeth Christiane 124
Königin Elisabeth von Braunschweig-Wolfenbüttel 122
Königin Friedericke Luise von Hessen-Darmstadt 122, 182ff
Königin Luise von Preußen 119, 122, 181ff
König Friedrich II. (der Große) 18, 99ff, 108, 112ff, 122, 124

König Friedrich Wilhelm II. 18, 28, 50ff, 99ff, 105, 107ff 117, 122, 124, 133ff, 136, 151, 181, 183ff, 251ff, 377
König Friedrich Wilhelm III. 119, 122, 181
König Philipp V. 141
Kolneder, Walter 45
Koppmayer, Jacob 27
Kozeluch, Leopold 39
Krämmer, Andreas 381, 383
Krause, Günter 381
Kreutzer, Conradin 28
Krigovský, Jan 266, 381
Krüger – Ludwigslust 150, 197
Laforet, Anton 124, 137
Landgraf Ludwig IX 122
Lasser – Brünn 60, 162
Lauer, Nikolaus 87
Lazić, Ljubinko 381
Le Compte, Korneel 162, 264ff, 308, 379, 381
Leubert – Ludwigslust 228
Lots, Theodor 45
Lotz-Herold, Alexandra 381
Lotz-Schwärsky, Bettina 381
Louise von Sachsen-Gotha-Altenberg 147
Luther, Martin 189
Lyčka, Daniel 330
Malaric, Rudolf 75
Malat, Jiri 71
Malzew, Stefan 312
Mannl, Josef 58
Marburg – Ludwigslust 149ff
Markgraf von Ansbach 124, 133
Martin, Thomas 381, 385
Massow, Valentin von 115, 119ff, 125, 209
Massonneau, Louis 92, 129, 132, 190, 211ff, 215, 227, 231, 322, 379
Meier, Adolf 20ff, 31, 36, 43, 45ff, 55ff, 59ff, 69ff, 77, 86, 97, 107, 132ff, 160ff, 169, 234ff, 379, 391

Menzel, Adolph von 115
Meyer, Clemens 92, 175, 235, 307, 322, 379
Michael 190
Michalski, Holger 357, 381
Misek, Adolf 250, 370
Michno, Alexander 32, 379
Mizlern, Lorenz 28
Moesus, Johannes 130, 309
Motter, Jakob 367
Mozart, Franz Xaver 28
Mozart, Konstanze 111
Mozart, Leopold 163
Mozart, Wolfgang Amadeus 9, 39ff, 56, 61, 67, 76, 78, 80, 86, 95, 99ff, 110ff, 133, 160, 165, 170ff, 174, 190, 227, 248, 253, 276, 280, 324ff, 377, 391ff
Mudra, Darina 375
Müller, Erwin 175
Müller, Johann Christoph 93
Mutsch, Maria Barbara 329
Mutter, Anne-Sophie 11
Nagy, Vidor 71, 381
Naumann-Zander, Frank 381
Nicolai, Dr. 160, 228
Noelli, Georg C.F.L. 129, 155, 191
Noetzel, Florian 82, 155
Nogy, Domherr 104
Özkaya, Onur 81, 166, 323, 381
Ortner, Franz 175, 307, 323, 391
Otto, Karl-Heinz 380
Palestrini, Giovanni 134
Patkoló, Roman 11, 309, 358ff, 364ff, 371, 381
Peters, C.F. – Musikverlag 87
Pfeiffer, Franz Anton 129
Pfeiffer, Madame 151
Pichl, Wenzel/Vaclav 33ff, 39ff, 61ff, 86, 150, 160, 170, 232, 235ff, 261, 279
Pihar, Jan 331
Pirastro-Saiten 362ff

Pischelberger, Friedrich 32ff, 39ff, 61, 86, 150, 158, 170
Pisendel, Johann Georg 122
Planyavsky, Alfred 32, 38, 160ff, 175, 235, 284ff, 300, 379, 381, 391
Pleyel, Ignaz 80ff
Pokorný, Frantisek Xaver 134
Preisendörfer, Bruno 380
Puccini, Giacomo 109
Praetorius, Michael 13
Prinzessin Luise von Mecklenburg-Strelitz 181ff
Prinzessin Christine Friederike Auguste v. Preußen 183ff
Prinz Louis Ferdinand 112
Pro Musica Musikverlag 175
Prosch – Tochter von A. Rosetti 191
Pyzik, Kazimierz 83, 166, 381
Quaisser, Kristina 120, 381
Quantz, Johann Joachim 112, 122, 276
Raiskin, Daniel 309
Rakovska, Lada 331
Reichardt, Johann Friedrich 108, 115ff, 124, 209, 377
Reinert, Magdalena 189
Riedel, Carl Traugott 95
Ries, Ferdinand 28
Rilke, Rainer Maria 13
Ritz – Cämmerer 181ff
Roloff, Dr. Andreas 181, 232, 381
Rosetti-Rösler, Antonio 13, 129, 149ff, 157ff, 177, 190
Rostropowitsch, Mstislaw 99
Ruiz, Edicson 173
Ruppert, Heinz 380
Saiko, Caterine 324, 331, 381
Šašina, Radoslav 53, 162, 266, 311, 381
Schaal, Richard 82
Schaudig, Albrecht 45
Seydewitz – Ludwigslust 198ff
Schieke-Gordienko, Marina 92, 381

Schikaneder, Emanuel 170
Schinkel, Karl Friedrich 118
Schlag, Gerald 82
Schneider, Hans 32, 67, 160ff
Schönfelder, Michael 375, 381
Schük(h)ler, - Berlin 124ff
Schuler, Heinz 82
Schultz – Ludwigslust 190ff
Schwärsky, Georg 381
Schuster 190
Sedlacek, Wenzeslaus 133, 143, 189, 208
Seypoltstorf, Sebastian 189
Seifert, Herbert 34
Sichelschmidt, Gustav 111ff, 380
Sinclair, David 162, 266, 312, 381
Sperger, Anna Maria Barbara 55ff, 85, 128, 146, 179, 200ff, 204, 209ff, 215ff, 227ff, 317ff, 377
Sperger, Barbara – Mutter 330
Sperger, Stephan – Vater 18, 31, 197, 200, 330
Sperger – Geschwister Eva, Anna-Maria, Catharina, Barbara, Anton 19, 219ff, 329ff
Sperger, Renate 310
Spindler, Matthias 92
Stamitz, Carl 130ff
Steinbruch, Brigitta 93, 381
Sternbeck, Angelika 381
Stievenard, Alexander 189ff
Stoerzel – Ludwugslust 234
Stöve, Dirk 310
Stoll, Björn 365
Stradivari, Antonio 99
Streicher, Ludwig 75
Stüber, Joseph 189ff
Tanabe, Haruko 308
Theen, Joh. Georg 189
Thom, Dr. Eitelfriedrich 45
Thorau, Christian, Prof. Dr. 381
Thouret, Georg 253

Thurn und Taxis 106, 127, 133ff
Tischer-Zeitz 175
Tode, Heinrich Julius 130
Touchemoulin, Joseph 134
Trumpf, Liane 4
Trumpf, Klaus 11, 175, 235, 284ff, 290ff, 300, 313, 379, 387, 391ff
Türschmidt – Potsdam 100
Uhlmann, Kristin 381
Ueltzen, Dieter 187ff, 191, 380, 381
Vanhal, Jan Baptist/Krtitel 61, 86ff, 102, 160, 232, 235ff, 261, 279
Viana, Oliver 381, 429
Vivaldi, Antonio 95
von Ansbach, Carl Alexander 133
von Bourbon, Ferdinand 141
von Kurtrier, Clemens Wenzeslaus 168ff
von Voß, Sophie Marie 124
von Voß, Julie 124
Wagner, Wolfram 310
Warnecke, Friedrich 391
Weber, Carl Maria von 118
Weber, Heinrich Ernst Ludwig 133, 143
Weber – Amtmann 228
Westenholtz, Carl August F. 129
Westenholtz, Sophie 129
Wieland, Christoph Martin 117
Wilfer, Roland 366
Wilhelmine von Bayreuth 122
Winter 190
Wintter, Heinrich Eduard 34
Wulfhorst, Dr. Reinhard 71
Zar Peter der Große 122
Zimmermann, Anton 45, 61, 64, 69, 86, 89, 91, 160, 232, 235ff, 279, 375ff
Zinck, Benedikt Friedrich 129
Zinck, Hardenack Otto C. 129
Zistler, Anton 59
Zistler, Joseph 43

Nachwort

Warum wird ein großer Musiker, ein außergewöhnlicher Kontrabassist, – ja, auch ein bedeutender Komponist erst 200 Jahre nach seinem Tode entdeckt? Warum erst jetzt, warum so spät?

Ein Nachwort aus dem ganz praktischen Leben und den Erfahrungen von einem, der sich ein Leben lang mit dem Werk dieses Komponisten beschäftigt hat, von dem hier auf beinahe 400 Seiten die Rede ist.

Mein Resümee ist zwiespältig – Was wäre gewesen, wenn es bereits Jahrzehnte früher aufmerksame Interessierte gegeben hätte, die sich der Mühe unterzogen hätten, sich mit dem Schatz zu beschäftigen, den unser Protagonist vor mehr als 200 Jahren hinterlassen hat? Selbst der entdeckungsfreudige *Friedrich Warnecke,* der um 1900 die erste „Geschichte des Kontrabasses" („Ad Infinitum") geschrieben hat, übersah von seinem Wohnort Hamburg aus das nur 100 km entfernte Schwerin, wo dieser Nachlass aufbewahrt wird.[148]

An dieser Stelle muss wieder zuerst *Franz Ortner* genannt werden, der sich als erster praktischer Musiker ernsthaft mit dem Werk *Spergers* beschäftigt hat (s. S. 175), bevor das profunde Werk, die „*Geschichte des Kontrabasses"* 1970 / 1984 des Wiener Philharmoniker-Kontrabassisten und Musikforschers *Alfred Planyavsky* darauf aufmerksam machte. Fast zeitgleich erscheint 1969 vom Musikwissenschaftler *Adolf Meier* dessen Dissertation mit der großartigen Untersuchung „*Konzertante Musik für Kontrabass in der Wiener Klassik"*, in der erstmalig nähere Daten zum Leben *Spergers* genannt werden und ein paar Jahrzehnte später (1999) von *Josef Focht* ebenfalls eine Dissertation „*Der Wiener Kontrabass"* mit aufschlussreichen Fakten zu diesem Zeitraum.

Als ich im Jahre 1969 einen ersten Vortrag zu Leben und Werk *Spergers* beim großen „*Internationalen Treffen der Kontrabassisten"* in Isle of Man hielt, war mein Erschrecken groß, als sich herausstellte, dass beinahe niemand der weltweit angereisten Kontrabassisten etwas über den „*Wiener Kontrabass und seine Stimmung"* wusste. Das Erstaunen wiederum bei den Zuhörern war groß, als sie zur Kenntnis nahmen, dass der Beginn des berühmten *Dittersdorf*-Konzertes, mit nur leeren Saiten zu bewältigen war!

Ja, so war es – die Augen wurden immer größer, als sie dann auch noch erfuhren, dass es einen bedeutenden Kontrabassisten-Komponisten des 18. Jahrhunderts gab, nämlich *Johann Matthias Sperger,* der 40 Solowerke für den Kontrabass geschrieben und damit das Instrument auf die klassische Konzertbühne gestellt hatte.

---

148 Im Jahre 1911 erschien die erste Arbeit zu historischen Fragen des Kontrabasses. Es war der auf vielen Ebenen arbeitende Hamburger Kontrabassist Friedrich Warnecke, der zusammenfasste, was bis zu diesem Zeitpunkt bekannt war. Er hatte Erstaunliches zusammengetragen. Nicht nur Instrumenten-Historisches zurückblickend bis auf Michael Praetorius (1571-1621), sondern sehr ausführlich Lebensdaten und -Umstände von bereits zu dieser Zeit namhaften Kontrabassisten und nationalen Schulen hat er akribisch erfasst. Damit nicht genug: im Anhang seines Buches „Ad Infinitum" legte er in einer umfänglichen Darstellung seine Methode in zahlreichen Notenbeispielen dar.

Dies alles ist lange her und inzwischen dürfte es keinen Kontrabassisten mehr geben, der nicht vom bedeutendsten Kontrabassisten deutscher Wiener Schule gehört - oder sogar Werke von ihm gespielt hat.

Vielleicht wird es durch neuerliche Tonträgeraufnahmen seiner Kontrabasskonzerte, seiner Sinfonien, seiner Sonaten, seiner Trompeten-, Horn-, Violakonzerte und seiner Kantate, bei denen Musikkritiker immer wieder die Nähe zu *Haydn* und *Mozart* diagnostizieren, zu einer lange fälligen Aufmerksamkeit auch und gerade bei den *Kontrabassisten* kommen.

Klaus Trumpf,
Potsdam im Juli 2020

Zum Schluss sollen einige Musikkritiker zum Werk Spergers zu Wort kommen:

Fono Forum, Juni 2016: „*... ein überzeugendes Plädoyer für einen Komponisten, der durchaus in unsere Konzertsäle zurückkehren sollte. Er hinterließ tiefgründige Kompositionen im Sturm-und Drang-Stil, die in jedem Fall zu den hochwertigsten Vertretern ihrer Gattung zu zählen sind – was aber am meisten erstaunt, ist die Nähe zu Haydn, teilweise Mozart - Vorläufer der g-Moll-Sinfonie. Reich an Erfindung, Virtuosität und Dramatik - leider ist Sperger immer noch zu unbekannt - es sollte sich bald ändern!*"

„*Unglaublich welch hervorragende Musik in unseren Bibliotheken und Archiven schlummert. Die Musik von Johannes Matthias Sperger gehört dazu!*"

klassik-heute. de 06 / 2020: „*Die Kontrabasskonzerte sind es, die den Reiz ausmachen. Sie lehren uns, dass diese Konzerte keine Kuriositäten sind, sondern vollgültige Kompositionen auf Augenhöhe etwa zu Haydns Cellokonzerten. Werke von hohem künstlerischen Wert. Wer Mozart oder Haydn mag, sollte sie sich nicht entgehen lassen.*"

Klaus Trumpf (1940), langjähriges Mitglied der Staatsoper/Staatskapelle Berlin, Solokontrabassist, Leiter internationaler Kurse, Juror internationaler Wettbewerbe, Initiator vielfältiger Kontrabass-Events, Herausgeber, Musikforscher. Als Ergebnis jahrzehntelanger Beschäftigung mit Leben und Werk Spergers gründete er die Internationale Johann-Matthias-Sperger-Gesellschaft und rief den Internationalen Sperger-Wettbewerb ins Leben. Aus diesen Erfahrungen heraus entstand nun die erste Sperger-Biographie, die auf eine außergewöhnliche Musiker- und Komponisten-Persönlichkeit des 18. Jahrhunderts aufmerksam macht.

Mit Studenten seiner internationalen Kontrabassklasse in München gründete er das Internationale Kontrabass-Ensemble BASSIONA AMOROSA, welches bedeutende Musikpreise wie den „Europäischen Quartettpreis 2003" – verliehen von der Europäischen Kulturstiftung PRO EUROPA – den ECHO 2014 und den OPUS 2018 erhielt.

Die Sperger-Biographie beleuchtet eine musikalisch hochinteressante Zeitspanne der zweiten Hälfte des 18. Jahrhunderts im Bereich Österreich-Ungarn-Preußen.

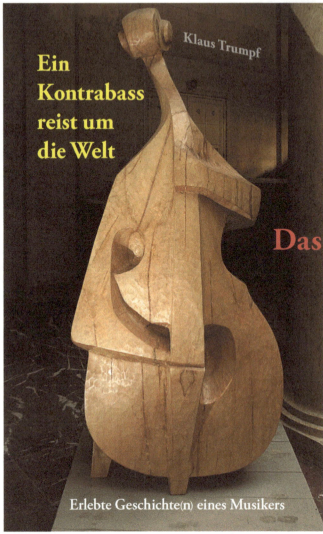

Herstellung und Verlag:
BoD – Books on Demand,
Norderstedt
2015
2. überarbeitete Auflage

13,5 x 21,5 cm
Paperback

492 Seiten
über 300 Abbildungen

ISBN: 978-3-7386-8738-5
39,90 €

Klaus Trumpf legt ein Monument für den Kontrabass vor. Sein innig geliebtes und leider gemeinhin unterschätztes Instrument hat nichts Geringeres verdient. Was mich mindestens genauso vehement begeistert: Trumpf schildert sein Leben mit dem Kontrabass auf eine Weise, die nicht nur Musiker fasziniert und in ihren Bann zieht. Aufgewachsen in der DDR, stellt Trumpf seine internationalen Erfahrungen immer wieder in den jeweiligen gesellschaftspolitischen Kontext. Er lässt uns seine Begegnungen mit großartigen Musikern hautnah miterleben und schlägt dabei den Bogen von den Anfängen des Kontrabass' bis weit in die Zukunft.
Ich wünsche mir sehr, dass möglichst viele mit Vergnügen und Neugier Trumpfs Kosmos des Kontrabass entdecken und wünsche eine zugleich spannende und vergnügliche Lektüre!

Anne-Sophie Mutter